新编社会学系列教材

西方社会学理论
当代转向

文 军 著

he Turn of Contemporary
Sociological Theory

北京大学出版社
PEKING UNIVERSITY PRESS

图书在版编目(CIP)数据

西方社会学理论:当代转向/文军著.—北京:北京大学出版社,2017.5
（新编社会学系列教材）
ISBN 978-7-301-28259-5

Ⅰ.①西… Ⅱ.①文… Ⅲ.①社会学—西方国家—高等学校—教材 Ⅳ.①C91

中国版本图书馆CIP数据核字(2017)第078587号

书　　名	西方社会学理论：当代转向
	XIFANG SHEHUIXUE LILUN：DANGDAI ZHUANXIANG
著作责任者	文　军　著
责 任 编 辑	董郑芳（dzfpku@163.com）
标 准 书 号	ISBN 978-7-301-28259-5
出 版 发 行	北京大学出版社
地　　址	北京市海淀区成府路205号　100871
网　　址	http://www.pup.cn
新 浪 微 博	@北京大学出版社　　@未名社科-北大图书
电 子 信 箱	ss@pup.pku.edu.cn
电　　话	邮购部 62752015　发行部 62750672　编辑部 62753121
印 刷 者	北京富生印刷厂
经 销 者	新华书店
	730毫米×980毫米　16开本　27印张　439千字
	2017年5月第1版　2018年6月第2次印刷
定　　价	59.00元

未经许可，不得以任何方式复制或抄袭本书之部分或全部内容。
版权所有，侵权必究
举报电话：010-62752024　电子信箱：fd@pup.pku.edu.cn
图书如有印装质量问题，请与出版部联系，电话：010-62756370

目 录

第一章 西方社会学理论产生的历史背景与基本问题 …………（1）

    第一节 社会学理论的内涵及其建构 ………………………（1）

    第二节 西方社会学理论产生的思想基础 …………………（10）

    第三节 西方社会学理论研究的逻辑起点 …………………（17）

    第四节 社会学理论研究中的几个基本问题 ………………（21）

第二章 西方社会学理论的发展脉络与当代趋势 ……………（41）

    第一节 西方社会学理论的发展脉络 ………………………（41）

    第二节 西方社会学理论的基本规则 ………………………（47）

    第三节 西方社会学的发展趋势及特征 ……………………（50）

第三章 社会学理论三大传统研究范式及其比较 ……………（61）

    第一节 实证主义社会学理论的形成及其特征 ……………（61）

    第二节 人文主义社会学理论的形成及其特征 ……………（65）

    第三节 批判主义社会学理论的形成及其特征 ……………（70）

    第四节 社会学理论三大传统研究范式的比较 ……………（74）

第四章 当代社会学理论的非主流转向及其影响 ……………（83）

    第一节 社会学理论研究面临的主要危机 …………………（83）

第二节　当代社会学理论的重构与挑战 …………………………… (87)
　　第三节　当代社会学理论的非主流转向 ………………………… (89)
　　第四节　社会学理论转向的历程与影响 ………………………… (96)

第五章　当代社会学理论的后现代转向 ………………………… (105)
　　第一节　现代性后果与"后现代转向"的内涵 ………………… (105)
　　第二节　西方后现代社会学理论的兴起及其影响 ……………… (112)
　　第三节　西方后现代社会学理论的方法论特征 ………………… (120)
　　第四节　对西方后现代社会学理论的评论与反思 ……………… (124)

第六章　当代社会学理论的女性主义转向 ……………………… (131)
　　第一节　西方女性主义社会学的形成与发展 …………………… (131)
　　第二节　女性主义社会学对传统社会学的批判 ………………… (140)
　　第三节　西方女性主义社会学研究的主要特征 ………………… (146)
　　第四节　西方女性主义社会学理论的新发展 …………………… (149)
　　第五节　对西方女性主义社会学理论的评论与反思 …………… (155)

第七章　当代西方社会学理论的文化转向 ……………………… (161)
　　第一节　文化及其在传统社会学研究中的地位 ………………… (161)
　　第二节　文化社会学的兴起及其当代转向的意义 ……………… (168)
　　第三节　社会学理论的文化转向及其方法论特征 ……………… (172)
　　第四节　当代西方社会学理论中的文化解读 …………………… (176)
　　第五节　当代西方文化社会学理论研究的新进展 ……………… (188)
　　第六节　对当代社会学理论文化转向的评论与反思 …………… (194)

第八章　当代西方社会学理论的身体转向 ……………………… (201)
　　第一节　西方思想史上的身体踪迹及其理论传统 ……………… (201)
　　第二节　西方传统社会学理论研究中的身体反应 ……………… (206)
　　第三节　当代社会学理论的身体转向及其新进展 ……………… (211)
　　第四节　西方社会学研究中的身体蕴意与理论主线 …………… (214)

第五节　西方身体社会学理论的代表人物及其观点 …………（220）

第六节　西方社会学理论身体转向的特征与反思 ……………（229）

第九章　当代西方社会学理论的情感转向 ………………………（238）

第一节　社会学理论的情感转向及其意义 ……………………（239）

第二节　社会学情感转向的关键议题及其方法论特征 ………（245）

第三节　当代情感社会学的主要理论取向 ……………………（249）

第四节　对社会学理论情感转向的评论与反思 ………………（260）

第十章　当代西方社会学理论的空间转向 ………………………（267）

第一节　空间概念的哲学传统与社会学意涵 …………………（267）

第二节　西方古典社会学理论的空间叙述 ……………………（271）

第三节　西方社会学理论传统的空间转向 ……………………（274）

第四节　西方现代社会学理论的空间论述 ……………………（277）

第五节　西方后现代理论中的空间阐释 ………………………（285）

第六节　社会学理论空间转向的影响与评论 …………………（293）

第十一章　当代西方社会学理论的语言学转向 …………………（298）

第一节　从社会语言学到语言社会学的形成 …………………（298）

第二节　社会学语言学转向的理论溯源与现实基础 …………（305）

第三节　现代西方社会学理论中的语言分析 …………………（311）

第四节　西方后现代理论视野中的语言阐释 …………………（318）

第五节　对社会学理论语言学转向的评论与反思 ……………（325）

第十二章　当代西方社会学理论的历史学转向 …………………（330）

第一节　传统社会学历史维度的缺失及其转向 ………………（330）

第二节　历史社会学理论的发展脉络及其特征 ………………（339）

第三节　西方历史社会学的主要理论图式 ……………………（344）

第四节　历史社会学的方法论基础及其研究方法 ……………（354）

第五节　当代西方历史社会学理论的研究视角 ………………（358）

第六节　对社会学理论历史学转向的评论与反思 …………… (365)

第十三章　当代西方社会学理论的全球化转向 …………… (371)

第一节　全球化概念的社会学考评 ………………………… (371)

第二节　全球化转向与全球社会学的兴起 ………………… (381)

第三节　几种主要的全球社会学理论转向 ………………… (388)

第四节　社会学理论的全球化转向与反思 ………………… (408)

后　记 …………………………………………………………… (421)

第一章

西方社会学理论产生的历史背景与基本问题

理论是一个学科成熟的基本标志。任何一门独立的学科,都有其自身的历史、理论与方法。"社会学"作为一门独立的学科,自 1838 年孔德(A.Comte)提出以来,就一直没有停止过对理论的追求和偏好。社会学是一门能够较好地将理论和方法融为一体的学科。从某种意义上说,社会学的学科发展史就是其理论的发展史,也是其方法论的发展史。在当代诸多社会科学中,社会学学科的重要性及影响力是与其理论的发展状况与学术贡献分不开的。如果追溯一下西方社会学的发展历程,我们可以发现,虽然其学科发展史并不算太长,但其理论的发展却呈现出非常复杂的过程,尤其是各种理论学派和学术思想大量交织在一起。我们希望通过对本书的介绍,使读者不仅对社会学理论的古典传统及其现代发展有一个全面的了解,而且对当代西方社会学理论的最新进展也有一定程度的了解和领悟。

第一节 社会学理论的内涵及其建构

理论建构对于社会学来说历来就是一项十分重要的学术任务,正如澳大利亚社会学者马尔科夫·沃特斯(M. Waters)所指出的,社会学可以理直气壮地宣称自己是一门独立科学的原因有二:一是它具有一个被广泛认可的理论传统,二是它在方法论上有一种严肃的态度,即以精密的方法论来指导研究。然而,"真正确定这门学科的却是理论,因为正是理论,对社会学可以告诉其受众有关社会世界的种种内容作出了总结性的概括"①。面对当代西方社会学遭受越来越多挑战的局面,当代社会学理论大师杰弗里·亚历山大(J. C. Alexander)也曾说:"没有坚固和有力的社会学理论,就不会有坚固和有力的社会学。而我们要复兴社会学就必须先复兴它的理论。"②可见,社会学理论对整个社会学知识体系来说是多么重要。然而,要了解西方社会学理论,我们不能不知道理论和社会学理论本身的基本内涵。这也是我们学习西方社会学理论的一个基本前提。

一、"理论"的特质及其构成

"理论"一词作为一个人们习以为常的概念,常常被我们挂在口头或者频繁出现在各个学科理论家的文章中。或许一说到理论,我们很容易想到的就是诸如"抽象""概括""一般""普遍"等一类的词,认为它是与具体情况和社会事实相对应的。因此,许多学者对"理论"的认识就是从相对于"具体情况"和"社会事实"出发的,认为它就是一种对"具体情况"或"社会事实"的抽象和概括。比如,美国当代著名社会学家亚历山大给"理论"下的定义就是:"所谓理论就是脱离个别事物的一般化,脱离具体事例的抽象。"③另一位美国当代社会学家乔纳森·特纳(J.Turner)也指出:"科学理论总是力求超越具体事件和时间的局限。理论是一般的、基本的、永恒的、普遍的。"④我国的《现代汉语词典》中对"理论"的解释是:"人们由实践概括出来的关于自然界和社会的知识的有系统的结论。"⑤很显然,在这里,他们都非常强调"理论"对社会事实的"一般化""抽象""概括"和"总结"功能,认为"理论"是一种假设、观点、学说、取向、视角、命题或结论。可以说这是对"理论"的一种最为直接有效的定义和解释。

很显然,上述诸种对"理论"的界定是从经验主义出发的,采取的是一种对社会事实或实践作理论归纳的技术逻辑。但如果我们从理论形成的理性逻辑来

---

① 马尔科夫·沃特斯:《现代社会学理论》(杨善华译),华夏出版社 2000 年版,第 1 页。
② J. C. Alexander, *Theoretical Logic in Sociology: Positivism, Presupposition and Current Controversies* (Berkeley and Angeles, C. A.: University of California Press, 1982), p.xvi.
③ 杰弗里·亚历山大:《社会学二十讲》(贾春增译),华夏出版社 2000 年版,第 2 页。
④ 乔纳森·特纳:《社会学理论的结构(上)》(邱泽奇译),华夏出版社 2001 年版,第 2 页。
⑤ 中国社会科学院语言研究所词典编辑室:《现代汉语词典》,商务印书馆 1986 年版,第 694 页。

第一章　西方社会学理论产生的历史背景与基本问题

看,我们不仅会把对社会事实或实践的概括、抽象称作为理论,在日常生活中,我们也常常会把事先在头脑中"借助于推论而形成的完整故事"称为理论。在这里,"理论"首先表现出来的不是面向经验事实的一种概括原理,而是通过推论演绎出来的一些尚还缺失的情节,从而使各条线索组织成一个完整的故事。因此,在这里,完整的故事和推论就成了"理论"要涉及的两个基本因素,并且,从某种意义上来说,"推论才是理论的基本因素,概括则只是理论的表象",因为各种概括、抽象之所以带有理论的性质,并非简单地由于它涉及了多个对象,而是由于其中包含了推论。①

其实,从理论形成的理性主义角度来看,推论之所以重要,是因为每一个理论都只代表了局部。一个理论集中于某些方面,就意味着可能忽略了另一些方面。没有一个理论能完全反映所有的真理。一切理论都是由人根据既定的意图去创造和构建的。理论在某种意义上只代表了观察者观察环境的方式,但理论本身并不反映现实。② 理论的主要作用是解释和预测,判断一个理论的标准也就是其解释力和应用范围。因此,在实践中,人们是通过一定形式的理论去反映和解释现象的。③

所以,美国社会学家默顿(R. K. Merton)说:"逻辑上相关联并能推导出实验一致性的命题就是理论。"④而社会学家沃德(Thomas Ward)在分析了27种有关社会学理论的定义后指出:"理论就是概念、定义和命题的逻辑演绎—归纳体系,它陈述两个或两个以上经过选择的现象之间的关系,并可由此得出可检验的假设。"⑤虽然这个定义也多少带点实证主义的色彩,但它至少从一个方面指出了理论的本质是一系列的抽象概念及其建构,是指既定的意图通过逻辑思考运作所整合而成的一组可验性的相关概念。

上述两种对"理论"概念的不同理解与界定,实际上代表了对理论建构的两种截然不同的方法和路径的选择,格瑞尔夫妇(Ann & Scott Greer)曾将这两种不

---

① 陈嘉映:《何为理论》,《思想与文化》2004年第4辑。
② 斯蒂文·小约翰:《传播理论》(陈德民、叶晓辉译),中国社会科学出版社1999年版。
③ 林聚任、刘玉安主编:《社会科学研究方法》,山东人民出版社2004年版,第46页。
④ 默顿指出,在社会学理论中,我们见到更多的是各种概念而很少有一致性的理论,更多的是观点而很少有定理,更多的是"策略"而很少有结论。参见罗伯特·默顿:《论理论社会学》(何凡兴等译),华夏出版社1990年版,第54页。
⑤ 刘豪兴主编:《国外社会学综览》,天津人民出版社1993年版,第294页。

同性质的理论构建方法分别称为"探索性研究"(Exploratory Research)与"验证性研究"(Hypothesis-Testing Research),两者结合在一起就形成了一个"研究圈"(如图1.1所示)。① 该研究圈的特色在于特别强调研究步骤之间的相互关联性和持续性,其在理论的实际建构过程中具有非常大的弹性。研究者可以基于客观实际的需要,在研究圈中任择一点作为其理论建构的始点,而不必局限于一定的起点或终点。例如,如果研究者的理论建构是属于验证性的研究,则由(a)开始,经过(b)的假设,而到(c)的观察与搜集资料,是属于演绎法(Deductive Method)的研究。相反地,如果他选择了(c)为起点,先从观察与搜集资料着手,经过(d)的整理、分析、比较,再到(a)的理论,则为探索性的研究,是属于归纳法(Inductive Method)研究。② 很显然,归纳法的研究是以经验主义为基础的,演绎法的研究则是以理性主义为基础的。

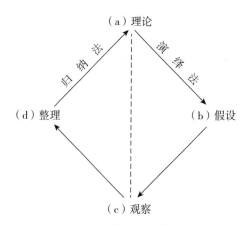

图1.1　理论构建的研究圈

因此,如果我们从理性主义的角度来界定"理论",那么,我们可以得出"理论"的构成要素至少包括:(1)既定的意图。指行动者有了某种动机,并且已选定了目标之后,所开始的企图选择有利于实现目标的手段。(2)一组可验性的相关概念。指构成理论的概念是外界具体事物经过抽象化而来的,不是空想或幻想而得来的。(3)一种逻辑结构。研究者通过其理性思考和运作,把上述一

---

① Ann & Scott Greer, *Understanding Sociology* (Iowa: Wmc. Brown, 1974), p.15.
② 陈秉璋:《社会学理论》,三民书局(台湾)1991年版,第17页。

组可验性相关概念,进行逻辑的组合而成的整合性意构。① 但是,不管我们对"理论"及其构成要素作何种倾向的界定,从另一个角度来说都是有缺陷的。正如格瑞尔夫妇在有关理论建构的研究圈中所表明的那样,任何"理论"的建构都只是这一研究圈中的某一个点,演绎法与归纳法在理论建构之中并不是相互排斥的,经验主义与理性主义也存在着某些方面的调和。

但无论是经验主义还是理性主义,对"理论"的理解与界定最基本的方面莫过于"概念"了,因为"理论"最终总会借助于一定的概念体系来建构一个详尽的解释性框架。从功能主义的观点来看,"理论"实际上就是力求解释社会进程的过程和因果关系的一种体系或架构,在这一框架中,各种陈述都会由逻辑的关系连接起来,而逻辑必然性依靠的又是一套内部相关一致的定义和规则。所以,理论也可以看做是对事物的合理解释或事先预测,是对客观事物本质及其运动规律的一种科学认识。而要促成这种科学理论就必须批判地继承前人或他人的既有理论成果,即"站在前人的肩膀上"高瞻远瞩,而不是搂住前人的腰或是跟在他人的屁股后面亦步亦趋,甚至停步不前。因此,理论贵在创新,那种所谓"经典又经典"的观点,不过是一种照搬照套且丧失根基和源泉的观点。正如美国社会学者约翰逊(D. P. Johnson)所指出的,提出理论的最终目的是用足够高的概率来解释一个或更多个因变量的变化,高概率能够提出预测性的陈述并能在经验上加以检验。即使我们不能推论出明确的预测性陈述,一个理论也能通过提供一个可以解释某些现象的知识模型来帮助我们理解。②

二、"社会学理论"的含义及其构成

在社会学中,关于什么是社会学理论或者社会学理论应该是什么,至今都很少有共识。③ 美国社会学家古尔德纳(A. W. Gouldner)曾经指出,社会学理论所思考的问题应该是社会学学科的根本问题,而不是凭借其自身在经验应用上的成果来获得社会学作为一门独立学科的合法性,社会学的发展方向与社会学理

---

① 陈秉璋:《社会学理论》,第10页。
② D. P. 约翰逊:《社会学理论》(南开大学社会学系译),国际文化出版公司1988年版,第85页。
③ 乔纳森·特纳:《社会学理论的结构(上)》(邱泽奇译),第5页。

论的发展方向始终是一致的,这种一致性就体现在社会学的"反思性"上。① 因此,社会学理论与隐含的、日常生活中被认为理所当然的理论是不相同的,因为社会学理论反映了在试图分析或解释社会现实方面做到客观和系统的一种自觉而审慎的努力。那些从事正式理论建构的人们所作的努力就清楚地体现了这种信念。② 美国当代社会学理论家乔治·瑞泽尔(George Ritzer)对此曾指出,社会学理论与我们在日常生活中得出的理论存在着重大差异:一是社会学者的理论比之一般人由日常生活提出的理论更有组织,也更自觉自己在做什么;二是社会学者提出的理论通常是根基于过去社会学者所提出的理论;三是社会学者相当依赖由自己搜集得来或由别人搜集得来的资料,而这些资料都是与自己研究主题相关的社会现实或社会关系;四是与普通人不同的是,社会学者希望将自己的论述出版,借此,这些理论可获得批判性的分析,更广泛地传播出去,成为实证研究的基础,并可被后来的理论家加以运用;五是更为重要的是,社会学者是针对广泛的社会议题做总括性的思考,而普通人则倾向于去思考狭隘的,甚至是个人的议题。③

也有学者认为,社会学理论是一种体现在文本上的具体而生动的社会学实践。作为一种对社会世界的理论化抽象,社会学理论研究的直接对象就是各种经验事实和社会实践。社会学理论研究之合理性正在于其为社会实践"立法",在于能够解释社会事实的某个方面。社会学的实践性天然地决定了社会学理论的经验性,没有经验基础的社会学理论只能是臆想。社会学理论的重要基础就是建立在经验基础上的社会实践以及依据社会实践而展开的一系列的社会学实践,它既是社会学实践的总结,又是社会学实践的向导。因此,瑞泽尔指出:"社会学理论较为正式的定义是:一组相互关联的观念,能对社会世界的知识加以系统化、能解释社会世界,并能预测社会世界的未来。"④查尔斯·蒂利(Charles Tilly)也指出,解释不同于描述、说明和批判,尽管有很多理论家认为后三者也是社会学理论的目的,但蒂利提醒我们并不是所有的理论家都把"解释"视为他们

---

① A. W. Gouldner, *For Sociology: Renewal and Critique in Sociology Today* (New York: Basic Books, 1973), p.96.
② D. P. 约翰逊:《社会学理论》(南开大学社会学系译),第 84 页。
③ 乔治·瑞泽尔:《当代社会学理论及其古典根源》(杨淑娇译),北京大学出版社 2005 年版,第 1—2 页。
④ 同上书,第 4 页。

第一章 西方社会学理论产生的历史背景与基本问题

调查研究的一个可行的或者值得称道的目的。"一个学科的知识发展取决于其产生好的解释的能力。"① 从类型学的角度来看,社会学研究是一项特殊的职业活动,其主要任务就是通过社会实践发现社会结构内在的规律性及其独特性,并使之上升到"理论的"高度。② 而任何理论都是首先与事实相关,与实践相连的。

当然,虽然社会学理论来自于实践,但它绝不是永恒不变的真理,从某种意义上来说,任何形式的社会学理论都只是代表由不同角度去观察社会的暂时性理论。因为社会学理论产生的前提就是为了适应时代和社会实践的要求。一种理论,之所以能够存在并指导实践,就因为它是根据时代发展和社会实践的需要,经对"实践概括"而成的"有系统的结论"。虽然社会学理论并不能为解释一切社会现实或预测社会未来发展开出一剂灵丹妙药,但是社会学理论所具有的包容性知识体系、直面现实的独特视角和分析方法却能够帮助我们更好地理解自己所处的社会世界,从而使得我们能够更加客观、更加敏锐甚至更加有效地参与到社会生活之中。不仅如此,社会学理论总是能够深入浅出、情理交融地回答人们所关心、所困惑的现实问题,将社会世界的复杂性和碎片性简化为我们日常生活的行为准则,让人们在认识世界、反思自我的成长过程中也能够真正体验到社会学的学科魅力。或许这都是社会学理论的魅力所在吧。③

因此,社会学理论与隐含的、日常生活中被认为理所当然的理论是不同的。社会学理论首先意味着一种实践,一种由社会学理论而组织成的社会学实践,我们在这里强调的不是社会实践而是社会学实践,就是为了表明社会学理论是在总体上对社会进行研究的一种实践理论④,也是社会学共同体的一项理论实践。毕竟社会学理论对社会的描述是带有科学意图的,而不是直接去描述社会现实。从这个意义上来说,社会学理论是对社会学研究对象的一种客观、系统性的总结,是一种高度专业化的科学活动形式,其有别于形而上的(metaphysical)思辨和日常知识的推理。因此,社会学理论并不是任何"主观思想者的外在行动"。⑤ 尽管一些社会学家对此持反对意见,但我们必须把社会学理论与"社会的自我

---

① T. Javier, "Sociological Theory at the Crossroads," *Contemporary Sociology*, Vol. 32, 2003, p.282.
② Yury Kachanov, "What is Sociological Theory?" *Social Sciences*, Vol. 34, 2003.
③ 文军:《社会学理论将社会碎片简化为日常准则》,《中国社会科学报》2015 年 5 月 22 日。
④ V. Stepin, *Theoretical Knowledge* (Moscow: Springer, 2005), pp.104-105.
⑤ G. W. F. Hegel, *Philosophy of Right* (U.K.: Oxford University Press, 1942), p.79.

意识"(society's self-consciousness)划清界限。原因有二:其一,作为有机体或准主体(quasi-subject)的"社会"模型不具备任何科学价值;其二,理论只与社会现实间接发生联系。① 因此,尽管任何理论都与其应用相关,但我们不能把实践简化为单纯对理论的一种应用。大体上说,用来解释理论的社会学实践的实验形态也是理论本身的构成元素,任何理论都不可避免地要对这些实践形态进行仲裁(mediation)。② 马尔科夫·沃特斯指出,任何一种社会学理论都必须符合以下几个方面的标准:(1)它必须是抽象的;(2)它必须是主题化的;(3)它必须是逻辑一致的;(4)它必须是说明性的;(5)它必须是一般性的;(6)它必须是独立的;(7)它必须在实质上是有效的。③

"社会学理论"不同于"社会理论",也不同于一般的社会科学(尽管它们之间存在着某些千丝万缕的联系和不可分割的基本论题,但在欧洲社会学传统之中,它们之间似乎有着更为严格的区分),社会学理论相对于社会理论而言,是具有其独特性的。而"社会理论"不同于"社会学理论"之处,主要是"社会理论"是介于社会历史哲学和实证主义社会学之间,其既不像社会历史哲学那样是演绎性的理论体系,又不像主流社会学那样是实证的经验科学,而是以社会历史哲学为前提,以实证主义社会学为基础的一种理论类型。吉登斯(A. Giddens)曾经指出,社会理论是关心人类行为并为一切学科所共同分享的一种覆盖和跨越所有社会科学的理论体(a body of theory)。④ 从产生的时间来看,应该说在社会学作为一个独立的学科产生之前就已经存在了种种社会理论,而社会学理论只是在社会学作为一个独立的学科产生之后才出现的。从涉及的论域来看,社会理论涉及的范围要比社会学理论广泛得多,它甚至常常越出社会学之外,在整个人文社会科学领域中寻求解释与说明的源泉和思路。相对于主流社会学的"经验本性"和"实践品质"而言,"社会理论"似乎一直被视为非科学或前科学的思想活动,是主流"社会学理论"在学科化与规范化之后所力图摈弃的范畴。"社会理论"的一般标准至少包括三个方面:一是以社会及其人类行为为研究对象;二是对社会的研究方法既是哲学的,又是科学的;三是其理论目标往往是功能性

---

① Yury Kachanov,"What is Sociological Theory?"
② Ibid.
③ 马尔科夫·沃特斯:《现代社会学理论》(杨善华译),第3—4页。
④ A. Giddens, *Profiles and Critique in Social Theory* (London: The Macmillan Press, 1982), p.5.

的或批判性的。

　　社会学理论的类型有许多种,主要的分类有:(1)一般理论与中层理论。一般理论是主张从概括性观念的一般理论到特殊社会事实之研究的理论,又称为"巨型理论"(grand theory),以美国社会学家帕森斯(T. Parsons)为代表;中层理论则主张社会学的研究应该从特定社会事实出发去建立正确而有效的特定理论,再慢慢地结合许多具有相关性质的特定理论而成概括性的一般理论,又称为"微型理论"(little theory),以美国社会学家默顿(R. K. Merton)为代表。(2)宏观理论、微观理论和中观理论。宏观理论相当于上述的"一般理论",即以整体性的社会现象为解释对象;微观理论则关注的是行动个体之间的互动层面的现象与问题,如符号互动理论和常人方法学理论等;中观理论则是介于宏观理论与微观理论之间的理论,如上述所讲的默顿的中层理论就是一种中观理论,其抽象层次和解释对象都介于宏观理论与微观理论之间。① (3)描述性理论与解释性理论。描述性理论重点在于详细描述一个事物或现象的形状或性质;解释性理论则注重各因素间的相互关系并说明一个事物或现象存在或变迁的原因。(4)正式理论与非正式理论。正式理论具有健全而完整的科学原则架构,如物理学原理和数学原理;非正式理论是指一些结构既不完整且又松散的有关日常生活的臆测。(5)理念性理论与科学性理论。理念性理论是以理念意识为指导原则,常含有主观与偏见;科学性理论则是以客观的科学原则为指导基础,很少有主观偏见成分在内。(6)直觉性理论与客观性理论。直觉性理论是出自于研究者的直觉主观看法,如现象学派就是直觉主观的;客观性理论则是出自于客观的看法,经验实证研究法所建立的理论就属于这一类。

　　就社会学理论的性质和功能而言,其最具代表性的分类是把社会学理论划分为"实质理论"与"工具理论"。实质理论是指研究者依照既定工作计划与操作方式对经验事实进行研究之后所获得的一组相关概念,并通过理性与逻辑的运作与建构,来解释或说明被研究的社会事实的一种理论,也称作"具体理论"(因为它是在研究具体社会事实之后所建构而成的理论)。工具理论是理性主义(rationalism)的产物,其理论的建构并不是来自特定的社会事实之研究,而是根据一般普遍性的概念,通过纯理智的逻辑运作而产生的理论,也称为"抽象理

---

① 林聚任、刘玉安主编:《社会科学研究方法》,第47—49页。

论"。实质理论是经验主义的产物,它是由特定社会事实之研究所得到的特定理论,往往有别于理性主义者的抽象概括性理论。这两种理论类型的差异比较如表1.1所示。①

表1.1 社会学实质理论与工具理论之比较

理论 比较	实质理论	工具理论
哲学基础	经验主义	理性主义
研究方法	注重事实归纳	注重理智推演
理论与方法的关系	理论是方法的具体后果	理论是方法的抽象工具
经验指涉	由特殊社会事实到普遍概念	由普遍概念到特殊社会事实

上述两种社会学理论类型的划分,实际上恰恰代表了建构社会学理论的两种基本途径:实质理论是从经验事实的研究开始,然后建构出理论;而工具理论则是经理性运作而构成的理论,然后用以分析经验事实。从社会学理论的这两种类型及其建构途径可以看出,他们与我们前面对"理论"及其建构方式的分析是一致的。因此,就此而言,社会学理论因其综合性和广泛性的学科特征而最具有"理论"本质性的含义与特征。从某种意义上说,解读社会学理论是了解整个社会科学"理论"的最佳捷径。在社会学理论的建构过程中,由于主流社会学受以自然科学为模式的理论与研究方法的制约,其理论建构一般是采用假设—演绎法,这类方法具体来说由四部分组成:(1)提出问题并形成理论观点;(2)依据理论观点作出假设;(3)对假设进行检验;(4)建构并形成理论。可以说,这是在西方迄今为止仍非常盛行的社会学主流研究模式与理论范式。

第二节 西方社会学理论产生的思想基础

西方社会学理论的产生绝不是偶然的,同其他任何一门社会科学一样,它有深刻的社会思想基础和历史渊源。可以说,西方社会学理论的产生既是社会学作为一门独立学科而得以存在的基本依据,也是对西方社会实践和社会发展的

---

① 陈秉璋:《社会学理论》,第25—27页。

一种理论概括与系统总结。

一、西方社会学理论产生的历史背景

就西方社会学理论产生的社会历史背景来说,它主要诞生于法国大革命和工业革命所引发的社会困惑与动乱之中。尤其是,在18世纪60年代开始的工业革命推动下,西方社会开始并很快完成了由传统农业社会向工业社会的转变。这场转变不但造成了工业的发展和技术的进步,导致了资本主义体系的最终建立,同时也摧毁了城市中的封建行会和农村中的庄园经济,并造成了小手工业者和农民的大批破产。可以说,18世纪末到19世纪的西方社会经历了一次有史以来最为深刻和广泛的社会变革,这种变革使得整个西方社会经济生活发生了翻天覆地的变化。与此同时,伴随工业化和城市化而来的社会矛盾与冲突也空前地扩大和激化。特别是新兴的资产阶级财富的极度增长和无产者的极度贫困形成了鲜明对照,从而引起了新的阶级对抗和阶级冲突,初生的资本主义陷入了巨大的危机之中,各种社会问题也随之铺天盖地而来。

西方社会的工业革命首先是在英国爆发的,其带来的一个重要后果就是迫使大批农民离开土地而进入了工业和城市体系中,由此,社会经济结构发生了巨大变化,工厂在一系列技术革新下所创造的已不单纯是物质产品的数量,而且产品和服务的种类也大幅度增加。适应大工业的要求,社会组织结构也产生了相应的变化,现代分工体系和科层制随之出现,以市场为中心的整个资本主义体制开始确立。因此,西方工业革命不仅带来了工业的发展和技术的进步,也摧毁了旧的社会关系和社会秩序,促成了阶级结构的变化、都市化、宗教变迁,以及新的世界观和价值观的形成。这种前所未有的变迁使得先前积累的有关人性和社会秩序的传统解释失去了意义,并因此引发了对新的理论的需求。也正是基于变迁造成的国家与社会、社会与个人的过度分离,才使人类有可能第一次科学而理性地将社会作为自然的历史过程进行观察和思考。[①]

除了英国的工业革命,法国的政治革命也在某种程度上极大地催生了社会学理论。早在18世纪末,法国就已经完成了资产阶级革命,但在其后的短短几十年的时间里,政权多次易手,社会生活极不稳定。权欲和钱欲使资产阶级贪得

---

① 周晓虹:《西方社会学历史与体系(第一卷)》,上海人民出版社2002年版,第21—22页。

无厌,无产阶级不能忍受残酷的剥削,掀起了广泛的社会主义运动。如 1830 年 7 月,巴黎工人发动起义,力图推翻复辟王朝,到 1848 年,革命风暴更是遍及整个欧洲,社会主义运动风起云涌。政治的动荡、经济的衰败、路易十八的专横,使法国处于大革命后社会的大动荡和大衰退时期。社会学创始人孔德(A. Comte)就像大多数法国人一样,渴望社会的安定,希望有一个和谐稳定的社会生活。"孔德创立社会学,是因为他看到大革命对法国社会和文化遗产所造成的残酷破坏,非常悲伤,乃决心考察研究人类社会事象之运行,是否有其客观的原理原则,寻出原理原则后,即应依照之以重建社会,使其由破坏衰敝再恢复到繁荣康泰。"①因此,社会学从诞生之时起,事实上就已经把如何重建社会秩序确定为其理论追求的一个中心议题了。

因此,西方社会学理论诞生的社会历史背景是与 18—19 世纪欧洲发生的"两次大革命"分不开的。按照马克思主义的观点,1848 年是世界历史上的一个分水岭,1848 年的革命在欧洲结束了资产阶级革命的时代,从此资本主义制度和现代社会体系在西欧得以确立。资产阶级面临的任务已经从进行社会革命为新制度扫清道路转为维系和巩固已经取得的政权,并在此前提下发展生产力,进一步实现现代化。同时,无产阶级已经形成阶级,团结为一股力量,登上历史的舞台。资本的积累和集中,使资本主义从自由竞争向垄断发展,同时酝酿着战争和革命。无产阶级政党在欧洲各国纷纷建立,正积聚力量迎接新世纪的到来。

面对西方社会的种种变革及其社会危机的出现,一些知识分子开始试图寻找一种新的方法和理论体系来重新组织和安排社会生活秩序,在这种背景下,社会学及其理论建构活动应运而生。美国社会学者约翰逊曾提出:西方社会学理论的产生动力主要来自于两个方面:一是西方社会经历了"前所未有的复杂的社会变迁";二是这种变迁获得了来自知识界的有意关注,因为正是"急剧的社会变迁……有可能提高人们自觉的反复思考社会形式的程度"。②戴维·波普诺(D. Popenoe)针对西方工业革命之后的社会变化也指出:"旧的社会秩序已被打碎,新的还没有建立起来,社会学受到青睐是因为它可以提供新的认识与新的观念。"③而吉登斯则直接指出,它"不过是对因工业文明和民主政治而导致的旧

---

① 杨懋春:《社会学》,台湾商务印书馆 1983 年版,第 78 页。
② D. P. 约翰逊:《社会学理论》(南开大学社会学系译),第 18 页。
③ 戴维·波普诺:《社会学(第十版)》(李强等译),中国人民大学出版社 1999 年版,第 17 页。

制度的崩溃所产生的秩序问题的种种反应而已"①。

二、西方社会学理论产生的思想渊源

19世纪30年代,当孔德在《实证哲学教程》中首次提出建立社会学的构想时,就明确地将其规定为一门旨在以实证的科学方法来研究人类社会的科学。社会学虽是偶然被冠以这个名称的,但它在诞生伊始便以实证主义的面目出现,却并不是历史的偶然,其思想源头既可以追溯到17世纪以来西方哲学中的经验主义传统和18世纪的启蒙运动,又与近代英国的功利主义、法国的实证主义、德国的历史主义和美国的实用主义的发展相关联。②

(一) 经验哲学传统与启蒙思想的影响

17世纪经验哲学的代表人物培根(Francis Bacon)强调:"在以观察到的事实为基础的知识之外,没有别的真实的知识。"③这一命题后来成为孔德实证体系的核心观点。此外,贝克莱(George Berkeley)、休谟(David Hume)和牛顿(I. Newton)都强调把人的知识限制在可直接观察的范围以内的认识论,他们的观点本身就是一种实证精神,这直接影响了孔德的实证主义思想。可以说,孔德的实证主义是贝克莱和休谟的唯心主义经验论与牛顿的机械论哲学的结合。孔德由此得出他的实证主义原则:经验是知识的唯一来源,一切科学知识都必须建立在来自观察和实验的经验事实的基础上。④

此外,18世纪的启蒙运动对社会学理论的形成也产生了巨大的影响。这种影响主要来自于三个方面:一是维科(G. B. Vico)和弗格森(A. Ferguson)等人的人本主义历史决定论;二是孟德斯鸠(C. L. Montesquieu)和米勒(J. Miller)以及弗格森的机械论思想;三是伏尔泰(Francois-Marie Voltaire)、狄德罗(D. Diderot)

---

① 周晓虹:《西方社会学历史与体系(第一卷)》,第17页。
② 美国社会学者唐纳德·列文(Donald Levine)认为,社会学理论的思想来源主要为以下七个方面:希腊的微观与宏观平衡的思想传统、英国的原子自然主义传统、法国的社会本质主义传统、意大利的等级自然主义(Hierarchistic Naturalism)传统、德国的主观唯意志论(Subjective Voluntarism,包括个人和集体层次)传统、马克思的历史唯物主义传统和美国的实用主义传统。参见 D. N. Levine, *Visions of the Sociological Tradition* (Chicago: University of Chicago Press, 1995)。
③ 欧力同:《孔德及其实证主义》,上海社会科学院出版社1987年版,第28页。
④ 郭本禹、郭德侠:《实证主义与心理学方法论》,《西北师范大学学报(社会科学版)》1998年第4期。

和卢梭(Jean-Jacques Rousseau)的批判理性主义。上述学者的社会思想致力于摆脱迷信的束缚,对社会进行科学的解释,相信科学基于事实,并努力分清事实和价值观念,相信客观的社会科学知识是可能的。因此,社会学及其理论的起源可以追溯到启蒙思想家的思想。法国又是启蒙运动的中心,孔德曾潜心研读过孟德斯鸠、卢梭和孔多塞(Marquis de Condorcet)的著作,深受他们社会思想的影响。孟德斯鸠曾断言,政治法律现象受自然规律的制约。孔多塞表述了人类进步发展的规律和历史观点,认为在历史的进化中占主要地位的是社会思想、社会制度和社会关系的演变。[①] 可以说,启蒙运动所倡导的理性主义、自然主义和社会进化的思想,对社会学理论的产生及其主流思想的形成具有明显的影响。

(二) 自然科学革命的推动及其影响

长期以来,关于社会的思想和许多其他知识一起,以统一的形式包含于哲学之中。与此相适应,在许多社会科学内部,形而上学的思维方式占据统治地位。自16、17世纪开始的自然科学浪潮冲垮了原先"大一统"的哲学体系,许多知识领域逐步从这种大哲学中分化出来而成为一门独立学科,还强有力地冲击了当时的形而上学的思维方式。在18世纪,受以牛顿为代表的古典力学的影响,许多学者在进行自然科学研究的同时,也运用古典力学的基本方法致力于对社会过程的研究。如在法国著名科学家拉普拉斯(P. S. Laplace)的《概率论的解析理论》一书中,就有运用古典力学的原理研究社会人口的成果[②];圣西门(Claude Henri Saint-Simon)在1813年所写的《人类科学概论》中指出,关于人类的研究至今还是"臆测性的"和"以猜测和推想来确定事情的",而应该"使人类科学具有实证性质,把它建立在观察的基础上,并用物理学的其他部门采用的方法进行研究",使之成为"实证科学",即"社会物理学"。[③] 此外,还有学者按数学法则提出"政治算术",按生物学规律提出"社会生物学",等等。

总之,自近代科学革命以来,西方自然科学家们凭借观察、实验等实证主义方法已取得了一系列巨大的成就。这场科学革命不仅带来了技术的进步,还强有力地冲击了盛行于社会哲学界(当时尚不能称为"社会科学")的那种只知引经据典而忽视观察求证的认识方式。这些充溢着新思想的"新学科",形成一股

[①] 皮埃尔·米盖尔:《法国史》(蔡鸿滨等译),商务印书馆1984年版。
[②] 王伟光:《西方社会科学方法论述介》,《哲学动态》1995年第5期。
[③] 圣西门:《圣西门选集》(王燕生等译),商务印书馆1985年版。

列宁称之为"从自然科学奔向社会科学的潮流"。① "正是在近代科学革命的过程中,以经验资料的积累和分析为特征的实证主义方法,取代了将超自然的启示和以往的传统作为知识和真理的主要来源的信念。"②其后,孔德正式提出实证主义的命题,将之作为社会学方法论的基本原则。

(三)西方近代社会思想传统及其影响

受欧洲经验哲学和启蒙运动的影响,西方近代社会思想也发生了很大的变化。这些变化或多或少是与西方各国思想传统结合在一起的,同时也成了西方社会学理论形成的直接来源。概括来说,主要有英国的功利主义传统、法国的实证主义传统、德国的历史主义传统和美国的实用主义传统。③

(1)英国的功利主义传统。英国的功利主义(Utilitarianism)传统起源于18世纪末、19世纪初英国哲学家兼经济学家边沁(Jeremy Bentham)和穆勒(John Stuart Mill)。所谓功利,是指一种外物给当事者求福避祸的那种特性。功利主义以追求最大多数人的最大幸福为最高道德原则,提出为了增进个人的幸福和保证个人的利益,需要增进社会的利益和幸福。所以它又被称为"最大幸福主义"。如果当事者是个人,那么就以个人幸福为标准;如果当事者是政府,则以社会幸福为标准。而追求最大多数人的最大幸福是最高的功利原则。④

功利主义是一种个人主义的理论,它从需求、个人欲望或目标的角度入手来说明人的活动,并且引用"效用"这个关键概念来点明一个行动者可能追求的各种社会对象的相对价值。这一观点对后来社会学中的交换理论的形成具有重大影响。⑤ 功利主义认为,人类的一切行动都是精打细算,都是尽量增进个人的幸福或利益,尽量减少个人的痛苦或代价。所以人类的所有行动都是一种理性的合理选择。英国功利主义关于个人主义,关于人们对行为方式的有意识的合理选择,以便最大限度地获得报酬的理论,都是西方当代功能主义理论、理性选择理论和交换理论的理论基础。⑥

---

① 袁方主编:《社会研究方法教程(重排本)》,北京大学出版社2014年版,第25页。
② 周晓虹:《西方社会学历史与体系(第一卷)》,第19页。
③ D.P.约翰逊:《社会学理论》(南开大学社会学系译),第29—36页。侯钧生主编:《西方社会学理论教程》,南开大学出版社2001年版,第8—11页。
④ 潘小娟、张辰龙主编:《当代西方政治学新词典》,吉林人民出版社2001年版,第125页。
⑤ 马尔科夫·沃特斯:《现代社会学理论》(杨善华译),第10页。
⑥ 侯钧生主编:《西方社会学理论教程》,第9页。

（2）法国的实证主义传统。"实证主义"（Positivism）一词首先是在19世纪初由法国空想社会主义者圣西门使用的，孔德则用它称呼自己的思想体系。因此，法国的实证主义在19世纪前期的主要代表人物是圣西门和孔德。实证主义从广义上说，是由哲学和政治体系构成的（前者是基础，后者是一个广泛的体系的目的）；狭义地说，实证主义即是孔德所创立的实证哲学。社会学脱胎于哲学，同样的，实证主义首先也是哲学领域的，是关于历史发展的性质及社会学特性的一种学说。

法国实证主义的盛行与西方文艺复兴之后自然科学能量的释放密不可分。在自然科学帮助人们对自然世界进行大刀阔斧的改造并进而影响了人们的生活方式和思维习惯之后，人们对于自然科学的信任和推崇达到了一个空前的高度，并进而将其方法论从自然科学的领域推广到人类社会领域的研究之中。这种对自然科学方法论的热衷并不是出自偶然，其根本动力是自然科学方法论强大的改造世界的力量，同以往人文学科的方法论不同，实证主义方法论对推动人们的社会改造似乎有着更直接的、更强大的作用，这使得人们对实证主义科学的方法论产生了一种"晕轮效应"，并纷纷投向实证主义方法论的怀抱。孔德曾经提出，人们应该关注"真实观察领域"而非有关物质本源的、终极的领域，那是超出人们想象能力的，是建立在形而上学的思辨之上的"软弱无力的神学"，他主张人们应该以对现实的观察和研究来推断未来。法国实证主义的盛行，使得人们对社会的观察更为客观、理性，也直接或间接地促使了包括社会学在内的许多社会科学学科的产生。

（3）德国的历史主义传统。"历史主义"（Historicism）一词最早被德国人 K.魏尔纳在评介意大利学者维科在1725年出版的《新科学》一书时所用。维科认为历史是循环进化的，但一国的观念、制度、价值观完全由自己的历史发展所决定。19世纪末20世纪初，随着"近代史学之父"——德国历史学家兰克的历史主义理论的广泛传播，德国历史主义逐步传播到各地。

历史主义是与自然主义相对、与人本主义息息相通的西方社会思潮。其主要的理论观点有：一是认为人类历史是一个变化发展的有机整体，一切都是由时间和地点造成的；二是主张用个别化观察研究方法代替一般化考察，并将该方法与个体的感受融为一体；三是认为每一个时代的价值不依其产生出什么而定，而依其内在实体和独有的特征而定①;四是强调观念领域的现实性及其在社会生活中的重要性,注重理解和解释人类行为背后所隐含的主观意义。总之,历史主义既可以是一种世界观,又可以是一种研究的方法,两者之间存在着一定的联系。作为一种世界观,历史主义强调人们只有在历史中,即在事物的发展中,才能真正认识事物的真相。所以,所有有关人类社会的学问,在本质上都应该通过历史的考察才能认清。

(4) 美国的实用主义传统。实用主义(Pragmatism)是19世纪末以来在美国流行的一个重要哲学流派,也是现代美国各派哲学中对该国社会生活和思想文化影响最大的哲学流派。美国的实用主义继承了近代西方经验主义传统,广泛吸取其他各派的哲学观点,反对二元分立的近代形而上学,认为哲学的主要任务是制定科学的认识论和方法论,把哲学和科学研究的对象限定于人的现实生活和经验所及的范围,强调行动、过程和效果,注重非理性的情感、意志以及本能和直觉,其最主要代表是皮尔士(Charles Sanders Peirce)、詹姆士(William James)和杜威(John Dewey)。

一般地认为,美国的实用主义思想兼容了很多其他思想派别的观点,其区别于其他思想的地方主要在于它更强调立足于现实生活来思考,主张把确定信念作为出发点,把采取行动当作主要手段,把获得效果当作最高目的。行动概念占主导地位。尽管实用主义常被当作市侩哲学,但皮尔士、杜威等主要实用主义思想家的理论主旨并非如此。相反,他们都强调要超越传统意义,特别是利己主义意义上的个人主义,强调个人与社会之间的协调、人的实践和行动的社会性。社会学理论中的交换理论和符号互动理论在美国的出现就恰恰体现了实用主义的这种特征。

第三节 西方社会学理论研究的逻辑起点

任何一门学科的产生和发展,都是为满足现实的认知需要,回应时代所提出的问题。作为一门独立形式的社会学的出现与现代性的产生是一致的,它既是对现代性发展及其后果的理解和阐释,又是现代性发展的后果和原因。具体来

---

① 王森洋、张华金主编:《当代西方思潮词典》,华东师范大学出版社1995年版,第293页。

说,社会学的诞生就是为了探索由前现代社会向现代社会转变及其所带来的后果,它既是民族国家的兴起、现代性的出现、工业革命的爆发、社会结构发生巨大变化的需要,也是现代性成长和人类科学知识不断分化—综合的直接结果。因此,社会学从其诞生之时起,其命运就与现代性紧紧拴在一起了。

社会学作为研究现代社会及其变迁的一门学科,是对现代社会特征的一种反思性分析,其关注的核心就是"现代性"的形成和命运。因此,现代性与现代社会是社会学理论研究的逻辑起点,正如英国学者斯马特(B. Smart)所说:"社会学研究领域的界定、学科主题的建构和适当方法论的发展,都是为了系统说明现代社会的现象,说明社会技术——这种技术既是为社会生活现行形式的规则或统治而提供的,又对它们会有一定程度的'合理性'控制。正是基于这些术语和假定,社会学才在现代事物的秩序中以及在'现代性方案'中占有一席之地。"① 吉登斯也曾指出,把社会学界定为对一种特定社会类型(即现代社会)特征及其对世界影响的研究,而不是以一种十分笼统的方式把它界定为研究"社会"的学科十分重要,这也是使它区别于人类学、经济学等其他社会学科的一个重要方面。有人也许会说,对研究现代社会特征的具有界定意义的社会科学是经济学,因为我们实际上所谈论的"社会"是指从资本主义崛起和市场过程形成以来的社会,但是,没有人能够仅仅从经济学的角度来界定出现代社会的特征。②

其实,就其内在的特征而言,"现代性"本身就具有社会学的性质。从社会学甚至整个社会科学的发展历史来看,由于启蒙运动和崇尚理性之间的密切关系,人们通常认为,自然科学在把现代观念与过去的精神状态相区别方面作出了卓有成效的贡献,即使是那些继承人文主义社会学传统的社会学者,也常常承认社会科学与自然科学之间还是有着一定的联系。但社会科学实际上比自然科学更深地蕴含在现代性之中,因为对社会实践不断修正的依据,恰恰是关于这些实践的知识,而这正是现代制度的关键所在。毫无疑问,社会学在建构现代性和现代制度方面具有突出的地位,其本身就是现代社会的一部分。③ 作为一种现代

---

① B. 斯马特:《后现代性与社会学》,《国外社会学》1997 年第 3 期。
② A. Giddens & C. Pierson, *Conversation with Giddens: Making Sense of Modernity* (Cambridge: Polity Press, 1998), pp.42-55.
③ P. Berger, H. Kellner, *Sociology Reinterpreted* (Penguin Books, 1981), p.15.

第一章 西方社会学理论产生的历史背景与基本问题

性和现代社会特征的体现,社会学自身的基础是建立在现代性内涵之中的。因此,关于现代性特征的描述与社会学作为一门学科的产生和发展是紧密联系在一起的,在这种背景下,伴随着对社会学知识特征与地位的哲学与方法论之上的争议,现代性问题自然也成了社会学理论话语中的核心主题。因此,我们可以发现在社会学理论的古典阶段就有一连串的对现代性内涵不大一致的定义,最典型的如"资本主义"(马克思)、"有机团结"(涂尔干)、"合理化"(韦伯)等,而且每一个又都是与说明人类社会发展的动力机制联系在一起的,如"生产方式"(马克思)、"劳动分工"(涂尔干)、"理性化的多样性"(韦伯),同时还包含了一系列方法论类型与分析方法:"社会关系"(马克思)、"社会事实"(涂尔干)、"社会行动"(韦伯)。①

因此,社会学的产生不仅仅是社会历史发展的客观要求,同时也是科学知识体系内在逻辑发展的必然结果。社会学一百六十多年的历史,其实就是不同学派、不同理论、不同研究取向相互对立,又彼此渗透、彼此补充的发展过程。尽管社会学各发展阶段在理论观点上有很大的不同,但如果以现代化为坐标,以社会发展的实践为尺度,古典社会学、现代社会学和当代社会学在理论构建与目标取向上并没有本质性的区别,因为它们始终没有摆脱建设"现代性"与推进"现代化"的历史使命和核心主题,其所遵循的都是一种以民族国家中心论、西方中心论和人类主体中心论为特征的"现代化研究范式"。

古典社会学理论首先在德法两国出现,这并非主要因为这两国学界有理性思辨的传统,更主要的也许是由于其民族国家的形成遇到了独特的困难。尽管如此,民族国家乃至整个欧陆共同体的危机并没有妨碍古典社会学理论的建构方向指向现代性议题的基层。② 从古典社会学开始,绝大多数社会学理论家都将其分析的重点放在从前现代社会向现代社会变迁的这一模式上,尤其关注现代社会与工业化的关系。正如埃利亚斯(N. Elias)所说:"社会学先驱者奉为理所当然的信条之一是,社会必然会朝着进步和越来越完美的方向变化。"③而他们之所以会对现代社会的形成与发展、前现代社会向现代社会的转型特别感兴

---

① D. Owen, *Sociology After Postmodernism* (London: Sage, 1997), p.12.
② 刘小枫:《现代性社会理论绪论》,上海三联书店1998年版,第10页。
③ 诺贝特·埃利亚斯:《文明的进程:西方国家世俗上层行为的变化(第1卷)》(王佩莉译),生活·读书·新知三联书店1998年版,第13页。

趣,其原因就在于"这一时期的社会学家与正在上升的工业阶层中这个或那个阶层联合在一起,以试图说明人类确实是朝着他们所向往、所希望的方向发展的;他们试图通过对迄今为止的社会发展方向及其动力进行深入研究来证实他们的向往和希望"[1]。

如果说古典社会学只是通过各自的研究途径确立了社会学理论对现代性的研究主题,那么到现代社会学阶段,这一主题已更加具体化、系统化和理论化了。从帕森斯对现代社会所做的庞大的结构功能分析,一直到20世纪50年代的发展理论的直接产生,现代社会学无不在承传古典时期的遗风,不管其运用的理论和采用的方法如何,其历史使命和核心主题始终没有发生大的变化。即便是20世纪60、70年代出现的各种反帕森斯理论和反现代化思潮,其实也是紧紧围绕古典社会学的研究主题展开的,只是他们主张的研究路径和方法各不相同罢了。无论是"微观—宏观"维度,还是"主观—客观"维度或是各种综合互补的维度都没有偏离社会学传统的研究主题,这或许与现代性的实践及知识内在逻辑的发展有着密切的关系。

但是,到了当代社会学阶段(实际上从现代社会学阶段就已经开始),社会学家们似乎开始变得越来越具有理性了。与马克思的资本主义思想相比,当代社会学理论家实际上更加强调的是文化和知识的变迁。[2] 其对现代性工程的反思性倾向更加明显。他们不再是盲目地推崇或反对现代化,或者只是简单地在为非西方不发达国家寻求现代化的途径,而是在认真地反思现代性本身及其后果的问题,并力图跳出长期以来的各种"二元"思维的模式,企图把研究视阈拉回到西方发达国家本身之中。于是,各种"后"学思潮纷纷登台,批判主义也雄风崛起,各种思潮纷繁复杂,令人眼花缭乱。现代性议题再次成为学术界(不仅仅是社会学界)关注的焦点,并成为一切学术大师无法逃脱的话题。其实,自20世纪80年代以来,当代社会学各种理论开始走向兼容并蓄,尤其是发展理论,其本身也开始在不断的完善与修正中发展,新现代化理论、新依附理论以及新世界体系理论纷纷出台,并针对人们以往的批评,一改过去那种极端化的思想,彼此之间开始出现相互包容、相互吸收、相互融合的趋势。只是在各种"后现代"思

---

[1] 诺贝特·埃利亚斯:《文明的进程:西方国家世俗上层行为的变化(第1卷)》(王佩莉译),第17页。

[2] R. Cohen, P. Kennedy, *Global Sociology* (Asingstoke: Macmillan, 2000), p.49.

潮和新的综合性理论的冲击下,发展理论的影响力已经远远比不上20世纪50、60年代了。但发展理论的这种衰落并不意味着社会学的衰落,相反,它在一定程度上预示了社会学多元化时代的到来。

总之,现代性与社会学理论的结合直接导致了社会学理论研究中"现代化研究范式"的诞生,由此也开创了社会学理论的新时代。这不仅意味着现代性及其发展成了社会学理论研究的一个核心主题,而且也从总体上规范了社会学研究所要运用的理论、方法以及价值取向,大凡现代性与现代社会所表现出来的特质(如民族国家中心论、西方中心论、人类主体中心论、二元对立、秩序与进步等)也多半成了社会学理论研究的品质和特色,同样现代性与现代社会自身所具有的潜在危机也演变成了现代社会学理论研究的潜在危机。

第四节　社会学理论研究中的几个基本问题

犹如自然科学一样,在社会科学的实践中,理论也处于科学研究的核心地位,因为"正是理论自身产生了检验事实的实验,也正是理论构造了社会现实,即科学家研究的'事实'"①。在社会学理论中,常常会有一些基本问题始终围绕着社会学理论本身,对它们的不同理解和回答不仅是不同理论流派之间争议的焦点,而且也是理解社会学理论多样性的关键所在。这其中有三个不同层面上的基本问题需要我们首先来思考:一是在本体论层面上,社会学是客观主义的还是主观主义的?对这一问题的回答一直存在着两种相互对立的答案,一种认为社会学和自然科学之间存在着根本的区别,社会学的目的是借助于理解(understanding)或阐释(interpretation)的操作,发现社会现象背后的意义;另一种则坚持社会学和自然科学的相似性,能在解释(explanation)的操作下采取硬科学的规范步骤发现因果关系,把客观性看做是社会学的一个正价值和值得追求的目标。二是在方法论层面上,社会学是方法论个体主义的还是集体主义的?对这一问题的不同回答是贯穿社会学史的有关方法论个体主义与整体主义的争论,并且也是社会科学中争论最尖锐的学科,正像斯塔克(R.Stark)指出的,人类学家总是被整体主义的思想支配,经济学家或政治学家倾向于个体主义的传统,而

---

① 杰弗里·亚历山大:《社会学二十讲》(贾春增译),第3页。

社会学家总是在个体主义和整体主义之间摇摆不定。① 三是在认识论层面上，作为社会活动主体的社会行动者，其对社会现象的认识是理性的还是非理性的？对一些社会学家来说，人的行为及其认识活动应被看做是理性的，对另外一些社会学家来说，人的行为则被看做是非理性的，他受大量非理性的情感性活动的制约和影响。

上述三个基本问题分别涉及社会学本体论、方法论和认识论三个不同层面，由此而派生的各种二元对立的问题也层出不穷，并长期困扰人们对社会学学科性质和方法论体系的认识。因此，在本节中，我们尽可能抽取一些非常重要的问题加以讨论，以方便读者更好地理解西方社会学理论。

一、个体与社会的关系问题

任何社会学理论都得首先依赖于某种关于人和社会性质的假设，正如美国社会学家古尔德纳在其《正在到来的西方社会学危机》一书中所指出的："无论是否喜欢、是否了解，社会学家都要根据预先确定的假设来组织自己的研究，社会学的特点就在于依赖于这些假设，并随这些假设的变化而变化。而要探讨社会学的特点，了解社会学是什么，就要求我们去辨认那更深一层的关于人与社会的假设。"② 正是由于这些假设的不同，形成了各式各样的理论观点得以建立的基础，也正是这些假设的对立，造成了社会学理论的分裂。因此，从某种意义上讲，社会学理论的纷繁多样实际上来源于其方法论的分裂与对立，而方法论上的对立又根源于某种关于个体与社会的不同假设及其本体论之争。从"个体与社会"这一关系视角出发，古典时期的思考成为本体论之争的萌芽，不断地型构和延展出对"社会"的种种图像。近代则开启了基于机体隐喻与关系类型学为基础的本体论之争，奠定了理解"社会"的不同取向。而到现代时期，关于"社会"的讨论在认识论及方法论的分歧中进一步分化。人文主义视角聚焦于个体行动与社会文本的阐释过程，将社会消解为个体，却搁置了型构意义的权力角色、冲突特性及背景条件等现实层面。实证主义视角则坚持集体存在与社会事实的因果发现，强调社会的力量，导致个体仅是等待被理论型构和赋予社会本体的"未

---

① 雷蒙德·布东：《社会学是一门"规范科学"吗？》，《国外社会学》1991年第1期。
② A. W. Gouldner, *The Coming Crisis of Western Sociology* (New York: Basic Books, 1970), p.5.

第一章　西方社会学理论产生的历史背景与基本问题

定物质"。①

因此,可以说,个体与社会的关系问题既是社会学研究的核心,也是社会学理论构建的基础。这种基础性主要表现在三个方面:(1)从理论的发生意义上说,这一问题提供了社会学理论的生成性要素;(2)从理论的构成形式上看,这一问题蕴含在社会学理论的结构性要素之中;(3)从理论的具体展开意义上讲,这一问题构成了社会学理论的阐述内容。在当代,社会学理论方法的分裂仍在继续,延伸出社会理论与社会学理论、宏大理论与应用理论、宏大叙事与个人话语、社会科学型社会学与自然科学型社会学,以及日常知识与专门知识、常人社会学与专家社会学的分歧,使个体与整体、微观与宏观、人文与实证、理论与经验之间的传统争论一再被挑起。② 正因为如此,英国著名哲学家伯纳德·鲍桑葵(Bernard Bosanquet)才指出,个体与社会的关系是一切社会问题的根源。对致力于现代社会世界的理解和解释的社会学来说,个人与社会的关系问题更具有根本性意义:它是表征现代社会一切重大问题的符码,正是从对这一符码的破译中产生了社会学与现代社会的联结,形成了一种独具风格的社会知识体系。因而个体与社会关系问题被视为"社会学的基本问题"。③

在社会学乃至整个人文社会科学的知识体系中,有关个体与社会关系的看法大体上存在着三种不同的观点。例如,美国著名实用主义哲学家约翰·杜威在其《哲学的改造》一书中就指出了人们对待个体与社会关系的三种基本观点:"社会必须为个人而存在;或个人必须遵奉社会为他所设定的各种目的和生活方法;或社会和个人是相关的有机的,社会需要个人的效用和从属,而同时亦需要为服务于个人而存在。"④这三种观点可以概括为个体主义、社会整体主义和个体与社会有机关联的观点。在社会学理论发展史上,也存在着社会唯名论、社会唯实论和社会互动论三种不同的基本观点。社会唯实论认为只有社会结构才是真正和客观的存在,它独立于构成它的个体之外,并凌驾于个体之上,而且具有自己的突生性质。如孔德、涂尔干就是典型的社会唯实论者。社会唯名论认

---

① 黄毅、文军:《如何理解"社会":一种观念史的多维考评》,《天津社会科学》2016 年第 5 期。
② 郑杭生、杨敏:《社会学理论体系的构建与拓展——简析个人与社会的关系问题在社会学理论研究中的意义》,《社会学研究》2004 年第 2 期。
③ 郑杭生主编:《社会学概论新修》,中国人民大学出版社 1998 年版,第 14—15 页。
④ 约翰·杜威:《哲学的改造》(张颖译),陕西人民出版社 2004 年版,第 8 章《影响社会哲学的改造》。

为客观现实的是个体及其行为,社会不过是个人及其行为的一种集合,个体之和大于社会。如马克斯·韦伯就是典型的社会唯名论者。社会互动论则希望能够在唯名论和唯实论之间获得一种调和,认为由个体组成的社会和社会化的个体总是保持着一种双重关系:他既内在于社会同时又外在于社会;他既为社会而存在,同时又为了自己而存在。① 因此,社会并非一个实体,而是一个过程,一种具有意识的个体之间互动的过程,正是人与人之间的互动才构成了社会。这种观点集中体现在德国社会学家齐美尔(G. Simmel)的思想中,马克思对"社会"的总体看法也大体如此。

实际上,个体与社会是一种相互缠绕、相互生成、相互提升、相互规定的价值主体之间的关系。对于以个体与社会之间的关系为主要考察对象的社会学理论来说,如何克服主观主义,使从"个体"立场出发的社会学研究也能将"社会"列入其考察范围,反之,如何摆脱客观主义的束缚,使从"社会"出发的社会学研究也能够将社会与个体的关系作为其研究对象,始终是一个亟待解决的难题。毫无疑问,个体与社会关系问题的研究,构成了社会学知识的生长和积累的根基,也是社会学理论和方法不断反思和一再重建的根由。也正因如此,这一问题也就具有了对社会学知识体系、理论和方法论进行深度分析的视角意义。例如,在社会学理论上,实证主义社会学中多半是社会唯实论者,人文主义社会学中大多是社会唯名论者,而批判主义社会学中则大多超越社会唯实论和唯名论之争,许多都持有社会互动论思想。也许正是因为现代个体和社会经历的知识化陶冶,赋予了社会学作为生活之知识的特性,从而产生出对理论和方法不断锤炼的动力。也正是通过跨越现代知识领域的这种重大分野、联结不同知识类型的追求,迫使社会学必须在生活和知识的共同重建状态中保持领先一步的优势,从而铸成了理论和方法的高度一体性。②

二、理论与实践的关系问题

尽管理论的表述既抽象又形式化,但它并不远离和脱离经验现象,有用的理

---

① 周晓虹:《西方社会学历史与体系(第一卷)》,第314页。
② 郑杭生、杨敏:《社会学方法与社会学元理论——个人与社会关系问题的方法论意义》,《河北学刊》2003年第6期。

第一章 西方社会学理论产生的历史背景与基本问题

论都可以通过经验事实来检验。① 因为理论首先来源于实践,理论的建构不能没有社会事实作为基础,但是,仅仅依靠事实和社会实践并不能建构出完美的理论。现代科学哲学研究认为,理论既产生于对"真实世界"进行科学研究之前的非事实或非经验性思考过程,也可以产生于这个"真实世界"的结构本身。② 这句话表明,理论既可以通过对经验事实和社会实践的总结和归纳提炼出来,也可以先于经验事实和社会实践而产生(当然它还须在经验世界和社会实践中不断检验、修正、发展和完善)。因此,理论与社会实践之间存在着双边关系。用传统马克思主义的语言来说,理论与实践之间有一种辩证关系,理论是根据社会实践的情况来建立的,社会实践是理论的认识对象(除了批判对象、行动对象之外),社会实践当然会影响理论,而理论旨在批判社会,引导社会,不可避免地会进入社会生活而影响社会实践。同时,理论与实践之间的辩证关系也就是一种反思性关系,这种关系使得社会学理论不但应该是批判理论,而且不得不是批判理论了。因为社会学理论的研究对象是人,而人的反思性不能屈服于传统科学的目标——预测、控制,人的反思性使得作为研究对象的人和理论发生辩证的动态关系。正如法国社会学家波德里亚(Jean Baudrillard)所说,"理论是一种对现实的挑战",以促进社会现实改变,而不是要拷贝、预测现实。③

尽管社会学理论来自并反映社会实践,但作为一种理论的形式,它又必须与自己所探讨的社会实践相分离。相对于任何一种理论来说,理论是"一",实践是"多",一种理论可以对多个社会实践有效。反之,相对于一个实践来说,实践是"一",理论是"多",一种社会实践必定牵涉多种理论。可见,理论和实践的一多关系是双向交织的一多关系,而不是单一理论主宰一切实践的关系。正因为理论与实践之间存在着这种一多关系,使得理论解释与实践导向之间变得更加复杂。犹如美国社会学者约翰逊所指出的,社会学理论并不能为解释社会实践或预测未来开出一剂灵丹妙药,甚至不能对社会学所论述的知识上的问题和争论提出一种解决方案。但是社会学观点的概念性和知识性的结构及特定的理论所贡献的分析方法,却能够帮助我们理解我们自己的社会世界,从而又能使我们

---

① 乔纳森·特纳:《社会学理论的结构(上)》(邱泽奇译),第2页。
② 杰弗里·亚历山大:《社会学二十讲》(贾春增译),第4—5页。
③ 黄瑞祺:《社会理论与社会世界》,北京大学出版社2005年版,第74页。

更客观、更敏锐甚至更有效地与人们交往。① 可以说,知识的发展只能是对自然界和社会的"实践—认识—再实践—再认识"的循环往复、不断发展的过程,社会学理论则只是这一过程中的某种逻辑演绎或归纳而已。

从社会学的角度来说,"社会实践"(social practices)是指社会行动者所表现的一切行为,当然也包括主体所采取的各种社会形式的合理转化。因此,我们既不能简单地把实践等同于客观的理论知识,也不能将之等同于主观的意识经验,而是一种社会关系的具体化。可以说,实践是发生在社会世界中的事件,而事件是变革的衍生物,是社会行动者实施的对社会世界的改变。这里,"实践"这个概念既可以用单数也可以用复数。现代社会科学坚持认为,这个概念尽管有些泛化,但它对主体作出了准确的描述,作为单一事物和一般事物的"实践",实际上是一致的。作为实践的意识是意识经验的一种特定类型,是与实践不可分割的。既然实践的主体转化能促使社会行动者超越现存状态的限制,那么,作为实践的意识对社会现实也是开放的。② 社会学的实践性天然地决定了社会学理论的经验性,没有经验基础的社会学理论只能是臆想。社会学理论的重要基础就是建立在经验基础上的社会实践以及依据社会实践而展开的一系列社会学的实践,它既是社会学实践的总结,又是社会学实践的向导。因此,社会学的理论研究与经验研究实际上是相互促进的。理论知识与经验知识的主要区别在于:(1)它们对客体反映的方式和角度不同。经验知识主要是描述性的,理论知识主要是解释性的。(2)它们获得知识的形式和方法不同,反映它们的逻辑形式也不同。在经验层次上,一般是通过实验直接获取科学事实,通过或然性推论进行科学概括,表现为广义的归纳形式。而在理论层次上,常常要运用假说—演绎的方法,以达到向真正具体真理运动的辩证结论。(3)它们对实践和科学的意义不同。经验知识是生动的,但具有一定的局限性,只有理论知识才能达到普遍性和具体性,而具有实际运用的无限范围。③ 从社会学理论研究对经验研究的作用来看,其主要表现在:(1)适当的理论使原本孤立的变量在经验研究中确立起一致的相关性;(2)理论的进步会推动经验研究的发展;(3)理论对经验研究具有规范和指导作用;(4)理论可以预测经验研究的结果。而社会学的经验研究

---

① D. P. 约翰逊:《社会学理论》(南开大学社会学系译),第29页。
② Yury Kachanov, "What is Sociological Theory?"。
③ 刘大椿:《科学活动论·互补方法论》,广西师范大学出版社2002年版,第100页。

第一章　西方社会学理论产生的历史背景与基本问题

对其理论发展也同样具有非常重要的积极作用,其主要表现在能够恰当地激发理论、重塑理论、修正理论和澄清理论等方面。①

但同时我们必须指出的是,虽然社会学理论来自于实践,但它绝不是永恒不变的真理,从某种意义上来说,任何形式的社会学理论都只是代表由不同角度去观察社会的暂时性理论。因为社会学理论产生的前提就是为了适应时代和社会实践的要求。一种理论,之所以能够存在并指导实践,就因为它是根据时代发展和社会实践的需要,经对"实践概括"而成的"有系统的结论"。由于事物的发展和社会实践是永不停息的,因此,理论有无生命力,在于其能不能根据时代要求和社会实践的发展而不断与时俱进。正如吉登斯所指出的,社会学是一门有着重要实践意义的学科。它可以通过以下几种方式对社会批判以及实际的社会改革作出贡献:首先,提高对于一套既定社会情境的理解,并经常给予我们一个更好地控制它们的机会;其次,社会学提供了增强我们文化敏感性的手段,从而使得政策制定可以建立在差异性的文化价值观的意识基础之上;再次,在社会实践方面,我们也可以调查采纳某一项特殊的政策方案之后的效果;最后,也是最为重要的一点就是社会学带来了自我启蒙,为群体和个人提供了更多的机会来改变他们自己的生活状况。②

三、宏观与微观的关系问题

宏观与微观的关系问题是西方社会学理论的基本问题,尤其在美国社会学理论传统中,宏观与微观的关系问题可以说是最基本的一种理论维度,也是个体主义与整体主义两种方法论原则在社会学理论视角上的一种逻辑延伸。对采取个体主义方法论立场的社会学家来说,从微观角度对个体与个体间互动过程进行的研究,是解释社会事实的根本途径。因此,许多微观社会学家都认为社会不是由宏观结构构成的,只能从行动者及其行动中才能发现社会的本质。同样,对采取整体主义方法论原则的社会学家来说,宏观的社会现象,如社会结构及其过程、社会变迁等才是社会学的重要研究内容。因此,宏观社会学家都强调的是"角色承担"而不是"角色建构"。同时还特别强调对现存规则的适应和尊奉而不是任意发挥和谈判。所以,个体主义与整体主义方法论原则几乎必然会使社

---

① 林聚任、刘玉安主编:《社会科学研究方法》,第51页。
② 安东尼·吉登斯:《社会学(第四版)》(赵旭东等译),北京大学出版社2003年版,第26页。

会学家对微观研究或宏观研究作出某种抉择。在社会学理论研究中,舒茨(A. Schutz)的现象学社会学,以及诸如符号互动理论、社会交换理论、常人方法学等,都是以个体主义原则和微观研究为基本倾向和内容,这些理论所关注的总是细小的个体单元;而孔德、马克思、涂尔干、帕森斯及社会批判理论等社会学理论,则明显地表现出整体主义原则和宏观研究倾向,这些理论所关注的是规模较大的单元,如制度或整体社会。① 尤其到了20世纪80年代以后,新的理论进行综合的努力往往是建立或恢复"微观"与"宏观"之间的联系。②

尽管自社会学建立以来,宏观与微观的关系分离状态就一直存在着,宏观层面分析和微观层面分析之间的整合问题也一直困扰着社会学理论家们。但自20世纪80年代以来,越来越多的社会学理论家开始认识到宏观与微观视角的整合的重要性,并提出了宏观和微观探索之间的理论鸿沟不是不可以弥合的。实际上,在社会学研究中,宏观结构与微观行动总是相互依赖的。比如每一个成员在仪式中扮演自己的角色(是微观行为)时,仪式的整体特性(属宏观结构)就会突生出来;众多个体行为的结果(是微观行为)会在社会中形成一种社会规则(属宏观结构),从而进一步制约个体的后续行动。③

由于宏观结构和微观行为具有多样性,探求两者的整合机制就是一个具有挑战性的课题。当代许多社会学理论家都曾作了探讨,比较有代表性的观点主要有:(1)布劳(P. Blau)认为,微观与宏观的分析单位、关注的对象以及所用的概念、理论都是不同的。他以切身的经历(从早年的交换论向宏观结构理论的转变)说明很难为宏观找到一种经验的微观基础。他不相信微观与宏观的理论能整合起来,但认为二者并不矛盾,是可相互补充的。(2)卢曼(N. Luhmann)认为,微观与宏观的区分降低了对客体描述的复杂性,没有考虑到层次间的相互依赖,因而卢曼主张用更强有力的概念化的体系理论来取而代之。(3)科尔曼(J. Coleman)主张用微观层次的资料去研究宏观层次,强调从微观到宏观的转换模型的重要性。他认为,任何一个以个人行动理论为基础来解释系统行为(即社会行动)的社会学理论都由三个部分组成:宏观到微观的转变、个人水平的行动

---

① 郑杭生、杨敏:《社会学理论体系的构建与拓展——简析个人与社会的关系问题在社会学理论研究中的意义》。
② 杰弗里·亚历山大:《社会学二十讲》(贾春增译),第279页。
③ 顾金土:《宏观社会学与微观社会学之关系探析》,《南京农业大学学报(社会科学版)》2004年第4期。

及微观到宏观的转变。他采取的策略是把宏观水平上的系统行为的解释在推理过程中降低到个人水平上。(4)柯林斯(R. Collins)认为,微观与宏观的划分是一个连续统,而不是二分法。微观事件是情境性的,它们在时间、空间、数量上延长、扩大、重复而形成宏观过程。换言之,宏观即微观境遇(encounter)在时空数量上的延伸增大。他强调宏观社会过程的微观机制(基础),并以微观过程来解释宏观过程。(5)亚历山大在《社会学的理论逻辑》一书中指出,科学过程除了经验逻辑之外,还有一个理论逻辑,据此,他构建了一个以"形而上的环境"和"经验环境"为两端的科学连续谱,从而把微观与宏观联结起来。他在《行动及其环境》一文中提出,微观与宏观的界限完全是相对的,在某一层次是宏观的现象在另一层次可能是微观的。①

总之,对于社会学理论而言,宏观与微观的关系问题具有特殊的意义,按照特纳(J. H. Turner)的说法,这是一个使西方社会学理论分裂为各种营垒的"更具实质性"的"哲学问题"。的确,这一问题的重要意义在于,由于研究视角的明显区别,社会学家对同样的经验事实可能采取完全不同的研究策略——从理论支撑、假设、被解释项的确定、具体研究方法的选择、操作技术和实施方案,最终可能得出不同的理论解释和模型。这些截然不同的研究策略和结论固然会导致大量的分歧和争论,但无疑也从不同的角度解释了社会事实本身的多重真实性。②

四、结构与行动的关系问题

结构与行动的关系问题是欧洲传统的社会学理论争论的焦点问题。和宏观与微观的关系问题一样,它也是社会学理论的基本问题。"结构"是众多社会学家开展社会学研究时关注的核心,但"结构"的概念仍只是被含糊地理论化了,有关结构的分析也是众说纷纭。许多社会学理论家认为,社会现象只能由抽象的、普遍的本质加以说明而不能归结为个人因素,行动并不表现为个体的主观选择,而是由社会结构所决定的。因为社会中存在着集体意识、集体特征,它们具

---

① 郇建立:《个体主义+整体主义=结构化理论?——西方社会学研究的方法论述评》,《北京科技大学学报(社会科学版)》2001年第1期。
② 郑杭生、杨敏:《社会学理论体系的构建与拓展——简析个人与社会的关系问题在社会学理论研究中的意义》。

有外在性和强制性,任何个体的行动都是社会秩序和社会结构制约的产物。社会学理论中的结构分析范式重视整体研究,主张摒弃个体的主观因素,从宏观的结构入手对社会现象进行客观的描述。但与结构分析范式立场相反,行动分析范式的出发点是个体及其行动,个体行为成为分析和观察一切社会现象的基本视角,一切复杂的社会现象都可以约简为个体的行为。社会、文化、结构、制度等都是不具有实体性的抽象名词,它们必须由个体的动机和行为来说明和解释,不由自身的整体性质来解释。因此,行动分析范式的基本逻辑是,社会秩序和结构是社会行动的结果,行动的关键是个人的选择而不是宏观的结构情境。①

社会结构既具有客观性,又具有主观性。社会结构相对于社会行动者而言,它具有独立性和约束性。也就是说,对于任何一个社会行动者来说,一方面,社会结构是独立的,因为结构是反映社会行动者关系的范畴,或者说社会结构是外在于社会行动者的;另一方面,社会行动者在互动过程中,要受到既有的社会结构的制约,人们的互动行动镶嵌在一定的社会结构之中。社会结构同时又具有主观性,因为人是具有主观能动性的理性行动者,人们在互动过程中,根据形势需要,在具体的时空状态下,可以废除现有的规则,打破已有的规范结构,而创造、再生产出新的社会结构。社会结构既具有相对稳定性,又具有动态性。社会结构作为社会关系的协调体系是具有相对稳定性的,因为社会关系在时空条件下具有制度化的特征,而这种制度化的互动关系体系能够在较长时间上延续。从系统论的观点来看,社会系统的结构又是一个动态的结构,它的维系依赖于和环境之间进行各种交换活动,由于社会环境的变化以及人的创造性的活动,社会结构必然会发生变化,而使得社会结构具有动态性的特征。②

在当代有关结构与行动关系的讨论上,英国社会学家吉登斯的观点比较具有代表性和影响力。吉登斯认为"结构"可以概念化为行动者在跨越空间和时间的互动情境中"利用的规则和资源",正是在使用这些规则和资源,利用结构特质时,行动者在空间和时间中维持、改变和再生产了结构,即"结构二重性"(duality of structure)原理,也就是结构既作为自身反复不断地组织起来的行为

---

① 张兆曙、蔡志海:《结构范式和行动范式的对立与贯通——对经典社会学理论的回顾与再思考》,《学术论坛》2004 年第 5 期。
② 郑杭生、赵文龙:《社会学研究中"社会结构"的含义辨析》,《西安交通大学学报(社会科学版)》2003 年第 6 期。

第一章　西方社会学理论产生的历史背景与基本问题

的中介,又是这种行为的结果;社会系统的结构性特征并不外在于行动,而是反复不断地卷入行动的生产与再生产。① 犹如吉登斯所说,"我们在制约中创造了制约我们的世界"。社会结构就是这样一个世界,人具有能动性的同时受着客观存在场景的制约。行动者的反思能力是一种能够改变情境的能力,社会结构能转化成行动者在具体情境下所用的规则和资源,而不是到处挤压行动者的外在现实。结构化就是这样一个双向的过程,在此过程中,规则和资源在时间和空间的跨度中形成互动,并完成了再生产和转化;结构决定个体的行动,同时个体的行动也创造了结构。

总的来看,尽管结构与行动的分析范式各自的解释立场和解释路径之间相互对立,但同时又都以对方的理论作为假设的前提,从而实现了两种对立范式的互补和贯通。当代社会学理论的发展趋势是越来越企图跨越这种"二元对立"而走向融会贯通,吉登斯的结构化理论就是这种努力的一种典范。

五、主体与客体的关系问题

长期以来,经典哲学主张在"主体"中寻找客观性的条件,并由此来寻找主体所规定的客观性的局限性。经典科学的因果观还是决定论的,这种决定论的哲学基础就是人与自然、精神与物质间的分裂,而这种分裂的实质就是将人一分为二:一方面作为"客体"的人仍被嵌入在宇宙机器中,完全被动地服从其运行规律;另一方面作为"主体"的人(精神)则被从中分离出来,成为外部孤独的旁观者,其意义仅在于对世界作出机械反映,反映的结果就是所谓的科学。

在主流社会学理论中,社会学者把这种线性的、狭隘的、二元对立的思维方式运用到了对社会现象的研究领域中,将自己作为"主体"的人从社会世界中分离出来,从外部对留在"里面"的作为"客体"的人进行观察和研究,认为这样就能够用可观察的经验事实进行客观的实证研究了。然而,人文主义社会学者反对这种做法,认为留在"里面"的人与研究者一样,都是"主体"的人,都有着意识和思维能力。由此,产生了两种截然不同的研究方法:一种是实证主义的研究方法,一种是非实证主义的"解释性""人文的"研究方法。社会学理论在研究方法上尽管存在着这两种截然相反的做法,但在思维方式上却是统一的,都是在经

---

① 杨善华主编:《当代西方社会学理论》,第222页。

典科学的世界观指导下形成的二元思维模式,都把人一分为二,只是实证主义社会学的方法强调研究作为"客体"的人,人文主义社会学的方法则注重分析作为"主体"的人罢了。

社会学理论研究要实现革命性的转变,首先必须打破传统的"经典科学式"思维方式,这不仅是由于所谓"科学"这个概念的内涵本身就是一个动态的历史过程,它是切切实实地相对于历史在变化的;而且更主要的是由于社会学乃至整个社会科学与自然科学在思维方式上具有本质性的区别,其中最大的区别就在于,在自然科学中,我们可以从根本上排除思维的主体,尽管我们不能够排除观察者,而在社会学理论中,我们既不能从根本的程度上排除观察者,也不能排除主体。因此,作为现代科学性原则的第一点,我们可以说一切观察都应将观察者包括在内,一切设想都应将设想者包括在内,应区分人与社会、主体与客体、微观与宏观,但又不能将两者割裂开来,因为社会作为一个系统,其构成要素都是相互关联、相互作用的。社会学家真正的科学性、真正的科学任务是在考虑到科学性具有相对特点的同时,将自身置于相对的位置上。在社会学理论中,科学性只是目的,是理想的目的,但永远不是属性。①

今天,伴随全球化而来的大量复杂性和不可预测性,我们正在逐步进入用笛卡尔思维方式不能进行概念创造的时代。这正是在创造关于未来的概念时必须转变思维方式的根本理由。因此,"考察过去,研究现状,然后在其延长线上描绘未来"这种"推进式思维"以及只着眼于"主体与客体"的二元思维和狭隘的民族国家、地方社区层次上的思维方式已经很难再跟上全球化的新形势了。尤其在社会学理论研究上,必须要彻底转变我们这种长期惯用的线性的二元思维方式和只停留在国家范围内的地方意识,应着眼于全球化的未来,根据事物的本质来描绘未来的"应有状态",并以此来改变现实,创造未来。这正如维特根斯坦所言,透视一个深层且棘手的问题,最为关键的办法是"开始以一种全新的方式来思考"。②

实际上,"主体"的人在与客体发生对象性关系的过程中,"客体"始终作为一种客观因素和客观条件制约、限制和决定着主体的活动。人在现实世界中的

---

① 艾德加·莫兰:《社会学思考》(阎素伟译),上海人民出版社 2001 年版,第 16 页。
② 江怡:《维特根斯坦:一种后哲学文化》,社会科学文献出版社 1998 年版。

一切活动都是为了把客观存在的事物改造为能够满足人的需要的对象。因此，现实世界的人不仅是主体的存在，也是客体的存在。吉登斯指出，现代主义对人类社会的认识与理解主要是建立在主观主义与客观主义的对立之上的。主观主义将人这一行为主体视为社会分析的核心命题。而另一方面，客观主义则由于将社会放在了首要的位置，所以社会制度就成为其分析社会的中心主题。但是，由于主客观双方都处于一种相对独立的状态，所以我们很难用它们来理解主体与客体之间的关系。我们只有把人当作主体和客体的辩证统一，才能从根本上解决社会学史上层出不穷的单个决定论的形而上学倾向，彻底消除各种悖论产生的根源；才能认识到个人的存在和价值是以他人的存在和价值为前提的，人是目的和手段的统一；才能在制定各种具体的社会政策和措施时，实现发挥人的主观能动性和尊重社会客观规律的辩证统一，实现人自身完善和社会进步发展的完美结合。①

六、科学性与人文性的问题

社会学理论能不能成为科学？这几乎成了社会学争论的焦点。有人认为能，有人认为不能，还有人保持中立。这首先涉及对"科学本质"的认识。罗素曾把"科学"规定为人类理性的一种"确切的知识"，并以此来区分于宗教和哲学。《韦伯斯特新世界大辞典》给"科学"下了一个定义："科学是从确定研究对象的性质和规律这一目的出发，通过观察、调查和实验而得到的系统的知识。"②《现代汉语词典》对"科学"的界定是："反映自然、社会、思维等客观规律的分科的知识体系。"不管人们怎样认识和看待科学，科学都是人类把握世界的一种基本方式。③

实际上，在探求、解释和发展有关现实世界的知识方面存在着各种不同的途径，科学仅仅是一种途径而已。科学是建立在这样的假设之上的：它相信知识能够摆脱价值判断，它能解释经验世界的现实活动，并且能够根据仔细观察到的经

---

① 刘谨：《构建社会学理论的哲学方法论》，《中南民族大学学报（人文社会科学版）》2004年第4期。
② 林聚任、刘玉安主编：《社会科学研究方法》，第2页。
③ 黎民、张小山主编：《西方社会学理论》，华中科技大学出版社2005年版，第14页。

验事件来修正自己。① 因此,科学的特征具有以下三个方面:(1)可检验性;(2)精确性;(3)具有解释力和预测力。如果坚持科学的这些理想化的标准,社会学发展至今可能还够不上科学,至少不能像其他自然科学一样获得科学的地位。如果我们坚持科学的部分标准,同时依据科学所属的知识种类,就可以把社会学看做是一门"社会的自然科学"(准科学)。

乔纳森·特纳曾经从创造知识的不同方式的角度,论证了社会学知识体系的科学地位。特纳认为,我们通过对(1)对知识的探求应该是价值有涉,还是价值中立?(2)应该适应真实的经验事实和过程,还是非经验现实的?这两个基本问题的回答来划分知识的基本类型。如果只告诉我们在经验世界中应当存在什么(同时也意味着什么不应当发生),那就是意识形态;如果只告诉我们应当是什么而不对应于可观察的事件,那就是宗教,或者是另一世界的力量或生灵;如果是既非经验性的,也非价值判断的,那就是规范的逻辑体系,如数学;如果是关于经验性事件的,并且是非价值判断的,那就是科学(见图1.2)。②

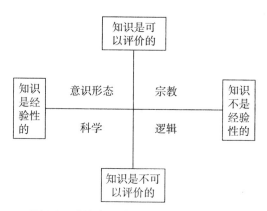

图1.2 乔纳森·特纳对知识类型的划分

主流社会学理论从诞生之时起就在为科学化而努力。尽管社会学家长期对社会学理论的科学性问题存在着不同的看法,但主流社会学理论的这种努力却一直没有放弃过。社会学的研究方法与理论建构跟科学的思维方法一样,从本质上讲是理性的,也是符合客观性和逻辑性的。但是科学是一个动态的过程,科

---

① 乔纳森·H.特纳:《现代西方社会学理论》(范伟达等译),天津人民出版社1986年版。
② 乔纳森·特纳:《社会学理论的结构(上)》(邱泽奇译),第2—3页。

学是认识结果和认识过程的统一。建立在理性基础上的社会学知识体系很难与非理性因素绝缘并一直保持一种纯理性的状态。实际上,即使是科学研究的过程本身,也灌注着人文情怀、充满人文因素,这主要表现为:首先,科学同样需要形象、直觉、顿悟的非理性的思维方法;其次,科学是否符合真理,固然最终要诉诸经验证实,但科学无法摆脱人文方法的深刻影响;最后,科学探索过程中作为探索主体的科学家是伴随着情感意志、理想信念等人文激情的,而这一过程也是充满人性的。①

因此,费孝通先生指出,社会学是具有"科学"和"人文"双重性格的学科,社会学的科学性,使得它可以成为一种重要的"工具",可以"用"来解决具体的问题,比如预测一个社会的发展走向,调查一个群体的态度和行为,分析某个社会组织的运行机制,解决某个紧迫的社会问题等。然而,社会学的价值,还不仅仅在于这种"工具性"。今天的社会学,包括它的科学理性的精神,本身就是一种重要的"人文思想"。社会学科研和教学,本身就是一个社会人文精神养成的一部分。社会学的知识、价值和理念,通过教育的渠道,成为全社会的精神财富,可以帮助社会成员更好地认识、理解自我和社会之间的关系,以提高修养,陶冶情操,完善人格,培养人道、理性、公允的生活态度和行为,这也就是所谓"位育"教育的过程,是建设一个优质的现代社会所必不可少的。社会学的研究方向,要考虑到这种人文方面的需要。社会学的人文性,决定了社会学应该投放一定的精力,研究一些关于"人""群体""社会""文化""历史"等的基本问题,为社会学的学科建设奠定一个更为坚实的认识基础。②

在社会学理论的发展史上,对科学与人文关系的态度问题,实际上也是对两种文化的功能与地位的认识问题。科学与人文是人类的两种基本存在方式。科学使人的本质力量得到确证,这是人类存在的一种方式。但人的存在除了像科学那样以概念、符号等形式描述、解释世界以外,还必须以反思、理解等形式开展价值追问和人文观照。这样一种人文的把握世界的方式也是人的重要存在方式。无论是用科学消解人文还是用人文消解科学,都是与人的多向度的存在相

---

① 黄文贵、黄维柳:《科学的人文维度——多侧面认识科学的人文蕴含》,《自然辩证法研究》2003年第5期。
② 费孝通:《试谈扩展社会学的传统界限》,《北京大学学报(哲学社会科学版)》2003年第3期。

悖的。① 社会学理论的科学性一般是以"社会规律性"和"认识实证性"为根基的,但当代社会学理论却一反传统:一方面出现了对社会规律性的淡漠与否定,另一方面又呈现出认识方式的数学化和哲学化趋势,这样就动摇了社会学理论的科学性根基,使社会学理论的科学性面临怀疑而陷入困境。但不管怎样,在社会学理论的建构中,我们应该把理论的科学性和人文性统一起来,只有这样,才能使社会学理论更具有解释力、预测力和对社会实践的指导能力。

七、价值中立与价值关联的问题

"价值中立与价值关联"是社会学研究中的经典二元困境之一。这一问题与上述的社会学理论的"科学性与人文性"问题息息相关,也与社会学理论中对"自然科学与社会科学""自然规律与社会规律"的不同看法和基本态度相关。在社会学理论发展史上,既有强调价值中立重要性的,如大多数实证主义社会学家就认为社会学是"一门超价值观的学科",指出社会学要想对社会作出独特的贡献就必须先清楚个人的价值观;也有强调价值关联重要性的,如美国社会学家古尔德纳就认为社会学的价值中立"只是一种神话",他认为,社会学价值中立的主张会使研究者由于没有明确的道德责任而回避社会生活中有重大意义但有争议的社会问题②;还有同时强调价值中立和价值关联的,如马克斯·韦伯。在韦伯看来,"价值中立"主要是指研究者在选定了研究对象之后,必须放弃任何主观的价值观念,严格以客观的、中立的态度进行观察和分析,从而保证研究的客观性和科学性。此外,价值中立还包括另一层含义,即对"事实领域与价值领域""事实判断与价值判断"的区分。"价值关联"主要是指在研究工作开始之前,研究者在选题和收集材料上所表现出的主观兴趣,同时,又指在研究工作得出结论后,研究者在实际应用结论中所表现出来的主观目的性。在通常情况下,研究者根据其所在社会中人们所持有的一般文化价值,选择经验中的某一部分题材作为自己的研究对象。因而特定时代的价值目标对社会学家的研究对象的选择和探索具有决定性的影响。

从上述韦伯对价值中立和价值关联的解释来看,价值关联的原则实际上是

---

① 王东:《现代反科学主义思潮的科学文化观》,《自然辩证法研究》2003 年第 8 期。
② 宋林飞:《当代西方社会学》,辽宁教育出版社 1990 年版,第 23 页。

在选择的意义上提出来的。因为科学是无限的,所以我们在进行研究的时候只能在研究对象之间进行选择,而选择又总是与价值相关的。因此,在韦伯那里,一方面我们应该恪守价值中立原则,另一方面这一原则又不是无限的。它的基本含义有二:其一,一旦科学家根据自己的价值观念选定了研究课题,他就必须停止使用自己或他人的价值观,而遵循他所发现的资料的引导。无论研究的结果对他或对其他什么人是否有利,他都不能将自己的价值观念强加于资料。从这个意义上说,从事科学研究的人应该受科学精神的支配。其二,既然事实世界和价值世界是两回事,你就不能从"实然的判断"推导出"应然的判断"。超越自己的本分去处理价值评判问题,就会使科学丧失客观性,丧失最起码的尊严。①

主流社会学研究是以"价值中立"为指导的,比如,社会学创立时期的代表性人物涂尔干在其《社会学研究方法论》一书中,就提出了社会学研究的三条基本原则:(1)在科学研究中排除所有成见;(2)根据社会现象的外部特征进行定义;(3)客观地观察事物的外部特征。② 但是,由于社会学自身的特点,社会学研究的过程与方法不仅不能与自然科学相一致,而且出现了许多自然科学所没有的种种困难。困难之一:社会科学工作者具有双重身份,既是研究者,又是参与者,既是主体,又是客体。美国学者肯尼思·D. 贝利(K. D. Bailey)也指出:自然科学一般不介入他或她正在研究的现象,而社会科学家则自身在研究现象之中,因此,研究者必然会把自己的知识结构、情感、意志、价值观念等带进认识过程,并最终影响到认识过程的结果——观念性产品。这种观念性产品就很难具有客观性。③ 困难之二:从研究对象上来说,社会科学与自然科学有根本区别。自然科学的研究对象是"冥顽不灵"的自然界,与人类存在着语言隔离。研究中只能获得对象信息的单向性作用。而社会科学则不同,研究者在获取被研究者的信息的同时,被研究者也在获取研究者的信息。此外,自然现象并不因为研究主体的主观愿望而改变,具有一定的"确定性",但社会科学就不同,社会科学的研究对象就有可能受研究主体的主观愿望发生变化,甚至同一个问题的全部资料,研究者把符合自己意愿的材料保留下来,其结果出现在公众面前的研究结论就有可

---

① 周晓虹:《再论"价值中立"及其应用限度》,《学术月刊》2005 年第 8 期。
② 迪尔凯姆:《社会学研究方法论》(胡伟译),华夏出版社 1988 年版,第 26—36 页。
③ 肯尼思·D. 贝利:《现代社会研究方法》(许真译),上海人民出版社 1986 年版。

能是虚假的。坦率地说,具有确定性倾向的自然科学理论与具有不确定性倾向的社会科学理论相比,在公众心目中会具有更大的吸引力和信任感。正如卢曼所指出的,"确定性"是赢得社会信任的基础,因为它能够给人们以本体上的安全感和行动上的简化机制。① 困难之三:按照马克斯·韦伯的观点,社会事实与自然事实完全不同,社会事实的特点是与价值相关,而自然事实却完全相反。因此,自然科学的研究与社会科学的研究有着原则界限。韦伯由此推论出,自然科学中对"规律"概念的用法在社会科学中尤其是在历史研究中很少有所得。在自然科学中,规律越是普遍适用,对精确的自然科学越是重要,也就越有价值。但在社会科学中却相反,最普遍的规律正是最空洞的,往往也是最没有价值的。②

总而言之,价值中立与价值关联实际上是同一个问题的两个方面。在韦伯那里,价值中立并不是一个普遍性的行为准则,而只是科学家进行学术研究时的一条规范。如果做到按科学家的规范从事科学研究,就意味着做到了价值中立。另一方面如果能够联系行动者的客观现实的整体价值来研究事物,就实现了价值关联。因此,要克服价值中立与价值关联、事实判断与价值判断之间的二元分离及其对立的理论困境,只有一方面承认两者在各自领域中对事实的客观真理的追求和人文解释都具有合理成分,另一方面认识到事实与价值不是非此即彼,而是相互统一的关系。事实判断,是从客观存在的事物出发,让事实说话,而价值判断"应当理解为关于受到我们行动影响的现象是卑下的或是正当的评价",涉及认识者的主观评价。③ 但是两者统一于人的活动特性之中,即事实判断与价值判断的统一内在地体现了人的创造活动中体现事物及其规律的"物性"特征和凝结着人的本质力量的"人性"特征的内外尺度的统一。④

上述列举和讨论的社会学理论的几个基本问题,都是社会学理论和方法中常常遇到的两难问题,对它们的不同回答和态度是区分社会学理论流派和方法论取向的基本依据。当然,除此以外,社会学理论和方法还面临着其他一系列的

---

① 尼克拉斯·卢曼:《信任》(瞿铁鹏、李强译),上海人民出版社2005年版,第22页。
② 赵一红:《浅论社会科学方法论中的价值中立问题》,《暨南学报(哲学社会科学版)》1999年第1期。
③ 马克斯·韦伯:《社会科学方法论》(韩水法、莫西译),中央编译出版社2002年版,第136页。
④ 刘谨:《构建社会学理论的哲学方法论》。

二元困境,如主观与客观、静态与动态、个体与整体、传统与现代等。所有这些二元困境归根结底源于人们对个体与社会关系的不同看法。因此,个体与社会的关系问题是社会学的"元问题"(the meta)。正是这一元问题所引发的巨大困惑和不懈探索,形成了社会学的知识体系。反过来,个人和社会所经历的裂变、冲突和重新整合,都汇入了社会学知识的视阈并折射到理论和方法的深层。① 通过对个体与社会关系的解读,我们可以在更深入的层面上解读和理解社会学理论与方法的渊源关系及其发展历程。

【推荐阅读】

Alexander, J. C., *Theoretical Logic in Sociology* (London: Routledge, 1982).

Berger, P., *Invitation to Sociology* (Harmondsworth: Penguin, 1996).

Coleman, J., *Foundation of Social Theory* (Cambridge: The Belknap Press of Harvard University Press, 1994).

Mouzelis, N., *Sociological Theory: What Went Wrong?* (New York: Routledge, 1995).

Owen, D., *Sociology after Postmodernism* (London: Sage, 1997).

Ritzer, G., ed., *Frontiers of Social Theory, The New Syntheses* (New York: Columbia University Press, 1990).

Taylor, S., *Sociology: Issues and Debates* (London: Macmillan, 1999).

艾德加·莫兰:《社会学思考》(阎素伟译),上海人民出版社2001年版。

安东尼·吉登斯、菲利普·萨顿:《社会学(第七版)》(赵旭东等译),北京大学出版社2015年版。

安东尼·吉登斯:《社会学(第四版)》(赵旭东等译),北京大学出版社2003年版。

安东尼·吉登斯:《社会学方法的新规则》(刘江涛、田佑中译),社会科学文献出版社2003年版。

陈秉璋:《社会学理论》,三民书局(台湾)1991年版。

戴维·波普诺:《社会学(第十版)》(李强等译),中国人民大学出版社1999年版。

高宣扬:《当代社会理论》,中国人民大学出版社2005年版。

黄瑞祺:《社会理论与社会世界》,北京大学出版社2005年版。

贾春增:《外国社会学史(修订本)》,中国人民大学出版社2000年版。

---

① 郑杭生、杨敏:《社会学方法与社会学元理论——个人与社会关系问题的方法论意义》。

雷蒙·阿隆:《社会学主要思潮》(葛智强等译),华夏出版社2000年版。
刘豪兴:《国外社会学综览》,天津人民出版社1993年版。
刘小枫:《现代性社会理论绪论》,上海三联书店1998年版。
刘易斯·科瑟:《社会学思想名家》(石人译),中国社会科学出版社1990年版。
罗伯特·默顿:《论理论社会学》(何凡兴等译),华夏出版社1990年版。
马克斯·韦伯:《社会科学方法论》(韩水法、莫西译),中央编译出版社2002年版。
莫家豪:《社会学与社会分析》,中国社会科学出版社2000年版。
帕特里克·贝尔特:《二十世纪的社会理论》(瞿铁鹏译),上海译文出版社2002年版。
乔纳森·H.特纳:《社会学理论的结构》(邱泽奇译),华夏出版社2001年版。
乔纳森·特纳:《现代西方社会学理论》(范伟达主译),天津人民出版社1986年版。
乔治·瑞泽尔:《当代社会学理论及其古典根源》(杨淑娇译),北京大学出版社2005年版。
宋林飞:《西方社会学理论》,南京大学出版社1997年版。
苏国勋:《当代西方著名哲学家评传(第十卷)》,山东人民出版社1996年版。
文军:《西方社会学经典命题》,江西人民出版社2008年版。
杨懋春:《社会学》,台湾商务印书馆1983年版。

第二章

西方社会学理论的发展脉络与当代趋势

西方社会学理论自诞生以来,经历了许多不平凡的发展道路。一方面它在吸取其他学科知识养分的同时,自身又在不断地创新出新的理论体系,并为其他社会科学的繁荣与发展提供新的知识源泉和理论支持;另一方面,为了保持学科自身的相对独立性,西方社会学理论在总揽西方各种社会思潮的同时,不断坚持探索符合学科自身特色的发展道路,由此也形成了一些独特的发展规则和研究范式。因此,了解西方社会学理论的发展脉络及其所体现的基本规则,对于我们深入了解社会学理论的历史与现状,把握当代社会学理论的发展趋势及其基本特征具有非常重要的意义。

第一节 西方社会学理论的发展脉络

尽管对西方社会学理论发展阶段的具体划分,不同社会学家有着不同的理解和划分方法,但对西方社会学理论的发展脉络,许多社会学家都倾向于认为,西方社会学理论流派走过了一段由彼此分离、相互对立到彼此渗透、相互融合的历史发展过程。

一、西方社会学理论的历史阶段

自19世纪30年代社会学诞生以来,人们对其总体框架的划分就存在着二分法、三分法、四分法以及混合法等不同的划分法,其中影响较大的主要有孔德、沃德、索罗金(P. A. Sorokin)、波洛玛(M. Poloma)等人的二分法。如孔德在《实证哲学教程》中,首先将社会学区分为研究社会秩序的静态社会学和研究社会进步的动态社会学两部分。沃德在 20 世纪初出版的《纯理社会学》中,将社会学分为纯理社会学和应用社会学。纯理社会学吸取了孔德的思想,把静的社会现象问题和动的社会现象问题与社会势力问题摆在一起;应用社会学则研究社会改进的现象问题。索罗金在 20 世纪 30 年代则把社会学划分为普通社会学和特殊社会学,前者研究社会现象与社会现象间的共同性和共同关系,后者研究社会现象与社会现象间的特殊性和特殊关系(特殊社会学实际上是分支社会学)。波洛玛将社会学划分为"自然主义社会学"(或"实证主义社会学")与"人文主义社会学"(或"解释性的社会学")。① 还有的社会学家则把社会学分为宏观社会学和微观社会学,前者侧重研究社会整体结构与功能,后者侧重研究个人、小群体的行动与互动。② 维泽(L. Wiese)在《系统社会学》一书中则把社会学分成三部分:研究社会生活历史进程的历史社会学,研究由社会养成的内心势力的最后意义以及意识力量的哲学社会学,和根据实际与实验做社会现象的系统研究的系统社会学。犹如早期社会学家对社会类型的划分一样,这些划分法,尽管各自的视角不同,但总体上看其内容大同小异,这从一个侧面反映了:随着社会学研究的广泛开展和社会学知识的普及,人们对这门学科的理论范围和研究内容正在取得比较一致的看法。③

  对西方社会学理论发展的历史阶段的划分也大体如此。按照西方社会学理论发展的历史进程及其内在逻辑演变,社会学家通常把迄今为止的西方社会学理论划分为五个阶段:第一个阶段是从社会学诞生的 19 世纪 30 年代到 70 年代末,这是社会学的奠基阶段,其代表性人物就是孔德和斯宾塞(H. Spencer);第二个阶段是从 19 世纪 80 年代到 20 世纪 20 年代,这是社会学的形成阶段,其代表性人物就是韦伯和涂尔干;第三个阶段是从 20 世纪 30 年代到 60 年代中期,也是社会学理论发展史上著名的"帕森斯时代",其代表性人物就是帕森斯;第

---

① P. Margaret, *Contemporary Sociological Theory* (New York: Macmillan Publishing Company, Inc., 1979), p.2.
② F. Katz, *Contemporary Sociological Theory* (New York: Random House Company, Inc., 1971).
③ 《中国大百科全书(社会学卷)》,中国大百科全书出版社 1991 年版,第 7 页。

四个阶段是从20世纪60年代中期到70年代末,这是各理论流派"群雄割据"的时代,也是著名的"反帕森斯时代";第五个阶段是从20世纪80年代直至现在,是社会学理论多元综合的新时代。对社会学理论发展阶段的这种划分,一方面反映了社会学理论发展的实际历史过程,另一方面也揭示了社会学理论发展的内在逻辑进程,其线索清晰、阶段分明,具有一定的合理性。

然而,为分析的方便,本书对社会学理论发展阶段的划分不采用上述这种方法,而是根据社会学理论不同研究传统的实际发展,借用历史学中的"年代用语"来进行粗略的划分,即把社会学理论的整个发展历程划分为古典社会学理论、现代社会学理论和当代社会学理论三个大的阶段,见表2.1:

表2.1 西方社会学理论发展阶段及其主要类型

古典社会学理论阶段 (19世纪30年代— 20世纪20年代)	现代社会学理论阶段 (20世纪30—70年代)	当代社会学理论阶段 (20世纪80年代以来)
实证主义理论传统 (涂尔干)	结构功能主义/交换论/冲突功能主义/结构主义	新功能主义/系统功能主义
人文主义理论传统 (韦伯)	符号互动论/社会行动理论/现象学/常人方法学	结构化理论/理性选择理论
批判主义理论传统 (马克思)	批判理论/结构主义/马克思主义	沟通理论/后结构主义

古典社会学理论(Classical Sociological Theory)阶段,明确地讲主要是指涂尔干、韦伯和马克思三个人的社会学理论思想。之所以说它是"古典"或"经典"的,不仅是因为它确立了社会学理论所关注的基本论题和核心观念,促成了各种社会学理论与方法的最终形成,而且它还在很大程度上左右了社会学理论的发展序列和学术承传关系,从而在某种意义上使这一时期的社会学成为以后各种社会学理论思潮的发源地。美国当代著名社会学理论家亚历山大说过:"古典就是有关人类研究的一些早期著作,相对于同一领域的当代研究者来说,他们占有一个特权地位",而且,他们的著作"作为一种经典,确定了特定学科领域内的

基本的标准"。① 从这个意义上说,涂尔干是社会学迈入古典时期的标志。因为在此之前的孔德、斯宾塞等所谓社会学理论奠基阶段的人物,其对社会学理论思想的形成也仅仅起到"奠基"的作用,其思想与其说是社会学理论的思想,还不如说是社会思想或哲学思想。社会学理论到了涂尔干才真正地具有"学科"特色,并取得独立的地位,而且更为重要的是,正是古典社会学理论的"三大家"涂尔干、韦伯和马克思才开创了实证主义、人文主义和批判主义的三大社会学传统(sociological tradition)②,其后几乎所有的社会学理论流派都可以从他们这里找到各自的思想源泉。其他一些同时代的社会学理论家,虽然也有一些富有特色的社会学构想,如齐美尔的"形式社会学"、舍勒的"现象学社会学"、滕尼斯的"纯粹社会学"、帕雷托的"普通社会学"思想等等——尽管他们的许多见解都为后来的各派社会学家所吸取,并成为社会学知识体系中的有机组成部分,但相对来说,他们的社会学影响要比古典时期的"三大家"小得多,追随者也少,更没有形成源源不断的发展脉络和明确的理论流派。

现代社会学理论(Modern Sociological Theory)阶段主要是指以古典社会学时期的三种社会学理论传统为基础,详尽阐述和发展各种理论立场的时期。它是由帕森斯所开创的社会学理论研究以及因此而产生的各种反帕森斯的社会学理论思想构成,这也是社会学理论史上著名的"帕森斯时代"和"反帕森斯时代"。其主要特征就是紧紧围绕"现代性"和"社会现代化"这一核心主题而展开一系列论争,由此也产生了一系列有关社会变迁与社会秩序的解释,并巩固和发展了社会学理论的"现代化研究范式"。

当代社会学理论(Contemporary Sociological Theory)阶段主要是指20世纪80年代以来各种对社会学理论传统的修正、模仿和综合的发展阶段,其主要特征是:随着信息化、全球化的兴起,社会学理论中"现代化研究范式"日益受到挑战,各种单一的理论与方法正陷入越来越深的困境中,并由此出现了一种新的多元综合的趋势,以试图解释正在出现的信息化、全球化现象,也有人把当代社

---

① A. Giddens and J. Turner, eds., *Social Theory Today* (Stanford, C. A.: Stanford University Press, 1987), pp.11-12.

② N. Robert, *The Sociological Tradition* (New Jersey: Transaction Publishers, Inc., 1993).

第二章 西方社会学理论的发展脉络与当代趋势

学理论阶段叫做"吉登斯时代"或"后帕森斯时代"。① 当然,对于当代社会学理论阶段起点的划分,也有学者提出不同的看法,如高宣扬认为,当代社会理论的转折点主要发生在20世纪60年代后,其主要原因是从这个时候起,同社会学理论密切相关的整个西方社会和人文科学,都发生了根本的转变:一方面它们从根本上批判了在此之前的各种理论模式和方法论;另一方面创造性地提出了崭新的理论典范和方法论。② 但笔者认为,尽管从20世纪60年代起,西方出现了许多针对帕森斯社会学的理论批判和理论创新,但在思维方式和研究范式上仍然没有跳出现代社会学的分析范式,我们仍然可以将这一时期(20世纪60—70年代)的社会学理论看做是现代社会学的一部分,而把20世纪80年代以后更具有多元综合特征的社会学理论看做是当代社会学理论的起点和转折点。

其实,本书的这种划分与前面论述的对社会学理论发展阶段的通常划分是相一致的,社会学理论奠基和形成阶段(即第一、二个阶段)也就是古典社会学理论阶段,社会学理论的"帕森斯"和"反帕森斯"阶段(即第三、四个阶段)则是现代社会学理论阶段,而第五个阶段是与当代社会学理论阶段相吻合的。这种对社会学理论发展阶段的重新划分绝不只是简单地将前述划分的几个阶段进行合并,也不是简单地套用历史学通常的年代"用语"来对学科发展阶段进行划分,而是深刻地反映了社会学学科发展的承传关系。作为现代性产物之一的社会学,其"古典社会学理论"的定位实际上是为了更加明确涂尔干、韦伯和马克思三人的思想在社会学理论体系中的地位及其重要性,就像学科历史更为悠久的哲学与经济学一样,已有一百七十多年历史的社会学也逐步形成了自己独立的理论体系和内在的发展轨迹,并在整个学科体系中占据了重要地位。而现代社会学理论和当代社会学理论就其内在的逻辑演变而言,实际上都是在承传了古典社会学理论中某个研究取向的基础上,或深化发扬,或综合创新。

---

① 亚历山大指出,"反帕森斯"与"后帕森斯"指的是同一个理论运动,冲突理论、交换理论、互动理论、民族学方法论、诠释学和马克思主义理论等都是在战后帕森斯理论的霸主地位确立之后形成的。但"反帕森斯"这个术语是从这些理论出现在20世纪60—70年代这个角度来描述的,而"后帕森斯"则是从当今的理论形势的前景来看待这些理论的,而且,更重要的是,"反帕森斯"在很大程度上把帕森斯看成是一个非常重要的原告,是从"反"方来进行批判的;而"后帕森斯"则暗示了帕森斯已经被超越和取代了,即使不是在理论上,至少在历史范畴上也是如此。参见 J. Alexander, *Twenty Lectures: Sociological Theory World War II* (Columbia University Press, 1987), Chapter 20。

② 高宣扬:《当代社会理论》,中国人民大学出版社2005年版,第70页。

二、西方社会学理论的发展脉络

从以往的社会学理论研究来看,西方社会学理论的发展同其他学科理论的发展一样,其基本走势是社会学理论中各种具有相反倾向的理论流派的相互对立、相互渗透和相互融合的有机的历史发展过程。① 西方社会学理论研究的发展轨迹就像一条正弦曲线,是实证主义、人文主义、批判主义三种取向的社会学理论交替出现,轮流占据上风的历史的、逻辑的发展过程。由孔德—涂尔干开创的实证主义社会学理论传统强调社会学理论与自然科学方法的一致性,把社会学看成是整个社会科学的基础性学科,认为通过社会学理论研究可以找到认识和控制社会发展的规律。而由齐美尔—韦伯开创的人文主义社会学理论传统却强调自然科学与社会科学之间的本质性区别,反对社会科学研究领域中的自然科学化倾向,主张把关注社会行动者主体和主观性作为社会学理论研究的重点。由马克思开创的批判主义社会学理论传统既不同于实证主义社会学理论,也不同于人文主义社会学理论,它以唯物史观为理论基础,使社会学理论在本质上成为批判的、革命的学说,并对后来社会学理论的发展产生了重大影响。

三种取向的社会学理论的交错发展,一定时期后又总要出现一种对各种取向的理论进行综合的社会学理论,我们可以把它称之为社会学理论发展的一个周期。从社会学理论的发展历史来看,迄今为止,实证主义取向的社会学理论和非实证主义取向(包括批判主义取向)的社会学理论至少出现了三次高峰和三次明显的理论综合。

实证主义社会学理论取向的第一次高峰是孔德和涂尔干,非实证主义取向的第一次高峰是狄尔泰(W. Dilthey)和韦伯。例如,韦伯的理解社会学理论,就综合了德国人文主义和英法实证主义的双重传统,他主张社会学理论的基本分析单位是人的社会行动,通过"理解"人的行动动机中包含着的"主观意义"去认识社会现象。因此,韦伯的"理解"既是"解释性的理解",又是"理解性的解释",目的在于克服实证主义和唯心主义在社会认识论上的独断,走的是一条相对主义的折衷道路。②

实证主义社会学理论取向的第二次高峰是帕森斯的结构功能主义及实用主

---

① 侯钧生:《关于西方社会学理论发展脉络的研究》,《社会学研究》1999 年第 4 期。
② 陆学艺主编:《社会学》,知识出版社 1996 年版,第 8—9 页。

义的社会学理论研究,非实证主义的第二次高峰是以舒茨为代表的现象学社会学理论的出现,而以哈贝马斯(Jürgen Habermas)为代表的社会批判理论则是从反实证主义立场出发,对当代实证主义和人文主义取向的社会学理论所做的第二次综合。例如,帕森斯就是继韦伯以后试图对古典社会学理论进行综合的社会学家,其结构功能主义就是对帕雷托、涂尔干和韦伯等不同理论要素全面综合的结果,并将英国的功利主义经济学、法国的实证主义和德国的历史主义传统结合在一起,为整个社会科学构筑了一个跨部门的概念框架。

实证主义社会学理论取向和非实证主义社会学理论取向的第三次高峰都是社会学发展进入当代社会学理论阶段以后产生的,与前两次高峰所不同的是,第三次理论高峰无论是实证主义取向的还是非实证主义取向的社会学理论,都十分注重在承传自身传统的基础上努力吸取其他优秀的理论传统。因此,在第三次理论综合上表现为一种多元综合的态势。如以实证主义理论传统为主的新功能主义和以人文主义理论传统为主的理性选择理论,实际上都表现出了相互吸收、互为补充的特征,并在理论取向上更多地表现为一种综合性的社会理论。可见,社会学一百七十多年的历史,其实就是不同学派、不同理论、不同研究取向相互对立,又彼此渗透、彼此补充的发展过程。尽管社会学理论各发展阶段在思想观念上有很大的不同,但如果以现代化为坐标,以社会发展的实践为尺度,古典社会学理论、现代社会学理论和当代社会学理论在理论构建与目标取向上并没有本质性的区别,因为它们始终没有摆脱建设"现代性"与推进"现代化"的历史使命,其所遵循的都是一种以民族国家中心论、西方中心论和人类主体中心论为特征的"现代化研究范式"。

第二节　西方社会学理论的基本规则

我们至少可以从西方社会学理论的发展脉络中发现三个有趣的现象:一是它印证了"分化—综合—分化—综合"的事物发展规律。孔德与斯宾塞开创的实证主义社会学传统在第二阶段开始产生分化,实证主义与非实证主义社会学取向并行发展,而到帕森斯那里开始尝试对社会学不同取向的综合,但最终却以社会学理论的进一步分化为终点,继而到当代社会学理论阶段,各种新的多元综合态势又不断涌现。二是在古典社会学理论阶段,对社会学理论的贡献更多地表现为理论家个人的作用,到了现代社会学阶段以后,社会学理论流派的作用更为突出,而到当代社会学理论阶段以后,尤其在后现代思潮的影响下,各种理论流派鱼目混珠,杂乱无章,理论家个人的影响又开始有点回归。这也许正是当今许多描述当代西方社会学理论的著作一般都是以人物为中心予以介绍的主要原因。三是社会学首先是在欧洲诞生,继而传播到美国及其他地区并取得了巨大的发展,而到 20 世纪后期,经过一段时间没落的欧洲社会学理论又开始重振雄风,其原创性思想和领航人物的影响大大超过美国,社会学理论由此又重新回归故里吸取养分。

今天随着社会经济的快速发展,尤其是全球化、信息化的强劲发展,人类社会的现实开始再次发生巨大转变。整个人类社会的知识体系都面临着新的检验,而建立在现代性基础之上的社会学理论也不例外。因此,在人类社会再次由工业社会向知识社会、由民族国家社会向全球社会发生转型的时期,越来越多的理论家开始意识到必须重新认识社会学理论体系。而重新认识社会学理论,在一定意义上说,就是重新认识我们身处其中的社会结构及其变迁的机制,重新认识我们的日常生活本身。今天,当我们面对全球化的滚滚浪潮时,社会学理论乃至整个社会科学理论都正在面临着前所未有的巨大挑战。如果用吉登斯有关社会学理论方法的新规则来重新审视当今社会学的学科性质和学术品质[①],我们便会发现以下几个十分重要的社会学理论规则:

第一,社会既不是简单地从个人开始的,也不是外在地给定的所谓整体,相反,它是一个周期性的在时空之中不断实践的过程。从人们的日常生活与人际互动,到地区间、国家间的冲突与平衡,都既有"内在衍变"又有"外部冲突",是内外彼此交织、主宰相互渗透的发展变迁历程。社会学理论的一项重要任务就是解释,其关键就是为现代社会结构的特征寻找解释。为此,社会学理论的分析任务主要体现在两个方面:一是理解性的解释(hermeneutic explication)和在描述性的社会科学的元语言(metalanguage)中对他者(the other)的生活方式的揭示;二是对作为伴随人类行为结果而来的社会之创造与再造进行解释。

第二,社会学理论并不是对某种既定的(pre-given)外在客体之普遍性、绝对

---

① 详细论述可参见 A. Giddens, *New Rules of Sociological Method: A Positive Critique of Interpretative Sociologies* (London, Hutchinson, New York: Harper & Row, 1976), pp.155-162,吉登斯在该书的结语中,共归纳了四个方面的九条新规则。

性的认识,因为,社会只有通过人类主体的积极行动才能得以被创造和再创造出来,而这一创造与再创造过程又是由其一代一代的成员所从事的行动来实现的。虽然社会成员达到这些行动包含着他们对社会的认知和改变社会的技能,但社会成员并不一定都能意识到自己行动的条件和预期到这些行动的后果。其实,从社会的角度来看,人类在通过对自然的"人化"(humanizing)而改造自然的同时,也在改造人类自身(当然,人类并不能创造自然,客观世界是独立于人类的存在而存在的)。

第三,社会学理论对现代社会实践的理解与阐释是双向的。社会科学与自然科学的主要区别之一,不在于一个是理解性的,一个是解释性的,而在于社会科学与社会学理论的理解是双向的:一方面,社会学理论用自己的概念和理论来解释并理解社会和构成社会的个人;另一方面,社会与其构成的要素——个人——反过来也在用自己的语言和思维方式来理解社会学理论,这种双向的理解与阐释的过程,也就是社会本身的创造与再造的过程。

第四,社会学理论作为一门立足于实践而试图阐释社会及其变迁的学术研究,它的发展,不是某些个人的建树,而是群体参与的不断积累、不断分析、不断积极批判的结果。而试图仅仅用一种制度性、结构性特征,例如工业化特征、资本主义制度等,去理解现代社会的变迁,或仅仅作一些未经阐释的所谓调查,并罗列出一些"客观的"数据和图表,是有失偏颇的。

第五,由于社会学理论所具有的来自社会实践,又反过来参与到社会实践的建构中去的品质,其对社会生活的影响力和作用,实际上不仅是帮助人们更好地理解现代社会生活,而且它本身就构成了现代社会生活的一部分,它在理论上的积累和在经验上的发现本身就给人们提供了开启"理解可能世界之门的钥匙"。[1] 社会学理论对人们在社会生活中所使用的概念系统来说,具有积极的批判意义。社会学理论研究的首要目标应该是"建构"我们所生活的"社会",而不是被"社会"所"建构"。

第六,为适应"建构"我们所生活的这个"社会",社会学理论必须应对当前正在快速变化的社会实践,并在理论上予以必要的解释与说明。在当前的社会变化中,最明显、最有影响力的莫过于"全球化"了,可以说,不断强化的全球化

---

[1] 黄平:《未完成的述说》,四川人民出版社1997年版,第10—11页。

趋势给整个社会所带来的变革性影响是以往任何时候、任何事件都无法比拟的。这种变化应当也势必反映到以建构现实或未来社会为己任的社会学学科领域中。因此,在新的社会现实条件下,伴随全球化而来的当代西方社会学理论研究所发生的各种转向现象也变得自然而然了。

第三节 西方社会学的发展趋势及特征

20世纪80年代以来,西方社会学的发展开始面临越来越多的挑战,这不仅反映在理论建构上越来越趋向多元化,而且在实践层面上,社会学的影响在日趋下降。一方面,作为学科特色的社会学理论越来越被其他人文社会科学与一些新兴的研究领域所渗透和取代,当代社会学理论本身经过一系列的"终结"与"死亡"之后,开始出现一系列的新"转向",社会学理论愈来愈被社会理论所替代,社会学学科特色由此也变得愈来愈模糊,并在维护学科自身的理论特色方面受到了极大的冲击;另一方面,西方发达国家的大学中选修社会学专业的人数日益减少,社会学研究项目受到资助的数量较以前也在进一步减少,社会学在社会科学知识发展和成果贡献方面的中心地位也由此开始动摇。面对这种变化,我们有必要对当代西方社会学理论的发展前景及其主要特征作一个总结和介绍,以方便读者更全面地了解当代西方社会学理论的发展及其转向。

一、西方社会学理论的发展前景

有关西方社会学理论的发展趋势及前景,英国社会学家吉登斯早在三十年前就专门发表过演说。1986年4月,在美国东部社会学学会的年会(纽约)上,吉登斯就社会学理论发展前景的问题做了专题演讲,后来,该演讲稿被收录在其个人专著《社会理论与现代社会学》一书中。现在看来,吉登斯当年所谈仍然具有非常重要的启发意义[①]:

(1)社会学理论将逐步摆脱19世纪和20世纪初期社会思想的遗影。19世纪社会学理论中有关社会发展的一个流行观点就是,认为现代社会运行的基本动力来自于经济——因为它的变革可以带来其他制度的相应变化。而现在,我

---

① A. Giddens, *Social Theory and Modern Sociology* (Cambridge: Polity Press, 2000), pp.22-51.

们可以看到,社会发展的动力因素是多元的。从19世纪社会思想的框架中摆脱出来,意味着我们在某种程度上要放弃一直与马克思主义思想有着重要冲突的观念,这些观念曾经是社会学关注的核心。从某种意义上讲,这些观念源于我们对现代性理解的各种限制。

(2) 伴随着社会学争论而来的是新的理论综合的出现。新的理论综合将摈弃所有形式的解释,这意味着人类行为在本质上(犹如社会科学中的决定论所认为的)是社会原因的结果,但同时,新的理论综合将仍然承认制度约束的意义以及构成个体行动的条件与结果。所有这些将改变社会学的自我感觉,因为这种新出现的理论综合将更加强调社会理论与主体的关系。

(3) 社会学分析的主要对象将被深刻反思。社会学传统的研究对象(即民族、国家、社会)越来越受到质疑和挑战,原因在于现代社会体系既跨越了国家的地域结构、文化网络和社会关系,又促进了社会内在差别的多样化。因此,一方面,我们不得不更关注与现代民族国家内部联系最为紧密的地方化;另一方面,我们又不得不更加注重与这些地方化交织在一起的各种跨越国界的组织方式和社会现象,社会学分析的对象将会不断扩大。

(4) 社会学理论将比以前任何时候都更重视对世界体系的研究。世界体系不仅是一种新的社会事实,而且势必成为社会学研究无法逃避的对象。与国际关系学不同的是,社会学主要关注于在世界体系中影响特定社会或社会类型发展轨迹的一些关键路径。而且,在社会理论化过程以及经验主义的研究中要忽视这些影响已变得日趋困难,因为这样做的社会学家将要冒彻底削弱或完全破坏其有效思维的风险。

(5) 社会科学内已有的学科划分将会变得越来越模糊。目前,现有的学科划分主要源起于19世纪,而且它们常被用于大学课程设置的标准。但最近在社会学和其他社会科学有关学科界线的划分上,显示出了在知识结构和实际关注点方面一些相当重要的变化,这种变化主要体现在学科划分的界线已经越来越模糊,"学科化"愈来愈被"问题化"所代替。

(6) 社会学家将重新培育出一种对长期的大规模社会转型过程的关怀。长期以来,社会学所关注的日复一日的日常生活并不是枯燥的琐碎现象,许多日常活动的特征是蕴涵在长期的社会制度的再生产过程中的,而对这些问题的解答无疑要求我们对社会生活特征进行更全面的系统分析,这就从某一个方面要求我们重新培育出一种对长期的大规模社会转型的兴趣,因为这种社会转型也是植根于局部的、非常偶然和短暂的社会交往中的,社会学完全可以通过对日常生活的考察来揭示这种社会转型的意义。

（7）社会学理论将进一步强化对社会政策或改革实践的研究。社会学的蓬勃发展与政府职能的转变密切相关,而政府职能的转变又是以福利国家范围的扩展和国家对产业越来越多的干涉为标志的。在这方面,社会学研究能促成政府和行政部门的有效决策,从而推动社会进步和经济繁荣。社会学与政策的关系被认为是一对工具性的关系,前者是一种手段,它必将落实到以有效方式控制社会组织和社会变迁的实践结果。

（8）社会运动将继续对激发社会学想象力起主导作用。现代社会是通过组织动员与社会运动两种方式来加深对社会生活的反思性认识的。社会运动不仅是社会变革的根源,而且也是判断既有制度秩序的一种方法。今天促进社会学反思的最重要的一部分原因是诸如生态运动、和平运动和妇女运动等一些重要的社会运动,即使不说它们一定是导致社会学反思的必要因素,但至少可以说在当前它们的确十分重要。

（9）社会学像以前一样仍然是一门富有争议的学科。对社会学的持续发展而言,我们并不能期望对理论和研究结果获得整齐划一的解释。从学科外部来看,一定会继续存在对社会学的批评和不同意见者,而对社会学自身而言,这一点似乎并不会妨碍其发展,相反,在某种程度上还会促进社会学与社会理论的进一步发展。

二、当代西方社会学理论的主要特征

20世纪80年代以来的当代西方社会学理论,不仅各种思潮迭起、流派繁多,而且它们相互之间错综复杂、难以辨识。在有关当代西方社会学理论的研究中,国内社会学界的梳理和介绍多半是针对单个的理论学说,尤其译介了大量西方社会学家的理论著作,这对于我们深入理解某一个思想家的理论观点无疑具有非常重要的意义。但对于如何从整体上来把握当代西方社会学理论的特征,国内的相关研究和总结还比较少见。为此,本小节试图对近二十年来西方社会学理论的发展特征作一个归纳和总结。具体来说,我们认为当代西方社会学理论至少在以下几个方面表现出了较为明显的整体性特征:

第二章 西方社会学理论的发展脉络与当代趋势

(一) 理论多元综合的路径和趋势与日俱增

针对当前社会学理论四分五裂的状况，许多西方社会学者认为理论家们当前的主要任务之一就是促进各个可以利用的理论传统之间的相互交流，以及在各个有价值的研究领域之间牵线搭桥，以实现理论的比较、综合与发展。这种多元理论综合不同于以往理论综合之处在于，它不是简单地将两种或多种不同流派的理论观点糅合在一起，而是在不同理论全面整合基础上的一种再创造。其特征不仅表现在对不同理论观点的全面吸收与概念创新，而且在方法论与研究范式层面也努力实现系统整合。尤其在实证主义社会学与人文主义社会学、微观视角与宏观视角、行动理论与结构理论的综合上表现出了突出的特征。例如，亚历山大的"新功能主义"(Neo-Functionalism)、卢曼的"一般社会系统理论"(General Theory of Social Systems)、吉登斯的"结构化理论"(Structuration Theory)、哈贝马斯的"沟通行动理论"(Theory of Communication Action)、柯林斯的"普遍化解释模型"(Generalized Explanatory Models)、瑞泽尔的"元理论化"(Meta-Theorizing)主张以及近年来出现的"新系统理论"(The New System Theory)都表现出了对理论综合的追求。这些理论的一个共同特性就是企图超越长期以来西方社会学理论传统中的二元对立。尽管其最终的效果如何还有待社会学家的检验，但这至少表明当代西方社会学理论正由以往专注于冲突、分裂的危机意识，逐步转变为注重综合、整合的稳定意识，这种意识的树立无疑预示了一个新的理论时代的到来。

(二) 不同理论之间的对话日益频繁

当代西方社会学理论的多元综合也为不同理论之间的对话提供了契机。这种多理论之间的对话在上一代曾经被默顿视为"并不是持有各种理论的社会学家之间相互赞同的融合，而是潜藏着深层的危机"，但在当代西方社会学理论中，这些对话不仅强调理论多样性的作用，而且认识到并不断推动各种不同理论之间的联结与互动——可以以不同的方式理解同一个目标。[1] 例如埃利亚斯的"构型社会学"或"过程社会学"就是将微观层次的个人行为与宏观层次的国家联结起来进行分析的典范。尽管不同的理论家对理论对话的内涵有不同的理

---

[1] R. Merton, "Structural Analysis in Sociology," in P. M. Blau, ed., *Approaches to the Study of Social Structure* (New York: Free Press, 1975), p.29.

解,但当代许多理论家认为理论对话往往是通向理论终点的途径,在一些理论家那里,理论之间的对话是达致其他目标的一种手段,比如,理论工具的建构、广泛或局部的理论综合、理论的重构等等。但除了这些工具性的应用之外,对话本身也已经被看做一项重要的工作。列文(D. N. Levine)就认为,理论对话是拯救理论分化的一剂良方,当代理论家们的一项重要任务就是要培养这种"对话的精神",特别是通过考察多种形式的社会知识来建立一个共同的概念体系,使得社会科学家们可以就他们的分歧之处进行建设性的对话,这样,可供他们选择的范围也会更加宽广。① 以这种对话为基础,列文还展开了对齐美尔和帕森斯两人思想之间的辩证关系的研究。安东尼奥(R. J. Antonio)、格拉斯曼(R. Glassman)、维里(N. Wiley)等人在马克思和韦伯的思想之间展开对话的工作也体现了这一主张。②

(三)各种思潮在经历重构之后发生一系列的理论"转向"

20世纪80年代以来,西方社会理论界出现了各种各样的多元综合和跨学科研究的趋势,有关社会理论的著作在数量上急剧增长,许多问题都被纳入到了社会学理论的考察范围,从身体、语言、欲望、情感、消费、同性恋到观念、旅游、历史、空间、文化、全球社会,几乎很难有什么问题可以逃过社会学理论无所不在的目光。一些以前在传统社会学理论领域中被长期忽视或者很少涉及的研究领域,也在经历一系列的理论重构之后发生了重大"转向",其中富有重要影响的如后现代转向、女性主义转向、文化转向、空间转向、历史学转向、语言学转向等,都对传统社会学理论产生了重大冲击。这些理论转向不仅是为了弥补传统社会学研究领域中的不足,更重要的是开启了新的理论关注形式。比如,社会学的文化转向,并不是说在传统的社会学研究领域中缺乏对"文化现象"的社会学关注,而是对当代各种社会现象开始注入一种"文化视野"的关注形式,使得传统的文化社会学从"The Sociology of Culture"转向了"Cultural Sociology"。当然,当代西方社会学理论在表面繁荣的背后也潜藏着许多危机,虽然社会学理论在数量上比以往任何时期都要多,但许多社会思潮更像是一种"理论的通货膨胀",还没有让人细细品味就已经迈入了"世纪末状态"。

---

① D. Levine, *The Flight from Ambiguity* (Chicago: University Chicago Press, 1985).
② N. Wiley, *The Marx-Weber Debate* (Beverly Hills, C. A.: Sage, 1987).

（四）对古典理论重新阐释与批判性拓展

最近几年涌现出了许多研究和重新阐释古典理论的著作，其影响之深、范围之广，几乎涉及了所有主要的古典理论家，包括孔德、斯宾塞、马克思、涂尔干、韦伯、齐美尔、米德（G. H. Mead）等。这些著作中也有力图使那些古典社会学理论获得新生，以批判地拓展原来的理论视野的，比如，新韦伯主义的发展，还有菲因（C. Fine）的新符号互动论、库克（S. Cook）的新交换理论都是如此。有的是为了更好地建构当代理论，为当代新的理论建构寻求深厚的理论资源，如文化社会学出现了从阐释学解释向社会学调查拓展的动向，常人方法学也突破了仅仅分析日常生活的对话和互动的局限，将其领域拓展到分析社会制度、结构与个人的关系等主流社会学理论所关心的问题上。还有的研究涉及稍晚一些的理论家，如帕森斯、曼海姆（K. Mannheim）、默顿、加芬克尔（H. Garfinkel）等人的著作，以及早期的女性思想家的著作、非洲裔学者的著作，以及其他被忽视的理论家如埃利亚斯的著作。在重新阐释古典社会学理论的热潮中，西方社会学理论挖掘出了许多新的理论资源，不仅进一步充实了社会学理论的基础和思想渊源，而且在一定程度上也极大地丰富了今天的西方社会学理论。因此，从某种意义上说，当代西方社会学界对古典理论的重视，其目的不是要对社会学史作出新的贡献，而是为了更好地建构新的理论。[1] 可以说，当代西方社会学理论跳出了当下情境的限制，扩展了理论研究的可能性，同时也揭示出了理论研究中的一些历史教训。

（五）理论本身及其建构方法的反思性不断得到强化

自20世纪80年代以来，"反思性"（reflexivity）在社会学理论中的地位日益显著，几乎到了人人必谈的地步。"反思性"作为一种话语在学术领域中的兴起，是由它所暗含的认识论的后现代转向决定的：质疑启蒙运动所确立的理性主义认识论的确定性信仰和各种二元论信仰。[2] 可以说，反思性成了当代西方社会学理论的一个焦点议题。这种反思性意识主要包括两个方面：一是对社会学理论本身的反思，它涉及对社会学理论作为一种"工作"自身的逻辑方法的考虑，其中包含着对传统社会学理论的批评，并彻底从中摆脱出来。二是要求所有

---

[1] C. Camic and N. Gross, "Contemporary Developments in Sociological Theory: Current Projects and Conditions of Possibility," *Annual Review of Sociology*, Vol. 24, 1998.

[2] 肖瑛：《"反身性"多元内涵的哲学发生及其内在张力》，《中国社会科学院研究生院学报》2004年第3期。

理论方法必须有助于揭示实践活动的反思性属性,同时要求研究者必须采用非个人的方法论。反思性的目的就是扩大社会学知识的范围,以增强它的科学性、客观性和可靠性。在社会学理论知识的生产与学习上,一方面,社会学者必须要有意识地去发掘知识形成的历时性的系谱(genealogy),而不是对社会学理论做零碎的、"去脉络化"的假借、引用、跟随,抑或反之高呼以"本地"对"西方"的教条主义进行批判;另一方面,社会学必须反思每一种理论的前提条件和各种限制性因素,比如过去我们往往在没有弄清楚一些社会学理论形成的前提性条件和限制性因素的情况下,就大胆地运用社会学理论来指导社会实践。因此,唯有强调社会学理论的反思性,通过社会学理论的反思性与自我批判来展现其隐藏的自我利益,我们才有可能真的触碰到更深一层的社会学含义,才有让社会学"生根""发芽"的可能。在当代社会学理论家中,伯格(B. Berger)、加芬克尔、奥尼尔(J. O'Neill)、布迪厄、吉登斯、贝克(U. Beck)、鲍曼(Z. Bauman)等人都十分重视社会学理论的反思性问题。[1]

(六)理论的应用性、经验性、实践性特征进一步加强

当代许多理论家认为,社会学越来越受到抽象化、自我指涉式的理论化的威胁,越来越远离经验研究和社会实践领域中的真实议题。因此他们主张,社会学理论的主要任务就是建构出可直接用于经验研究和实践指导的分析工具,包括概念、解释性命题、实践性指导原则等。例如,布迪厄在这方面的工作就尤为突出,他猛烈抨击了那种空洞的理论化倾向,认为它们不过是自我终结的节目单式的坐而论道,所关注的问题不过是一连串的抽象理论,有些甚至"极不情愿在经验研究当中去玷污他们的双手"。[2] 另一位理论家查菲兹(J. S. Chafetz)也认为,社会学理论本应该同经验研究极度相关,然而它却"退缩到对诸如行为与结构、微观与宏观等抽象的认识论和本体论议题的探讨当中去了"。为改变这种状况,查菲兹提出社会学理论应该发展出一套"多样化的实践工具"——包括具有普遍意义的解释性命题和概念。有了这些工具我们就可以从中选择最有效的来解决任何特定的经验问题。作为对自己主张的一种实践,查菲兹在对性别分层

---

[1] 文军:《反思社会学与社会学的反思》,《社会科学研究》2003年第1期。
[2] C. Camic and N. Gross, "Contemporary Developments in Sociological Theory: Current Projects and Conditions of Possibility."

原因的研究中提出了一种多元的结构理论。① 又如鲁尔(J. B. Rule)认为,当代社会学理论已经越来越失去了对其学科的一些永久性议题的关注,比如对越轨、经济增长、国民暴乱等议题的关注。而社会学理论的生命力就在于对现实问题的强烈关注和对社会实践的指导意义。因此,像许多其他一些社会学理论家一样,鲁尔认为当代社会学理论的主要任务就是要发展出对这些现实问题的分析工具,他自己则提出了关于国民暴乱根源的一般性命题。②

(七) 密切关注当下社会状况及其变化趋势

既然理论建构的主要任务和目的在于为社会现实提供一套合理化的解释,古典社会学理论家为他们那个时代提供了许多解释,那么,当代社会学理论家也同样面临着这样一个任务,即必须对当下的社会状况及其变化趋势作出合理化的解释。而在当代社会状况及其变化趋势中,"全球化"无疑是最具有影响力的社会现象。因此,当代许多社会学理论家都无一例外地表现出了对全球化的极大关注。吉登斯、哈维(D. Harvey)、阿尔布劳(M. Albrow)、费舍斯通(M. Featherstone)、罗伯逊、斯克莱尔(L. Sklair)等社会学家还提出了各自的全球化理论。正如澳大利亚社会学者沃特斯说过:"就像后现代主义是20世纪80年代的概念一样,全球化是90年代的概念,是我们赖以理解人类社会向第三个千年过渡的关键性概念。"③实际上,当代社会学理论对全球化的关注,其意义不仅在于全球化已经成为我们思考当代一切社会现象的共同背景和社会基础,而且在于全球化的兴起,可能因此而改变我们长期以来的思维方式和研究范式,从而使社会学理论的空间和层次得以大大拓展。此外,对当代社会状况的理论关注还包括:图海纳(A. Touraine)对社会运动的研究、贝克对政治主体性复兴的研究、卡尔豪恩(C. J. Calhoun)对公共领域的研究、奥弗(C. Offe)对共产主义集团解体的研究、拉什(S. Lash)和乌里(J. Urry)对当代资本主义性质的研究、鲍曼对文化性质的研究等等。所有这些研究都体现了当代社会学理论对社会现实及其变化趋势的密切关注。

---

① J. Saltzman,"Sociological Theory: A Case of Multiple Personality Disorder," *American Sociologist*, Vol. 24, No. 2, 1993, pp.51-54.

② J. B. Rule, *Theories of Civil Violence* (Berkeley: University of California Press, 1988).

③ M. Waters, *Globalization* (London: Routledge, 1995).

（八）社会学理论发展的危机意识不断增强

西方社会学自诞生以来，就在理论和方法取向上存在着相互分离和对立的困境。这种困境延续到当代以后，社会学理论研究不仅没有很好地走出历史的困境，反而又遭遇了全球化与后现代的挑战，尤其在后现代思想方面，当代许多理论家都不同程度地对社会学的理论活动和社会现实的真实性展开了攻击，他们在对现代社会科学抱有强烈批判精神的同时具有不同程度的危机意识。犹如凯米克（C. Camic）和葛劳斯（N. Gross）所说："一旦认识论特权的面纱被后现代主义者所撕破，社会学理论就不过是陷在特定文化与权力斗争中的一股普通的社会力量而已。"①这种社会学理论应该为多样性的社会理论所取代。面对当代社会的快速变化，一些理论家甚至认为社会学理论作为研究现代社会的理论将失去其存在的基本理由，于是，便喊出了："已经不存在任何原来意义上的'社会性'（the social）了""个体已经死亡""社会也不存在了""我们还需要社会学吗？"②的确，从某种意义上说，当代西方社会学理论既无法应对全球化所带来的社会现实的根本变化，也很难从根本上解释过去和现在的社会事实。在后现代主义者看来，社会学理论只不过是靠着一种"话语霸权"在维系着自己的元叙事和普遍化原则，而这一切在当代社会却越来越陷入无法自拔的困境之中，从而引发了社会学总体性危机时代的到来。对此，许多当代理论家提出，社会学理论必须实现一种彻底的转换，其任务就是去开辟、去创新，如果我们不能塑造一个"新人"，那至少也要培养一种"新的关注方式"，一种社会学的新眼光，倘若没有这种真正的转换，没有思想的更新，没有精神的巨变，社会学理论对社会现实的认识与反思就无从谈起，社会学的反思性与批判性也只能沦入"理论无意识"和"想象力枯竭"的境地。③

（九）欧洲社会学理论的重新崛起及其中心地位的回归

在第一次世界大战结束之前，西方社会学理论中占据主导地位的一直是欧

---

① C. Camic and N. Gross, "Contemporary Developments in Sociological Theory: Current Projects and Conditions of Possibility."

② A. Game, *Undoing the Social: Towards a Deconstructive Sociology* (Buckingham, U. K.: Open University Press, 1991).

③ 文军：《历史困境与未来挑战：当代西方社会学理论面临的主要危机》，《社会科学辑刊》2004 年第 3 期。

洲的社会学理论,这不仅是因为社会学诞生于欧洲,更主要的是因为社会学理论的思想都源于欧洲博大精深的理论传统。例如,早期重要的古典社会学理论家几乎都出生在欧洲。然而,在第二次世界大战之后,西方社会学研究的中心开始由欧洲转到美国,尤其是美国的帕森斯所创造的结构功能主义,其在西方社会学界主导了几乎长达三十年的历史,使得美国社会学理论牢固地树立了其在西方社会学理论中的中心地位,帕森斯也一度成了"社会学"的代名词。20世纪六七十年代以后,伴随着西方社会的变迁,各种社会运动和冲突风起云涌,使得一向以强调社会稳定而著称的结构功能主义受到越来越多的挑战,其影响力也急剧下降。结果,西方社会学理论在批判帕森斯的基础上呈现了多元并存和群龙无首的局面。1969年,古尔德纳发表了《正在到来的西方社会学危机》,"响亮而清晰地宣告了帕森斯时代的结束"[1],美国社会学理论的中心地位也由此走向衰落。20世纪80年代以后,欧洲社会学理论逐步崛起,尤其是伴随着各种后现代思潮的形成和扩散,欧洲社会学理论的中心地位也开始回归。在当代西方,几乎所有具有原创性思想的社会学理论都与欧洲有关,欧洲也由此涌现出了诸如哈贝马斯、布迪厄、卢曼、福柯、吉登斯、鲍曼等的理论家。可以说,欧洲文化的多样性和不可通约性成为欧洲社会学理论有别于美国并重新崛起的一个重要原因,正是由于当代欧洲社会学理论与现象学、解释学、语言哲学等哲学传统的结合,才使其结出了丰硕的学术成果。在理论回归与复兴的同时,整个欧洲社会学界也形成了各自不同的主题特色,如英国多以阶级、团结与冲突为主题,法国多以结构、权力为主题,而德国多以对现代性的探讨为主题,这一三足鼎立的局面共同创造并引领着当代西方社会学理论的未来发展。可以说,当今欧洲的社会学理论仍然保持着比美国更为强劲的发展势头。

【推荐阅读】

Giddens, A., *New Rules of Sociological Method: A Positive Critique of Interpretative Sociologies* (Cambridge: Polity Press, 1993).

Katz, F., *Contemporary Sociological Theory* (New York: Random House Inc., 1971).

Kuhn, T.S., *The Structure of Scientific Revolution* (Chicago: The University of Chicago Press,

---

[1] 史蒂文·塞德曼:《有争议的知识——后现代时代的社会理论》(刘北城等译),中国人民大学出版社2002年版,第67页。

1970).

Poloma, M., *Contemporary Sociological Theory* (New York: Macmillan Publishing Co., 1979).

Rule, J. B., *Theories of Civil Violence* (Berkeley: University of California Press, 1988).

Waters, M., *Globalization* (London: Routledge, 1995).

成伯清:《走出现代性:当代西方社会学理论的重新定向》,社会科学文献出版社2006年版。

侯均生主编:《西方社会学理论教程》,南开大学出版社2001年版。

黎民、张小山:《西方社会学理论》,华中科技大学出版社2005年版。

林聚任、刘玉安:《社会科学研究方法》,山东人民出版社2004年版。

刘少杰:《当代国外社会学理论》,中国人民大学出版社2009年版。

刘少杰:《国外社会学理论》,高等教育出版社2006年版。

陆学艺:《社会学》,知识出版社1996年版。

文军:《当代社会学理论:跨学科视野》,中国人民大学出版社2016年版。

文军:《西方社会学理论:经典传统与当代转向》,上海人民出版社2006年版。

杨善华:《当代西方社会学理论》,北京大学出版社2004年版。

杨善华、谢立中:《西方社会学理论(上、下)》,北京大学出版社2005年版。

郑杭生:《社会学概论新修》,中国人民大学出版社2013年版。

第三章

社会学理论三大传统研究范式及其比较

社会学理论的整个发展历程大致可以划分为古典社会学理论、现代社会学理论和当代社会学理论三个大的发展阶段。从其发展脉络来看,其理论发展就像一条正弦曲线,是实证主义、人文主义、批判主义三种不同取向的社会学理论传统交替出现、轮流占据上风的历史的和逻辑的发展过程。总体来看,社会学理论的当代转向其实更多地体现在其他理论传统的延伸上,因此,要理解社会学理论的当代转向,有必要先了解社会学理论的三大传统及其特征。

第一节 实证主义社会学理论的形成及其特征

"实证主义"在19世纪30年代最早出现于法国,40年代到英国,后来又流传到其他西方国家。"实证主义"(Positivism)出自希腊文"positivus",原意是"肯定、明确、确定",这是与中世纪的经院哲学相对立的。圣西门认为过去的社会是神学时代,而当时已经处于实证时代,是他首先创用了"实证"一词。可以说,社会学从一开始就是实证社会学,并且,实证不仅限于一种方法的运用,更是通过实证主义建立了一套全新的社会观,从某种意义上讲,实证主义是关于历史发展的性质及社会学特性的一种学说。实证主义社会学已经经历了将近两个世纪的发展历程。其间虽然饱受反实证主义流派的诘难和冲击并相应地作出调整,但实证主义仍被奉为社会学的正统,占据西方社会学主流的地位。

从横向看,社会学的实证主义模式在早期大体可以分为两种基本类型:有机论与机械论。孔德、斯宾塞、涂尔干是有机体模式的代表,这种模式把社会现象看做是完整的社会体系中相互联系的正在实现的某种功能,就像生物机体的某种器官那样。J. S. 穆勒、L. 凯特莱是机械论的代表,在机械论的社会模式中,个人被视为一种社会原子,而社会的组织与制度则是物理的或心理的机制。到20世纪30年代以后,有机论逐渐演化为结构主义、功能主义等变种,尤其是功能主义观点成为现代社会学理论的第一个系统的并曾长期占有主流地位的理论观点(帕森斯和默顿则是这一理论的杰出代表);机械论的模式最终演变为行为主义社会学(各种类型的交换理论、行动理论等),这可以看做是现代实证主义的激进变种。①

就实证主义产生的背景而言,当时正值欧洲主要资本主义国家的资产阶级已经先后取得了政权。这些资产阶级在政治上已趋保守,他们所关心的主要是扩张经济势力,进一步发财致富。当时英国已进行工业革命,法国等大陆国家也正着手进行工业革命,反映在意识形态上,资产阶级抛弃并敌视进行社会革命的理论——唯物主义和无神论。但他们也鄙视以黑格尔为代表的思辨唯心主义,对发展科学技术表现出强烈的兴趣。实证主义正好反映了当时资产阶级的这种精神状态,即对一切探究世界的基础和本质、事物的内在联系和客观规律性的理论,采取了普遍的虚无主义态度,从而也否定了唯物主义以及一切革命理论,它强调哲学和社会学应以实证科学为根据,强调经验研究。

实证主义社会学的发展史大体可以分为两个阶段:古典实证主义(又称早期实证主义)与新实证主义(新实证主义又经历了现代与后现代两个部分)。第一阶段从19世纪30年代开始,它同孔德、斯宾塞、涂尔干及其大批追随者的名字联系在一起,而至20世纪初,即在机械论观念与进化论观念发生危机的时期结束。第二阶段约从20世纪30年代开始持续至今。在这一阶段,社会学的研究重心从欧洲转向美国,尤其是1937年帕森斯的成名作《社会行动的结构》一书的出版,开创了美国社会学理论研究的现代阶段,也在某种意义上标志着以实证主义为特征的美国社会学理论开始成为整个西方社会学理论主流范式。实证

---

① 于海:《西方社会思想史》,复旦大学出版社1993年版,第186—187页。

主义社会学也由此一直占据西方社会学的主流地位。

根据孔德对实证主义的归纳,我们也大致可以归纳出实证主义社会学传统最核心的理论特点:

(1) 本体论上的自然主义取向。本体论所关心的问题主要是:人类的日常生活世界中各种现象或行为是否存在着一种真实、永恒不变的本质?如果有,那么这种真实、永恒不变的本质是什么?实证主义社会学在本体论上的自然主义取向,就是指追求社会事实原来的自然状态而不要过分人为地干预。实证主义者承认自然科学方法论在社会科学中的正当性,坚持统一的科学观,认为社会是在自然之中的,社会现象与自然现象之间并没有本质的差异,社会研究对象与自然科学研究对象一样,都是纯客观的,社会现象背后存在着必然的因果规律,在自然科学中运用的那些方法在社会科学中同样适用。因此也可以仿效自然科学将社会学建设成一门类似自然科学的精密学科,即用自然科学的方法论来研究社会现象。因为社会科学中的知识远没有自然科学那么丰富,这就更需要通过采用自然科学中使用的被视为有效的那些方法来研究社会。这种研究范式包含两方面内容:一是从自然科学中借用的概念、方法和运算方程等;二是从自然科学中借鉴的理论的验证原则。① "社会学在法国的创立反映出当时法国人对社会的认识,即社会或社会生活是自然的一部分,它受自然法则的支配。"② 可见,当时社会学在法国产生时就有了浓厚的自然主义氛围。

(2) 认识论上的经验主义取向。认识论所关心的问题主要是:研究者应该运用何种立场与态度,与被探究的社会现象产生互动关系,才能了解现象的真实本质?实证主义社会学在认识论上的经验主义取向就是指重视经验和感性资料在社会认识中的重要作用,坚持认为社会研究的逻辑方法是假设演绎法,科学假说的陈述必须由经验事实来检验,理论仅当它得到经验证据的完备支持时才是可接受的。这些经验证据可以是个人的,也可以是群体的或他人的,借鉴他人的经验,才能获取现有的知识。因此,实证主义社会学主张研究结果必须由经验所证实,其研究的任务就在于把握感觉经验中的所有,并以尽可能简单的方式来描述他们。因为实证主义者只承认感官经验为人类知识的源泉,断言社会知识的可靠性、真理性取决于观察和实验,从而得出结论,科学只关心"真"的问题,作

---

① 张网成:《实证主义——西方社会学的主流范式》,《社会学研究》1990 年第 4 期。
② 侯均生主编:《西方社会学理论教程》,南开大学出版社 2002 年版,第 21 页。

为社会学家,应该放弃对被研究对象与所获得的结果的本质做任何的判断,也就是要保持"价值中立"的要求。

(3)方法论上的整体主义取向。方法论所关心的问题主要是:这些人类日常生活的社会世界中各种现象与行动的真实本质,应该通过何种方法与策略才能被发现或被验证?实证主义社会学在方法论上的整体主义取向就是指强调只有研究社会整体的本身才能理解社会整体的部分(社会唯名论)。因此,主张在研究某个特定问题时反对孤立地研究这个问题,而是将问题放到整个社会之中加以认识与理解。这种方法论取向从孔德开始就产生了,后来斯宾塞引进了进化论,涂尔干又进一步完善了这种思想。例如,社会学在解释家庭、阶级、城市等出现的问题时,总是试图把它们放到社会这个大背景中加以解释。

总之,实证主义社会学传统摒弃形而上学的思维方式,以实证的原则赋予了社会学不同于哲学的特征,使社会学摆脱了思辨哲学的羁绊,从而成为一门独立的学科。同时,其所倡导的实证原则与尊重客观事实的科学态度在形成社会学专业气质及其制度化方面起到了不容低估的积极作用,也在很大程度上促进了社会学在科学界威信的提升。社会学从研究设计、搜集材料、分析材料到验证假设,都大量借鉴了自然科学的方法和理论,并由此发展了不少社会学特有的方法。如:用于搜集材料的观察法、问卷法、实验法、量表测量等;用于分析材料的统计方法(因果分析、回归分析、卡方检验等)和计算机模拟等。① 此外,实证主义社会学在整个社会学发展史中还起到了一个"参照标准"的作用,众多其他的社会学流派大都是为弥补实证主义之不足或批判其理论上的谬误而发展起来的。"一方面后来真正左右现代社会学的是秉承实证主义精神的社会事实范式,另一方面其他诸种范式尤其是社会行为范式其实也都在不同程度上接受了实证主义的影响。"②

当然,实证主义也存在着一些弊端。社会脱离不了个人,个人因素在社会现象中也是一个较重要的考虑因素,纯粹的实证而否定心理意愿等因素并不能完全解释一切社会现象。因此,作为社会学主流形态的实证主义研究范式排除一切主体性和意义、价值问题,不仅造成了人性的危机,也造成了科学自身的危机。实证主义社会学范式给社会学带来的危机主要表现在:以自然科学的客观科学

---

① 张网成:《实证主义——西方社会学的主流范式》。
② 周晓虹:《西方社会学历史与体系(第一卷)》,上海人民出版社2002年版,第463页。

真理取代生活世界的存在真理,从而使社会学理论丧失其本身应有的丰富想象力;倾向于把纷繁复杂和变动不居的社会生活现象还原成几种因素的互动关系,导致社会学研究中以模式或变量的互动关系取代真实的社会存在;强调社会学研究中的一切现象都应量化,而对社会行动主体的人之生命的意义和评价或采取任意量化处理或根本忽略不计;主张社会学研究要保持虚假的客观性、中立性,反对把主观情绪和价值因素介入社会学研究,等等。

第二节 人文主义社会学理论的形成及其特征

说到社会学理论的人文主义思想传统,可以追溯到文艺复兴时期(14—16世纪)。这场历史性的文化变革使人本思想在欧洲土地上扎根开花,人文主义就是众多文艺、学术奇葩中的一朵。在欧洲15—16世纪的社会思想家看来,"人文主义"(Humanism)的含义一是指人文科学,即区别于神学而同人类利益有关的学问,如对社会现象进行研究的哲学、经济学、政治学、历史学以及对文化艺术进行研究的文艺学、语言学等。另一种含义则专指欧洲文艺复兴时期同维护封建统治的宗教神学体系对立的资产阶级人性论和人道主义。① 但是,我们在此所说的现代社会学中的人文主义传统与文艺复兴时期的近代西方人文主义思潮有着根本性的区别,因为现代西方社会学中的人文主义是在对实证主义的批判过程中勃然兴起的,其主要目标与研究路径是指向"反实证主义"的,它更强调人的非理性因素的本体论地位和认识论作用。

因此,文艺复兴时期的人文主义与社会学理论的人文主义取向既有重合也有差异。重合的部分包括:宣扬以人为中心的人本观点,提倡人性的关心。差异之处在于两者反对的指向不同:文艺复兴时期的人文主义的精神实质是反封建和反教会;人文主义社会学反对的是实证主义社会学的认识论(决定论)和方法论。此外,在产生时间上,文艺复兴时期的人文主义也远远先于人文主义社会学。19世纪末,来自德国的历史主义和人文主义思潮在对实证主义关于自然界与社会历史之间存在着基本一致性的世界统一观,以及适用于自然科学研究的方法论也同样适用于研究社会和文化的基本立场进行批判的同时,为社会学研

---

① 程继隆主编:《社会学大辞典》,中国人事出版社1995年版。

究提供了新的思路、方法和研究方案,从而开启了人文主义社会学或理解社会学的新方向。他们认为社会历史事件只具有个别性、特殊性,不具有规律性和一般性。因此,"自然需要说明,人则必须理解"①,人和社会不能用自然科学的方法来研究,而只能以人文学科的主观方法(即直觉领悟和投入理解法)对具体的个人和事件进行解释和说明。② 尤其是马克斯·韦伯在前人的基础上,把人文主义思想体系运用到社会学学科之中并加以融入与综合,才开创了真正意义上的人文主义社会学传统。正像韦伯所说:"社会学是一门致力于解释性地理解社会行动并通过理解对社会行动的过程和影响作出因果说明的科学。"③随着时代的发展,更多的人文主义社会学家对韦伯的思想进行了继承和修正,从而使人文主义社会学传统在20世纪中后期得以更加完善和发扬光大。因此,人文主义在欧洲社会的兴起,特别是韦伯的理解社会学思想对于改变实证主义方法论在社会学研究中一统天下的局面起到了重要的促进作用,它直接阻碍了社会学自然科学化的倾向,为社会学沿着适合自身模式继续发展提供了必要条件,也为人文主义社会学的发展奠定了基础,社会学理论的发展由此而迈向了新的阶段。

因此,我们在这里所说的社会学人文主义传统抑或人文主义社会学(Humanistic Sociology)是相对于实证主义传统抑或实证主义社会学而言。④ 这里的"人文主义"主要是指社会学研究的一种方法与路径,其基本观点认为人类社会具有独一无二的性质,这就使得社会学的研究对象根本不同于自然科学的研究对象。因此,人文主义社会学理论的研究更多的是借鉴哲学和人文学科的方法,特别是解释学、现象学、语言学、文化人类学、语义哲学和认知理论的方法。在人文主义社会学理论中,很少强调构成结构性整体的因素或部分,而更加强调人的活动与社会学家通常关注的社会结构的关系,突出对行动意义的研究或对人类行为的解释,这是人文主义社会学理论的中心点。人文主义社会学的思想和学术来源主要是人文学科(实证主义社会学则多半有借鉴自然科学理论的倾向);其研究对象是社会行动(实证主义社会学则把社会事实作为其研究对象);其研究角度是从微观层面出发(实证主义社会学则多半从宏观层面出发做整体性研

---

① 张小山:《实证主义社会学面临挑战》,《社会学研究》1991年第5期。
② 袁方主编:《社会研究方法教程(重排本)》,北京大学出版社2014年版,第26页。
③ 马克斯·韦伯:《经济与社会(上卷)》(林荣远译),商务印书馆1997年版,第40页。
④ 蔡禾、赵巍:《社会学的实证研究辨析》,《社会学研究》1994年第3期。

第三章 社会学理论三大传统研究范式及其比较

究);其研究目的是对社会因果性的解读(实证主义社会学则是对经验现象的说明);其具体研究方法包括观察、访谈及其他非结构性访谈方式(实证主义社会学则倾向于运用问卷、量表等统计度量工具);其研究过程要求从价值维度去发现和理解社会学(实证主义社会学则主张保持价值中立);其学术取向是充分考虑人的主体性和创造性(实证主义则把社会看做无个性的结构功能体)……具体来说,与实证主义社会学传统相比较,人文主义社会学有以下几个特征:

(1) 在研究主体及其属性对社会学研究的影响问题上,人文主义社会学认同"价值关联论"观点。他们认为严格的"价值中立"不仅做不到,而且还有害。它不但"会引起逃避对重要的然而是有争议的社会问题的研究,以至于没有明确的道德义务而难以进行研究"①,而且还以"价值中立"为口实阻碍了对现实的批判,实际上隐藏着维护既定现实的倾向。因此,理想的研究者不应固守价值中立的观点,而应自觉依据一定的立场、观点去选择课题、搜集资料、引出结论。因此,在价值论上,人文主义社会学并不是简单地反对价值中立而主张价值介入(这正是人文主义社会学与其他反实证主义社会学之间的不同之处),例如,韦伯就赞同实证主义者提出的价值中立原则,认为研究者在研究过程中不应该有自己的价值判断在里面②,但韦伯同时也认识到,在研究前的问题选择阶段和资料分析阶段,价值关联是不可避免的。

(2) 在研究客体及其属性对社会学研究的影响问题上,人文主义社会学认为社会世界与自然界完全不同,它完全不能脱离个人的主观意识而独立存在。相反,它正是由充满了主观意义的无数"象征符号"所构成,而这些"象征符号"的意义正是由个人的经验或主观意识所赋予,随个人对它的理解的不同而不同的。由于这种差别,社会世界不存在如自然界那样的因果必然性与规律性,因而不可能像研究自然那样来研究社会。③ 例如,现象学社会学对"日常生活世界"的定义、符号互动理论对"符号"和"自我"的解释都反映了人文主义社会学者的"意义世界论"观点。

(3) 在社会学研究的逻辑顺序问题上,人文主义社会学理论一般都倡导社

---

① 肯尼思·D.贝利:《现代社会研究方法》(许真译),上海人民出版社1986年版,第16页。
② 范文芳、蒋超:《论社会学研究中的实证主义与反实证主义》,《齐齐哈尔大学学报(哲学社会科学版)》2001年第4期。
③ 袁方、谢立中:《社会学的认识论的初步探讨》,《社会学研究》1993年第5期。

会唯名论,认为社会不是一个独立的实体,它只不过是无数个人的总和而已。因此,人文主义社会学首先把对个体的行动的体验和理解引入到了社会学的研究中,将社会行动作为研究对象,认为个人才是社会行动的真正主体,只有通过把握人的行动动机才能"理解"社会现象的"主观意义",不能先撇开个体去研究所谓超越于个体之上的"社会"。社会、文化、结构、制度等都不是实体的抽象词,他们的存在及其变化不能由自身得到解释,而必须由个人的行为来加以说明。要了解社会就必须先了解社会的个人。因此,对社会的研究不应是从宏观整体下降到微观个人,而应是从微观个体逐步上升到宏观整体。①

(4) 在社会学研究的方法论问题上,人文主义社会学奉行"二元方法论",即认为社会现象与自然现象有着本质区别,社会现象的本质不是存在于那些外部的、可以直接观察到的、能够加以测量的"客观"现象当中,而是存在于那些内在的、不可直接观察到的、难以加以精确度量的"意义"世界当中。因此,严守自然科学方法论准则就不可能有效地与恰当地把握社会生活的特性。"人文主义社会学产生于对于人性的关心,而不是产生于那种应用以自然科学为基础的方法论规定来研究人类事物的努力"。就像美国社会学家玛格丽特·波洛玛所说的,当社会学脱离对于人性的关心而对科学发生兴趣的时候,它就犯了错误。②因此,社会学必须采用与自然科学完全不同的方法,研究者的任务不是去建构一个独立于个人价值信念之外的客观世界,而是应用对话与辩证的方式与被研究者的行动主体产生对话关系,最后通过归纳、比较与对照过程获得一致性。因此,在研究过程中,研究者必须与被研究的行动主体保持密切的互动关系,直到经验与价值信念融入为止。③ 例如,我们要采取"解释学"的方法或"理解""移情"方法,或其他人文学科中的方法如语义学的方法等,才能对社会现实作出真正合理的理解,才能"使社会现实不至于被有些科学观察者所建构的不存在的虚构性世界所取代"。④

(5) 在社会学理论的建构问题上,人文主义社会学一般认为社会现象既然

---

① 袁方、谢立中:《社会学的认识论的初步探讨》。
② 玛格丽特·波洛玛:《当代社会学理论》(孙立平译),华夏出版社1989年版,第8—9页。
③ 潘淑满:《质性研究:理论与应用》,心理出版社(台湾)2003年版,第50—51页。
④ Alfred Schutz, "Parson's Theory of Social Action: A Critical Review," in Richard Grathoff, et al., eds., *The Theory of Social Action: The Correspondence of Alfred Schutz and Talcott Parsons* (Bloomington, Indiana: Indiana University Press, 1978), p.50.

第三章 社会学理论三大传统研究范式及其比较

不可能像自然现象那样被精确地加以观察和度量,那么像自然科学一样建立起一套高度操作化、形式化的演绎性定律体系也就是不可能的。在社会学中,概念不可能高度精确化、操作化、变量化,而只能对现象作出大致的标识;判断也不可能高度形式化、定理化、模型化,而只能对现象间的相互关系进行启发性的描述;理论也不可能高度演绎化,而只能建立起一种虽然很有助于我们"理解"社会现实但在结构上却较松散的思辨性结构或"敏感化的分析框架"。因此,人文主义社会学接受那种"关于人性实质的常识性观念",并且试图论证和依赖它。比如,像"自我"这样的概念,对于语言和意义的强调以及人类的自由和决定论等,是人文主义社会学家所关心的主要问题。他们确信"常识性的观念能够而且应当作为更详细的社会学理论由此派生的前提"。社会学理论的建构应该从那些似乎是明显的、日常的和平凡的东西入手。

(6)在社会学理论的检验与评价问题上,许多人文主义社会学者倾向于放弃可检验性标准。他们认为"社会的根本性质不断变化,因而所有陈述都会是错的,人们未必是要对理论陈述作明确的检验。因此,人们只能运用一个松散的概念构架去解释事件,看其是否更有助于理解事件发生的原因和方式。"[①]评价一个理论的根本标准不是可检验性,而是其他一些特性如启发性甚至批判性等等。

(7)在社会学理论的演化与发展问题上,人文主义社会学反对把自然科学的演化与发展模式套用来说明社会学理论的演变,认为社会学既然有着与自然科学不同的方法论和评价标准,那么当然也就有着与自然科学不同的演化模式。因而,那种以自然科学的演化模式为依据,断定社会学由于缺乏统一的理论"范式"就属于"前科学"时期的想法,是不恰当的。

社会学的人文主义传统对西方现代社会学理论产生了重大影响,符号互动论、现象学、角色理论、行为主义理论等都继承了这一传统。此后,人文主义社会学与实证主义社会学一样,在一定范围内都成为能有效地指导社会研究的理论范式,从而对社会学研究产生了有价值、有意义的研究成果,只是它们代表了两种不同的理论旨趣而已。因此,人文主义社会学理论的意义正在于通过揭示实证主义社会学的谬误、缺失和局限,一方面促使实证主义社会学理论自身不断地

---

① 乔纳森·特纳:《社会学理论的结构》(吴曲辉等译),浙江人民出版社1987年版,第31页。

调整、修改以日臻精确和完善;另一方面可激发各种有价值、有创造性的新理论的产生,以从根本上弥补实证主义社会学的不足,丰富社会学的理论和方法,深化人们对社会生活的理解。

当然,随着人文主义社会学的发展,其内部也产生了很多的分歧。尽管如此,人文主义传统使社会学理论更趋完善,功能得到更好的发挥,这不仅有利于打破实证主义社会学一统天下的僵化局面,为社会学家更好地分析各种社会现象提供了不同的理论视角,而且也昭示了社会学理论发展新阶段的开始,并在某种意义上意味着非主流社会学的兴起及其对主流社会学理论的挑战与超越。事实也证明,不论在社会学的应用研究还是理论研究中,作为个体的人总是社会学中不可忽视的部分。社会学理论作为对社会现实的一种学术反思,其本身就应该像社会现实一样,是多层次、多领域、多维度并存的。我们有理由相信,在未来社会学理论的发展中,人文主义社会学将在微观的、个体的、行动的理论建构中发挥更为积极的作用。

第三节 批判主义社会学理论的形成及其特征

尽管有关"批判"的哲学思想早就存在,但其真正与正统社会学理论发生联系却是晚近的事。有学者认为,批判理论与主流社会学理论的真正对话始于哈贝马斯。1964年,哈贝马斯在海德堡召开的纪念韦伯诞生100周年的讨论会上,应邀与美国结构功能主义大师帕森斯就"理解""价值中立"和"价值关联"等韦伯式的社会学命题进行论辩;几年以后,哈贝马斯又在其《社会科学的逻辑》(1970年)一书中,对包括社会学在内的现代社会科学的主要思潮进行了广泛的检讨,哈贝马斯论及的社会学家和社会学理论包括韦伯的解释社会学、舒茨的现象学社会学、加芬克尔的常人方法学以及结构功能主义理论。这种对话在相当程度上促进了主流社会学对社会批判理论的接纳。[①] 现代社会批判理论——法兰克福学派的创建者之一霍克海默(Max Horkheimer)曾发表过一篇具有开创性的论文《传统理论与批判理论》,认为传统理论把理论当作是一种对社会实在的描述、预测,乃至于控制,理论家是一个客观超然的旁观者,欲对社会生活获致一

---

① 周晓虹:《西方社会学历史与体系(第一卷)》,第446—447页。

第三章 社会学理论三大传统研究范式及其比较

种客观的了解;而批判主义理论则是把社会理论当作一种批判(critique),当作介入干预社会生活的一种力量,旨在改变社会,使其朝某个方向改变,所以理论及理论家都不可能是价值中立的,理论家同时也是一位介入社会生活的行动者。①

但是,就社会批判理论的"批判"意义本身而言,人们似乎并没有达成一致的看法。在科学哲学中,"批判"一词隐含着双重的意义:一是对科学哲学方法的内在批判(internal criticism),即提出任何科学哲学对其主张的论点,必须在理论、资料收集和语言论述三者之间取得内在的逻辑一致性。二是对社会现象本质之逻辑思维的怀疑(skepticism)。社会学家保罗·康纳顿(P. Connerton)在其《批判社会学》一书的导言中,也曾专门就"批判"的意义进行过讨论,并指出在德国思想史中,"批判"的意义也有两种:一种是康德(I. Kant)意义上的批判,即强调反省知识的先验条件;另一种是黑格尔(G. W. F. Hegel)意义上的批判,即强调反省社会和历史中的人为束缚。② 在社会学理论中,批判理论(Critical Theory)的出现,主要是被置于同所有的实证主义社会学,尤其是同形形色色的功能学说,以及所有那些宣称自己是客观的和中立的社会学理论体系相对立的位置上。在这里,所谓批判主义,是一种强调对社会现实的批判和否定,并且明确地以把人从压迫性的社会现实中解放出来为理论宗旨的理论范式。这种理论范式在社会学中首先是由卡尔·马克思开创的,其发展阶段是从古典时期的马克思经历现代社会学阶段的法兰克福学派和结构主义马克思主义,一直到当代阶段的沟通理论、后结构主义以及后现代主义与女性主义理论。

批判主义的主要假设是认定事物的本质在于现实的否定之中。因此,批判主义社会学的理论家们着眼于分析现存社会的矛盾,否定现存世界的合理性。而否定的切入点,在马克思那里是对经济制度的批判,力图揭露资本主义经济制度对工人的压迫和剥削,以及在这种条件下人的劳动的异化和政治、社会的异化。而到了现代和后现代时期,这种批判的视角被扩展至整个社会,如文化、语言、技术、意识形态、合理化过程等等。这种综合性的、全面的批判在法兰克福学派那里表现得最为明显。总的来说,批判主义社会学理论具有如下几个方面的特征:

---

① 黄瑞祺:《社会理论与社会世界》,北京大学出版社 2005 年版,第 74 页。
② Paul Connerton, "Introduction," in P. Connerton, ed., *Critical Sociology* (Harmondsworth, Eng.: Penguin, Paul Connerton, 1976),转引自周晓虹:《西方社会学历史与体系(第一卷)》,第 447 页。

一是批判主义社会学理论高举批判的旗帜,把批判视为社会学理论的宗旨,认为社会学理论的主要任务就是否定,而否定的主要手段就是批判。批判的对象除了文化、世界观、意识形态外,就是现存的社会制度,它们与现代资本主义社会采取了势不两立的态度。① 不仅如此,其在批判现代资本主义社会的同时,也在不同的方面试图寻找"解放"的出路,他们认为社会学研究的目的就是帮助被压迫群体达到意识觉醒,最后通过集体行动来达到改变社会的目的。不管批判主义者所提出的各种方法的可行性如何,至少都在努力地做这样一种尝试。

二是批判主义社会学理论放弃了为社会学学科合法化的努力,其不仅不看重学科的合法性,相反,它认为由于今天的知识的跨学科化,学科化的思维已经落后了。不过,批判主义的社会学理论家同样相信他们的分析是严格而客观的,他们拒绝带上"玫瑰色的镜头"并通过这个镜头来非现实地看待世界。他们认为知识的目的是提高人们的意识水平并因此有助于社会的变迁;而实证主义的社会学家认为:知识的目的是对于社会法则的系统阐释。②

三是反对实证主义,认为知识不只是对于"外在"于那里的"世界"的被动反映,而是科学家与理论家的一种积极的建构。这些科学家与理论家必然对他们所研究的对象作出假设,因此并不是价值中立的;批判主义的社会理论家反对实证主义关于科学应该描述社会的所谓"自然法则"的观点。相反,他们相信社会是以历史性(对于变化的敏感性)为特征的。实证主义只能"证实"业已存在的事物,而无法"证实"未来或理想。"未来"是一个由过去、由难以克服的遗产型构的一个冒险、一个选择。因此,在批判主义社会学看来,即使不能证实对于现在的激进替代的可能性,也至少认为"过去"与"现在"不可能原封不动地变成"未来"。③ 总体来说,批判主义社会学者在本体论上通常采取的是"客观主义"的立场,在认识论上采取的是"主观主义"的立场,他们一方面承认"真实"是客观存在的,另一方面又认为所谓的"真实"只能被历史地认识,从而表现出自身难以克服的矛盾性。④

四是提倡把社会学与哲学、心理学等各门学科结合起来,对社会做综合性研

---

① 于海:《西方社会思想史》,复旦大学出版社1993年版,第461页。
② 陶东风:《实证的、阐释的和批判的——社会理论的三种模式》,文化研究网,http://www.culstudies.com。
③ 陶东风:《什么是批判的社会理论》,文化研究网,http://www.culstudies.com。
④ J. K. Smith, *Alternative Research Paradigms and Dialogue* (Newbury Park:Sage, 1990).

第三章 社会学理论三大传统研究范式及其比较

究。这打破了学术分工,用交叉学科的方法探讨重大的社会问题和政治问题。尤其是到当代社会学阶段,批判主义社会学理论已经不仅仅是社会学的研究领域,而由社会学理论逐渐转变为社会理论,社会理论通过研究传统社会学不曾涉足或不予重视的地方——文学与艺术、流行文化、性别行为等来认识社会,在这些方面跨学科的交流会使得研究更加综合和有效。

五是常常通过采取把日常生活与更大的社会结构相联系的方法来分析社会现象与社会行为,十分注重理论与实践的统一。批评主义社会学理论认为,传统理论把理论与实践、主体与客体、价值与事实割裂开了,从而使理论研究成了脱离社会历史实践的独立王国。① 因此,他们主张具体的否定(而非全盘否定),不仅要把理论与实践统一起来,而且还要倡导人们为自己的解放负责,并且告诫他们,不要以遥远的"未来""解放"的名义压迫别人,压迫现在的日常生活。② 因此,批判主义社会学主张研究者应该通过对话(dialogic approach)来帮助参与研究者从错误的意识形态之中解放出来,进而寻求改革真实社会世界的可能。

总之,批判主义社会学是在对现实社会的批判和否定、在与主流社会学范式的论战中发展起来的,这使得批判主义社会学的出现多多少少有些"不合时宜"。但无论怎样,批判主义作为社会学理论传统之一是有其独立存在的"基本资质"的。批判主义社会学理论提供了一种不同于实证主义和人文主义的认识视角,同时又吸收了实证主义与人文主义的一些观点,从这个意义上来说,批判主义将实证主义与人文主义融合在了一起,其所倡导的多学科的交叉分析方法,无疑是有利于社会学这门学科的发展。③ 如果说孔德创立社会学使人们获得了一种研究社会的新视角,那么由马克思肇始的批判主义社会学则再次给人们以全新的观察视野。因为批判主义社会学始终坚持批判的和否定的理论取向和行动倾向,它不仅批判不合理的社会现实,而且批判了西方社会学理论的某些传统,如理论的形式化、抽象化和所谓的"价值无涉"的观点。这种反思性对其他社会学理论自身的建构和对待社会现实的态度都产生了非常深刻的影响,使他们始终注意和自己对立面的综合,始终关注社会及社会生活中那些还"不完美"的方面。

---

① 林聚任、刘玉安主编:《社会科学研究方法》,山东人民出版社2004年版,第39页。
② 陶东风:《什么是批判的社会理论》。
③ 周晓虹:《西方社会学历史与体系(第一卷)》,第448页。

第四节 社会学理论三大传统研究范式的比较

任何一门学科都是在一定的范式指导下观察对象、收集并分析资料、检验假设、发展知识的过程。不管在实际生活里,还是在认知逻辑上,范式都意味着共同体成员围绕着特定学科或专业领域建立起来的共同信念、共同取向和共同的研究范围。① 没有范式,科学研究的语言游戏也就无从进行,我们只有依靠范式,才能确定各种事物或社会现象之间的共通或类似之处,并对循此而行的日常活动作出规定。②

一、社会学理论范式及其基本含义

"范式"(paradigm)的概念自 1962 年科学史学家和科学社会学家托马斯·库恩(T. Kuhn)提出来以后,已成为科学研究中一个十分重要的概念。按照库恩的论述,范式是从事某种特定学科的科学家们在这一学科领域内所达到的共识及其基本观点,是一个学科的共同体在研究准则、概念体系等方面的某些共同约定,尤其是通过研究实践中的范例即"一组标准事例"来理解的共同约定。因此,从这个意义上说,范式是一种世界观,是最高层次的方法论。它包括三个方面的内容:一是共同的基本理论、观点和方法;二是共有的信念;三是某种自然观(包括形而上学假定)。"范式"的基本原则可以在本体论、认识论和方法论三个层面表现出来,分别回答的是事物存在的真实性问题、知者与被知者之间的关系问题,以及研究方法的理论体系问题。这些理论和原则对特定的科学家共同体起规范的作用,协调他们对世界的看法以及他们的行为方式。默顿曾经把定性分析范式的功能概括为五个方面:一是注释功能;二是减少无意引用模糊假定和概念的可能性;三是促进理论解释的积累;四是能以自身特有的条理化提供重要概念的系统交点分类表格,从而使分析家意识到他可能忽略的实际和理论问题;五是可以使我们以近似定量分析的严密逻辑来汇编定性分析。③

---

① 托马斯·库恩:《必要的张力:科学的传统和变革论文选》(纪树立等译),福建人民出版社 1987 年版,第 291 页。
② 渠敬东:《缺席与断裂——有关失范的社会学研究》,上海人民出版社 1999 年版,第 269 页。
③ 罗伯特·金·默顿:《论理论社会学》(何凡兴等译),华夏出版社 1990 年版,第 95—96 页。

第三章 社会学理论三大传统研究范式及其比较

虽然库恩有关"范式"的这个概念最初指涉的是自然科学的理论基础和实践规范,是在对自然科学史进行研究时提出来的,但近年来,西方社会科学界尤其是社会学理论界对这个概念的借用十分广泛,并掀起了一场又一场有关范式的大论战,以试图对社会科学领域的各种流派在"元认知"的层面来进行反省和审视。① 社会学范式是社会学家对他们的研究主题所表现出来的基本意向和潜在的知识假设。其中包括社会学家的基本价值前提、所研究主题的意向、用以描述和分析这一主题的概念选择、为观察和调查而对具体现象和问题的挑选,以及在分析过程中所运用的策略。然而,对社会学理论中是否存在多重范式的问题,社会学界似乎还有争议。一种观点认为,社会学作为一门独立的学科,应该是一种范式的科学,如在社会学的初创和发展阶段,绝大部分社会学家都是以所谓"主体—客体""个体—整体""宏观—微观"等二元叙事为主题来研究传统社会是如何向现代社会变迁的。另一种观点则认为,社会学应该是一门多重范式(multi-paradigm)的科学。如美国社会学家瑞泽尔根据指导社会学分析的元理论视角(Meta-theoretical Perspective),区分了三种不同的社会学范式:社会事实(social facts)范式、社会定义(social definition)范式和社会行为(social behavior)范式,这三种范式之间并没有逻辑上的必然联系,其关系是并列的,因而由它们引导出来的研究主题——社会事实、社会定义、社会行为——不仅没有优劣之分,而且都是构成完整社会现实的组成部分,都是社会学多维研究中的一种,只是其选择的侧重点不同罢了。社会事实范式一般是研究大型的社会结构和社会制度,使用的是问题调查法和历史比较法,属于这种范式的社会学有结构功能主义、冲突论和系统论以及新马克思主义社会学。社会定义范式是通过主观意义的途径理解行动、互动及其导致的后果,主要使用观察法,辅之以问卷调查,属于这种范式的社会学有行动理论、符号互动理论、现象学社会学、民族学方法论等。社会行为范式的研究主题是个体行为,一般使用的是实验方法,属于这种范式的社会学理论有行为主义社会学和交换理论。② 任何强调一个维度、一种范式的研究都有以偏概全之嫌,都不能达成对社会现实的有效分析。

显然,范式并不能等同于理论本身或科学的逻辑,而是科学发现的逻辑,它与"科学共同体"(scientific community)有着密切的关系。范式通过具体事例为

---

① 陈向明:《质的研究方法与社会科学研究》,教育科学出版社2000年版,第378页。
② George Ritzer, *Sociological Theory* (New York: McGraw-Hill, 1996), pp.494-497.

研究工作提供关于世界整体的模型亦即世界观。艾尔·巴比（Earl Babbie）指出，范式指的是一般框架或视角，字面含义就是"看事情的出发点"，它提供了观察生活方式和关于真实实体特性的一些假设。相比之下，理论指用来解释社会生活特定方面的系统化的关联性陈述。因此，理论赋予范式真实感和明确的意义。范式提供视角，理论则在于解释所看到的东西。① 犹如理论一样，范式也不是永恒不变的，在科学的危机和革命发展时期，旧的科学传统被抛弃，新的科学传统取而代之。范式的变更，反映着整个世界图景的变换，相应地就会改变科学发展的形式和方向。②

在社会学理论中，曾经存在过许多的范式的竞争：社会事实范式、社会定义范式和社会行为范式；宏观研究范式、微观研究范式；系统范式、冲突范式，等等。虽然这些范式是按照不同的标准进行分类的，但它们却是混杂在一起的。混杂的结果无法形成一种统一的认识，所以也才有社会学家难以取得一致的埋怨。这种范式混乱和范式过多的结果势必会造成社会学理论的无所适从。社会学理论的三大传统，即实证主义社会学、人文主义社会学和批判主义社会学，从研究范式的角度来看，其实质也是三种不同的研究范式。库恩曾指出，科学对事实的观察和说明总是要通过现在的"范式"或理解的框架而展开的，但科学不是事实、理论和方法的简单堆砌。科学的发展也不是知识的简单积累，而是通过"范式"的不断转换所进行的不断革命的进程。科学家在相互竞争的理论之间作出的选择不能仅仅依赖于精确性、一致性、广泛性、简单性、有效性等基本准则，更在于科学共同体所遵循的共同范式，包括研究方法、理论传统、世界观、文化价值观念等在内的综合因素。由于不同范式之间的不可通约性，范式的转变只是信念的转变，它是不能通过逻辑方式得以证明的，只有通过"说服的技巧"来达到，因为并不存在一套不同范式之间互相信服的客观充分的"元标准"。③ 对此，我们可以从社会学整体性特征中找到例证：社会学整体性特征之一就是它或多或少地表现为对实证主义研究范式的追求，这种特征是它同社会科学的其他门类所"共享"的，但同时又是反复遭到一些人文主义研究范式批判和质疑的。然而，也只是在这个意义才能说，库恩依据自然科学发展中所总结出的范式概念适

---

① 艾尔·巴比：《社会研究方法》（邱泽奇译），华夏出版社2000年版，第69页。
② 刘大椿：《科学活动论·互补方法论》，广西师范大学出版社2002年版，第115页。
③ 托马斯·库恩：《必要的张力》（纪树立等译）。

第三章 社会学理论三大传统研究范式及其比较

用于社会学,因为它能够把其学科发展线索的延续或转折都归入相对单一的谱系之内。

二、社会学理论三大传统范式的比较

在社会学理论研究上,从一开始就有三种截然不同的研究范式:一种是以孔德、斯宾塞(H. Spencer)等社会学创始者为代表,并经古典社会学的代表人物涂尔干发展后日趋成熟,他们认为社会现象和自然现象之间并无本质的区别,它们遵循着同样的方法论准则,都可以用普遍的因果律加以说明。"社会学这门学科只有在认识到把社会事实当作实在的物来研究时才能诞生。"①因此,在方法论取向上,社会科学应以自然科学为标准模式,建立统一的知识体系,并由此开创了实证主义社会学研究传统,且在很长时期里成为社会学乃至整个社会科学研究方法的主流。

另一种是以韦伯等古典社会学家为代表,认为社会现象有其独特的性质和规律,绝不能盲目效仿自然科学方法来研究社会科学,而应确立自己独特的研究方法。"社会学是一门科学,其意图在于对社会行动进行诠释性的理解,并从而对社会行动的过程及结果予以因果性的解释。"②因此,韦伯将社会学的任务规定为试图对社会行动作出解释性理解,并由此形成了人文的、理解的社会学研究传统,且从19世纪下半叶开始就从来没有停止过对实证主义社会学的批评与抨击。

第三种则是由马克思开创的批判主义社会学研究传统,认为社会学理论知识的主要任务和作用就在于对现实社会的批判性检视,在于"对现存的一切进行无情的批判"③,其基本特征就是不断强调社会学理论批判的、革命的性质,强调理论和理论家在改造、变革现实社会中的重要作用,反对那种旨在维护、修补现存社会结构的单纯解释性的"科学"研究和把现代工业社会的既定现实当作合法的做法。主张以辩证的"总体分析"方法来观察和分析社会现实,即将社会现象置于社会的与历史的总体过程中,从它们在社会的与历史的总体过程当中所具有的地位与作用来确定它们的性质、意义,来考察它们的产生、变化和发展。

---

① 迪尔凯姆:《社会学研究方法论》(胡伟译),华夏出版社1988年版,第11页。
② 马克斯·韦伯:《社会学的基本概念》(顾忠华译),远流图书公司(台湾)1993年版,第19页。
③ 马克思、恩格斯:《马克思恩格斯选集(第二卷)》,人民出版社1972年版,第416页。

社会学理论中上述三种传统的并存代表了研究社会的三种不同的范式,即实证主义研究范式、人文主义研究范式和批判主义研究范式(见表3.1)。而且,正如我们在本章第一节所论述的那样,从整个社会学理论研究的发展历程来看,其发展轨迹就像一条正弦曲线,是实证主义、人文主义、批判主义三种范式的社会学理论研究交替出现,轮流占据上风的历史的、逻辑的发展过程。社会学理论的三大传统交替兴起,不仅引领了社会学理论的三条线索,也标志着社会学发展的不同阶段。人文主义兴起于19世纪末20世纪初,在此之前,自孔德开创社会学之初,实证主义就长期主导着社会学,形成了一股强势的、有系统的主流,被认为是社会学发展的第一阶段;第二阶段就是以一场人文主义与实证主义的方法论之争为开端的,到20世纪中期,批判主义也开始加入到与实证主义的论争之中,并在方法论上形成了实证主义与非实证主义的两大完全不同的研究阵营;20世纪70、80年代以后,社会学理论进入到第三个发展阶段,各种不同范式的理论传统之间经过一段时间的争议与反思之后开始更加注重对不同理论传统的吸收,但三大理论传统之间的交织状态并没有因此而得到根本性的改变。

表3.1 社会学理论三大传统研究范式的比较①

	实证主义理论范式传统	人文主义理论范式传统	批判主义理论范式传统
本体论	朴素的现实主义,即认为现实是"真实的",而且是可以被人们所认识和了解的	相对主义,即认为现实具有地方性、情境性的特点,是具体地被建构、阐释出来的	历史现实主义,即认为真实的现实是由社会、政治、文化、经济、种族和性别等价值观念塑造而成的,是在时间中结晶而成的
认识论	二元论的、客观主义的认识论,强调研究结果是真实、可信的	交往的、主观的认识论,认为其研究结果是被创造出来的	交往的、主观的认识论,认为其研究结果是受到价值观念的过滤
方法论	实验的、操作性的方法论,强调对研究假设进行实证和整体主义研究,主要采用量化的研究方法	理解的、人文的、阐释的、辩证的方法论	对话的、辩证的、批判的方法论

---

① 该表的绘制主要是根据 E. G. Guba & Y. S. Lincoln, "Competing Paradigms in Qualitative Research," in N. K. Denzin & Y. S. Lincoln, eds., *Handbook of Qualitative Research* (Thousand Oaks: Sage, 1994), p.109 上的有关内容改编而成。

第三章 社会学理论三大传统研究范式及其比较

直到现在,这三大理论传统仍然处在交织发展的过程中,而且在不同的研究领域显示出了各自的优势与特征:实证主义研究范式主张从经验出发,注重借用自然科学的一些方法以及精确的数据来说明问题;而人文主义研究范式强调要考虑人的因素与特性,反对机械的研究;至于批判主义研究范式,则是社会学研究的另一股空气,渗透在各种理论体系中,以批判、反思的思维方式来观察社会、讨论问题。三种理论传统及研究范式在社会学发展史的不同阶段有过此消彼长的时候,也出现过三足鼎立的状态。而社会学理论与方法就是在这个过程中,日益丰富起来。

从研究范式的特征来看,实证主义社会学对"科学建构"的强调依赖于把自然科学作为社会理论构造的模式,认为科学的目的就在于对现象的因果性作出说明,并在此基础上对现象的未来发展趋势作出预测。由于对自然科学这种因果性、精密性和普遍性的极端追求,许多社会学理论研究就一直是以数学和统计学为取向的,特别注重量化的研究方法(quantitative research method),并在研究方法上尽量使研究的程序与结果合乎自然科学研究的准则——研究程序的"可重复性"(replicability)和研究结果的"可验证性"(verifiability)。① 相反,人文主义社会学的研究对象则是导致人们行动的内在意义,它强调人类行为中那种使人类能唯一进入创造性领域的性质,认为人们应该从日常的、平凡的事物出发,研究人类对社会现象作出的解释以及赋予它们的意义,而不是简单地还原于自然规律的水平。② 因为在他们看来,社会学理论研究的目的在于"理解"(understanding)而非"说明"(explanation)。而批判主义社会学传统强调社会学理论的"批判"和"解放"功能,认为衡量研究质量的标准不是证实,也不是证伪,而是消除参与者无知和误解的能力,主张对一切现实应持有批判性,通过对社会的批判来推动知识的反思性发展,以引导社会秩序的建立。这三种研究取向的争论从社会学诞生之初就存在了,并且贯穿社会学学科发展的整个历程。而且,从总体上来看,实证主义研究范式较为强调运用自然科学的方法,使用一定的检测手段对研究结果进行严谨的验证,而人文主义与批判主义研究范式则更加重视反省自己(行动者)与研究对象之间的互动关系。实证主义注重用研究结果来扩展知识,讲究知识生成的科学性和知识推广的普遍性。批判主义则主张将研究结

---

① 阮新邦等:《批判诠释论与社会研究》,上海人民出版社1998年版,第5页。
② 玛格丽特·波洛玛:《当代社会学理论》(孙立平译)。

果用来唤醒人们,认为社会科学知识的本质在于"批判",目的在于改造社会中的不公平。而人文主义则着眼于当下的构成性理解,强调对社会行为本身的理解与诠释,并通过这种"诠释"来生成新的社会现实。

其实,社会学理论传统与研究范式的这种分裂与对立,实际上反映着整个社会科学领域方法论状况的这三种主要倾向之间的对立,但从整个社会科学的发展状况来看,它似乎并没有妨碍发展,反而从某种意义上给社会科学的发展提供了更多可能。这是因为就每一单独的社会科学学科而言,它实际上已经在上述三种传统和研究范式中作出了符合自己学科根本性质的方法论选择,并力求在学科内部保持方法论立场上的基本一致(如经济学就普遍仿效了自然科学的特征,而人类学却选择了具有浓厚人文主义传统的取向)。唯独社会学这一后发的综合性学科,由于其研究领域与内容既涉及自然科学特征,又富有人文学科韵味,也由于其学术抱负一直是试图以统一的方式来刻画整个人类社会体系的状况,所以,不得不单独面对在基本方法论立场上分裂与对立所造成的困境。因此,社会学理论研究实质上是处于三种不同传统的范式张力之中:一方面,它注重对研究现象作实证的、经验主义的考察与分析,强调的是实证主义、科学主义的传统,注重对研究结果的"真实性"和"可靠性"进行探究。另一方面它又要求研究者对研究对象进行"解释性理解"(interpretive understanding),强调的是人文主义、阐释主义的传统,关注研究者与被研究者之间的主体间性(intersubjectivity)和视阈融合(fusion of horizons)。① 而与此同时,它又意识到了任何研究都要受到一定政治、文化、性别和社会阶层的影响,注意研究中的权力关系以及研究对知识建构和社会改革的重要作用,因此,它同时又具有一种后现代式的社会批判意识,强调一种强烈的价值介入。② 毫无疑问,社会学理论研究范式上的这一长期存在的分裂与对立的紧张局面业已造成了社会学领域内在"实质性"理论建构、具体的研究程序乃至学术共同体从业人员中潜在的或明显的分裂。尤其在当代,这一局面又与社会学理论知识的本土化和国际化的论题纠缠在一起,形成了更为错综复杂的情势。③ 然而,尽管如此,这种局面也并没有妨碍社会学

---

① 陈向明:《质的研究方法与社会科学研究》,第13页。
② Robert Emerson, *Contemporary Field Research: A Collection of Readings* (Prospect Heights, Illinois: Waveland Press, 1983), pp.1-2.
③ 覃方明:《社会学方法论新探(上)——科学哲学与语言哲学的理论视角》,《社会学研究》1998年第2期。

理论的发展,正如布迪厄所说,社会学的危机可理解为正统社会学的危机,而所谓多元化的"异端学说"的增加,反倒意味着学科的进步。

因此,三种社会学理论传统范式的存在都具有一定的合理性,在解释与研究不同现象时具有各自的优势和劣势,而且相互之间也并不是没有丝毫共同点的,它们也有表现出一致的地方,如都注重在自然情境而不是人为的实验情境下进行研究,都强调对社会现象进行整体性的探究,而不是对其中的一些孤立变量进行调查。当然,这种研究上的共同点也是十分有限的,其分歧依然十分明显,这实际上由于它们共同源于对自然科学方法的误解(如认为自然科学本身存在着一种抽象的、普适的方法),都没有对自然科学模式的优势提出质疑,因此,都将描述与解释、说明与理解对立起来。从思维源泉上来看,它们仍然都停留在传统形而上学思维方式的束缚之中,采取的均是主观(体)同客观(体)二元对立的思维方式。这种思维方式忽略了主体间的交往活动、交往关系和运行机制,因而不可避免地带有单一主体性、单一实践关系等缺陷(所幸的是,随着后现代思想的兴起,这种局面有所改变)。所不同的是孔德等实证主义社会学者抓住的是二元思维方式中客观性一端,故强调的是实证的一面;韦伯等人文主义社会学者抓住的是二元思维方式中主观性一端,故强调的是理解的一面;而批判主义社会学者在本体论上的客观主义与认识论上的主观主义之间的矛盾性也成了其难以克服的二元困境。他们谁都没有真正超越主观同客观的二元对立。他们之间的分歧,在哲学上无非是传统形而上学思维方式内部的分歧。

尽管自韦伯、马克思和涂尔干以后,许多社会学家也看到了社会学研究范式上的这种内在的分裂与对立,并试图从各种不同角度来弥补三种研究取向的不足。例如,帕森斯就曾试图从结构功能主义立场来融合实证主义和人文主义社会学思想,他在早期社会学著作对行动和秩序的分析中,就包含着对韦伯和涂尔干等不同思想传统试图进行综合的努力。然而他所做的只不过是从双方借鉴一些为他所用的观点,而并未在思维方式和研究范式这个根本性问题上作出深入的思考,随着其理论分析的不断深入,其最终继承的理论观点仍然是以实证主义社会学传统为主,并把它的影响进一步扩大到了极其深远的地步,以至于至今人们都难以动摇实证主义社会学传统在整个社会学研究领域中的主流地位。

【推荐阅读】

Emerson, F., *Contemporary Field Research*: *A Collection of Readings*, Prospect Heights (Illinois: Waveland Press, 1983).

Guba, E. G. & Y. S. Lincoln, "Competing Paradigms in Qualitative Research," in Denzin, N. K. & Y. S. Lincoln, eds., *Handbook of Qualitative Research* (Thousand Oaks: Sage, 1994).

Ritzer, G., *Sociological Theory* (New York: McGraw-Hill, 1996).

Smith, J.K., "Alternative Research Paradigms and Problem of Criteria," in Guba, E. G., ed., *The Paradigm Dialogue* (Newbury Park: Sage, 1990).

埃米尔·迪尔凯姆:《社会学方法的准则》(狄玉明译),商务印书馆1995年版。

埃米尔·迪尔凯姆:《自杀论》(冯韵文译),商务印书馆1996年版。

埃米尔·涂尔干:《社会分工论》(渠东译),生活·读书·新知三联书店2000年版。

艾尔·巴比:《社会研究方法》(邱泽奇译),华夏出版社2000年版。

奥古斯特·孔德:《论实证精神》(黄建华译),商务印书馆1996年版。

陈向明:《质的研究方法与社会科学研究》,教育科学出版社2000年版。

程继隆:《社会学大辞典》,中国人事出版社1995年版。

马克斯·霍克海默:《批判理论》(李小兵等译),重庆出版社1989年版。

马克斯·韦伯:《经济与社会》(林荣远译),商务印书馆1997年版。

马克斯·韦伯:《社会学的基本概念》(顾忠华译),广西师范大学出版社2005年版。

马克斯·韦伯:《新教伦理与资本主义精神》(于晓等译),生活·读书·新知三联书店1987年版。

马克斯·韦伯:《支配社会学》(康乐等译),广西师范大学出版社2004年版。

潘淑满:《质性研究:理论与应用》,心理出版社2003年版。

阮新邦等:《批判诠释论与社会研究》,上海人民出版社1998年版。

托马斯·库恩:《必要的张力》(纪树立等译),福建人民出版社1987年版。

谢立中:《西方社会学名著提要》,江西人民出版社1998年版。

衣俊卿:《20世纪的文化批判——西方马克思主义的深层解读》,中央编译出版社2003年版。

袁方主编:《社会研究方法教程(重排本)》,北京大学出版社2014年版。

第四章

当代社会学理论的非主流转向及其影响

社会学自诞生以来,就在理论和方法取向上存在着相互分离和对立的困境,这种局面延续到当代,社会学理论研究不仅没有很好地走出历史的困境,反而又遭遇了全球化与后现代的挑战。如果说长期以来西方社会学理论的危机主要是主流(实证主义)社会学理论的危机,那么,当代社会学理论的危机则主要是一种总体性的危机,其根源在于社会学理论无法应对后现代和全球化所带来的社会现实的根本变化。因此,社会学理论的当代转向是不可避免的,其影响也是非常深远的。

第一节 社会学理论研究面临的主要危机

从历史上来看,作为启蒙运动和现代性产物的社会学,从其诞生之时起,就从未放弃过认为真正的知识必然是普遍的,是以某种元话语为基础的观念。因此,从社会学的创立直至社会学的形成阶段,现代实证主义设计的大旗就一直未倒(即使在遭受最严厉批评的20世纪60—70年代)[1],各位古典社会学大师——

---

[1] 如果按照吉登斯的说法,我们大致可以把社会学160余年的历史中无数社会学家提出的各种假设不同、观点各异的社会学理论归为两种理想类型:"实证主义社会学"和"解释性社会学"。如果说存在对社会做出解释时拥有共同的范式的话,那么主流的范式毫无疑问是实证主义范式。从19世纪社会学走上学科独立发展道路,实证主义就取得了原来宗教所具有的地位,其原则指导了大部分的社会学研究,并提供方法论基础。

涂尔干、韦伯、马克思、帕累托(V. Pareto)、滕尼斯(F. Tönnies)等——实际上都认可和传播了科学在认识论上的特权地位,科学在发现普遍原理的基础上对知识统一性和社会进步的追求,并逐步确定了社会学的基本前提、概念和问题,提供了裁决经验与理论之争的标准,阐明了一种统括性的概念框架,以便把各种社会学研究都统一起来。这种试图用实证主义的研究范式来替代其他各种研究取向的做法实际上为以后社会学理论间的冲突埋下了危险的种子。

到20世纪初,社会学又经历了一个体制化、学科化和文化合法性的过程,这一过程又以一种独特的方式塑造着社会学,使其科学性要求进一步提升。[①] 社会学在寻求体制的自主性、科学性的同时,逐步形成了经验的、实证的研究方法和理论特色,使得社会学理论方法的实证和非实证之间的争论往往被当作纯粹与学科有关的分析或方法论问题来处理。因此,在这种状况下,社会学理论作为一种元话语——其目的是裁定学科争论——的作用得到了扩展。当今的理论,特别是社会学理论,通常被界定为一个独特的"专业"或专门知识领域,它关注的是其自身"独立自存的"认识论的、分析的和方法论的问题。[②] 作为一种基础性话语,社会学理论逐渐变成了一种元理论,社会学的元理论化(metatheorizing in sociology)也愈来愈成为一种发展趋势。[③]

20世纪30年代,社会学理论发展到现代社会学阶段后,在承传古典社会学理论"秩序与进步"研究主题的同时,开始寻求更为广阔的理论综合,以解释变化不断加快的社会现实。这一时期的社会学理论是以帕森斯对古典社会学阶段各理论流派的尝试性综合为起点的,然而最终却以社会学理论的进一步分化为终点。在古典社会学阶段,社会学家的分歧还主要是围绕着主观与客观、维护与批判等方面展开的,而到了现代社会学阶段,先前的分歧不仅没有被消除,反而

[①] 有关社会学的科学性问题一直是社会学理论发展史中颇具争议的重要问题。有学者指出,在19世纪末、20世纪初的古典社会学时期,许多社会科学家都跨出了各自的学科而融入社会学研究领域中来,使得社会学的科学性有了突飞猛进的发展。在这个时期,社会学家们大量地吸取着过去以及当时各个学科提供的知识和信息,但到现代社会学时期以后,社会学家越来越只研究他们自己的领域,并且认为比较社会学和历史社会学也是一门专业。这样学科的科学性就慢慢降低了。一些研究方法——如参与观察法和深度访谈法都使得现代社会学更加接近它们的研究对象,并且严重破坏了社会学本身的科学性。因此,从整个社会学发展阶段来看,古典社会学比现代社会学似乎更加具有科学性。参见 D. Black, "Dreams of Pure Sociology," *Sociological Theory*, Vol. 18, No. 3, 2000, pp.343-367.

[②] 塞德曼、瓦格纳:《后现代主义与社会理论》,《国外社会科学文摘》2000年第1期。

[③] George Ritzer, *Sociological Theory* (New York: McGraw-Hill, 1996), p.627.

第四章 当代社会学理论的非主流转向及其影响

还产生了许多诸如宏观与微观、冲突与均衡、抽象分析与经验研究等新的分歧与对立。但是,在这场理论分化与对立的冲突中,实证主义社会学传统并没有真正被颠覆与动摇,相反,在一定程度上使得实证主义社会学理论成了社会学的主流理论(尽管20世纪70年代后各种反实证主义理论尤其是主观—微观视角的社会学理论的呼声很高)。

但是,60年代以后,越来越多的人不满所谓主流共识体制之下的主流社会学传统。在一些非主流理论派别不遗余力的攻击下,主流社会学理论大厦轰然倾倒,一时间各种流派纷呈迭出,支撑主流社会学传统的美国社会学也开始四分五裂,而欧洲的社会学却趁机复兴,并逐步摆脱了美国社会学的支配地位,使西方社会学重新迈进了一种理论的狂欢。现在看来,虽然社会学理论的这种分化在很大程度上促进了社会学研究的繁荣,加深了人们对社会过程各个侧面的理解和认识,但同时,也将社会学带入了新的困境之中。社会学理论由此也陷入了大大小小各种理论流派纷繁复杂、无穷无尽的争论之中,这些理论流派各执一端,互不沟通,将社会的整体图景分裂为互不连贯的许多碎块,既阻碍了人们对人类社会的完整认识,也阻碍了社会学知识的积累和发展。当然,当代社会学理论的这种危机其实反映的只是建立在"现代性"基础上的主流社会学(即实证主义社会学)的危机,因为世界的多元性本身就要求理论的多样化。

的确,作为启蒙运动和现代性产物之一的社会学,其知识体系都是基于现代性与现代社会而建构起来的,从一开始就打下了"现代性"的烙印,这不仅意味着"现代性"与"现代化"自然成了社会学研究的逻辑起点和核心主题,而且也从总体上规范了社会学研究所要运用的理论、方法以及价值取向,现代性与现代化所表现出来的特质也多半成了社会学理论研究的品质和特色,同样现代性自身所具有的潜在危机也演变成了当代社会学理论的潜在危机:

一是社会学理论内部的研究范式存在难以调和的矛盾甚至冲突。在社会学理论研究中,一直存在着许多范式的竞争:社会事实范式、社会定义范式和社会行为范式;实证主义范式、人文主义范式、批判主义范式;宏观研究范式、微观研究范式;系统范式、冲突范式等等。虽然这些范式是按照不同的标准进行分类的,但它们却是混杂在一起的。混杂的结果是无法形成一种统一的认识,其结果势必会造成社会学研究的无所适从,从而影响社会学学科的整体形象。

二是社会学的知识体系难以回应不断变化发展的社会现实需要。从某种意义上来说，社会学研究范式的危机根源不在于社会学理论与方法本身的筹划不足，而是由于社会实践的不断发展及其主题的快速转换造成的。主流社会学一直强调实证为本，用事实和数据说话，而许多复杂的社会现象往往是研究者很难理清其因果关系的，更不要说对未来社会变化的预判和实证分析了。

三是社会学研究对象和范围的历史性变化将对其理论研究的有效性产生不利影响。传统社会学的主要研究对象和基础大多停留于"社会内部"或"社会之间"的社会事实上。而随着信息化、全球化时代的到来，越来越多的"跨社会"事实和潜藏于真实社会之外的"网络社会现象"涌现出来，从而使得传统社会学研究无论是在理论上还是方法上都面临着巨大的挑战。对此，社会学不得不重新审视自己的研究对象和概念范畴，并在理论和方法上做出相应的调整。

四是各种跨学科研究的兴起不断颠覆传统社会学理论研究的边界，社会学共同体越来越难以维系了。社会学最大的学科特征在于其知识的综合性和研究的整体性，社会学知识建构在其他人文社会科学基础之上，并往往能从整体的角度来开展富有特色的研究。而恰恰是这一学科特征导致了社会学在当代跨学科研究背景下不断地被其他人文社会科学知识反向吸纳甚至"蚕食"，长此以往，具有统一面相的社会学共同体将难以维系和发展。

实际上，现代性与现代社会的危机在某种程度上早就标示了当代社会学理论研究的危机。今天的社会学理论可以说已经置身于两难的境地了，它既不能重建自以为是、独尊一元的本体论，又不能陷于无所作为、怎样都行的虚无主义。正如现代性的危机只能用超越现代性的方式解决一样，滞留在现代性研究范式之上的社会学理论研究也只能用超越现代性研究范式的方式予以解决。20世纪90年代以来，各种新社会学理论和一系列的理论转向便可以看做是对这种危机反思后的一种知识努力，即在快速的社会变迁迫使社会学家们对旧范式和旧理论产生怀疑的时候，为了认识新的社会状况并提出新的研究范式而进行的各种尝试。因此，各种现代社会学、后现代社会学研究之间的论争在没来得及系统梳理与总结的状况下，就已经不由自主地步入了所谓"全球社会学理论"的新时代。

第二节 当代社会学理论的重构与挑战

20世纪80年代以后,面对当代社会学理论的种种危机,又有学者,如吉登斯、哈贝马斯、亚历山大等,面对社会学理论研究的分裂局面,尝试着采用多元综合的方式企图将社会学理论从"危机"中解救出来。于是,当代社会学理论中开始出现了普遍追求"多元综合"的倾向,新的理论也不断增多,但社会学固有的矛盾并没有因此而减少,相反,理论与方法的泛滥,对社会学研究主题的困惑以及对学科的认识论基础日趋增加的担忧,这一切仍在引发争执,从而为社会学理论的一系列转向创造了条件,其中最富有影响力的应该是"后现代转向"和"全球化转向"。然而,正如吉登斯所告诫的,理论与方法的激增并不意味着社会学危机的解决。多元主义、多中心主义和人文学科的内部关联进一步加剧了社会学研究领域的无序状态,模糊了社会学与相关学科的界限,从而使社会学的研究对象更缺乏独立性了。① 为了克服理论与方法论的危机,不少人企图通过回到古典社会学思想遗产中吸取营养,并对当代社会学理论进行多元综合,其中一个主要表现就是以"韦伯热"为代表的重新研究古典社会学理论和重新评价帕森斯理论的热潮。正如吉登斯在其《资本主义与现代社会理论》的序言中所说:"当代社会理论需要一个根本性的重构。这种重构必须从重新认识这些著作家们的著作开始,他们建立了现代社会学的基本框架。在这些著作家中最为重要的是马克思、涂尔干与韦伯。"② 也正是在这种重新研究与评估古典社会学和现代社会学理论,强调社会学理论本质应该是多维性、整合性和系统性的背景下,20世纪80年代后,当代西方社会学才出现了各种试图对现有理论、学派实行综合的方案,其所采取的手段和方式大致包括以下五种:

一是理论重建。即在原有理论的基础上,吸取其他理论的益处,重新构建原来的理论,使之更加完善。如新韦伯主义理论的发展、亚历山大的新功能主义和多向度社会学(Multidimensional Sociology)、菲因的新符号互动论、库克的新交换理论等等。

---

① B. 斯马特:《社会学、后现代性与"社会性的终结"》,《国外社会学》1991年第2期。
② A. Giddens, *Capitalism and Modern Social Theory* (Cambridge: Cambridge University Press, 1971).

二是理论扩展。即扩展原有理论的传统界限,向新的领域发展。如文化社会学出现了从阐释学解释向社会学调查转变的动向,民族志方法论也突破了仅仅分析日常生活的对话和互动的局限,将其领域扩大到分析社会制度、结构与个人的关系等主流社会学理论所关心的问题上。

三是理论联结。即寻求某种途径将微观与宏观、主观与客观等不同层次、领域的现象联结起来。如科尔曼的理性选择理论就提出了以微观层次为基础建立起微观与宏观、主观与客观相结合的理论途径,而亚历山大则主张以宏观层次为出发点来寻求微观与宏观的联结。埃利亚斯的"构型社会学"或"过程社会学"也是将微观层次的个人行为与宏观层次的国家联结起来进行分析的典范。

四是理论合并(theoretical consolidation)。例如,特纳和鲍兹(D. Boyns)认为通过将社会现实的微观、宏观与中观层面连接到一个更宏大的分析框架内,来实现专业理论的合并是可能的。换句话说,特纳和鲍兹看起来是在暗示这样的观点,即通过采用广泛的概念框架将全异的理论合并于一体,以期产生新的理论。[①]

五是理论整合。即试图以超越"重建""扩展""联结""合并"的辩证综合方式,创立一种新的社会学理论语言,以整合了的理论认识或重新解释曾被忽略、歪曲了的多维而完整的社会现实。如瑞泽尔的社会学元理论化对社会学多重范式的整合以及女性主义社会学、后现代社会学等所作的辩证整合等等。[②] 还有诸如女性主义社会学、后现代社会学等各种批判的社会理论的兴起,其不仅整合了传统社会学理论内部的各种思潮,而且还充分吸取了政治学、人类学、历史研究、法学研究和文化研究等其他学科领域的知识,从而在整体上促使了批判理论从社会学理论视野转向了社会理论领域。[③]

从当代各种试图超越社会学危机的理论努力来看,最富有影响的的确莫过于各种后现代思想和全球化理论。社会学理论长期以来形成的以现代性和现代

[①] J. H. Turner & D. E. Boyns, "The Return of Grand Theory," in J. H. Turner, *Handbook of Sociological Theory* (New York: Kluwer Academic/Plenum Publishers, 2001), pp.353-378.

[②] George Ritzer, *Sociological Theory* (New York: McGraw-Hill, 1996), pp.621-650.

[③] 需要指出的是,社会学理论向跨学科的社会理论的扩展,不仅意味着调用社会学以外的各种理论与方法,同时也包含放弃作为主流社会学理论核心的实证主义的知识观。因此,从社会学理论到社会理论的转变不仅具有方法论的成分,而且也有政治的成分。对于批判的社会理论来说,"批判"意味着这样的观念:知识存在于历史中,如果运用得当就可以改变历史进程,因此,它致力于对社会作总体性的、结构性的理解。参见 Ben Agger, *Critical Social Theory: An Introduction* (Westview Press, 1998)。

化研究为己任的现代知识体系,一方面遭到了后现代社会思潮的批判与颠覆,另一方面又遭到了全球化理论的冲击与提升。如果说后现代社会思想打破了社会学"现代化研究范式"的宏大叙事和"挑战—回应"的线性关系,从而从对立面促成了西方社会学的微观反思性发展,那么,全球化理论则提升了社会学惯有的研究层次和学术视野,从而从正面维护了西方社会学的多元自主性发展。但是,在全球化的过程中,社会学研究并没有真正做好应有的理论准备,全球化因此与后现代理论一样,事实上构成了对西方社会学理论未来发展的重大挑战。①

的确,当代世界的许多问题是全球性的问题,再也难以仅在民族国家、地方社区的层次上进行充分研究了。社会学乃至整个社会科学都必须关注全球化现象以及全球化背景下的各种跨国性社会现象,并不断拓展自己的研究领域。无论是否接受全球化及其所带来的衍生结果,所有富有卓识的社会学家都不能不考虑这个"全球化"因素。这也正如著名全球化研究专家、美国匹兹堡大学社会学教授罗伯森(R. Robertson)所说:"从总体上来说,我感到目前关于全球化的讨论构成了社会学工作的某种延伸和重新聚焦,这项工作使社会学以及更一般意义上的社会理论可能超越其在该学科古典时期里走向成熟时所必要的条件的局限。"②全球化的发展在促进社会学各研究领域之间进行智力交换的同时,将不得不使社会学家们把自己的研究视野从传统单一的"民族""社会""社会间"扩展到国际乃至全球社会,并在研究范式上打破以民族国家中心论、人类中心论、西方中心论为主要特征的"现代化研究范式",使得构建一种适应全球社会的社会学概念、框架和研究范式不仅是必要的,而且也是迫在眉睫的。社会学在没有很好地走出自己自诞生以来就存在的历史困境的同时,又迎来了现代化向全球化这个社会转型的挑战,从而使得社会学的理论危机陷入更为复杂的境地。

第三节 当代社会学理论的非主流转向

进入 20 世纪中后期以后,伴随着实证主义社会学主流地位的巩固与发展,当代各种社会学理论的非主流转向也逐步涌现,并成为与主流社会学研究范式分庭抗礼的主角。社会学理论非主流转向的形成与发展是对主流的实证主义社

---

① 文军:《全球化议题与社会学的研究》,《社会科学辑刊》2002 年第 5 期。
② R. Robertson, *Globalization*: *Social Theory and Culture* (London: Sage, 1992), p.12.

会学研究范式积极抗争的一种结果,其不仅打破了主流社会学研究范式一统天下的局面,而且极大地丰富和发展了社会学多元综合的研究范式,也为社会学理论的繁荣与发展做出了积极贡献。

一、非主流社会学理论的含义及特征

关于"主流社会学"与"非主流社会学"的问题,好像社会学界很少有人对此有详细而具体的研究与界定。笔者曾就此问题请教过许多海内外的同行,但好像并没有获得比较确定或满意的答案。难道社会学就没有"主流"与"非主流"之分?抑或我们本来就很难从本质上来区分"主流"与"非主流"社会学?

从笔者目前所接触的研究资料来看,绝大多数的社会学家认为社会学无论在理论还是方法上理所当然地存在着"主流"与"非主流"的分野。比如,如果我们以"主流社会学"与"非主流社会学"为主题词在中英文的各种网站和数据库上进行搜索,则可以找到大量相关的信息。但打开其内容,的确很少有人就"主流社会学"与"非主流社会学"本身展开研究和讨论,更谈不上去准确界定了。为什么人们在大量地使用"主流社会学"与"非主流社会学"的同时,却闭口不谈"主流社会学"和"非主流社会学"的含义?难道区分社会学的"主流"与"非主流"是一件很困难的事?

的确如此,要区分"主流社会学"与"非主流社会学"并非一件很容易的事情。这里的关键首先在于人们对"主流"与"非主流"的看法。有学者认为,所谓"主流"就是跟随或被认同的观点的人比较多的,相反就是"非主流",这显然是从词汇意义上来区分的。《现代汉语词典》对"主流"的解释是指"事物发展的主要方面"①,这种解释似乎又过于抽象,哲学味道太浓。不管怎样,笔者认为区分"主流"与"非主流"是具有积极意义的,它至少有助于我们打破过去那种社会学理论家应该是铁板一块的观念,有助于在促进主流与非主流社会学者不断进行自我反思的过程中创造出一种新的范式,以最终达到一种共生双赢的境界。

笔者认为,区分"主流"与"非主流"社会学理论的标准主要不在于其一时的学术从业人员或学术群体的众寡,而在于其理论的根源及影响力方面。笔者在与我的同事刘拥华博士讨论这个问题时,一致认为这种学术根源与影响力至少

---

① 《现代汉语词典》,商务印书馆1986年版,第1511页。

第四章 当代社会学理论的非主流转向及其影响

可以从价值取向、地域因素、影响力以及经典根源等角度来分析和判断。其一是指其理论的价值取向与西方社会流行的自由主义价值观念不能相容的社会学理论,我们这里可以大致认定批判的社会学理论是非主流的社会学理论。① 其二是指欧美以外的尤其是其他第三世界的社会学理论,比如拉丁美洲或者亚洲的社会学理论,因为处于社会学中心之外,所以边缘化,无法进入主流。即使在欧洲内部,比如北欧和中东欧的社会学理论,也是非主流的社会学理论。其三是指没有被广泛关注的社会学理论,判别标准之一就是这些理论未被纳入广泛使用的教材,或者某一本教材有介绍,但大部分教材未予介绍的社会学理论。比如空间社会学理论、身体社会学理论、网络社会学理论等,都还没有被广泛介绍。其四是指没有经典根源的社会学理论,它们或许是独创性的,因而无法从古典社会学处寻得理论启发或者源头,即使有理论根源,但这些根源也不是古典社会学的核心主张。还有一些理论是由寂寂无名的理论家提出,他们的老师也并没有显赫的名声,这些社会因素也会影响到他的理论归属。这里尤其是指女性主义理论以及消费主义取向的各种理论流派。

因此,主流社会学与非主流社会学的区分是多维的,但如果从社会学理论研究范式及其特征来说,笔者认为区分"主流社会学"与"非主流社会学"可以从社会学理论与方法的历史根源及其所形成的持久的影响力来分析(实际上,在现有的文献中,学者们在使用"主流社会学"一词时也多半是从这个角度来说的)。而社会学理论与方法的不同又源于其不同的研究范式,因为这些范式是社会学家对他们的研究主题所表现出来的基本意向和潜在的知识假设。② 没有范式,科学研究的语言游戏也就无从进行,我们只有依靠范式,才能确定各种事物或社

---

① 有关这一观点,有学者指出,这里的批判主义主要是指反自由主义的批判理论,因为批判理论有两种,一种是自由主义的批评理论,一种是反自由主义的批判理论。比如说达伦道夫(R. G. Dahrendorf)的批判理论就与新马克思主义的批判理论不同,前者是自由主义的,这一点达伦道夫本人和科塞(L. A. Coser)都是承认的,因此这种不能归入非主流的社会学理论,它们反而是主流的社会学理论。新马克思主义批判理论是反自由主义的,可以归入非主流的社会学理论。这种反自由主义的批判理论包括法兰克福学派的理论、空间批判理论等新马克思主义理论。参见文军:《范式的抗争:非主流社会学理论的形成及其影响》,《社会学评论》2013年第2期。

② 任何一门学科都是在一定的范式指导下观察对象、收集并分析资料、检验假设、发展知识的过程。范式并不能等同于理论本身或科学的逻辑,而是科学发现的逻辑,它与"科学共同体"(scientific community)有着密切的关系,不管在实际生活里,还是在认知逻辑上,"范式"都意味着共同体成员围绕着特定学科或专业领域建立起来的共同信念、共同取向和共同的研究范围。参见托马斯·库恩:《必要的张力》(纪树立等译),第291页。

会现象之间的共通或类似之处,并对循此而行的日常活动做出规定。① 对此,笔者认为,我们大体上可以粗略地将以实证主义研究范式为基础的社会学理论称为"主流社会学理论",把以非实证主义研究范式为基础的社会学理论称为"非主流社会学理论"。这也是本文所要力图强调和突出的非主流社会学理论要点之所在。虽然实证主义社会学研究范式与非实证主义社会学研究范式都为社会学的学科建立和发展做出了巨大贡献,但是,由于实证主义社会学所提供的研究范式更接近于学科科学化的要求,又由于现代社会对科学的提倡以及对自然科学近乎神话般的推崇,因此实证主义研究范式便成为社会学的主流研究范式。②

从这个意义上来看,"主流之争"实际上也是一种"范式之争",非主流社会学理论也就成了抗击主流社会学理论的一种"范式的抗争"。英国社会学家吉登斯在一篇题为《什么是社会科学》的文章中曾经谈到,我们能够区分主流社会科学或者我们常称之为"正统共识"的主要有三个特征:一是遵循自然主义或实证主义的逻辑;二是依据因果关系概念来解释人类活动;三是功能主义分析方法的运用。实际上社会科学与自然科学在本体论、认识论和方法论三个层面上都存在着一些重大的区别③:首先在本体论上,自然科学是以"发掘"本质世界中的真理为最终目的的,而社会科学是以"了解"形成的世界为最终目的的;其次,在认识论上,自然科学研究的重点不在于了解具体的现象而在于了解典型的现象,社会科学的关注点则在于所有个案组成的总体的状况;最后,在方法论上,自然科学研究总希望用实验的方法来隔离外来因素的影响以证明自己的结论,而社会科学研究由于常常受各种外界因素的影响其实是很难用某种"确定性"的方法来求证和实施的。④ 针对主流社会科学的上述特征,吉登斯又进一步提出,实

---

① 渠敬东:《缺席与断裂——有关失范的社会学研究》,第269页。
② 张网成:《实证主义——西方社会学的主流范式》,《社会学研究》1990年第4期。
③ 谢宇:《社会学方法与定量研究》,社会科学文献出版社2006年版,第32—35页。
④ 与自然科学研究相比,社会科学的研究很少可以在纯粹实验的情形下进行,其主要原因有四:一是社会中的个体与自然界的分子不一样,是有复杂思想和情感的。这些变量非常复杂,难以在实验的情境中一一加以控制。二是社会中由个体行为产生的集体现象不同于自然界中由微观分子构成的宏观物质。因为集体一旦形成,其性质就超越了个体本身。这样,作为个体的实验者与作为集体的被实验者的思想和行为就不在一个层面上,实验者在把握被实验者的心理和行为时遇到了麻烦。三是社会实验室里的安排与社会现实的场景相差甚远,即使实验取得了成功,研究的外在效度也将大打折扣,无法反映实验室之外的真实情况。温室里可以栽种出鲜艳的花朵,但无法培养出世故的成人。四是社会道德伦理限制了实验的范围和程度,犹如要检验"5岁小孩是否具有分辨毒蛇的能力?"之类的实验根本不可能进行。

第四章　当代社会学理论的非主流转向及其影响

际上主流社会学就像主流社会科学一样存在着三个误区：一是含有一个认识自然科学的错误模型；二是包含了对人类行动的错误解释；三是认为社会生活的规律在一定程度上直接类似于自然科学中存在的规律。① 社会科学的这种陈腐和平凡正是人们对主流社会学的社会学工作者表示担忧的主要原因。很显然，这种对主流社会学理论的看法更多的是从"研究范式"的角度来加以分析和界定的。

实证主义研究范式被运用到社会科学研究领域主要源于法国哲学家、社会学创始人孔德。自诞生以后，它就像一种知识控股公司，拥有一种几乎自觉的、在意识形态及研究的各方面几乎都欲占据统治地位的一系列学术运作，从而导致了主流社会学的最终成形并至今仍然在社会学研究领域中发挥着主导性作用。② 相比较而言，非实证主义理论虽然从一开始就举起了反对实证主义的大旗，尤其是经过社会学芝加哥学派（The Chicago School）对都市地区居民生活状况的研究、人类学家米德和马林诺夫斯基（B. Malinowski）对岛屿社会生活的田野考察以后，非实证主义社会学到当代逐步形成了自然论（Naturalism）、建构论（Constructivism）、解释论（Interpretivism）、诠释论（Hermeneuticism）和批判理论（Critical Theory）等富有影响力的研究范式，使得社会学研究不仅摆脱了主流社会学的一元影响，而且也构建出了完整的理论、方法和策略，同时也开始普遍获得社会科学界的认同。尽管他们至今还没有取得主流社会学的地位，但谁也不否认这些非主流社会学对整个社会学乃至社会科学的影响，尤其到20世纪80年代以后，随着社会学多元化研究取向的繁荣与发展，一些诸如女性主义社会学、后现代社会学等新兴的非主流社会学理论流派大量涌现，并对整个社会学理论与方法产生越来越大的影响。

当然，由于不同时期不同社会学理论或方法的影响力不同，加上主流社会学与非主流社会学之间的渗透日益频繁与加深，尤其在研究方法与取向上彼此交融的情况越来越多，要清晰地指认主流社会学与非主流社会学理论之间的界限并不是一件容易的事情，所以对主流与非主流社会学理论的区分只能是相对的，

---

① A. Giddens, "What is Social Science?" in A. Giddens, *In Defence of Sociology: Essays, Interpretations & Rejoinders* (Cambridge: Polity Press, 1996).

② 布迪厄认为，这种范式之所以能够在知识界占据主流地位，是因为构建这些范式的人本身在学术界占有统治地位。参见布尔迪厄：《文化资本与社会炼金术：布尔迪厄访谈录》（包亚明译），上海人民出版社1997年版，第113—114页。

甚至是变动的。现在是非主流的社会学理论,以后可能会成为一种主流的社会学理论,同样,现在是主流的社会学理论,以后也可能演变为一种非主流的社会学理论。从哲学上来看,有主流就有非主流,主流与非主流总是共存的。没有一位社会学者或一群社会学者完全属于主流社会学或非主流社会学。任何一种持之有据、言之成理的社会思想,都是多层面、多面向的,问题在于哪一个层面较为突出。① 因此,笔者对主流与非主流社会学理论的划分也只能算是粗线条的,其一般标准在很大程度上依赖于人们对实证主义传统与非实证主义传统社会学研究的划分。

二、当代社会学理论非主流转向的兴起

任何社会学理论都得首先依赖于某种关于人和社会性质的假设,正如美国社会学家古尔德纳在其《即将到来的西方社会学危机》一书中所指出的:"无论是否喜欢、是否了解,社会学家都要根据预先确定的假设来组织自己的研究,社会学的特点就在于依赖于这些假设,并随这些假设的变化而变化。而要探讨社会学的特点,了解社会学是什么,就要求我们去辨认那更深一层的关于人与社会的假设。"② 正是这些不同的假设,形成了建立于其上各式各样的理论观点的基础,也正是这些假设的对立,造成了社会学理论的分裂。因此,从某种意义上讲,西方社会学理论的纷繁多样实际上来源于其方法论的分裂与对立,而方法论上的对立又根源于某种关于人与社会的不同假设。

的确,以实证主义为主导的主流社会学理论,相信人类社会世界的运行主要是受到一定法则影响的,所以研究者可以通过科学、客观、中立的资料收集过程,将收集到的资料发展出一般法则,然后再将这些法则进一步推论到具有类似特质的其他对象。就像一些学者所指出的那样:"社会学中的量化研究已经蔚然成风,这种研究范式随着统计技术不断精密化而得到更快的发展,从而使得社会学的研究方向越来越走向微观,也不利于社会学得出一种高度概括性的理论。"③

---

① 黄瑞祺:《社会理论与社会世界》,第30页。
② A. W. Gouldner, *The Coming Crisis of Western Sociology* (New York: Basic Books, 1970), p.5.
③ S. Lieberson and F. B. Lynn, "Barking up the Wrong Branch: Scientific Alternative to the Current Model of Sociological Science," *Annual Review of Sociology*, No. 28, 2002, pp.1-19.

第四章 当代社会学理论的非主流转向及其影响

而以非实证主义为主导的一些非主流社会学理论,却相信社会世界的真实本质只存在于当下而无法进一步推论,同时,这些本质也是不断变动而非恒定的现象,因此,他们主张每一个研究个体都有其独特性,研究者只有通过被研究者的立场才能了解其生活经验对被研究对象的意义为何。①

从西方社会学理论的发展历程来看,由于自然科学在20世纪以来的强势地位越来越占上风,社会科学传统中的泛科学主义倾向也日益影响着当代社会学理论的重建方向。所以,主张社会唯实论,强调社会大于个体的以实证主义社会学为研究特征的各理论流派事实上一直是占据着社会学研究的主流地位,以致一段时间里实证主义社会学几乎成了社会学的代名词。② 可以说,实证主义社会学像不可逃避的阴影始终伴随着整个社会学的发展,使得许多社会学家深受其影响而不自觉,无法彻底地建立一种自觉意识,既尊重科学的成果,又保持同自然科学的距离,真正地建立一种同自然科学相区别的有反思能力的社会学。

因此,作为社会学理论主流形态的实证主义范式排除一切主体性和意义、价值问题的做法,不仅造成了人性的危机,也造成了社会学自身的危机,这些危机至少表现在:以自然科学的客观科学真理取代生活世界的存在真理,从而使社会学理论丧失其本身应有的丰富想象力;倾向于把纷繁复杂和变动不居的社会生活现象还原成几种因素的互动关系,导致社会学研究中以模式或变量的互动关系取代真实的社会存在;强调社会学研究中的一切现象都应量化,而对社会行动主体的人之生命的意义和评价或采取任意量化处理或根本忽略不计;主张社会学研究要保持虚假的客观性、中立性,反对把主观情绪和价值因素介入社会学研究,等等。吉登斯曾对实证主义社会学理论做过这样的评价:"这一词语(指实证主义)已经变成带有侮辱性含义的词汇之一。"霍姆伍德(Holmwood)和斯图尔特(Stewart)也写道:"社会理论家曾把实证主义看做一种会玷污自己名誉的方法论。"批判理论甚至认为实证主义是社会学表现不佳的主要根源。当代许多社会学家,如塞德曼(S. Seidman)、达阿米科(D'Amico)、斯蒂芬·特纳(Stephen Turner)、布朗(R. H. Brown)、卡尔霍恩(C. Calhoun)、阿罗诺维茨(Aronowitz)及亚历山大等人的论文也都对社会学理论的主流范式直接进行过批判,这些批判

---

① 潘淑满:《质性研究理论与应用》,第4页。
② 文军:《论社会学研究的三大传统及其张力》,《南京社会科学》2004年第5期。

许多都是集中在实证主义本体论和认识论层面上的。①

可见,实证主义社会学理论一统天下的局面长久持续的结果之一就是,促使后来的学人在加强学术反思与理论自觉的同时,不断去寻求新的理论与方法,以试图替代甚至超越长期以来人们已经习以为常的主流范式之争。社会学理论非主流转向的出现,在某种意义上就是对这种实证主义社会学理论长期占据社会学主流地位的一种挑战与超越的结果。不管现在人们对社会学理论非主流转向的评价如何,至少作为一种新的研究范式,它们已经进入了人们的视野,并已牢固地树立了自己的学术形象,这也不能不说是社会学理论繁荣的一种标志。

第四节 社会学理论转向的历程与影响

非主流社会学理论与主流社会学理论实际上一直相伴,只是到了当代,随着社会学理论非主流转向的步伐加快,其影响力也变得越来越大了。正如英国社会学家吉登斯曾说过的:今天,我们似乎生活在一个加速变迁的社会发展阶段。随着21世纪的来临,我们经历的社会变革将如同早期的现代社会中所发生的一切一样蔚为壮观。毫无疑问,如果要试图理解并巩固这种社会变革,主流社会学理论与观念就不能不进行彻底反思。

一、非主流社会学理论发展的基本历程

非主流社会学理论是在以实证主义社会学研究范式为主要特征的主流社会学理论的"压制"与"反抗"下形成的,所以它从来就没有真正摆脱过与实证主义社会学的关系。从其形成与发展的历史来看,我们大致可以将非主流社会学理论划分为四个不同时期:

(1)依赖时期。这一时期主要是古典社会学和早期的现代社会学阶段,尽管在这一时期,许多学者已经看到了实证主义社会学的缺陷,并试图从不同的方面来提出另类的理论与方法,但由于自然科学的强大影响力,这一时期的社会学理论在根本上仍然表现出了对实证主义社会学的某种依赖,尤其在研究方法上仍旧难以逃脱实证主义范式的观点。例如,韦伯在积极倡导人文的、理解的社会

---

① J. Smith, "Emancipating Sociology: Postmodernism and Mainstream Sociological Practice," *Social Forces*, Vol. 74, 1995.

第四章 当代社会学理论的非主流转向及其影响

学研究的同时就念念不忘要保持"价值中立"的原则①,而马克思在进行社会批判时也十分突出和强调社会现象的"客观性",这些反实证主义的代表人物都不同程度地打上了"实证主义"的烙印。

(2)独立时期。这一时期主要是20世纪中期前后,随着人们对主流社会学反思与批判的加剧,非主流社会学愈来愈寻求不同于实证主义社会学传统的研究,以在理论与方法上尽可能表现出自己独立的学术姿态和思考社会学的重建。许多耳目一新的反实证主义的理论思潮——社会批判理论、符号互动论、诠释社会学、现象学社会学、结构人类学以及常人方法学——就是在这一时期出现的,也是非主流社会学理论发展中最为重要的一个时期。到70年代以后,许多非主流的社会学理论与方法已经能够运用完整的研究范式、方法和策略来进行相关议题的研究了,并且也得到了社会科学界越来越多的认同。

(3)交融时期。20世纪80年代以来,社会学理论研究的多元化局面已经成为共识,主流社会学与非主流社会学的交融与共存也成了社会学研究中习以为常的现象。原来界限分明的主流与非主流社会学随着社会学多元综合时代的到来已变得越来越模糊不清了。尽管这一时期,批判主义社会学的发展势头非常强劲,并表现出了愈来愈超越社会学既有理论框架而拓展到整个人文社会科学领域中的态势,但在社会学研究领域中,其始终没有占据主流的地位,批判主义在理论思想上的冲击与革命并没有动摇整个主流社会学理论的大厦,主流与非主流仍然交织在一起。

(4)转向时期。尽管在对主流社会学理论的挑战与回应方面,非主流社会学理论表现出了不遗余力的一致性,但由于其自身的不统一性,非主流社会学阵营也出现了明显的裂痕与分化。尤其是在经过与主流社会学理论的抗争和交织发展阶段以后,一部分非主流社会学理论观点开始动摇,并重新消融在主流社会学的行列中。另一部分则发生了新的转向,企图通过拓展自己的研究领域和学术视野来重构自己的理论形象,以取得与主流社会学理论的平等地位。虽然,我

---

① 有学者甚至认为在19世纪后期的学科环境下,韦伯可能是一个更倾向于实证主义的社会学家,其从事的实际上是一种更高级的实证主义。因为韦伯看到了社会科学的研究对象蕴含着文化价值,具有特殊性和独立性,通过价值中立和理想类型的建立,把社会科学和自然科学区别开来,又给他的理解社会学的科学地位设置"确定性"的防线。因此,从这个意义上来说,似乎有一点借理解的、人文的方法来达到其更高级的实证主义研究目的。

们还不知道这种新的转向将终于何处,但至少让我们看到了一些非主流社会学理论在不断以新的姿态和面貌出现,它从某个方面也让我们感觉到非主流社会学理论的生命力之所在。

由此可见,在社会学理论发展史上,作为主流社会学典范的实证主义社会学研究范式一直是与众多的非主流社会学理论同在,且交织在一起发展的。早在19世纪末,实证主义社会学就遭到了来自德国的历史主义、人文主义思潮的有力批判。① 这一在社会学史上被称为"反实证主义的突破"的浪潮就是早期非主流社会学理论形成并产生重大影响的一个有力证明。历史精神是德国知识传统中最基本与最深刻的要素,将"自然"与"历史"看做在某种意义上各有其特征的两个截然不同的世界,这一观念是从康德和黑格尔时代就继承下来的传家宝。② 而且,那种认为自然科学概念和方法就其本质而言不能反映人类世界历史的复杂性的呼声在19世纪的德国思想中从未沉默过。19世纪后半叶,以狄尔泰为代表的生命哲学与以文德尔班(W. Windelband)、李凯尔特(H. Rickert)等为代表的新康德主义哲学的兴起,形成了新的历史主义学派,并且就社会科学的性质、对象、方法等一系列问题展开了批判实证主义的论战。③ 例如,德国历史主义学派就旗帜鲜明地反对实证主义的世界统一原则和科学的统一性原则,反对将自然科学的研究方法推广到社会历史领域。德国学者反对实证主义把社会生活看做是无个性的社会因素和社会力量在不同层面上的自发的运作过程,反对丢开人主体的行动、主体间的互动来谈论社会过程。他们在行动者,行动者的动机、谋划、富有意义的活动及与其他行动者的相互作用中寻找社会生活的动力本源,强调社会生活的互动性、主体性与价值性,反对"把生命现象机械化""把意

---

① 对实证主义研究范式的抗争与批判并非始于德国学者,第一代实证主义者的粗陋的自然主义观点招致了大量的批评是不足为奇的。以往的批评之所以未能克服实证主义并提出一种替代的研究方案,主要原因在于批评者未超越实证主义本身的基本立场。也就是说,在英法的社会学传统中,对于关于自然界和社会之间存在着基本一致性的世界统一观,以及关于适用于自然科学研究的方法也适用于人类社会和文化的科学统一观的实证主义的基本立场,产生不出深刻有力的怀疑。对实证主义真正构成颠覆性威胁的批判只能来自一种与英法知识传统十分不同的哲学精神、科学思想模式或知识传统。

② R. G. 柯林伍德:《历史学的观念》(何兆武、张文杰译),商务印书馆1997年版,第187页。

③ 例如,狄尔泰就认为,自然科学和人文科学之间存在着明显的区别,前者旨在进行外部的、事实的描述和因果律的解释,后者则同对文化现象的内在意义的移情、直觉的解释有关。因此,狄尔泰认为理解的方法是人文社会科学的根本方法,社会事实只能从内部去理解,通过理解去唤起爱憎,并再现历史。

第四章 当代社会学理论的非主流转向及其影响

义世界实证化"①,或用单一的标准衡量所有的社会问题。德国的人文主义思想家不仅对人的行为感兴趣,而且关心行动者想象这些情境的方式。这样,对人的活动的认识,需要求诸一种身临其境或设身处地的"理解"的活动,这意味着拒绝客观主义的解释方法。总之,德国思想家与实证主义的方法论之争,代表了社会学发展的一个新阶段的开始,非主流社会学理论由此开始成形,并逐步在社会学界产生重大影响。

20世纪80年代后出现的许多西方社会学理论,无论是主流的还是非主流的,都试图对现有的理论、学派实行综合的方案,且它们"在20世纪80年代出现的各种发展与以往任何一个时代出现的发展大不相同,因为有一批涉猎范围甚广的理论家离开了理论上的极端主义,开始在具体的'微观—宏观'领域为实现各种综合而努力奋斗"②。但是,这种努力并没有改变西方社会学理论危机的现状,也没有从根本上走出迄今为止的历史困境。非主流社会学的努力及其影响尽管在一定时期内产生了很大的学术效应,但其所处的学术地位并没有发生本质性的变化,也没有从根本上动摇社会学理论的基本格局,非主流社会学仍然被排斥在主流社会学的门槛之外,至多在主流与非主流之间徘徊。

二、社会学理论非主流转向的特征及其影响

进入20世纪中后期以后,伴随着实证主义社会学主流地位的巩固与发展,各种社会学理论非主流转向思潮也逐步涌现。虽然像乔纳森·特纳所指出的,当代已经没有哪个个别的理论观点能成为社会学的权威理论(自从帕森斯的结构功能主义鼎盛时期以来,社会学作为一门学科就没再形成过一个清晰可见的理论核心)。③ 但一些处于边缘地位的,诸如社会批判理论、结构主义马克思主义、现象学社会学、常人方法学等一大批社会学理论非主流转向开始出现,其矛头直指实证主义社会学,其中对主流实证主义社会学研究范式发起猛烈攻击的突出表现在两个方面:一是针对实证主义社会学研究的所谓"客观性"与"价值中立"原则,强调社会学研究中作为研究客体的"人"及其"行为"的能动性与作

---

① 于海:《西方社会思想史》,复旦大学出版社1993年版,第271页。
② 乔治·瑞泽尔:《社会学理论在20世纪90年代的新综合》,《国外社会学》1997年第2期。
③ J. H. Turner, ed., *Handbook of Sociological Theory* (New York: Kluwer Academic/Plenum Publishers, 2001).

为研究主体的研究者的"价值介入"的重要性,提倡"理解"与"诠释"的研究方法。二是针对实证主义社会学研究中的"宏大叙事"与"结构的稳定性",强调社会学研究中"微观"个体与社会变迁的重要性,提倡关注人们日常生活情境与社会世界的变化,企图从变动着的生活世界中来发现生活的意义与价值。因此,社会学理论非主流转向的出现与发展可以看做是对实证主义社会学理论长期以来只关注"宏观"而忽视"微观",只关注"客观"而忽视"主观"、只重视"静态"稳定而忽视"动态"变化的一种反思与批判。① 与主流社会学理论相比,社会学理论非主流转向所形成的非主流社会学理论的特征大体可以归纳如表4.1。②

表4.1 主流社会学理论与非主流社会学理论一般特征之比较

	主流社会学理论	非主流社会学理论
社会观	社会唯实论	社会唯名论
本体论	实在论/自然主义	相对主义/历史主义/批判主义
认识论	科学主义/经验主义	人本主义
方法论	实证主义方法论	非实证主义方法论
研究方法	实验法/实证调查	深度访谈/田野调查/文本分析
理论模式	理论检验	理论建构
理论目标	确立相关关系与因果联系	深入理解社会现象与社会行为

注:由于非主流社会理论内部的不一致性,其实很难从非主流社会学中归纳出一个相对统一的特征来。因此,此表对非主流社会学的归纳更多的是从人文主义社会学的特征出发来总结的,其特征是相对于占据主流地位的实证主义社会学理论而言的。

---

① 例如,实证主义社会学多主张将宏观过程的研究放在首位,认为社会秩序是制约人性或人类行为的突生现实,即持社会唯物论观点。并且他们还认为社会科学是社会工程的工具与基础,而科学使预测成为可能,预测有助于控制社会过程与结束它的自发性与破坏性。他们强调外在社会事实或社会存在的重要性,而认为人的行为是社会结构的派生现象。相对的,处于非主流地位的人文主义社会学却多是从微观现象入手,主张理解作为社会行动者的个人行动的主观意义,及这种意义对行动和社会现实的影响。他们关注的是社会主体的互动,而非社会整体。

② 柯林斯在一篇文章中指出,20世纪70年代以后实证主义社会学受到的批评与抨击主要在以下几个方面:(1)社会学没有能够取得有效的发现或定律性的经验概括;(2)由于社会行动是由基于人的主观性、反思性和创造性之上的情境诠释构成的,因此,社会中不存在决定论的定律;(3)社会世界犹如一部书,我们在不同时间以不同方式去读它,我们处于一个话语分析的世界;(4)社会中只存在着有历史意义的特殊事件,而不可能找到适用于任何时间和地点的一般规律;(5)人们对社会学所使用的各种方法和原理,尤其是因果性的概括也提出了批评。参见 R. Collins, "Sociology: Proscience or Antisciencr?" *American Sociological Review*, Vol. 54, p.124,或参阅林聚任、刘玉安主编:《社会科学研究方法》,山东人民出版社2004年版,第28—29页。

第四章　当代社会学理论的非主流转向及其影响

然而,由于各种非实证主义社会学理论相互之间又存在着严重的不可通约性,它们各执一词,难以在解释共同的社会现象上达成共识,社会学知识体系的无序态势日益严重,社会学理论由此也陷入了一种前所未有的困境与危机之中。① 可以说,整个西方社会学理论的状况就是这样一直处在主流与非主流的张力之中,时而相互融合,时而彼此排斥,但不管怎样,却共同地促进了社会学理论与方法的繁荣和发展,也正因为如此,才使得社会学理论成为今天人们所熟悉的多元化样式与面相。

在整个20世纪的西方社会学理论发展史中,非实证主义倾向一直有着很强的影响。例如,在不同程度上具有人文主义和历史主义倾向的西方社会学理论流派就有:符号互动论、现象学社会学、常人方法学、历史社会学以及冲突理论的某些学派等等。属于这些学派的许多社会学家认为,社会现象对社会行动者来说是"有意义的",不能用自然科学的方法加以研究。他们指责实证主义忽略了社会行动者的特殊性、自主性与互为主体性,忽略了历史、文化和意识形态的作用,抹杀了社会现象与自然现象的本质区别,并针对这些问题创建了许多不同于主流社会学的理论。尤其在当代,处于非主流状态的许多社会学者都表现出了如下一些共同的特征②:(1)喜欢用批评的眼光来审视社会,其发表批判、批评的意见远远多于发表赞同、表扬的意见;(2)个性特点明显,一般有较强的独往独来习性,对一些行政与社会职务不屑一顾;(3)其研究领域非常广泛,几乎没有范围和程度限制,往往是心里想什么就说什么,崇尚自由与创新是学术的信条;(4)在研究问题时往往非常投入和充满激情,常常喜欢为民请愿,其研究渗透着良心、良知;(5)关注"少数群体"和"被忽视的群体",偏爱抓实实在在的"小"问题,抓一些下里巴人性质的问题,并十分愿意反映他们的意见。

当然,我们也应该看到,虽然一些非主流社会学在理论上十分迷人,为我们提供了无限广阔的思想空间和可能性,但是在实践层面却很难付诸实施。在一

---

① 必须指出的是,造成社会学这种危机的根本原因并不是由于存在着这三种不同的研究传统,因为在此之前,它们实际上就已经存在了。

② 其实,自20世纪60年代帕森斯主义由盛而衰起,社会学似乎越来越难以维持一个主流的理论形态了。在反实证主义的人文主义与批判主义社会学兴起之前,实证主义传统占据社会学理论研究的主流地位,对于这一点好像学术界并没有多大的争议。但是在当代,相当一部分西方社会学者似乎认为实证主义社会学越来越变得只是社会学理论研究中的众多方法之一,它与其他社会学理论和方法相比,并没有特别的地方。

些非主流社会学研究者的眼中,一切都在流动之中,只有此时此刻才是"真实"的——这种理论不仅不能提出一套可供后人遵循的方法原则,而且无法设立任何衡量研究质量的标准。例如,作为非主流社会学中的一支重要力量的批判主义社会学,虽然为社会学提供了批判的向度和价值的介入,但是如果使用不当的话,有可能产生出一种"精英意识",把自己认为重要的观点强加给被研究者。批判主义社会学理论自身无法知道自己的理论是不是也带有偏见,本身也需要被批判。

毫无疑问,社会学理论非主流转向的兴起不仅打破了主流社会学理论一统天下的局面,而且在某个方面也为我们开启了理解社会现象和人类行为的思想大门。可以说,以实证主义社会学为特征的主流社会学理论的衰落有其深刻的社会根源,它反映了科学主义和理性主义的危机。① 越来越多的当代西方社会学家意识到,对当代社会现实的认识需要结合对人的历史境遇和文化世界的理解与洞察。在这种思想的指导下,他们更多地借鉴哲学与人文科学方法。② 可以说,在当前,整个社会学中没有一个单独的理论立场可以占主导地位的事实表面上反映了这一学科的弱点,但实际上它恰是社会学有活力的表现。在研究人类即我们自己的时候,理论的多样性把我们从各种定论之中拯救出来了。因为人类行为是复杂多样,单一的理论视野远不能涵盖其所有的方面。而非主流社会学所带来的理论思维的多样性为我们提供了一个丰富的思想资源,把它用在研究中可以激发对社会学后续研究具有相当重要意义的想象能力。③ 因此,从这个意义上说,社会学概念体系的多样化不仅不是一种缺点,反而应该看成一种优点。因为这种多样性并没有带来完全的混乱,相反,它表示了一种必定存在的多元性,尤其当人们研究人类行为和制度这么复杂和具有争议性的问题时就更是如此了。④ 但也必须指出的是,各种非主流社会学思想的兴起并不代表着实证主义社会学的彻底破产。当代许多流派或多或少所呈现出来的后实证主义的色彩,就在某种意义上表明了它们是实证主义传统在新时期的一种延续。因此,

---

① 而实证主义之所以成为社会学主流,正是"由于实证倾向的社会学更接近于学科科学化的要求……实证主义范式本身蕴藏的科学性以及这个时代对科学的崇拜,决定了它的胜利"。参见张网成:《实证主义——西方社会学的主流范式》。
② 林彬:《论社会学方法的发展趋势》,《社会学研究》1992 年第 3 期。
③ 安东尼·吉登斯:《社会学(第四版)》(赵旭东等译),北京大学出版社 2003 年版,第 841 页。
④ 安东尼·吉登斯:《为社会学辩护》(周红云等译),社会科学文献出版社 2003 年版,第 5—6 页。

第四章 当代社会学理论的非主流转向及其影响

非主流社会学要彻底破除和消解实证主义社会学的主流地位及其影响,其道路将仍然是十分漫长的。

20世纪60年代后主流社会学理论重建和发展所面临的各种实际问题和理论问题的复杂性,使得社会学理论研究基地已远远地超出美国的范围而延伸到了整个西方社会科学界。① 尤其是当代社会学理论非主流转向的兴起和扩展,不仅在地域上打破了第二次世界大战以来美国社会学理论一统天下的局面,而且,也在思想体系和理论取向上动摇了主流社会学理论的地位。但总的来看,当代社会学理论非主流转向更多地体现在社会学在其他学科的延伸上,其对社会学乃至整个人文社会科学产生的影响可能有:

一是在以科学主义、经验主义和实证主义为主要特征的主流社会学传统之中,越来越多地渗透了以强调以社会建构论、批判论和诠释论为特色的新的社会学理论与方法,由此在某种程度上更加全面地丰富了社会学理论的研究。

二是通过进一步同社会科学、人文学科和自然科学理论家进行广泛的交流与合作,使当代社会理论研究是在理论取向、理论建构模式、理论叙述方式以及方法论等方面,都有了新的突破和新的创造,从而使得当代社会理论呈现出更加多样化的局面。

三是展现社会学理论发展的综合性与多样性特征,以显示社会学家在许多领域的创造力与渗透力,不断改变其他人文社会科学的思维方式、研究范式和理论形态,也由此昭示社会学与其他人文社会科学间不断整合发展的趋势。

因此,社会学理论非主流转向的兴起,不仅在研究领域和主题上大大拓展了当代社会理论的空间,而且,在研究方法和理论取向上也为当代社会理论的发展注入了新的活力因素。例如,有许多著名的当代社会理论家,其理论思想的建构和发展,在近四十年来都有很大的变化,其理论的变化频率和节奏快得惊人,其理论产品之多也是史无前例的。可以说,当代社会理论的创建和发展,表现出了比以往任何历史时代都更加自由因而也更加不稳定的特征。各个重要的社会理论家既有高度自由的创造能力,又有不断创新的强烈创作意愿,不愿受任何固定或既定的观点和方法的约束。②

实际上,社会学理论非主流转向所反映和研究的社会现象和社会问题,本身

---

① 高宣扬:《当代社会理论》,中国人民大学出版社2005年版,第109页。
② 同上书,第110页。

就是现代社会的组成部分。社会学理论非主流转向对诸人文社会科学的渗透与介入,不仅表现出了生活在当代社会的人文社会科学家对于自身所处的社会的无限关怀,也表现出了他们重建人文社会科学理论和现实社会的创造精神。因此,从这种意义上说,社会学理论非主流转向对其他人文社会科学理论的影响是与当代人文社会科学家更多地关注社会现实的理论倾向相一致的。基于这种认识,当代社会科学发展的趋势之一,便表现为超越学科间的硬性壁垒而走向它们的综合和融会,它强调各学科的对话、合作与互补,要求在跨学科的研究中从多角度把握认识对象,以更好地理解社会现实完整的面貌。

【推荐阅读】

Newton, T., *Nature and Sociology* (Routledge, 2007).

Porpora, D. V., *Reconstructing Sociology: The Critical Realist Approach* (Cambridge: Cambridge University Press, 2015).

Sing, P., *Positivism Including Comte's Positivism, Durkheim's Positivism, Antipositivism, Critical Theory, Logical Positivism, and Positivism in Science Today* (Webster's Digital Services, 2012).

安东尼·吉登斯:《社会的构成》(李康、李猛译),生活·读书·新知三联书店1989年版。

布迪厄:《文化资本与社会炼金术》(包亚明译),上海人民出版社1997年版。

戴维·弗里斯比:《现代性的碎片》(卢晖临等译),商务印书馆2003年版。

杰夫里·亚历山大:《新功能主义及其后》(彭牧等译),译林出版社2003年版。

杰弗里·亚历山大:《社会学二十讲》(贾春增译),华夏出版社2000年版。

郎友兴:《安东尼·吉登斯:第三条道路》,浙江大学出版社2000年版。

刘少杰:《当代国外社会学理论》,中国人民大学出版社2009年版。

渠敬东:《缺席与断裂——有关失范的社会学研究》,上海人民出版社1999年版。

提姆·梅伊、詹森·L.鲍威尔:《社会理论的定位(第二版)》(姚伟、王璐雅等译),中国人民大学出版社2013年版。

于海:《西方社会思想史》,复旦大学出版社1993年版。

张之沧:《马克思主义与当代西方社会思潮》,上海人民出版社2003年版。

周晓虹:《西方社会学历史与体系》,上海人民出版社2002年版。

第五章

当代社会学理论的后现代转向

20世纪60年代以来,整个西方社会学理论中在寻求多元综合与整合发展的同时,也出现了一股旨在批判与颠覆传统社会学理论体系的思潮,其中尤以后现代主义和女性主义理论为最。社会学理论的后现代转向从批判的立场出发对现代社会学知识体系进行了猛烈的抨击与颠覆,无疑对进一步促进社会学在继续强化社会实践品质的基础上不断提高理论的开放性、适应性和反思性方面具有积极的启发意义。然而,要理解"后现代转向"所带来的历史性变革,并对新的时代作出理论上的说明,就必须通过提出新的概念和理论框架来把握新时代的本质。因为理论作为对社会现实的反思性、推论性建构,它应该具有在指出过去的规律并设想可供选择的未来的基础上来解读社会现实的特性。毫无疑问,"后现代转向"在这一过程中非常典型。

第一节 现代性后果与"后现代转向"的内涵

"后现代"(postmodern)①是相对于"现代"与"现代性"概念来说的,词义更为复杂,用法较多、分歧较大,几无共识的可能。后现代之"后"其实是一种现代

---

① 必须指出的是,由于后现代是由众多观点不尽相同的参与者共同营构出来的一种内容广泛、结构松散的思想潮流,在许多共同的主题上,他们都表现出了巨大的差异与分歧,因此,以笔者区区几千字对其进行的"解读"可能有以偏概全之嫌,但我将尽己所能就自己所接触的大量后现代文本作出清理与解读,而这种解读最多也只是大量"合法性"解读中的一种。

性的概念,它旨在表明自己不同于18、19世纪和20世纪上半叶的早期现代主义,并超越和克服了现代性的前提与局限,进入新时代的现代性观念,因此,这个名字本身就是一个现代性的举动,而要对"后现代转向"的内涵进行界定则更是一种现代性行为(因为定义本身所要求达到的确定性、本质性、合理性和客观性正是后现代论者所极力反对和摈弃的)。如果我们把"后现代"当成一种概念、一种理论的话,那么"后现代"这个词语也是有些自相矛盾的。后现代总是相对于"现代"而言的,因此,它实际上所从事的事业是对现代性的反思和批判,而不是自己另立门户,具有破大于立的特点。在后现代的思想中有一种东西叫作"命名政治"(the politics of naming)。① 后现代就是一种命名政治,它通过先给自己一个名字,确定一个立场,然后再呼唤出自己的肉身,再给自己赋予形象、理论等,而不是要根据自身的标准去判断现代性②,后现代正是这种命名政治最成功的一次范例。③ "后现代"被命名之后,就立即风靡全球,并被许多人看做是激进、前卫、新奇的代名词。虽然"后现代"难以界定,但是也有某些特点,哈桑(Ihab Hassan)认为,所有由后现代主义发展出来的定义,都需要包含四重互补的观察角度,即连续性、不连续性、历时和共时。此外还需要一种辩证的观点,因为具有界定意义的特征往往是对立的,忽视这一历史事实必然会堕入单一的观察角度。④

从现代性自身的成长来看,现代性的后果与现代社会危机的出现,其实是与现代性内在的矛盾性以及现代性与现代化之间的张力分不开的:

首先,作为现代性本质特征之体现的理性化与自由主义、工具理性与价值理

---

① K. M. Guenther,"The Politics of Names: Rethinking the Methodological and Ethical Significance of Naming People, Organizations, and Places," *Qualitative Research*, Vol. 9, No. 4, 2009.

② 文军:《走出"现代"之门:后现代社会学的兴起及其影响》,《华东师范大学学报(哲学社会科学版)》2003年第3期。

③ 从表面上来看,"名称"(names)作为语言的一大功能,是人类分类环境、建构认知秩序的一种活动。西方后现代思想中所使用"名字"的一个基本理论企图是要掌握其背后的结构性本质。在后现代思想的视阈中,"命名"是一个具有显著政治意涵的,并且普遍存在的活动,甚至从某种意义上来说,命名活动就是一场权力活动。通过命名,可以形塑我们结构化地看待和理解世界方式的文化系统。因此,"命名政治"在最简单的意义上可以被理解为对无所不在的"名称"背后政治意涵的诠释(interpretation)以及通过"去命名"(de-naming)和"再命名"(re-naming)改变话语结构,从而促动社会变革的过程。参见吴越菲、文军:《作为"命名政治"的中国社区建设:问题、风险及超越》,《江苏行政学院学报》2015年第5期。

④ 伊哈布·哈桑:《后现代转向:后现代理论与文化论文集》(刘象愚译),上海人民出版社2015年版,第181页。

第五章　当代社会学理论的后现代转向

性之间实际上从一开始就存在着难以调和的矛盾。只是在现代化启动的早期阶段,由于社会生产力低下,人类社会变迁的首要任务主要表现为对生产力发展和社会财富增长的极大追求,理性化、工具理性在这一目标的引导下表现得尤为突出,而自由主义、价值理性在一定程度上还难以成为现代性的一种对抗性力量。然而,随着人类生产力的提高和社会经济的迅速发展,"发展"与"解放"生产力跟"困扰"与"封闭"人类自身之间的矛盾日趋突出,而这一矛盾的长期累积势必会成为针对现代性的反叛力量。正如美国社会学家米尔斯(C. Mills)在其名著《社会学的想象力》中所指出的,在某些方面,这个社会越是理性化,自由就会越少,更可怕的是这种局势造就出的社会怪物——"快乐的机器人",可能非常渴望、非常快乐地顺从于越来越严重的奴隶状态。① 因此,在现代性计划之初,绝大多数知识分子都为社会现代化著书立说,摇旗呐喊,他们对理性主义和自由主义的倡导与宣扬实际上是为社会现代化扫清思想障碍;但当社会现代化研究到一定水平后,它就按照自身的逻辑来运行了,结果导致了社会与文化的分离。

其次,从现代性与现代化之间的关系来看,以制度功能的理性化变迁为基础的现代化与基于精神价值的解放性诉求的现代性之间是两个伴生又彼此对立的维度。社会的功能现代化与文化的精神现代性在前现代社会向现代社会转型之初,一度在反叛古典性的变革中携手并进。然而,随着工业社会的快速发展,现代化在使人类摆脱古典文明之自然、君主、上帝的奴役的同时,又使其陷入了理性化、技术化、组织化的牢笼之中,"异化"成了现代人新的精神困境,出现了所谓的"启蒙的骗局",启蒙及其裹挟的现代性采取了支配的形式,提供了普遍和特殊之间的虚假同一性,成为对大众文化的全面欺骗②。由此,现代性与现代化分裂成对立的两极,现代性也逐步成为现代化的批判性精神资源,究其原因,主要是源于人类精神结构中社会性与个体性、理性与非理性的深刻冲突,也是近代以来科学主义与人本主义两大思潮旷日持久之对峙。

其实,现代性内在的矛盾性以及现代性与现代化之间的紧张关系,早为社会学家所关注。除了社会学理论古典阶段的马克思关于分工、工业化、私有制与人的异化问题的研究,以及韦伯所揭示的资本主义社会之"工具理性"与"价值理

---

① C. W. Mills, *The Sociological Imagination* (New York: Oxford University Press, 1959).
② 杰拉德·德兰蒂:《现代性与后现代性:知识、权力与自我》(李瑞华译),商务印书馆 2015 年版,第 78 页。

性"的悖论以外,舍勒关于"本能冲动反叛逻各斯"的命题,贝尔关于资本主义文化矛盾的理论等,探讨的都是资本主义现代性的悖论问题。用流行的社会学理论术语来表达,所谓"现代性"的分裂也就是"现代功能理性"与"现代价值理性"间的冲突。现代化与现代性的紧张关系实为文明与文化的冲突,也可谓"文明现代性"与"文化现代性"的冲突。如美国社会学家丹尼尔·贝尔关于资本主义文化矛盾的剖析就进一步揭示了现代性悖论的深层结构性根源。在贝尔看来,当代资本主义的社会结构与文化形态之间存在着深刻的断裂。前者受制于功能理性的效益原则,后者则深受反理性的反智情绪的影响,并以追求个体的自我表现为美学目的。贝尔在此所揭示的资本主义社会结构与现代主义文化之间的结构性紧张关系,实为现代化与现代性的断裂和冲突。"现代化是一个古典意义的悲剧,它带来的每一个利益都要求人类付出对他们仍有价值的其他东西作为代价"。现代化最大的困境在于现代社会组织的"理性化"最终导致了人类生活的非理性化,现代人类追求个人自由的终极状态却是非个人性。这种现代化的困境深植于人性的内在冲突中。①

总之,现代世界是一个分裂矛盾的世界,它表现为现代性内部的分裂以及现代化与现代性之间的深刻断裂和紧张。现代性是一个对立的矛盾体,文化现代性作为社会现代化的反题,又具有一种否定性的"反现代性"倾向。现代性的这种断裂意味着社会进化与人的发展悖反的困局,暴露了作为启蒙理性主义两大精神基石的"理性"与"自由"二律背反的深刻文化难题。而这种理性与自由的悖论归根结底源于人性结构的内在冲突。这种冲突的长期累积无疑为后现代转向创造了最好的条件。

与"后现代"相近的词还有"后现代主义"(postmodernism)、"后现代性"(postmodernity)、"后现代化"(postmodernization)。"后现代主义"是相对于现代主义而言者,它最初指称的是一种以抛弃普遍性、背离和批判现代主义的设计风格为特征的建筑学倾向,后来才被移用于指称文学、艺术、美学、哲学等人文学科,以及社会学、政治学等社会科学甚至自然科学领域中具有类似倾向的思潮。如果说现代主义主要是一种现代性的文化,那么,后现代主义就是对现代性的美学上的反思(aesthetic reflection),它是后工业社会或晚期资本主义的文化现象。

---

① 艾恺:《世界范围内的反现代化思潮》(唐长庚等译),贵州人民出版社1991年版,第216页。

第五章 当代社会学理论的后现代转向

严格来说,后现代主义与"后现代性"不同①,"后现代性"有时是指一种特殊思想的风格,或者是一种心智状态。② 它与哲学上"基础主义的终结""历史的终结"连在一起。不过,更确切些地说,应把"后现代性"看做是有别于现代性的社会、经济、政治的制度结构的形态,也就是说它是一种不同于现代性社会的特殊的社会历史状况。而"后现代化"则是指一个从现代性到后现代性的社会变迁过程,也是后现代性的实现过程。③ 吉登斯指出,后现代主义是对社会变迁的一种意识,而后现代性则是社会发展的一种轨迹,它表达了后现代化或后现代性的生活,并将人们从现代性的制度带向了一种新的不同类型的社会秩序。后现代的有关论述始于 20 世纪 60—70 年代的一群法国学者,其中主要包括福柯(M. Foucault)、利奥塔(J.-F. Lyotard)、波德里亚(J. Baudrillard)等思想家。从 80 年代后期开始,后现代主义开始向社会的各个层面播撒、渗透。人文学科、社会科学乃至自然科学领域都在谈论后现代主义。在理论转向和文化研究的大潮中,后现代主义成为西方文化的一个标识,并向全世界蔓延。

从后现代思想形成的源泉来看,它是由德、法、美三个国家共同完成的。原材料最初是由德国思想家们提供的,即所谓的四大思想家:尼采(F. W. Nietzsche)、马克思、弗洛伊德(S. Freud)、海德格尔(M. Heidegger)。然后在法国的结构主义"五人帮"中加工成型:文化人类学家列维-施特劳斯(C. L.-Strauss)、精神分析学家拉康(J. Lacan)、文学批评家罗兰·巴特(Roland Barthes)、马克思主义哲学家阿尔都塞(L. Althusser)、社会学家与思想史家福柯,其中,拉康、巴特、福柯后来也被认为是后现代思想家。此后,便是法国新崛起的被认为是地地道道后结构主义者的一代,也就是美国后现代主义者的师父:德里达(J. Derrida)、利奥塔、波德里亚、福柯和德勒兹(G. Deleuze)。他们这些人的思想迅速地传播到了美国,美国由此成为现在所谓的后现代文化的最大生产国和出口国。

与现代性一样,用"后现代转向"这个词来概括一个时代的精神文化状况是相当困难和危险的。这是因为后现代转向既涉及西方发达国家特别是北美国家

---

① 值得指出的是,在大多数学者的论述中,"后现代主义"与"后现代性"一组词之间是常常互用、混用的,甚至还有论者干脆把二者视为一体。有关这一观点可参见 B. Boyne & A. Rattansi, "The Theory and Politics of Postmodernism: By Way of an Introduction," in Boyne & Rattansi, eds., *Postmodernism and Society* (N. Y.: Macmillan, 1990), p.9。
② Z. Bauman, *Intimations of Postmodernity* (London: Rougledge, 1992), p.vii
③ D. Owen, *Sociology after Postmodernism*(London: Sage, 1997), p.14.

的政治、经济、社会的最新发展,又指涉全球性的哲学、道德、文学、艺术等文化领域的新转变,其覆盖面是相当宽泛的。企图用"后现代转向"这样单一的字眼来概括一个"复杂得难以说清楚"的政治、经济和社会文化现象,无疑有削足适履之嫌。此外,就是在以"后现代"命名的各种论著中,也表现出了对这一概念理解上的巨大差异,正如白赖尔·麦黑尔(B. Mchale)所说的那样:"每一个批评家皆从不同的角度,以自己的方式来构设后现代主义。"①以至于人们相信有多少个后现代主义者,就会有多少种后现代的理解形式。例如,社会学家斯马特(B. Smart)就认为,后现代不仅仅是对"现代"的超越,也不仅仅是一个后于现代的历史时期(即时间上的"克服"),而是一种与"现代"的新关系。利奥塔把后现代定义为对"元叙事"②的不信任,认为后现代批评是一种对现代思想潜在假设和生活方式的特殊分析形式,是一种对现代"追忆式"的反思。加塔利(F. Guattari)则强调,后现代转向并不以取代现代为己任,后现代转向"既是一种相对于现代而言的'新事物',又是对'新'这个观念本身的消解"。③ 总之,学术界对后现代转向看法的差异和分歧是很大的,如果我们从社会科学所关心的角度来看,在各种各样的后现代声明中,我们大致可以勾画出两种主要的类型倾向:一是怀疑论的或激进的后现代论者。代表人物有福柯、德里达、利奥塔等,其理论的主要特征是否定性。侧重于对旧事物的摧毁,对现代工业文明的批判与解构,因而带有否定主义、虚无主义、怀疑主义和悲观主义的色彩。二是肯定论的或建设性的后现代论者。代表人物有罗蒂(R. Rorty)、霍伊(D. Hoy)、格里芬(D. Griffin)等。其最大的特征在于建设性。面对现代主义的危机,他们既不是"袖手旁观",更不是一味地否定,而是侧重于更具希望、更为乐观地去积极寻求解决办法,重新建构世界的蓝图,重新创造人与世界、人与人的关系。正如社会学家阿米泰·埃茨奥尼(A. Etzioni)认为的那样:第二次世界大战之后出现的新的通讯、信息和能源模式开启了一个后现代时期。残酷的科技进步本身极有可能摧毁从前的一切价值,也有可能使我们能够利用科学技术来改善人类的生活并解决一切社会问题。他拥护一种规范性价值将引导技术发展的"积极

---

① 转引自林达·赫哲仁:《后现代主义的政治学》(刘自荃译),骆驼出版社(台湾)1996年版,第12页。
② 所谓"元叙事",在利奥塔那里就是指启蒙关于"永恒真理"和"人类解放"的故事。在他看来,启蒙不仅是一个老掉牙的过时故事,而且还是一个完全失败的故事。
③ 徐贲:《走向后现代与后殖民》,中国社会科学出版社1996年版,第177—178页。

的社会"。① 因而这些社会学家的观点摆脱了否定与悲观主义的困境,带有更强的建设性、积极性和乐观性。

总体来说,后现代转向对人文学科尤其是哲学的影响最为广泛而深远,从词源学讲,"后现代"意味着"现代"之后,只有参照"现代"才能厘清何为"后现代",但对于"现代"始于何时却有不同的看法。在西方哲学界,有人认为现代之后是泛指西方现代化运动开始以来的整个资本主义时代,也有人认为现代之后仅指当代意义上的现代,即第二次世界大战以后(或者20世纪60年代之后)。如果"后现代哲学"被用来泛指19世纪中期以来整个西方以反传统哲学为特征的哲学,那么,后现代哲学所实现的哲学转向是从属于整个现代西方哲学的转向的。从这个意义上来说,当代后现代哲学只能算是从那时以来的现代西方哲学的一部分,也可以说是它的"后期阶段"。但如果把后现代哲学限定为60年代以来的西方当代哲学,认为它实现了哲学的新转向,那么,就意味着把它当作超越了现代西方哲学的一种新的哲学思维方式,代表了西方哲学发展中的一个最新阶段。② 其实,从当代西方学术界尤其是后现代论者的观点来看,大多数后现代思想家都倾向于把"后现代"理解为一种不同于现代性或现代主义的思维方式,而不是一种年代学的时间概念。同一时代的不同理论,既有可能属于现代的,也有可能是属于后现代的。

但是,无论是作为一种哲学思潮还是一种社会文化思潮,也无论后现代论者是属于哪种流派,持有何种观点,后现代思想还是存在着某些共同之处,这其中突出地表现在他们都从否定物质与精神、主体与客体的对立统一关系出发,极力反对(否定、超越)传统的二元论、基础主义、本质主义、理性主义和道德理想主义、主体主义和人类中心主义、一元论和决定论等理论倾向,主张向统一性开战,取缔"深度模式",宣扬所谓的不可通约性、不确定性、易逝性、碎片化、零散化等。因此,在笔者看来,"后现代转向"之所以成为当今的一个重要思潮和热门话题,最根本的原因不仅在于它首先表达了对传统理论、思想、观念的一系列决裂与反叛,更重要的是它表达了对现代性及其衍生现象的一种批判性反思。尽管各种反传统的思想早就存在了(如现代性也是对各种传统即前现代思想的反

---

① 斯蒂文·贝斯特、道格拉斯·凯尔纳:《后现代理论——批判性的质疑》(张志斌译),中央编译出版社1999年版,第16页。

② 刘放桐等主编:《新编现代西方哲学》,人民出版社2000年版,第617页。

叛),但的确是直到20世纪70年代后,在社会现实发生重大变化,后现代转向和全球化趋势不断加强的背景下,作为对现代性具有自我批判意味的再度反省,"后现代转向"才得以明确界定并迅速扩展的。因此,笔者认为,后现代转向在根本上并不是反现代性的,而是走向反思自律的现代性,它从各个角度揭示了现代性自身存在的内在矛盾和缺陷,力图从根本上改变人们对周围世界的原有经验和解释。后现代转向并不意味着"现代性"的终结,而是意味着"现代"在新维度上的再度开始,现代与后现代的对抗完全可以调校到积极的创造性之维而尽可能避免破坏。后现代转向改变了现代性的性质,是现代性更为成熟的标志。

通过对后现代这个纷繁复杂的社会思潮的追溯与考察,笔者认为,后现代转向是高度发达的资本主义国家或西方后工业社会的一种文化现象。尽管它最早发端于文学艺术领域,并于20世纪80年代在人文社科领域尤其是哲学研究中达到顶峰,但从社会学理论的角度来看,笔者更倾向于把后现代转向看做是建构在全球化背景下的一种对现代化思想既否定承传又批判创新的社会文化思潮。明确地讲,就是指70—80年代尤其是90年代以来,随着当代意义上全球化趋势的凸显与强化,在社会科学思想领域中以逆向思维分析方法批判、否定或超越现代化条件下所形成的社会理论基础、价值取向的一种新的思维方式和价值观念,而这种思维方式和价值观念对当代社会生活以及社会学乃至整个社会科学的审视与重构都具有十分重大的理论与现实意义。因此,从这个意义上来看,后现代转向既不是社会的一种存在状态,也不是后工业社会结构的一个组成部分,更不是对一种新社会类型(如知识社会、信息社会等)的概括,它更多地表现为一种思想文化的范式。[①]

第二节 西方后现代社会学理论的兴起及其影响

在前面的有关分析中,我们就已经指出,在人文学科中,后现代最先是在哲学和文学批评领域内出现的一种现象,在这两个领域之内是比较成熟的。此后,它逐步从这些人文学科扩展到社会文化研究领域,并取得了极大的进展。但无论是作为一种哲学思潮还是一种社会文化思潮,后现代的矛盾直接指向的都是

---

① 拉什:《后现代主义:一种社会学的阐释》,《国外社会科学文摘》2000年第1期。

第五章　当代社会学理论的后现代转向

启蒙方案或现代性方案,他们普遍认为现代性的精力已耗尽了,因此,几乎凡启蒙思想所标榜的他们都加以怀疑、否定,后现代的思想习性是怀疑经典的真理观、理性观、客观性,拒斥各种现代意义上的知识论和方法论,怀疑、否定普遍进步或解放的启蒙思维,对一切诸如道德与社会进步,以及为个人自由与大众快乐的集体希望加以讽蔑,用利奥塔的说法,他拒绝一切"全能性"(totalizing)的社会理论,抨击一切"宏大叙述"(grand narrative)。他说:"宏大叙述已失去可信性,……不论它是臆测性的叙述,或是解放的叙述。"①

从学科的角度来看,后现代的重要特点之一就在于它倾向于"颠覆"和"打破"存在于学科和次级学科之间的各种界限,创造出一种综合了多种学科和多种维度的视角,从而既对来源于一系列研究领域(如哲学、经济学、政治学、历史性、文化学、人类学、社会学等)的思想进行综合,也对处于一种既定学科内部的各种视角进行综合。② 其实,后现代对现代性和现代社会的分析与批评触及我们现代社会生活的方方面面,从政治制度、精神生活、生存方式到话语实践和道德责任,涉及面非常广。他们较侧重于生活、政治和语言等活动中差异化的倾向,强调"自我"与"他者"、"此"与"彼"、"内"与"外"、"能指"与"所指"之间的差异和互渗,反对整体性的霸道和由此而来的集权主义的统治方式。③ 当然,我们也应该看到,后现代思想所包含的混乱、分歧乃至对立是令人惊讶的,经常让人陷入无所适从的尴尬境地。但无论人们对"后现代"这一提法有多少保留,毕竟这一概括已经成为"大家所关注、所感兴趣,甚至已广为流行的概括"。从这个意义讲,"后现代"也为我们提供了一个分析和理解当代社会文化现象的有用的工具。当然,后现代理论除了擅长批判现代性之外,最擅长的就是分析当代的社会和文化现象。但是这些分析对真正的社会科学和社会理论的建构意义并不是很大。因为社会现象的描述只是社会现象分析的第一步而已,而当前后现代主义反映出的主要是一个人文学科的现象,其在社会科学尤其是社会理论的建构方面还明显不足。后现代虽然比较擅长对后现代社会和文化现象进行分析,但至今还是相对缺乏一种综合性的社会理论。后现代有自己的历史思想,但是并没有把这种思想和社会理论、文化理论、政治哲学融合起来。笔者认为这正是

---

① Jean-Francois Lyotard, *The Post-modern Condition* (Manchester University Press, 1979), p.37.
② 乔治·瑞泽尔:《社会学理论在20世纪90年代的新综合》,《国外社会学》1997年2期。
③ 余碧平:《现代性的意义与局限》,上海三联书店2000年版,第255页。

后现代社会和文化理论面临的主要问题,很多马克思主义批判后现代思想就是因为后现代缺乏一种综合性的社会批判理论和政治理论,不仅如此,而且它还攻击社会,并倾向于从原则上把社会规范、制度及实践视为压迫性的东西予以拒斥。在这方面,福柯的自由实践、卢曼的系统分化,以及韦伯的价值多元化、涂尔干的社团主义、帕森斯的普遍价值、哈贝马斯的公共领域等理论的综合,对于我们分析当今全球社会的运作机制非常有用。毫无疑问,面对后现代这一极为纷繁复杂的现象,其社会理论形式的确急需一种新的理论综合,尽管这种综合现在看来还显得很不成熟。

后现代理论较为缺乏综合性的社会理论的主要原因是,后现代主义的一个基本取向是注重文化方面的意识形态和国家机器,注重微观权力和微观反抗。因此,他们反对建立一种宏观的叙事理论,这其实是一种对自己的误解。事实上,在社会学上,卢曼就是一个比较成熟的后现代社会理论家。除此之外,布迪厄和吉登斯也试图融合结构主义与功能主义建构一个新的后现代的社会理论。在政治理论上,哈贝马斯的批判理论和杰姆逊、拉克劳和莫菲等新马克思主义的理论家倾向于反对犬儒主义倾向的回避,主张要进行社会批判和政治革命。但是这首先要建立在对当代社会的深刻分析之上。后现代社会是一个高度抽象的社会。个人无法成为个人行动的主体,分化的系统和各种组织已经使社会高度非人格化(即异化)。文明化的进程就是不再有人情味儿,但却十分理性化、文明化、系统化。因此,重建社会理论首先要重新理解韦伯、涂尔干、马克思、帕森斯等人所提出的问题,后现代高度抽象的社会意味着个人要有高度的主体性或自由,承担自己的理性选择,反思和学习自己所处的系统。

尽管后现代在社会理论的建树中表现明显不足,但后现代的理论方法在社会学中还是直接导致了一种后现代社会学研究模式的诞生。① 英国社会学家拉什认为,后现代社会学就是"用社会理论、社会学调查、后现代主义的社会学分析方法来表示后现代主义"②;而鲍曼则把社会学中正统共识的瓦解及与之相关

---

① 严格地说,"后现代社会学"(Postmodern Sociology)与"后现代主义社会学"(Postmodernism Sociology)是有重要区别的,"后现代主义社会学"是站在"后现代主义"的立场上来研究社会现象的社会学,它的研究对象既可以是"后现代社会",也可以不是"后现代社会",而"后现代社会学"是站在"后现代主义"的立场来研究"后现代社会"的社会学。由于本文没有对"后现代"与"后现代主义"做过细的区分,因此,在此把凡是以"后现代"思想作为自己的理论基础和方法论原则的社会学研究,均看做是"后现代社会学"。

② S. Lash, *The Sociology of Postmodern* (New York: Routledge, 1990), p.2.

第五章　当代社会学理论的后现代转向

的新理论和新方法的出现看做是后现代社会学诞生的标志,提出后现代社会学要正视一个新的"完全成熟的、全面的和有生存力的社会系统类型"出现的可能性,同时,还应通过恢复和重建社会学理论的"解放"目标,分析和探讨许多隐含的可视为时新社会系统重大转型的后现代问题,坚持增加人类的自由空间并增强人类的团结。① 然而,如果像许多后现代社会学者那样,把诸如加芬克尔的民族学方法论与舒茨的现象学、维特根斯坦的语言分析和伽达默尔的解释学综合起来就建构成了后现代社会学的话,那么这种后现代社会学反而会消除"后现代"这一概念本身。这是因为,后现代社会学不可能从自己的理论参照术语中派生出"后现代"这一概念。鲍曼认为,后现代社会学准备不足,它无法将后现代性作为一类在历史上和社会空间中占有一席之地的社会实在进行研究。因此,鲍曼所倡导的后现代社会学不是解释性的,而是企图通过恢复社会学理论研究的"解放"目标以维护现代性的双重抱负(即提高人的独立性和加强人类的团结性)。②

　　当前,关于后现代社会学思想的存在前提、理论建构、观念转换、发展全景等,在学术界尚未达成共识,更没有形成较为完善的体系,而且,绝大多数后现代社会理论家并不直接从事社会理论本身的研究,而是折衷地把片断的社会学分析、对文学与文化的解读、对历史的理论描述以及哲学批判等糅合在一起。因此,后现代社会学其实在更宽泛的意义上大多表现为一种后现代的社会理论。如果从后现代社会理论的思想成分来看,我们大致可以把当代社会学家对待后现代的态度划分为五种不同的表现:一是竭力主张与推崇后现代的人,如波德里亚等;二是被标定为后现代论者,但自己并不承认的人,如福柯等;三是彻底反对后现代主义的人,如哈贝马斯等;四是反对后现代性却又欢迎后现代型构到来的人,如吉登斯等;五是对上述人物的理论进行分析综合研究的人,如尼科尔森(L. Nicholson)、弗雷泽(N. Frazer)等。③ 由此看来,在当代社会学家中,其实对待后现代的态度也是非常复杂的,但尽管如此,他们在进行社会学理论的研究中时也表现出了一定的共性,那就是力图打破既存学科之间的界限而倡导一种新的超

---

① B. 斯马特:《后现代性与社会学》,《国外社会学》1996 年第 5 期。
② B. 斯马特:《社会学、后现代性与"社会性的终结"》。
③ 沈杰:《后现代社会学研究简述》,载《中国社会学年鉴(1995.7—1998)》,社会科学文献出版社 2000 年版,第 280 页。

学科话语(supradisciplinary discourse),并开拓出一些新的研究领域。

与以往传统的社会学理论研究相比,后现代社会学对建立在现代化研究范式基础上的"传统"现代社会学理论进行了猛烈的抨击和批判,并发展出了如下一些基本原则和概念①:"非创造"(decreation)、"非定义"(de-definition)、"非中心化"(decentrement)、"非连续性"(discontinuity)、"非总体化"(detotalization)、"解体"(disintergration)、"解构"(deconstruction)、"置换"(displacement)、"差异"(difference)、"离散"(disjunction)、"消散"(disappearance)、"分解"(decomposition)、"去神秘化"(demystification)、"去合法化"(delegitimation)等等。且在其极端形式上表现出了如下一些主要特点②:一是不再认为社会学理论研究是对独立于我们研究过程之外的那种"客观社会现实"的一种呈现或再现,而是明确地告诉读者社会学理论研究只不过是诸多"语言游戏"中的一种,是被称为"社会学家"的那些人对被称之为"社会现实"的那样一些文本的阅读过程,那种阅读过程与普通人对同一些文本的阅读过程没有什么本质上的区别。二是不再认为我们通过调查所得的各种资料就是我们把握"客观社会现实"的可靠路标,而是把它们当作它们的作者在一定话语体系的限制下对自身社会生活经验的一种理解或诠释。三是不再认为有一种最好的或相对最好的理解或诠释各种资料文本的方法,不再有一个对资料文本的绝对正确的理解或诠释,任何一种理论或诠释都可能是一种误读。四是不再把建立某种有关研究对象的通则(或规律)性理解或诠释当作研究的最终目的,而是把揭示研究对象的特殊性、同一类研究对象之间在不同时间、空间等条件下的差异当作研究的终极目的。

当然,后现代对社会学理论的这种反叛不是没有意义的,其在社会学领域中的出现不仅仅标志着另一种新颖的学术范式的诞生,更确切地说,作为一场崭新的社会与文化运动,它正促使我们在体验和解释全球性社会所出现的新问题时,更广泛地进行重新思考,从而使建立在现代性基础上的"传统"现代社会学面临更大的挑战。后现代社会学理论作为后现代社会文化思潮的促成物和有机组成部分,是与后现代社会文化思潮的命运紧密联系在一起的。"后现代思潮表征

---

① I. Hassan, *The Postmodern Turn: Essays in Postmodern Theory and Culture* (Columbus: Ohio State University Press, 1987), p.92.
② 谢立中:《后现代主义方法论:启示与问题》,载《中国社会学年鉴(1995.7—1998)》,第 197—199 页。

着跨世纪的人类自相矛盾的自我意识:挺立个人的独立性和追求文化的多样性与崇高感的失落和生存意义的危机的自相矛盾的自我意识。"[1]后现代社会学的兴起打破了传统的社会学理论研究格局与模式,为社会学理论适应全球化的新发展注入了新的血液。因此,其给社会学理论研究所带来的影响也是十分巨大的:

第一,后现代社会学运用的解释与解构的分析方法,消解了两极因素、二元形式的对立,突出了语言在我们的认知过程中所具有的不容忽视的重要作用,指出了无论是我们的感觉过程还是理解过程,无一不渗透着语言的内在影响。假如语言自身是相对的甚至随意的,假如语言是我们知道的唯一实在,那么实在至多不过是一个语言学的习惯而已。的确,我们很难突破语言对我们的认知能力所施加的限制,我们所能够加以感受、理解和讨论的对象并不是一种纯粹"客观"的现实,而只是一些由我们生活其中的语言所建构起来的"文本"。但同时必须指出的是,假如社会学理论真正值得人们为之努力的话,那么它就应该不仅仅是"一个语言习惯",而应该是在注重语言习惯的同时建构与社会现实相吻合的实在理论。因为假如现实也是一个语言学的约定,那么意义和知识就只能是相对的。后现代社会学无疑动摇了我们的先入之见,动摇了我们从事社会科学的"常规"做法,在方法上为我们带来了对传统社会学理论的反思路径。

第二,后现代社会学挑战了先前的社会学方法、理论以及概念,修正了西方思想中关于本质与现象、一般与个别、普遍与特殊、同一与差异、整体与局部、中心与边缘、连续性与非连续性等关系问题的传统解释,批评了现代社会学理论中片面追求一般性、普遍性、同一性、整体性、中心性、连续性,将这些方面置于优先的地位,把他们视为最根本的东西,甚至形成排斥与它们对立的那些方面的"本质主义""理性主义""普遍主义""中心主义""基础主义"等既有思维倾向,使我们意识到了个别性、特殊性、差异性、局部性、边缘性、非连续性等性质存在的价值与意义,意识到了理论概括和方法探寻的局限性,以及试图简单地用某个一般理论来统领所有具体社会现实的非适当性,从而使我们能以一种新的立场、新的眼光去看待我们的这个丰富而多元化的世界。[2]

第三,后现代社会学对现代社会学理论的挑战也绝不是偶然的,它的到来是

---

[1] 高清海:《哲学的奥秘》,吉林人民出版社1991年版,第69—70页。
[2] 谢立中:《后现代主义方法论:启示与问题》。

与社会剧变、文化嬗变、政治变革、核心价值的深层次哲学争论和学术危机同时发生的,且可能是对它们的反应。后现代对社会学理论带来的挑战"受到了热烈的欢迎,这是近来其他时刻不可能出现的一种现象"[①]。然而,后现代社会学想要在现代化研究范式之外确立自身,不是要根据自身的标准去判断现代性,而是去思考它和解构它,其目标不在于提出一组替代性的假说,而在于表明建立任何一种诸如此类的知识基础之不可能性在于"消解所有占统治地位的法典的合法性"。[②] 后现代社会学乐于对所有那些现代人从不愿意去深入了解和特别关注的少数事物进行研究,将其对日常生活的关注同社会的变化有机联系起来,并把他们重新确定为研究的焦点。在研究方法上,与传统的社会学理论试图先设法分离诸因素,再揭示其相互关系,最后予以系统综合的惯用研究途径不同,他们给出的只是不确定性而非决定论,是多样性而非统一性,是差异而非综合,是繁复而非简洁。他们是回避判断,提供的只是"读物"而非"观察",是"阐释"而非"判决",他们虽然"思虑"此事物或彼事物,但从不进行检验,因为检验需要"证据",而这在后现代参照系内是无意义的概念。

第四,后现代社会学提出的一系列新的概念、理论和观点及其对当代社会的诸多分析视角,引起了我们对现代社会学理论的某些危险和局限的警觉。后现代社会学关于新的社会历史情境之重要性的宣称向我们提出了重新书写理论和修正先前正统理论的要求,因而有可能会重新引发我们对当前全球化发展趋势的批判分析。更具体地说,这些后现代社会学理论研究方面的贡献主要包括:对现代性制度与话语以及它们对主体实行规范和惩戒的具体方式所作的详尽的历史系谱学分析(福柯);对大众媒体、信息系统以及技术等这些彻底改变了政治、主体性和日常生活之性质的新型统治方式的理论阐述(波德里亚);对微观政治、新的社会运动以及新的社会改造策略之重要性的强调(福柯、利奥塔、拉克劳、德勒兹与加塔利)、对现代性的那些有缺陷的哲学要素的批判(德里达、利奥塔、罗蒂)等不一而论。[③] 尽管其中还存在着一些根本性的缺陷,且存在一种简单化的倾向,但他们都迫使社会学家认识到了以往社会学理论模型的某些局限

---

① M. Featherstone, "In Pursuit of the Postmodern Culture: An Introduction," *Theory, Culture and Society*, Vol. 5, No. 2-3, 1988, pp.207-208.

② I. Hassan, *The Postmodern Turn: Essays in Postmodern Theory and Culture*, p.169.

③ 道格拉斯·凯尔纳、斯蒂文·贝斯特:《后现代理论——批判性的质疑》(张志斌译),第337页。

第五章 当代社会学理论的后现代转向

和不足,为其进一步改正与完善自己的理论提供了素材和思路。

第五,后现代对社会学理论的批判也许是独一无二的,因为它对所有竞相对抗的社会学学派或范式实际上所共享的社会学理论构想发起了挑战,其中心主题就是对那种认为科学知识是普遍的,并且可以用一种与语境无涉的方式加以实证的观点加以批判。后现代社会学认为科学本身——而不是这种或那种理论和范式——是一种特许的理智形式或真理媒介,而真理的标准又是随语境而定的,欧洲或美国社会学知识标准不可避免地要与西方现代性的特定文化预设联系在一起,并尤其驳斥了科学所自称的只有科学知识才具有确实可靠基础的说法,并对统一的、普遍的、以共识为基础的科学标准提出了异议。例如,在社会学理论中,就什么可以被看做是有效的研究或理论存在着相互冲突的标准,一些社会学家认为,可预测性、概念的系统简约性或者可量化性和可验证性是主要的标准,而另一些社会学家则强调解释的全面性、描述的丰富性、推论的中肯性,或者强调道德、政治和美学方面的标准。而这些不同的价值标准可以避免达成理智的共识。[①]

当然,后现代社会学者与其批评者之间的这种争议,实际上是西方社会对今日科学的意义及社会作用更广泛的讨论的一个组成部分。虽然,科学技术给现代社会带来了许多负面的影响,在社会学学科发展上也造成了社会学过于追求科学化、实证化和经验化的倾向,但人们追求科学真理的精神并没有因此而消失殆尽,科学神圣的光环依旧存在,它依然是企业家、政治家和学者们所常常求助的一种文化通货。毫无疑问,正是科学的这种与社会的牵连及政治化倾向,推进了对科学的意义和社会作用的当代论辩,引导了后现代社会学家朝着相同的方向运动。后现代社会学者寻求的将是一门宽泛和描述性的,而不是预见性和政策倾向性的社会学理论。它强调新奇性和沉思性,因为它寻求差异的丰富性,并专注于非常事物、独一无二的事物和原初性的事物。后现代社会学家不是"智力规则和秩序"的执行者。他们与其说是科学真理的"给予者"(立法者),还不如说是真理的"解释者",也许是两个知识社团之间的仲裁者,而其中每个社团提供的"真理"在别的地方却无足轻重,也没有特殊的地位。社会学理论家的作用就在于"转述在某个以共同体为基础的传统内所作出的陈述,以便使它们可

---

① 塞德曼、瓦格纳:《后现代主义与社会理论》(郑乐平译),《国外社会科学文摘》2000年第1期。

以在以另一个传统为基础的知识体系之内被人们所理解"①。

第三节　西方后现代社会学理论的方法论特征

如前面所述,在社会学理论研究领域中,后现代思想的影响直接导致了一种后现代社会学理论范式的诞生,尽管对一门系统化的后现代社会学是否存在还存在着不少的争议,但是,有关后现代的社会学理论研究以及运用后现代思想来展开各个层面的社会分析的,的确已大量存在。最为典型的如福柯对现代社会权力运作机制的揭示和反抗,波德里亚对高科技社会的后现代反思,德勒兹和加塔利关于精神分裂与多元社会的论述等,都从一个侧面反映了后现代社会学理论的分析风格和研究特色。后现代社会学站在后现代思想的立场,其中突出地表现为对现代理论的批判和在理论上的后现代决裂的论证。因此,后现代社会学是"通过采取与社会结构的同构性"来将后现代社会符号化的。现代社会学理论,从孔德、斯宾塞、涂尔干、韦伯、马克思到帕森斯、默顿、布劳、哈贝马斯等人的社会学理论,因为它试图找出理论的基础,因为它对普遍化和总体化的追求,因为它傲慢地宣称能够提供绝对真理,以及因为它的被认为是虚妄骗人的理性主义,而受到了后现代社会学者的大力批评。② 具体而言,这些后现代社会学者在研究过程中大都表现出了以下几个方面的倾向性特点:

第一,反对实在论,注重话语分析。在后现代社会学者看来,一切现象都是依照一定符号和规则建立起来的话语文本和语言学分析。在人们对事物的"观察"或"认知"中时刻都渗透着理论或语言,理论必须在语言的限制之内发挥作用,而语言并非像我们通常所认为的那样只是我们用来把握现实、表达自我的媒介或工具,事实上,语言就是我们的世界。因而,语言或话语分析必然涉及社会及制度的层面。其关注的重要点就是去分析人们言谈时由以出发的话语、观点和立场的制度性基础,分析被这些话语、观点和立场所认可或预先定设的权力关系。

第二,反对总体化趋势,提倡微观分析。后现代社会学者拒绝辩证法和总体

---

① Z. Bauman, *Legislators and Interpreters: On Modernity, Post-modernity and Intellectuals* (London: Cambridge University Press, 1987), p.5.
② 道格拉斯·凯尔纳、斯蒂文·贝斯特:《后现代理论——批判性的质疑》(张志斌译),第5页。

化的方法论,反对各种"整体性理论"或"宏大叙事"的有效性,摈弃有关社会和历史的总体化宏观透视,转而鼓励各种"局部性理论"或"小叙事",对某种无选择或类似无选择技法极为崇尚,尤其偏好各种微观理论与微观策略。因此,在具体研究中,非常强调"差异""多元""片段""异质""分裂",而对"理性""共识""系统""总体性"等概念一味拒斥。

第三,反对现代主体,关注"他者"的生活。后现代社会学者所考察的社会是一个"没有主体或个体的社会",尤其是激进的后现代论者,他们把反对现代主体看做是对现代性进行总体批判的一个工具。因此,主张采用一种无主体的方法从事社会学理论。后现代社会学者在解构和"处决"了现代主体这一社会的至高无上的建构中心之后,后现代社会学把目光又转向了"普通人的普通生活",尤其是为现代社会所造就的但却长期忽略了的边缘者、非中心者、无能力者和被剥夺或忽视权力者等映衬现代主体的他者。后现代社会学者试图从这些被现代主体奴役和统治的他者之中,发现"后现代个体"的影子。

第四,反对中心论和一元论,主张价值的多元化。现代社会学理论都假设了一种前定的、统一的主体,或一种先于社会活动的永恒的人性。与之相反,后现代社会学者主张放弃现代理论中作为前提的理性和统一的主体,鼓吹一种去中心化、片断的主体。由于文本意义的非中心性、不确定性,使得我们不可能发现什么对研究对象或文本的最佳(或相对最佳)的认知与理解方法,不能够形成可用来帮助我们判断哪种认知或理解更为"真实"和"可靠"的客观标准,因而也就不存在什么研究对象或文本是"正确"或"真实"的问题。我们不能因把其中的一种看成是"真的"而将其他的加以排斥,而应该允许多种"故事"同时并存。如果一定要有一种认知评价标准的话,那也只能是与现有认知的"协同性"或创新性等。① 在后现代社会学者看来,世界早已不再是一个整体,而是呈现出了多元价值取向,并显示出断片和非中心的特色,因而生活在后现代社会的人们的思维观念就不可能是统一的,其价值观念也无法与现代时期的整体性同日而语。

第五,反对表象论,要求终结表象秩序。表象是现代性及其社会组织、政治结构、基础机构和哲学的核心。在后现代论者看来,所有表象都依赖于某些荒谬的假定,其在政治、社会、文化、语言学和认识论上都是独断的,表象标志着征服。

---

① 谢立中:《后现代主义方法论:启示与问题》。

"表象是危险的且本质上是恶劣的"(德里达语)。因为"表象"只是我们在特定语言的限制下所完成的一种主观建构,而不是什么对"客观存在"的表现或再现。表象鼓励概括,注重同一,因而容易忽视差异的重要性。而我们能够加以分析和讨论的也不是客观现实本身,而只是各种不同的"文本"而已。因此,必须终结表象秩序,并通过彻底放弃理论建构活动来解决表象危机。①

第六,反对本质主义,探寻现象之间的差异。后现代社会学者否认本质和现象之间的区分,否认事物后面存在着普遍共有的性质,认为事物之间存在着的只是各种"家族相似"之处,反对将把握对象之间的共同本质或同一性、揭示对象存在与变化的确定规则当作认识的目的,而主张探寻研究对象之间的差异、断裂,揭示对象的特殊性,从对象的特殊性或与他者的差异中来理解对象。

第七,反对理性主义,追求人性的普遍解放。理性主义一直是现代性和现代社会科学的核心概念,但在后现代社会学者那里,理性被理解为专制的、强迫的和极权主义的东西。因为在他们看来,现代性原本是作为"一种许诺把人类从愚昧和非理性状态中解放出来的进步力量",但是,现在它已变成了"奴役、压迫和压抑的根源"。因此,反对现代理性(尤其是工具理性),要求从工具理性对人性的压制中彻底解放出来成为后现代社会学者学术追求的目标。他们企图通过对现代社会权力运作机制的解构,通过对压制和规训人的社会制度的批判,从根本上去瓦解现代社会,以寻找通向后现代社会的路。

第八,反对传统的历史观,置换现代的时间和空间。后现代社会学者大多反对传统的历史观,认为历史是逻各斯中心的,是神话、意识形态和偏见的源泉,是一种封闭的方法。"历史,假如它是真正存在的话,是一门卑微的学科,它依赖于现在,而不具有自身的完整性。"②因此,后现代论者拒绝线性时间和可预测性空间的现代观念,要求重新置换现代的时空观,并抛弃历史,以"现在"为目标重写社会学理论。时间不是线性的、进化的或意向性的,空间也是超越了"个别的人的肉体放置其自身的位置、从知觉上组织它的直接的周围环境以及从认知上

---

① 当然,后现代的这种反表象也导致了其他社会学家降低了他们为其学术研究所制定的要求,即把社会学活动变成了"讲故事"(构造小型的叙述),而不是研究活动,变成了一项"讽喻"或文学的而非科学的活动。参见 L. Richardson,"The Collective Story: Postmodernism and the Writing of Sociology," *Sociological Focus*, Vol. 21, No. 3, 1988, pp.199-207。

② 波林·罗斯诺:《后现代主义与社会科学》(张国清译),上海译文出版社1998年版,第94页。

在一个可绘制的外在世界里绘制出自身的位置等的各种能力"①。没有现代的时空,注重于追本溯源的历史也就没有任何意义了,那些基于历史的各种现代性假设也就不再成立。

第九,反对现代的真理观和理论观,企图实现没有现代真理和理论的生活。真理作为现代性的一个缩影,因其涉及秩序、规则和价值取向,依赖于逻辑、理性和理智而遭到几乎所有后现代社会学者的反对和批判。而现代社会学理论建设与真理探求活动一样,因为都有一个包罗万象的,逻各斯中心的计划,一个元叙事和一种至高无上的声音而遭到后现代社会学者的极力抨击。因此,大多数后现代社会学者都认为,真理是在纠缠扭结的上下文背景互动中相对而言地存现的,真理是在不同的探求方式中,在跨越其科目时以及在特定的文化和历史背景下的富有变异性的阐释现象。② 一些激进的后现代社会学者更是呼吁必须放弃对绝对真理的追求,取缔理论的特许地位,削弱它们的作用和降低它们的身价,以实现没有现代真理理论的生活。而建设性的后现代社会学者则要求重新定义真理,摈弃以理论为中心,并且以日常生活和局部的叙述取而代之。

第十,反对现代方法,以解构和直观的阐释作为其主要的方法。后现代社会学者大都不习惯使用"方法"一词,他们一般认为不存在方法,不存在他们务必遵守的程序规则,存在的只是后现代论者惯用的反规则和"怀疑一切"的严谨作风。因为,在后现代社会学者看来,只有声称要成为外在的有效性的、要寻求"先验真理"的逻各斯中心体系才会全神贯注于方法。因此,通过否定这些规则,后现代社会学者声明,就方法而言,其实"怎样都行"。但在其具体的正规表现中,后现代社会学主要包含了两种方法论途径:内省的反客观主义的解释和解构。解释侧重于表达某个积极的观点,是一种个体化的理解形式,它是想象而不是材料的观察,并消解了现代实体,消解了自我与他人、事实与价值之间的任何清晰的区分。而解构注重否定的批判能力,其蕴涵着既破解了某文本的神秘,又拆开了那个文本以揭露其内在而又任意的层系和它的前提的意思。

从总体上来看,上述以现代性话语为基础所形成的"传统的"现代社会学,

---

① F. Jameson, "Postmodernism, or the Cultural Logic of Late Capitalism," *New Left Review*, No.146, 1984, p.83.
② 克利福德·吉尔兹:《地方性知识——阐释人类学论文集》(王海龙、张家瑄译),中央编译出版社 2000 年版,第 43 页。

其所遵循的理性主义和基础主义,寻求普遍化和总体化表述与必然真理的理论体系,必然会遭到后现代社会学的极大反对与冲击。然而,尽管如此,后现代社会学并不一定拒绝方法精致、分析详尽的社会分析,而是想挑起对下述声言的怀疑,即社会探究可以建立在某种方法基础上,而这种方法赋予了它一种特许的认识论地位。同样,后现代社会学也并不一定拒斥概括性的分析步骤,而是反对现代主义者那种总体化的、概括性的理论,或者寻求一种统一的社会学理论范式的做法。在后现代社会理论与一般理论之间也并非一定是两极对立的,但它们的确引人注目地体现了两种不同的社会学理论化的特性和目标形象,尤其当涉及政治意识形态时更是如此。一些研究者试图探寻这两种对立形象之间的中间立场,而这种中间立场又取决于接受后现代哪些不同的层面,因而具有一种特殊的性质。布朗就赞成一种多元性的一般理论,他认为,社会学理论的话语揭示了一般理论的多元性:每种理论都是内在一致的、都拥有不同的基本隐喻及不同的意识形态旨趣。因而,实证主义的一般理论使用的是有机体和机械的隐喻,它的意识形态的旨趣集中于社会秩序的稳定和维系。但这样的一种理论并不足以处理个体社会世界的反省特性。①

第四节 对西方后现代社会学理论的评论与反思

当今各种有关非现实主义的(irrealist)、反基础主义的(anti-foundational)社会学理论形式的争议,对一些社会学理论的研究者来说似乎是多余的。然而,尽管这些争议对社会学理论的未来发展所蕴含的挑战是一件相当严肃的事情,但是,我们称之为"后现代社会学"的所有主张对这门学科的贡献都是非常值得注意的,尤其是在它们需要一种更多的跨学科方法(transdisciplinary approach)与提供一整套更适合社会学理论状况的知识时,更是如此。② 后现代社会学的出现至少是对长期以来占据社会学理论统治地位的实证主义社会学理论对客观知识自我陶醉的一种反应,但后现代始终没有提出有力的另类社会学,就笔者目前掌握的资料而言,社会学家中明确主张社会学者应改弦易辙,认真从事"后现代性"的分析,建立所谓"后现代社会学"的似乎还很少(好像只有鲍曼)。或许这

---

① 塞德曼、瓦格纳:《后现代主义与社会理论》(郑乐平译)。
② D. Owen, *Sociology after Postmodernism* (London: Sage, 1997), p.20.

是因为,就世界整体而言,我们还处在现代化的发展阶段,正如吉登斯所说,我们今天并没有进入"后现代性"的时期,而是进入一个比之前更激化(radicalized)与普遍化的高度现代性的时期。尽管如此,后现代社会学的产生与发展为社会学理论提供了一个崭新的视角,从而使传统的理论在认识论、方法论与理论前提等方面均面临着严峻的挑战。过低估价后现代社会学的挑战对未来社会学理论的发展并无益处,哪怕这种挑战并不总是完全地具有独创性。因此,在后现代思潮的冲击下,社会学理论与方法也同时面临着向何处去的问题。对此,不同的社会学家有不同的选择,如当代功能主义的代表人物亚历山大以后实证主义为认识论基础,将功能主义发展为新功能主义,而吉登斯则从反实证主义出发,将社会学理论对"结构—行动"的分析发展为他的结构化理论。

但不管怎样,后现代思想作为现代性与现代社会的产物,是现代性内部的分裂以及现代化与现代性之间深刻断裂和紧张的一种表现。如果我们用尼采的"上帝死了"来描述"现代性"的诞生,那么也可以用福柯的"作为主体的人死了"来形容"后现代转向"对现代性的批判与否定。尽管后现代思想所包含的混乱、分歧乃至对立是令人惊讶的,经常让人陷入无所适从的尴尬境地,但无论人们对"后现代"这一提法有多少保留,毕竟这一概括已经成为"大家所关注、所感兴趣,甚至已广为流行的概括"。从这个意义讲,"后现代"也为我们提供了一个分析和理解当代社会文化现象的有用的工具。在当今西方社会学理论研究领域中,虽然有许多西方的(例如,在美国)社会学家仍然对后现代理论没有多大兴趣,但它至少引起了三个方面的变化:(1)激发了人们对社会学文献的研究,这些文献研究对社会学学科的影响会日益显现出来。(2)后现代主义在人文社会科学领域激起了跨越学科界限的观察、分析和解释,这些行为或许会使社会学家有兴趣关注历史的专门性与现实的反思性的关系;也可以用来解释为何在社会学的话语中要运用后现代主义修辞学。(3)后现代社会学的批评多以语言和科学哲学为基础,断言沟通和感知必定是有缺陷性和不可信的。这实际上暗示了经验研究的意义仅仅只是针对研究者本人而言的。如果那样,让大家都来承认研究的结果就变得毫无意义,因为没有人能确知他人是如何进行研究的。所谓的研究也只会是一种出于个人目的、以自我为中心的追求。如果这可以称之为当前的研究现状,则社会学家确实有必要来评价后现代主义者对社会学批判的合法性及意义。①

　　毫无疑问,现代社会学的那种总想把一切制度化,总想制定格式简单而又内容烦琐的普适原理、规则或体制的思维方式,已经很难胜任思考复杂化的社会现象了(如全球化现象),后现代社会学的诞生恰恰就是对现代社会学这种不适应性的一种反应。后现代社会学想以一种解构主义的方式进行理论化,以系谱学的分析取代理论建构的种种努力,从而重新引入道德和政治关注以作为中心论题。如果说现代社会学理论的最典型代表就是寻求普遍化和追求客观性的社会学理论的诞生的话,那么,后现代社会学理论则更像是一种文化理论,它是通过文化批判,从微观层次上去解构现代社会,以便把人从社会(制度、结构、实践、话语)的结构化和压制中解放出来。当然,犹如其他任何一种理论都存在着自身难以克服的盲点一样,后现代社会学在理论与方法上也暴露出了一些弊端,并招致了大量批评和攻击,这些批评主要集中在两个方面:一方面是其理论基础,另一方面是说它对既有理论提供了大量抽象的批评,但却极少有实际上能取代这些既有理论的发现。② 这主要体现在以下几个方面:

　　一是未能把社会学理论化必须借助的构架上的相对主义与应用这些构架所产生的知识相区别。有时,社会学者为了研究某种社会现象而选择了某个框架,其本质上被认为是一种排他性的选择,因而很容易遭到后现代社会学者所纵容的解构。然而,如果假定采纳某种参考构架,那么对社会现象的真正研究就不必采取一种排他主义的态度,而后现代社会学恰恰把这种必须借助的解释框架与应用这种框架所产生的知识混杂在一起了。

　　二是后现代社会学太轻易地忽视了社会学中科学理论化的可能性。后现代社会学不仅反对社会理论的可能性,而且还缺乏关于"社会"的积极概念,无法为主体间性、共享或团结提供规范性说明。大多数批评认为,后现代社会学的反理论立场本身就是一个理论立场,某种类型的一般理论既是可能达成的,也是值得追求的。那种否定一切科学基础和标准,忽视具有整合性和指导性作用的一般理论的做法实际上并不可取。

---

① J. Smith, "Emancipating Sociology: Postmodernism and Mainstream Sociological Practice," *Social Forces*, Vol. 74, 1995.

② 有关这方面的讨论可参见 J. C. Alexander, "Sociological Theory and the Claim to Reason: Why the End Is Not in Sight," *Sociological Theory*, Vol. 9, No. 2, 1991, pp.146-153; E. Gellner, *Postmodernism Reason and Religion* (London: Routledge, 1992)。

第五章 当代社会学理论的后现代转向

三是后现代社会学在突出语言在认知过程中的重要作用及其意义的不确定性时,过分强调了语言的自主性及其意义的不确定性,把对社会实践的一切研究都归结为一种话语的分析,否认语言是客观现实的表现或呈现,认为所有的认知最终都只是一种"语言游戏"的结论,从而走向了另一个极端。

四是后现代社会学者大多反对现代主体,认为主体不仅是一种建构物,而且完全是一种虚构的假象。但是在主体之死的思想还没有在社会科学领域中普遍确立起来之前,主张建立没有主体的社会学甚至社会科学,其生命力仍然是一个值得怀疑的问题。"主体的消亡虽然是可能的,但不是必然的。"①

五是在反对片面追求"宏大理论"和"元叙事"的同时,也过分强调了无限多样的"小叙事"般的微观分析,忽略了那些对我们社会生活起决定作用的资本、国家、阶级、制度等社会因素,从而使后现代思潮在社会作用上具有保守主义的倾向。虽然后现代带来了多元主义的观点并主张建立一套多视角的社会和政治理论,以此摧毁许多当代社会理论所具有的独断论和还原论,但当一些至关重要的视角被后现代理论所遗漏掉时,后现代理论自己就有陷入另一种独断论和还原论的危险。② 而且,一旦这种立场过度膨胀,将使我们无法得到有关世界社会生活的整体图式,并将失去人类生活所必需的那种宏大视野,以及我们生活同样必需的那些概括与预见能力,甚至失去认知与社会交往能力本身。

六是后现代社会学者(尤其是激进论者)对真理和理论的极度抨击有点言过其实。在社会学理论里,后现代的信徒大都主张传统类型的理论和一切真理都应该死亡,认为只有后现代的方法能重振(revitalize)社会学。虽然一些僵化刻板的真理和理论主张已经不再受人欢迎,但人们对真理和理论的需求仍然是主导的。事实上,社会学者要想放弃对真理与理论的追求是非常困难的。一个没有理论的世界意味着所有话语的绝对平等,意味着基础主张的终结。如果这样,社会学乃至社会科学的整个知识氛围将随之发生根本性的改变,真理与谬误、理论与邪说之间的差异也就不存在了。如果没有理论,那么后现代社会学理论将成为一项没有希望,甚至没有价值的事业。

七是在方法论方面,后现代社会学的"怎样都行"的主张其实也是一个夸大其词的主张。在整个后现代社会科学,至少是由肯定论的后现代论者建构的后

---

① 波林·罗斯诺:《后现代主义与社会科学》(张国清译),第89页。
② 道格拉斯·凯尔纳、斯蒂文·贝斯特:《后现代理论——批判性的质疑》(张志斌译),第349页。

现代科学中,并非没有方法论上的偏爱,尽管这些偏爱有时是以否定的口吻来表达的指令,它们排除了某些方法而不是积极地需要它们。① 而且,以后现代的解释和解构的方法取代传统的社会学方法是否意味着是对社会学的某种改进,至今还是一个相当不明了的问题。因为它并没有为社会学理论提供知识的基础,也没有为社会学理论提供在相互冲突的解释之间作出选择的合理标准。

八是后现代社会学在批判与抛弃某些现代社会学的关键概念(如"秩序""进步""理性""真理""范式"等)时,却又使自己陷入了严重的困境以及理论批判与实际表现之间的矛盾之中。例如,它们对理性的理性批判;对总体性的总体化拒斥;用某种标准去否定判断的明确标准;信奉语言决定论而又主张语言的不确定性;在强调互为文本关系时又孤立地对待文本(如德里达);以及在废除主体性范畴时所表现出来的主体傲慢等等。尤其是其对理论和主体存在的批判、对真理及其评价标准的放弃,将最终可能导致自身缺乏知识主张,肯定多重实在和认可矛盾解释,从而使自己滑向虚无主义、极端相对主义、反理性主义和无政府主义的深渊。

总之,由于后现代社会学理论尚处在它的初创和起步阶段,因此,像许多早期的研究范式一样,它的整体轮廓和特点还是朦胧的。正如鲍曼所指出的,后现代社会学理论在分析重大问题时,清晰性还比较缺乏,主要原因是它还缺乏一个理论核心,对于一个给定的事物状态,它只是提供了多种相互竞争的阐释,而不是试图解释它是如何产生的。卡尔霍恩(C. Calhoun)也曾指出,后现代实际上是现代性的内在产物,其对社会学理论一般研究的挑战存在着两个方面的缺陷:其一,它不能为后现代批判所作的规范判断提供依据;其二,它将差异提升到了一种绝对的高度,反而践踏了互为主体性的概念。因此,尽管后现代社会学对现代社会学批判的贡献很多,但毕竟它只是诸多社会学理论认识中的贡献者之一。后现代社会学并没有弥补结构功能主义、实证主义、系统分析或社会学理论中任何其他重大的传统范式的弱点,也没有提供任何关于社会学理论的知识、综合和概括之类的积累物(这与强调知识积累的现代社会科学截然不同),它提供的只是复杂的交互关系和绝对意义上的差别,以及对独一无二的事物和局部事物的追寻。因此,其实质性的贡献也仍然是含糊而零碎、庞杂而多变的,且至今我们

---

① P. Rosenau, "Modern and Post-modern Science: Some Contrasts," *Review: A Journal of the Fertnand Braudel Center for the Study of Economics, Historical Systems and Civilization*, Vol. 15, No. 1, 1992.

还很难预见它能够提供出一些富有生命力的、具体的替代理论与方法。

但随着时间的推移,作为一种与现代社会学完全不同的声音,后现代社会学的理论与方法已吸引了越来越多关注的目光,尽管其中还存在不少的争议,有些观点一时还很难引起共鸣,甚至难以被主流的现代社会学所接受和认可,但其对"传统的"现代社会学理论与方法所带来的一系列变革性影响是任何一个严肃的社会学学者都无法回避和忽视的。① 如果说在后现代社会,后现代社会学无法取代社会学理论的实证主义和人文主义取向的话,那么最起码,它可能成为未来社会学理论发展意识的新的取向、维度或研究范式。今天,我们固然可以不同意后现代社会学的某些立场和观点,但却不能忽视它的问题意识以及它表达问题意识时所用的一些不乏创见的方法。更何况一些后现代论者在其后期已多少否定了他早期的偏激思想,并且在后现代思潮的众多支流中也不乏充满建设性精神的人物,而晚近出现的建设性后现代思想,则表现了更积极的性质。因此,进一步深化后现代社会学和社会理论以及整个后现代理论研究,就其提出的问题作出我们自己的积极回应,这对于社会学理论的建设和现代性的发展无疑都将是大有裨益的。②

【推荐阅读】

Ahmed, A. S., *Postmodernism and Islam: Predicament and Promise* (London: New Left Books, 1992).

Bauman, Z., *Intimations of Postmodernity* (London: Rougledge, 1992).

Beck, U., "The Reinvention of Politics," in Beck, U., A. Giddens, S. Lash, eds., *Reflexive Modernization* (Cambridge: Polity Press, 1994).

Beck, U., *Risk Society: Towards a New Modernity* (London: Sage, 1992).

Boyne, B. & A. Rattansi, "The Theory and Politics of Postmodernism: By Way of an Introduction," in Boyne & Rattansi, eds., *Postmodernism and Society* (N. Y.: Macmillan, 1990).

Friedrichs, R., *A Sociology of Sociology* (New York: Free Press, 1970).

Wallace, R. A., A. Wolf, *Contemporary Sociological Theory: Expanding the Classical Tradition* (New Jersey: Prentice Hall, 1999).

---

① R. A. Wallace, A. Wolf, *Contemporary Sociological Theory: Expanding the Classical Tradition* (New Jersey: Prentice Hall, 1999), pp.404-411.

② 沈杰:《后现代社会学研究简述》。

艾恺:《世界范围内的反现代化思潮》(唐长庚等译),贵州人民出版社1991年版。

包亚明:《后现代性与地理学的政治》,上海教育出版社2001年版。

波林·罗斯诺:《后现代主义与社会科学》(张国清译),上海译文出版社1998年版。

霍克海默、阿多尔诺:《启蒙辩证法》(洪佩郁、蔺月峰译),重庆出版社1990年版。

杰拉德·德兰蒂:《现代性与后现代性:知识、权力与自我》(李瑞华译),商务印书馆2015年版。

克利福德·吉尔兹:《地方性知识——阐释人类学论文集》(王海龙、张家瑄译),中央编译出版社2000年版。

刘少杰:《后现代西方社会学理论》,社会科学文献出版社2002年版。

夏光:《后结构主义思潮与后现代社会理论》,社会科学文献出版社2003年版。

伊哈布·哈桑:《后现代转向:后现代理论与文化论文集》(刘象愚译),上海人民出版社2015年版。

张国清:《中心与边缘——后现代主义思潮概论》,中国社会科学出版社1998年版。

当代社会学理论的女性主义转向

当代女性主义运动的兴起引发了社会学以及其他社会科学的巨大变化。女性主义社会学将"社会性别"作为一个重要变量引入到社会学理论的研究之中,性别在女性主义者那里不仅作为研究者与被研究者的个体或群体的身份标志,而且作为社会的人受制度约束以及进行行为选择和价值评判的依据。因此,性别以及它所包含的文化含义构成了女性主义社会学理论的出发点和社会科学知识的来源。可以说,社会学理论的女性主义转向,不仅对传统的社会学理论形成了强有力的抨击与颠覆,而且成为整合与重建新的社会学理论范式的一支重要力量。

第一节 西方女性主义社会学的形成与发展

西方社会学理论的女性主义(Feminism)转向是20世纪不可忽视的学术现象。其大体萌芽于女性主义运动的"第一次浪潮",起源于"第二次浪潮",并且在"第三次浪潮"中得到了进一步补充和发展。① 而女性主义社会学的兴起是女性主义思潮向社会学界进军的体现,也是整个社会学界的一场性别革命。

一、西方女性主义思潮的形成与发展

西方女性主义思潮的共同之处在于它们的关注主题:男性与女性之间的差

---

① 早期的女性主义发端于欧洲,第二次浪潮是美国居上,第三次浪潮则具有全球性。

异和不平等。对于女性受歧视和压迫的根本原因的不同解释,以及对于妇女解放的具体途径的不同寻求,导致了女性主义之间的理论分歧,由此分化出了许多不同的女性主义流派。概括来说,西方女性主义流派主要有自由主义女性主义、社会主义女性主义、马克思主义女性主义、激进主义女性主义、存在主义女性主义、精神分析女性主义、后现代女性主义、生态女性主义、多元文化女性主义、全球女性主义等。① 这些流派的形成与发展大体上有三次浪潮:第一次浪潮发生在 19 世纪中叶至 20 世纪 20 年代,它以争取妇女的公民选举权、政治与法律上的平等为主要斗争目标,以自由主义女性主义为代表;第二次浪潮发生在 20 世纪 60 年代,它与美国黑人解放运动、学生运动及 1968 年法国"五月风暴"激进思潮相联系,以激进主义女性主义和社会主义女性主义为代表;第三次浪潮则主要产生于 20 世纪 70—80 年代,与后现代主义、后殖民主义、后结构主义、跨国跨地区主义以及环保生态主义等思潮相应而出现了女性主义各流派,并开始介入到各个学科的理论研究之中(包括社会学的理论研究)。② 这些不同流派理论观点各具特色,政治主张有同有异。它们代表不同阶级、不同肤色、不同国度的女性群体,向社会发出不同声音。下面,我们以这一线索为基础先简要地介绍一下西方女性主义三次浪潮中所形成的女性主义思想及其主要观点。

1. 女性主义的第一次浪潮:自由主义女性主义

自由主义女性主义是指由自由主义思潮发展而来的女性主义,它是各流派女性主义的起点或修改和改造的对象。③ 自由主义女性主义深受西方启蒙运动的影响,认为女性跟男性一样都应是自由平等的人。其理论根基主要是个人权利、公正和自由的思想,认为只要给予妇女平等的民权、教育和就业机会,她们就可以获得与男性平等的发展和地位。因此,自由主义女性主义主张通过法律和教育的途径来改变社会的性别不平等。④ 具体来说,自由主义女性主义观点可以概括为以下几个方面:

首先,自由主义女性主义的基本立场可以被表述为一种社会正义的观点:在一个平等的社会中,每一个成员都应该得到发挥自己潜能的机会,男女两性应当

---

① 罗斯玛丽·帕特南·童:《女性主义思潮导论》(艾晓明等译),华中师范大学出版社 2002 年版。
② 荣维毅:《女性主义与后现代主义的相遇》,《首都师范大学学报(社会科学版)》2000 年第 6 期。
③ 罗萍:《略论女性主义诸流派的理论与实践》,《浙江学刊》2000 年第 6 期。
④ 沈奕斐:《被建构的女性——当代社会性别理论》,上海人民出版社 2005 年版,第 99—100 页。

第六章 当代社会学理论的女性主义转向

拥有同等的竞争机会。他们主张公平竞争,反对照顾弱者或弱势群体。他们假定,如果女人得到了和男人同等的竞争机会,她们将会成功。他们不太看重对结构因素所做的系统分析,而认为社会障碍可以被个人的努力和政府的干预所克服。自由主义女性主义主张在现存体制内部争取男女的平等权利,使男女享有平等的机会,并且认为,在争取了平等的法律权利之后,剩下的事就靠每个女性个人的努力了。

其次,自由主义女性主义关注的是那些拒绝了女性个人利益和选择的不公正的法律与教育体制,主张纠正这些不公正。她们特别强调女性受教育的权利。她们认为,女性之所以显得智力低下,是因为她们没有得到与男性相同的受教育机会。女性之所以受压迫是因为个人或群体缺少机会与教育,因此应当从教育和经济体制中争取机会。①

最后,自由主义女性主义反对关于妇女的传统哲学思想,即妇女与男人相比在理性上是低劣的,他们认为,是教育方面的机会不均等造成了两性之间理性上的差异。在未来,虽然两性在生理上的差异会仍然存在,但是性别心理的差异将会因男女之间教育机会的均等而消失。因此,自由主义女性主义反对强调性别的差异,而非常强调男女两性的相似性。② 其政治主张和改革方案为:废除歧视性法律;制定中性法律,反对性别之分;制定反歧视法;以法律加速性别平等的推行。③

对自由主义女性主义的批评主要来自以下几个方面:自由主义女性主义强调权利,是把女性的自主性与她们对别人的关爱对立起来,把个体自由与跟他人的关系对立起来,把自立性与对社会共同体的参与对立起来。其他女性主义者担心:对权利的强调会导致关爱心的价值被贬低,使关爱心及其他与女性相联系的特征被视为没有多少价值,只有男性的特征才是最重要的。从这条批评出发另有一条批评,即自由主义女性主义者轻易地接受了男性的价值与标准,其结果是"男性的"成了"人类的"。照这条思路走下去,合乎逻辑的结论便是:女性只要足够努力,就能像男性一样;女性希望变得跟男性一样;女性也应该以实现男

---

① 李银河:《女性权力的崛起》,文化艺术出版社 2003 年版,第 148 页。
② 同上书,第 149 页。
③ 罗萍:《略论女性主义诸流派的理论与实践》。

性的价值为目标。① 最后,自由主义女性主义为达成自己所希望的变革而采用的方法也受到了批评。其他女性主义者认为,自由主义女性主义者在现存资本主义社会内作教育上和法律上的改革和斗争,未能触及资本主义社会的本质和父权社会的灵魂。自由主义女性主义者必须认识到,如果保留资本主义和父权社会的法律制度,妇女欲摆脱压迫是没有前景的。②

总的来说,自由主义女性主义强调了女性权利,以法律为武器争取女性权利和男女平等,这是其理论的历史贡献。但它的平等理论强调的是以男性为标准,忽视男女差异的平等。③ 此外,自由主义女性主义是在承认现有政治、法律体制的前提下寻求法律保护,争取妇女享有参政权、受教育权的,因此,它基本上还是社会改良主义。④

2. 女性主义的第二次浪潮:激进主义女性主义与社会主义女性主义

在西方女性主义的第二次浪潮中,主要代表性的思想有激进主义女性主义和社会主义女性主义。激进主义女性主义是自由主义女性主义之激进化。如果说自由主义的女性主义主宰了女权运动的政治,那么,激进主义的女性主义则捕捉到了它的灵魂。激进主义女性主义者们不仅描绘出了形形色色的社会观点和政治形态,而且都致力于更加广泛的制度变革和文化改革,而不仅仅是只改变态度和法律。⑤ 因此,激进主义女性主义所针对的正是在自由主义女性主义中未能得以妥当解决的一个根本问题,即男女之间的生理差异与其他差异关系的问题。尽管在激进主义女性主义者中仍然有着许多不同的看法,但她们都一致认为:男女之间的生理差异的意义在父权制(patriarchy)中被夸大了,人在生物意义上的性别和人在社会意义上的性别没有什么必然联系,父权制的生理或生物的基础是纯属虚构的,甚至是可以改变的。⑥

因此,激进主义女性主义用父权制理论概括了男权社会的压迫性质,认为妇女受压迫的根本原因是以权利、统治、等级制度为特征的父权制的存在。例如,

---

① 卡拉·亨德森等:《女性休闲——女性主义的视角》,云南人民出版社2000年版,第91—92页。
② 罗萍:《略论女性主义诸流派的理论与实践》。
③ 孔云梅:《关于"女性主义"问题研究综述》,《中州学刊》2003年第2期。
④ 继红:《当代西方女权主义》,《马克思主义与现实》1997年第3期。
⑤ 斯蒂文·塞德曼:《有争议的知识——后现代时代的社会理论》(刘北成等译),中国人民大学出版社2002年版,第167页。
⑥ 夏光:《后结构主义思潮与后现代社会理论》,社会科学文献出版社2003年版,第392页。

第六章 当代社会学理论的女性主义转向

米里特(K. Millett)指出,要争得女人得解放,就得消除男人的统治;而要消除男人的统治,就得消除人的社会性别——由父权制所规定的与性别有关的地位、角色和气质。因此,米里特寄希望于一个所谓"不分男女的"(androgynous)未来:一个不分男女的人将把传统的"男性"和"女性"的种种有积极意义的特征集于一身。戴利(M.Daly)甚至还认为父权制道德既扭曲了女人的心灵,又摧残女人的身体。女人应该同时摒弃父权制下的女性之"美德"和"缺点",进而超越父权制所建构的"男人"与"女人"的二元对立——唯其如此,女人才能从父权制下解放出来,才能自己决定自己的存在。由于父权社会对妇女的压迫建立在生物性基础上,生育造成妇女身体虚弱,并使其为了生存而不得不依赖于男人。① 因此,妇女解放需要进行生物学革命,只有现代科学技术才能使妇女摆脱"生育和养育孩子的最根本的不平等"成为可能。②

在某种程度上说,激进主义女性主义是自由主义女性主义之逻辑发展,因为它深入分析了人的生物性别与社会性别的关系。当然,激进主义女性主义也有自身的问题,比如,她们把女性的痛苦过分简化成为单一根源——父权社会,似乎只要全面颠覆了传统父权社会,即可解决女性问题,这种看法非但推论过程失之草率,而且解决的方法也不切实际,无法做到③;当然,激进主义女性主义以一种新的视角来解释社会现实,其有关性、性别、再生产等理论对后世产生了不小的影响,它是女性主义流派中唯一一个将矛头直接指向男人的理论。④

在西方女性主义的第二次浪潮中,社会主义女性主义和马克思主义女性主义也是富有特色的一种思潮。社会主义女性主义者与激进主义女性主义者一样致力于大范围的社会批评和变革。西方马克思主义女性主义赞成马克思、恩格斯对妇女所受压迫的分析,认为妇女的从属地位在于资产阶级私有制和阶级压迫。⑤ 马克思主义女性主义者主张,当代社会最根本的特征就是资本主义,女人在资本主义中所受的压迫具有一种特定的形式:主要由于她们被排除在薪资劳动之外,以及她们在家庭领域中扮演了复制生产关系的角色。也就是说,女人无偿地肩负起照顾劳动力与抚养下一代工人的角色,这有利于资本主义的运作,并

---

① 罗萍:《略论女性主义诸流派的理论与实践》。
② 孔云梅:《关于"女性主义"问题研究综述》。
③ 冯沪祥:《两性之哲学》,北京大学出版社2002年版,第133页。
④ 罗萍:《略论女性主义诸流派的理论与实践》。
⑤ 杜洁:《西方马克思主义女性主义》,《妇女研究论丛》1997年第4期。

对其维系不可或缺。虽说个别的男人也可从中获利,但从女人的无偿劳动中谋取利益的主要是资本主义。① 马克思主义女性主义认为最根本的社会改革就是使妇女所做的工作如做饭、照顾孩子等包括在社会生产领域内。而这一局面只有在社会主义制度下才能实现。

与马克思主义女性主义相比,社会主义女性主义对女性问题的解释要复杂一些。在社会主义女性主义者看来,资本主义社会中的女人受压迫的根源除了资本主义以外还有父权制。② 父权社会和资本主义社会是两套社会关系,代表两组不同的利益,当它们相互交错重叠时,妇女受到特别严重的压迫。在对资本主义的分析上,社会主义女性主义沿袭了传统马克思主义的经济和政治分析。在对父权社会的分析上,社会主义女性主义认为,家庭主妇为资本家做了大量的生产工作,不仅资本家从中获利,而且资本主义社会的主要劳动力——男性工人作为丈夫也在家中得到个人服务。妇女从事的生育是物质性生产工作,但是这一工作使女性在经济上失去独立而依赖男性,父权社会加给女性的同样是物质性枷锁。③ 在消除压迫的形式上,社会主义女性主义主张不仅要重新组织人类的生产劳动,而且也要重新组织人类的再生产劳动即生育。这种重组必须解决生育自由、照料孩子、对家庭给予充分资助、强制性的母亲角色等问题。④

作为女性主义的一个理论流派,社会主义女性主义是从马克思主义女性主义演变而来的,它对女性问题的解释更为完整。对社会主义女性主义的批评主要在于它忽视了不同女性间的差异。它可能因想确立一个统一的立场而强调女性的共同点,而忽视了种族、民族和其他方面差异的作用。⑤

自由主义女性主义、激进主义女性主义和社会主义女性主义是女性主义的三大传统流派。它们就性别压迫的根源各执一词,并且它们都未能很好地说明女性屈从地位的原因。这是因为它们存在两个共同的局限:其一是坚持认为由最根本的,甚至是唯一的原因导致了女性屈从;其二是将父权制文化逻辑直接运

---

① 帕梅拉·阿伯特等:《女性主义观点的社会学》(郑玉菁译),巨流图书公司(台湾)1996年版,第299页。
② 夏光:《后结构主义思潮与后现代社会理论》,第402页。
③ 罗萍:《略论女性主义诸流派的理论与实践》。
④ 卡拉·亨德森等:《女性休闲——女性主义的视角》,第99页。
⑤ 同上书,第100页。

用于以父权制为斗争目标的女性主义。①

3. 女性主义的第三次浪潮:后现代影响下的女性主义新趋势

虽然女性主义第三次浪潮形成的时间和边界在学术界众说纷纭,就连其是否已经形成也存在争议,但是可以明显感受到,确实出现了一股有别于女性主义第一次和第二次浪潮的新思潮存在。这一思潮主要吸纳了后现代主义、后殖民主义、后结构主义、跨国跨地区主义以及环保生态主义等观念,强调对于差异的关注。其认为差异尤其是多样的差异,已经代替平等,成为女性主义理论关注的核心,人们不仅关心男人与女人之间的差异,而且关注女人内部的差异;不仅关注同一文化内部的性别差异,也关注不同文化之间的性别差异。女性主义运动的第三次浪潮的显著特点是:对"他者性"的认同和赞扬、包容女性与自然和私人领域的联系、把身体和化身作为政治理论发展的核心、身体力行"个人的就是政治的"这一理念。②

这一思潮的主要观点和倾向包括:

(1)根本上否认传统的男女二元对立,甚至质疑社会性别的定义,认为男女两性的概念其实是存疑的,界定也是模糊不清的。(2)力争打破西方主导的女性主义研究范式,强调地区主体性,认为对各区域的性别议题考察应置于其具体的国家和族群之中,着重考察性别议题的文化意义与形成过程。(3)考察那些无法纳入传统女性主义分析框架群体的性和性别问题,强调对同性恋、双性恋、变性等边缘群体和新兴现象的关注。(4)重视历史过程,挑战静态的性别观和本质论倾向,强调性别议题不再是简单的同与异的问题,而是一个复杂的、多元的、动态的过程机制。(5)关切全球化视野下跨国跨地区性别新现象,注重性别议题在全球范围内的互动、冲突与整合。

二、女性主义思潮在社会学理论中的介入

西方社会学从它诞生之日起,就把各种不平等的社会现象作为研究的重要内容,其中相当一部分是人与人之间的不平等关系。社会学鼻祖孔德力主"普遍和谐",认为整个社会和自然界一样,是建立在协调一致的基础之上的,这就是社会秩序,但他没有深入探讨如何协调人类各占一半的男女关系问题。后来

---

① 李霞:《传统女性主义的局限与后现代女性主义的超越》,《社会学》2001年第6期。
② 何佩群:《女性主义运动的第三次浪潮》,《文汇报》2011年12月26日。

的斯宾塞、涂尔干、韦伯,甚至连重视实际社会调查的美国芝加哥学派代表托马斯、帕克等也没有把"性别不平等"看成是重要的社会问题之一。历来男性占绝对优势的传统社会学界不重视"性别不平等"问题,原因之一是认为"性别"属于生物学范畴,不属于社会学范畴。① 因此,传统社会学理论是一个以男性为中心的理论世界。

的确,社会学这门学科在19世纪中叶诞生时,其创立者想要了解的主要是政治与经济的社会秩序及其变迁。这些变迁主要有工厂制造业的兴起,新的阶级区分与关系、政治觉醒后(男)劳工阶级的兴起,以及更多成年(男)人参与了政治事务。对于女人来说,这些变迁的后果主要在于家庭和工作的逐渐隔离、生产与消费和再生产的隔离,以及"女人的位置应该在家里"这种意识形态的出现。女人逐渐与家和家务关系的家务(私)领域息息相关,男人则逐渐与政治和市场的公领域密不可分。② 长久以来,社会学家只关心政府与工作场所的公领域,忽视了整个家务关系的私领域,理论与研究都不涉及女人切身的领域。此外,社会学也没能发展出足以理解公领域与私领域及两者关系变迁的分析工具。因此,关于女性的研究在传统社会学中处于边缘位置,这与女性在社会中的边缘位置极其一致。这体现了社会学的创立者们有关这一学科的最初梦想:社会学就是以自然科学的技巧和模式去如实描绘社会秩序和人类行为。他们相信在社会世界中,如同在自然界一样存在着一种合理的自然秩序,而关于女性和家庭的位置就是构成这一合理秩序的一个部分。③

例如,在社会学中占据重要位置的功能主义那里,社会是个有机整体,而家庭一向被视为社会的一个功能单位。根据功能主义的观点,男性和女性的性别角色是源于早期社会中所形成的劳动分工,这种分工是建立在性别差别的基础上的。④ 由于女性与男性的天然差异,女性的功能只能是在家庭里承担妻子和母亲的角色。女性服务于家庭中的男性,而家庭和其他社会组织之间的联系则由男性来承担。男性和女性的角色分工和功能分化,构成了社会有机体趋于稳定和平衡以及社会演进合理化的一个基石。因此,是女性的自然状态造就了劳

---

① 赵慧珍:《加拿大的女权主义社会学》,《兰州大学学报(社会科学版)》1997年第4期。
② 帕梅拉·阿伯特等:《女性主义观点的社会学》(郑玉菁译),第299页。
③ 吴小英:《社会学中的女性主义流派》,中国社会学网,www.sociology.cass.net.cn。
④ 戴维·波普诺:《社会学(第十版)》(李强等译),中国人民大学出版社1999年版,第373页。

第六章 当代社会学理论的女性主义转向

动力的分工和男性权威的体制,也就是说,父权制在功能主义那里被视为是社会体制的一种自然演化形式。

由此可以看出,对于两性的分工与功能的解说,以往主流的社会学理论基本上是以传统的性别角色(sex-roles)理论为基础,只不过得出的结论不同而已。这些理论模式都是建立在男女性别差异的"生物决定论"的解说基础之上,是以男性的经验、利益为基础的,符合父权制结构的社会机制以及性别主义(sexist)的范式,因此女性在社会学中的位置就像她们在社会中的位置一样,始终是无足轻重的,或者可以概括为是无形的、边缘的、歪曲的甚至完全缺席的。这种现象随着当代女性主义运动的深入以及跨学科女性研究的建立而日益受到学院派女性主义的抨击。女性主义试图从一种新的理论视角和方法论维度出发对社会中的女性位置作出重新分析和解说,并且致力于改变女性和性别研究本身在社会学学科中的边缘地位。[1]

第二次世界大战以后,女性主义和社会学之间的关系发生了许多变化。20世纪60年代和70年代的西方社会见证了女性主义一次戏剧性的复苏。有一些女性主义者本身就是社会学家,许多女社会学家深受妇女运动的影响。她们将女性主义思想带进了社会学。不过,这时的女性主义对社会学理论的影响可以说是微乎其微,它甚至还没有形成基本的社会学前提和概念。而当时的社会学家要么孤立和边缘化女性主义社会学,要么使"性别"成为众多社会学变量概念中的一个,以此来算作对女性主义的接纳。

20世纪70年代以后,女性主义社会学的发展有新的突破,这种突破是建立在西方学术界对于"性别"乃至其衍生出的"性"等相关问题的论述上。这一时期,社会建构论的思潮开始盛行,性别乃至性的本质论和建构论之争成为女性主义研究的焦点,这也使得女性主义社会学的研究视角开始由"唯科学主义"开始走向"主体建构论"。这种新视角首先反对把性别和性看做是自然的、静态的存在,强调分析社会、文化、政治、历史等因素对性别和性的影响,继而分析其形成和发展过程;其次反对女性主义研究的客观化,强调从主体出发,研究个体的主体性和体验性,以及个体之间互为主体的机制,强调性的地区性和多元化,反对

---

[1] 吴小英:《"他者"的经验和价值——西方女性主义社会学的尝试》,《中国社会科学》2002年第6期。

单一的、基于西方社会学科的研究视角和研究方法。① 这种视角的变革不仅丰富了女性主义研究的内容,也加速了其与社会学这一学科的融合。

大体上说,女性主义是在不对科学社会学的启蒙范式构成挑战的前提下被整合进社会学的。如果说社会学家,包括不少女性主义社会学家们努力使社会学接纳女性主义的话,战后的(男性)社会学理论家们却几乎无一例外地对女性主义置之不理。例如,塔尔科特·帕森斯、拉尔夫·达伦多夫、彼得·伯格、彼得·布劳、詹姆斯·科尔曼、杰弗里·亚历山大以及安东尼·吉登斯等,在主流社会学理论的权威性著作中很难找到有关男女平等的蛛丝马迹。②

因此,作为一种学术思潮,当代西方女性主义是在20世纪70年代以后才开始介入到社会学理论研究之中的。这其中,至少有两个方面为女性主义介入到社会学研究领域提供了机遇:第一就是长期以来社会学内部形成的对女性或性别问题的普遍忽视;第二就是社会学包罗万象的统一理论的式微和反主流的非实证主义潮流的兴起。这使得女性主义研究在从政治运动中获得实践资源的同时,也从学科本身获得了学术资源和理论养分,从而为社会学中女性主义流派的产生和成长酝酿了合适的土壤。③

第二节 女性主义社会学对传统社会学的批判

当代女性主义社会学介入社会学的第一步就是对传统社会学的理论与方法进行不遗余力的批判。沃德和格兰特(L. Grant)在对1974年至1983年期间在各种社会学期刊上发表的700余篇与性别有关的文章所做的分析中宣称,女性主义对社会学有关性别不平等的批判与下列四个主题有关:第一,对作为研究主体的妇女的忽视;第二,对社会生活中男性占统治地位部分的关注;第三,使用范式、概念、方法和较忠实于对男性的描述而忽视妇女的经验和理论;第四,使用男性的生活方式作为规范以反对那些被解释的社会现象。④ 具体来说,这种批判主要集中在以下几个方面:

---

① 潘绥铭、黄盈盈:《性之变:21世纪中国人的性生活》,中国人民大学出版社2013年版,第18页。
② 斯蒂文·塞德曼:《有争议的知识——后现代时代的社会理论》(刘北成等译),第211页。
③ 吴小英:《社会学中的女性主义流派》。
④ 乔纳森·特纳:《社会学理论的结构(下)》(邱泽奇译),华夏出版社2001年版,第260—261页。

第六章 当代社会学理论的女性主义转向

一、对忽视与曲解女性议题的批判

涵括上述所有主题的最具影响力的早期著作之一就是奥克利(A. Oakley)对一些家庭主妇及她们对家务活的看法的调查。奥克利认为,在社会中对妇女的歧视反映在社会学中的对妇女的"忽视"能在社会学所有主要的课题领域中看到。例如在异化的课题领域,到20世纪70年代中期为止,几乎还没有收集到有关妇女的资料,奥克利也认为"异化理论可能包括一些提及妇女过去的资料,但是对女性行为的解释在迎合男性行动模式的解释这一保护伞之下得到的是不能令人信服的概括"①。

至于社会分层问题,女性主义社会学家琼·艾克(J. Acker)就对传统分层理论中以家庭作为分层体系的基本单位、以家庭中男性户主的地位替代女性地位的做法提出了质疑,认为这种测量方法没有看到性别因素对劳动分工和个人地位产生的影响。并且运用双重标准(即男人以职业,女人以婚姻)作为测量阶级地位的范畴与标准,是一种"智识上的性别主义"(intellectual sexism)。它不仅抹杀了家庭与劳动力市场上的两性差异,而且也导致人们对社会结构和分层的真实境况的歪曲理解。②

在家庭问题上,传统社会学中占主导地位的是帕森斯的结构功能主义。帕森斯认为,大多数家庭都按照"工具型——表意型"这样的模式来组织,这样的组织方式对保持家庭的有效运转是必需的。通过在家庭外面工作,男人为他的家庭提供了经济支持而承担工具型的角色。由于生育和喂养孩子这些活动上的限制,妇女往往待在家里从事家务劳动,为家庭提供感情支持。③ 女性主义对此提出了质疑,指出不存在任何基于生理需求和所谓天然角色分工基础上的特定的家庭形式。家庭结构及其意识形态是社会建构而成的,同时也建构了外在的社会和权力关系。女性在家庭中作为妻子和母亲的体验与男性在家庭中的生活体验各不相同,女人在家庭中受到男人的支配和剥削,家庭本身就是体现权力关系的不平等的场所。④

---

① 乔纳森·特纳:《社会学理论的结构(下)》(邱泽奇译),第261页。
② 吴小英:《"他者"的经验和价值——西方女性主义社会学的尝试》。
③ 戴维·波普诺:《社会学(第十版)》(李强等译),第374页。
④ 吴小英:《"他者"的经验和价值——西方女性主义社会学的尝试》。

传统社会学总是把家庭作为一个私人空间而排除在主要研究领域之外，女性主义对此提出了猛烈抨击。在女性主义看来，所谓公共领域与私人领域的划分以及与男性角色和女性角色之间的对应，是基于"生理决定论"的一种文化诡计。它预设了男人和女人在家庭和社会中的现有角色分工和地位的合理性，也为社会学将女性及相关议题排除在外提供了理由。女性主义者认为，既然忽略了半数人口的经验以及家务关系的私领域，这种理论与研究是不恰当的。我们所需要的社会学必须探讨这些领域，并从中形成理论，在阶级、种族与年龄之外也应重视性别体制（gender system）。社会学尽管在处理阶级划分、犯罪与教育成就等问题时认为生物论的解释是不当或者错误的，却仍旧以这种生物论说法在解释女人的家务角色。女性主义就是要挑战这些。[1]

二、对主导概念和理论中男性化取向的批判

女性主义对社会学传统的更加激进的批判来自对社会学的主导概念、框架、理论的男性中心导向的挑战。20 世纪 70 年代初期，女性主义学者对社会学中由于结构功能学派的倡导而广为应用的性别角色理论提出了批评。女性主义社会学家列举了性别角色理论至少三个相互关联的弱点：(1) 性别角色理论作为社会理论是值得质疑的，因为它将一个生物术语与一个社会术语连接在一起，暗示社会是循着自然倾向发展的，而生物性别的差异又总是可以通过更加高级的社会角色的形式显现出来。因此性别角色理论总是热衷于研究性别差异，从而落入男性角色和女性角色的僵化的二元框架。(2) 性别角色理论没有实现将个体与社会有效地联结起来的承诺。社会决定论强调个体是由他们的社会角色决定的，因此人类无法摆脱性别角色的规定。一旦人的行为违反了角色规定，受到责难的总是人而不是性别体系本身。(3) 性别角色理论最根本的弱点是无法说明性别关系中存在的权力、不平等和冲突。角色理论假定在界定地位阶层和角色期待时，起作用的是公正的、非个人的"标准化因素"，它忽视了这种明显存在的可能性，即那些制定角色规则的人是从他们自身利益出发的。因此女性主义主张彻底摒弃"角色"这一不合适的概念，并以"社会性别"（gender）这一概念取而代之[2]，然而"社会性别"这一概念也已经开始受到来自后现代观点的挑战。

---

[1] 帕梅拉·阿伯特等：《女性主义观点的社会学》（郑玉菁译），第 299 页。
[2] 吴小英：《社会学中的女性主义流派》。

女性主义还对作为社会学传统框架基础的公共与私人的两分法提出了挑战。社会学中男性及男性活动的相关领域如国家、市场等一向被视为是公共领域而被赋予重要性,而女性及女性相关领域如家庭、情感等被视为私人领域而遭轻视。公私领域的分野与男女角色的分离相对应,形成了传统社会学家关于社会、劳动分工以及家庭的意识形态,也规定了社会学研究中孰重孰轻的排序。女性主义对"工作"和"家庭"等概念进行了重新定义,指出传统的"工作"概念是依据男人的职业和组织特点来界定的,"家庭"是以那种中产阶级的核心家庭模式为标准,都是基于公私二元论的意识形态。其实无论是家庭内外的工作的组织都受到父权制的性别体系以及资本主义经济体系的双重影响;男人不是家庭中唯一的挣钱养家者,女人也不是在经济上难以独立的依附者;女性的从属地位不是仅仅体现在家庭中或仅仅体现在经济体系中,两者并非是分离的,而是相互作用的结果。因此社会性别理论本身超越了公共与私人、男性与女性的传统两分法,这也为将传统社会学中被忽略或边缘化的领域或议题纳入社会学主流提供了合理性依据。①

三、对社会学本体论及价值中立的批判

传统社会学坚持本体论的客观性原则,其研究范式的核心就是对价值中立的客观性追求,这一目标直接来自实证主义。而女性主义是实证主义的坚定反对者。他们认为,社会学虽然标榜客观地描述社会世界,但在研究过程中保持价值中立是不可能的。处于权力中心的男性将自己对两性关系的态度带入社会学研究中,就会用男性思维表达科学、用男性的价值观定义科学和科学的方法,它不仅不能反映"真理"和"现实",反而会利用科学固有的理性观对被排斥在话语权以外的立场造成压迫。② 社会学家以科学为名,宣称研究过程不涉入任何主观的价值倾向,实际上是在借此帮助维系一种使女人居于从属地位的男性意识形态,所谓的客观性是代表男性特殊利益、观点和经验的男人的客观性。③ 关于这一点,女性主义社会学家多萝西·史密斯(D. Smith)的批判最为激进。她认为,在对社会生活的男性特色理解与社会学所推崇的概念框架以及统治他人所

---

① 吴小英:《"他者"的经验和价值——西方女性主义社会学的尝试》。
② 胡涤菲:《西方女性主义认识论与科学批判》,《浙江学刊》2002年第6期。
③ 吴小英:《"他者"的经验和价值——西方女性主义社会学的尝试》。

需要的知识之间,存在着一种不幸的契合。社会学是我们这个社会的统治所需的概念霸权的一部分,它代表的是男性的所谓社会普遍性,是被男性占为己有的领地。它不仅缺乏"科学"性,而且本身就是一种意识形态。①

四、对社会学认识论及认知主体的批判

西方传统认识论的主要内涵强调科学知识内容的客观真理性、确定性和理性,而排斥主体性、相对性和不确定性。这种认识论将知识的建构看成是一个抽象的个体活动,这种抽象的个体认知主体是一个抽象的大写的人,没有性别、阶级、种族特征。但女性主义者认为,这个大写的人,实际上是"男人"。她们认为所有的认知进程和认知者都是具体的,情境中的。认知主体参与了对象和客体本身的建构,认知者本身成为认知过程和结果的一部分。然而在社会学研究中,经常以"男性"代表了普遍的"人性",而女性的经验和利益是被忽视和漠视的。许多社会学研究的课题选择、模式设计、数据或结论的解释、标准的选择都带有性别烙印。② 20世纪90年代以来,尤其是酷儿理论产生以后,女性主义的这一批判逐渐上升为对于"社会性别"及其包括的"权力""性""身份"等内容的广泛批判。尤其是在"LGBT"(女同性恋者、男同性恋者、双性恋者以及跨性别者)及其相关运动的进展下,一些在传统主体中被忽视的对象开始发生,这一现象对于男性与女性、生理与社会、同性与异性等传统的主体结构都带来了挑战。女性主义者对于认识论及认知主体的批判之外延也由此拓展。

五、对社会学方法论及其技术策略的批判

女性主义对原有的社会学的挑战,其最重要的价值在于方法论层面。女性主义者认为,以往的主流社会学的方法论是以自然科学模式为参照,以"客观性""普遍性"为依据的,难以满足女性主义社会学的研究需求。因此,主张建立起相互分离的女性主义方法论,这种方法论强调男人与女人、男性经验与女性经验、男性方法与女性方法的根本差异,将性别视为社会中人的首要的区分标准,认为有必要开发关于女人及由女人自己来研究的社会学。女性主义社会学研究

---

① 详细内容可参见斯蒂文·塞德曼:《有争议的知识——后现代时代的社会理论》(刘北成等译),第210—216页。
② 胡涤菲:《西方女性主义认识论与科学批判》。

第六章 当代社会学理论的女性主义转向

是基于女性的经验和女性生活世界,因而它是与男性化社会学相对立、相分离的。①

社会学长期以来以客观性为知识判准,摒弃常识经验的个人偏见,追究经验现象背后的具有普遍性的社会因素,以"社会学的想象力"建构普遍性知识。然而,在这一"普遍性"的知识体系中,由于公领域及其认识活动被与男人的经验相联系,男人的关怀与经验被当作真实知识的基础,而女人的经验则被视为主观的、不真实的②;这一知识状况可以说是使女性的被压迫和从属地位得以延续的帮凶。

出于对客观性的追求,社会学中通行的方法是将研究者与研究对象分离开来。最典型的就是量化方法,通过问卷调查等技术,强调观察者的中立、强调材料和证据的可靠、从而强调结果分析和判断的客观性。女性主义认为这种研究框架人为地拉大了研究者和研究对象之间的距离,以至于无法产生一种有用的理解。③ 而且,这种方法预设了某种科学性(scientificity),而这是社会学不可能达到也不应妄图的,同时,这种方法并不把人当作人类主体看待,而将人视同物,无异于自然科学家处理化学物质或者岩块的方式。④

总之,女性主义对于传统社会学的批判涉及从具体的研究领域、主题到基本的概念、理论和方法的方方面面。它进入社会学的初期是以批判正统和填补空白的姿态出现的,意在使被边缘化甚至无形化的众多女性问题或所谓非正统议题"浮出水面",并将它们纳入研究范围。然而女性主义者很快就发现,这种对传统议题的重新解释或对新领域的开发,只是在现有的社会学框架和传统(依据男性经验)基础上建立起来的,它不能反映女性在社会世界的独有经验。她们进而将批判的程序进一步推向奠定学科知识基础的方法论本身,期望通过方法论的变革,将社会学改造成一种不仅是关于女人或由女人来研究的学问,而且成为为女人的社会学。⑤

---

① 吴小英:《女性主义社会研究述评》,《国外社会科学》2000年第2期。
② 张宛丽:《女性主义社会学方法论探析》,《浙江学刊》2003年第1期。
③ 吴小英:《社会学中的女性主义流派》。
④ 帕梅拉·阿伯特等:《女性主义观点的社会学》(郑玉菁译),第299页。
⑤ 吴小英:《当知识遭遇性别——女性主义方法论之争》,《社会学研究》2003年第1期。

第三节 西方女性主义社会学研究的主要特征

虽然女性主义社会学理论的观点因其多样性而难以一概而论,但多数女性主义社会学者认为,知识在总体上是与性和性别问题相关的。因为男性和女性的经验不同,观察世界的视角也不同,所以他们不是以相同的方式来建构对世界的理解。就女性主义社会学研究的方法论和研究方式而言,其也表现出了大体一致的共同特征。

一、女性主义社会学的方法论特征

女性主义进入社会学以后,在对原有的社会学方法论进行批判的同时,开始尝试运用新的女性主义方法论来进行各种社会问题的研究。尽管在是否存在独立的女性主义方法论或研究方法问题上,女性主义者之间向来存在着严重的分歧,几乎很难找到一个令人满意的答案。1986年,朱蒂·柯克和玛丽·富诺在总结十年来的女性社会调查研究的基础上总结出女性主义方法论的五个要素,其中每一个要素都在某种程度上向性别不平等提出了挑战①:

(1) 性别和不平等。女性主义者假设女人受到男人和男人统治的社会范式的压迫,这种压迫不是由生理性别而自然产生的,而是由社会性别范式所决定的,因此是可以改变的。

(2) 经验。许多女性研究课题描述男人和女人的个人日常生活经验。她们采用定性分析来分析人们的感觉和行为,使分析具有可信性。而感觉和行为在传统研究中常被忽视。女性主义方法研究重点强调人们的经验,而不是定性分析技术。

(3) 行动。理想的女性主义研究常常包括一个具体的行动或政治成分,主要针对社会变革或是提高某一特殊妇女群体的地位。这些行动的目的是"为了妇女进行研究",试图带来某些社会变化。与强调价值中立的研究相比,女性主义研究是具有价值导向的研究。

(4) 对研究的批判。女性主义始终保持批判的立场,向传统的假设质疑,分

---

① 许艳丽、谭琳:《女性主义方法论:向男女不平等挑战的方法论》,《浙江学刊》2000年第5期。

析研究过程如何受到研究者的性别、种族和阶层以及性别观念的影响。

（5）参与性方法。女性主义抛弃了研究者和被研究对象分离的僵化模式，喜欢采用更有效的研究模式，例如，访问中的双向沟通与交流取代了由访谈者发问而被访谈者一味回答的单向交流。

经过近二十年的发展，女性主义社会学方法论在积极吸取社会学方法论经验的基础上日趋成熟，并在方法论原则上基本达成了许多共识，这其中包括①：

（1）"提出女性问题"的原则。其含义是，指出在社会惯习中社会性别的意义，如：女性为什么在社会上受到歧视；在社会的政治选择和结构安排上女性为什么居于从属地位；这些都是如何造成的等等。

（2）持续反思的原则。女性主义者必须不断地反思和研究作为社会生活基本特点的性别和性别平等的重要性。

（3）"提高觉悟"（consciousness-raising）的原则。这是一个新的、特殊的、面向女性的方法论原则，目的在于扩大视野。它有三个维度：研究者和被研究者的女性觉悟意识；作为一种研究方法和技术的提高觉悟；活动中的潜在的提高觉悟。

（4）拒斥"主观—客观"二分法的原则。女性主义者反对研究者和被研究者的区分，提出一种参与式的研究策略，即研究者也要把自己作为被研究者的一员，随时随地意识到自己的价值观和态度情感对研究过程和结果的影响；而研究对象的主体意识和情感意愿也要通过这个过程体现出来。

（5）"社会性别计划"（gender planning）的原则。这一原则明确提出了"战略性社会性别需求"（strategic gender needs）和"实用性社会性别需求"（practical gender needs）的区别。前者致力于克服妇女的从属地位，如消除性别歧视，要求政治平等等；后者致力于在具体的领域给予妇女一定的位置，在住房、交通等方面充分考虑妇女的要求等等。

（6）重视伦理问题的原则。伦理问题表现在：多数的女性研究都要参与到被研究者的个人私生活之中；如何处理被研究者的提问；女性研究还倡导调查者帮助被调查者。

（7）强调授权和转型的原则。女性主义者认为，女性主义的研究不仅仅是

---

① 刘军：《女性主义方法研究》，《妇女研究论丛》2002年第1期。

"关于女性"(of women)的研究,更是"为了女性"(for women)的研究,关于女性的理论研究和实践目的都是重要的。我们可以用以往的理论研究,赋权于女性,使之提高觉悟,并且改变歧视女性的社会机制,从而改变男权社会。

总之,女性主义社会学的方法论是多元的而不是统一的,方法也是多样的。它强调从女性的自我经验出发,强调研究者作为主体的介入以及与研究对象的互动关系,研究者与研究对象之间有着密不可分的关系,着眼于对男性中心主义的批判,是一种为了女人而不仅仅是关于女人的研究。这些方法论不仅对主流社会学的探索提出了挑战,也为社会学的多元发展提供了可供选择的研究范式。20世纪90年代以后,除了继续应用定性的研究方法之外,女性主义还开始应用后结构主义以及后殖民主义的理论和方法来开展社会学研究。

二、当代女性主义社会学具体研究方法与技术特征

与传统的社会学研究一样,女性主义社会学的研究方法也是丰富多彩、各式各样的。由于各种研究方法各有优缺点,所以在女性主义的社会学研究中常常会综合应用各种社会学研究方法和技术。但一般很少把已经存在的现状作为社会学考察的重点或者作为一种收集资料的方法的研究实践,即使是在定量研究中,也较少对大量的方法进行提炼以测量与性别不对称和女性世界相关的现象。[①] 其较多使用的研究方法和技术有[②]:

(1)比较法。涂尔干认为社会学就是一门比较的科学,而当社会学家们寻找社会性别不平等的原因的时候,也运用了比较方法。

(2)内容分析法。即对现有的文本进行分析以便提出女性的问题。其实是在"文献研究"这种社会研究方式指导下的一种研究方法。

(3)定量法。虽然女性主义社会学研究偏重于定性的研究方法,但是女性主义社会学的一些研究成果也会运用了定量方法,如结构式访谈、问卷等。

(4)口述史法。该方法适用于现世的、日常生活的习以为常的方面。通过对口述资料的分析可以发现现实中的性别不平等的现象和问题。

(5)半结构式访谈法。该方法倡导打破常规,不但回答问题,而且参与其

---

① J. Cook and M. Fonow,"Knowledge and Women's Interests: Issues of Epistemology and Methodology in Feminist Sociological Research," *Sociological Inquiry*, Vol. 56, 1986, pp.2-29.

② 刘军:《女性主义方法研究》。

第六章 当代社会学理论的女性主义转向

中,这样可以获得大量信息。显然这种研究方法打破了"主观—客观"二分法的限制。

(6) 音像技术法。许多研究者用照相机、录音机等技术收集资料。音像技术特别适用于隐含的、后台的、女人主导的世界。

(7) 合作策略。合作包括:国家间的合作;女性主义各个方面的学者之间的合作;"研究者"与"被研究者"之间的合作。合作研究的目的是"为了女性",是使女性受益。

上述方法与技术是较为经典的女性主义社会学研究方法。近些年来,历史学的部分方法开始被女性主义社会学所采纳并逐步流行。一些学者就指出,传统的史学其实是"女性缺席"的,这也导致了历史学家不去考虑性别的问题①,从而造成了女性主义社会学缺乏历史分析。然而,从历史角度去分析性别议题是非常有帮助的,其能帮助分析"男权制的建立过程""男性是如何占据统治地位并且排斥和边缘化女性的"等女性主义社会学之主要议题,并且可以探究出"性别"与"性"等结构的动态性和建构性。用历史考察来进行研究的传统其实发源于福柯对"性"的分析,而后世的研究者也沿着这种思路拓展了女性主义社会学的研究方法。

除了上述方法,女性主义社会学的具体研究方法还包括诸如参与观察、深度访谈、文献分析、解释学方法、解构主义方法、批判方法以及其他的定量方法等。女性主义社会学者认为,人类经验是多维度的,只有多种方法并举才能达到探索丰富多彩的女性世界的目的。

第四节 西方女性主义社会学理论的新发展

迈入 21 世纪以后,随着信息化、全球化进程的加快,在人类生产方式发生巨大变化的同时,人类的认识领域也掀起了一场大变革。后现代主义、后殖民主义等社会思潮风起云涌,在此情况下,日趋成熟的西方女性主义社会学理论也开始

---

① T. L. Ditz,"The New Men's History and the Peculiar Absence of Gendered Power: Some Remedies from Early American Gender History," *Gender & History*, Vol. 16, No. 1, 2004, pp.1-35.

出现分化组合。① 这使得原有的女性主义理论越来越受到前所未有的挑战:一个是后殖民女性主义的出现,她们批判了西方女性主义的种族主义倾向;另一个挑战则是"后现代主义"理论对女性主义思想的冲击。② 与此同时,女性主义社会学也在对传统社会学领域不断进行改造的基础上开始致力于新领域的开辟,并在研究范式上也进行了批判性的重构。

一、后殖民女性主义的兴起和转变

后殖民女性主义又称为第三世界女性主义,其本质上是后现代主义在东方和第三世界国家的一种变体,它与东方和第三世界国家人民反对殖民主义的斗争和非殖民化尝试有一定的相关性。③ 与第一世界女性主义往往以性别抗争为主轴思考问题不同,后殖民女性主义将所面临的问题放在当地特定殖民政治经济脉络里来思考,进而寻求解决之道。他们强调两性权利关系上的种族、阶级性。他们认为,西方不论是传统的,还是后现代的女性主义,都只反映了白人中产阶级女性对性别不平等的抗议,而且西方女性主义对第三世界女性一元化的认识,忽视了不同历史文化社会背景。他们指出,社会环境不同,妇女解放理论不同,强调女性主义多元性是讨论妇女间不同需要的保证。④

此外,后殖民女性主义认为在错综复杂的种族、阶级关系下,女性的被压迫不是必然来自男人,也有可能来自隶属于不同族群、阶级、国度的女性;女人和男人之间也不必然是对立压迫关系,也有可能是某种特定压迫状态下的共同受害者及携手共同反抗的伙伴。女人并非只有性别认同,还有其他的认同,诸如种族认同和阶级认同。"女人爱女人""女人支持女人"是一种简化粗糙的认同观。⑤

然而,20世纪90年代以后,后殖民女性主义自身开始衰弱和瓦解。许多学者对于后殖民女性主义产生了质疑,他们指出,近来对于差异的追求似乎在泛滥,在堕落成另一种霸权,甚至成为一种政治性的学术立场。从历史上看,第三世界国家和地区从未紧密地结合在一起,没有共通的历史,没有那种独一无二的

---

① 陈彩云:《从"平等"、"社会性别"到"公民资格"——西方女性主义的理论转向》,《妇女研究论丛》2000年第4期。
② 继红:《当代西方女权主义》。
③ 王宁、薛晓源主编:《全球化与后殖民批评》,中央编译出版社1998年版。
④ 周泓:《西方女性主义研究》,《新疆大学学报(社会科学版)》2000年第6期。
⑤ 罗萍:《略论女性主义诸流派的理论与实践》。

第六章 当代社会学理论的女性主义转向

"殖民主义和帝国主义经验",而各有其特定的方式,这些来自三种大陆的不同种类的国家,不是作为单一的文化整合体,而是作为高度差异化的东西,被同化进全球性的资本主义之中。故而,基于全球化讨论的"跨国女性主义"正在逐步替代"后殖民女性主义"[①]。

二、全球化的作用和影响

全球化的提出对女性主义社会学也产生了重要的影响。女性主义社会学家认识到,全球化并不仅仅是单一的传播新自由主义和资本主义的经济进程,更是包含了多个相互竞争的进程。这些进程正在以复杂的方式重构包括性别歧视在内的各种不平等。故而女性主义社会学的研究要及时调整研究策略,关心跨国和跨地区的女性人口流动,金融危机和社会转型对于女性的影响,文化全球化中性别话语的流动和竞争等问题。

女性主义与全球化的对话所产生的最显著后果是女性主义研究的地区主体性之崛起。"女性主义并不是一个大一统的运动,它是包括考虑到各种地区、阶级、国族和族裔背景利益的政治表达方式。必须要有多样性的女性主义来反映不同妇女群体的不同需要和考虑,并且,这种女性主义是由她们自己来确定的。"[②]这一崛起主要表现为两个方面:(1)不同于西方世界的性别概念和性别现象开始被关注,西方主导的女性主义社会学概念与方法不再完全适用于其他区域。(2)越来越多的非西方国家和地区如中国、印度、泰国等开始涌现出一批批优秀的女性主义社会学家,其能更好地运用本区域的概念,进行本土化的女性主义研究尝试,继而发展出全新的解释模型和理论,以此分析本区域的性别议题,促成本区域女性主义研究成为独立于西方的研究主体。

三、后现代主义思潮的介入

20世纪70、80年代以后,随着后现代思潮的兴起及其影响力的扩散,女性主义也与其紧密结合形成了后现代女性主义思潮。后现代女性主义颇具颠覆

[①] 肖丽华:《从绝对差异走向跨国女性主义——后殖民女性主义的新发展》,《现代语文(学术综合版)》2012年第12期。

[②] 闵冬潮:《从全球女性主义到跨国女性主义——兼论跨国女性主义的知识生产》,《妇女研究论丛》2005年第5期。

性,它不仅要颠覆男权主义秩序,而且要颠覆女性主义三大流派据以存在的理论基础。它对传统女性主义的许多概念提出了挑战。后现代女性主义十分关注多元性、差异性、反权威性等,不再简单地视男人是敌人。它反对本质主义,并且否定被压迫妇女作为普遍化范畴的存在。同时,后现代女性主义非常重视对边缘群体的关注,如对同性恋者的关注,其视角和态度都是更为解放和开阔。①

后现代女性主义认为,两性的生理差异和永恒不变的自然性不可能是性别不平等的根源的令人信服的解释和回答。在后现代女性主义看来,传统女性主义的局限的原因之一是不自觉地坚持了本质主义和普遍主义。而女性主义理论应当是比较主义的,而非普遍主义的;是适用于变化和差异的,而非适用于"总体规律"的;是反本质主义的,应用多元和综合建构的社会认同取代单一的"女性"和"女性气质"概念,应把"性别"当作其他许多概念中的一种,同时关注阶级、民族、种族和性倾向。② 因此,后现代女性主义否定所有普遍化的、统一的宏大理论体系,主张只有分散的、局部的小型理论才是有效的。此外,后现代女性主义也从根本上反对西方知识结构中最为根深蒂固的二元论(dualism),提出一种整合的思维模式和多元化的理论模式,其中包括为女性赋予价值的模式、差异政治的模式以及重视他人的模式。③

总之,后现代主义之所以能与女性主义从相遇到结合,进而形成后现代女性主义,在于两者有共同点:两者都有意颠覆现存传统的理论思潮,都力求按照自己的设想改变现实社会;两者都对相对现代社会科学技术发展而引起的人的异化和物化状况表现出极大关注。后现代主义对传统思想的批判客观上起到了摧毁现存的"男性中心主义"思维方式的作用,对于打破传统的男性统治女性和女性服从男性的性别模式,把男女关系拉回到"零"的平等地位是十分有利的。④

四、社会学新领域的开辟

女性主义进入社会学以来,一直致力于建立社会学的女性主义研究模式,并试图通过对传统社会学研究领域的重新规划、解释和修正,对基本概念、理论和

---

① 沈奕斐:《被建构的女性——当代社会性别理论》,第103页。
② 荣维毅:《女性主义与后现代主义的相遇》。
③ 李银河:《女性权力的崛起》,第181页。
④ 罗萍:《略论女性主义诸流派的理论与实践》。

方法的变革来建构与传统社会学相异的女性主义社会学。例如,女性主义驳斥了传统社会学中将"工作"仅仅看做是劳动力市场上以男性为主从事的有酬劳动的狭隘定义,认为女性在家庭里所从事的家务劳动不应该排除在"工作"范围之外,这种出于爱与责任而付出的无报酬劳动,既辛苦又枯燥繁琐。丈夫从妻子那里得到的这种关照、服务和劳动,所需付出的代价远低于这些服务或产品在市场上所具有的价值。性别不平等在某种意义上产生于丈夫对妻子劳动的侵占,女性主义社会学由此也开辟了对家务劳动的专门研究。①

此外,女性主义还开辟了许多为被传统社会学所忽略或不容的新的研究领域和议题。比如,与女人的身体相联系的一些社会现象,像母亲角色、性行为、黄色媒体和女同性恋等等。特别值得一提的是,女性主义社会学在有关同性恋的研究上作出了巨大的贡献。如在20世纪90年代兴起的所谓酷儿理论中,女性主义社会学者以"酷儿"指代所有在性倾向方面与主流文化和传统性别规范不相符合的人。这种理论既反对异性恋的压迫,又反对同性恋的同化,它包容了所有被权力边缘化的人们。这种理论不仅挑战了传统的男性/女性、同性恋/异性恋的两分法结构,而且还挑战了正统的同性恋文化和价值,因而对于男性主流的性别规范和性文化具有颠覆性意义。女性主义有关酷儿的研究,开拓了社会学研究的新领地和新视角。②

五、从整合与分离走向批判性重构

从女性主义社会学的研究范式来看,早期的女性主义社会学者一方面比较偏重于对主流社会学做些皮毛性的修缮整治工作。他们认为主流社会学的主要缺陷是对女性的忽略、排斥和歧视。因此需要在现有的社会学研究中加入性别因素,纳入女人及与女人相关的议题,将女性经验作为重要的研究内容,驱除性别偏见,以更全面、真实地揭示现实世界的全貌。另一方面,又强调男人与女人、男性经验与女性经验、男性方法与女性方法之间的根本差异,将性别视为社会中人的首要的区分标准,认为有必要开发关于女人及由女人自己来研究的社会学,女性主义社会学研究是基于女性经验和女性的生活世界,因而它是与男性主流

---

① 吴小英:《"他者"的经验和价值——西方女性主义社会学的尝试》。
② 吴小英:《社会学中的女性主义流派》。

的社会学相对立、相分离的。①

但是无论是这种整合型的研究模式还是分离型的研究模式,都可能导致女性主义社会学的自我孤立,因为女性主义研究还未能对主流社会学研究的庞大传统造成实质性威胁,反而会令自己更加远离主流,使研究陷入尴尬境地。随着女性主义研究日渐成熟,越来越多的人选择对现有社会科学进行批判性重构这一模式,并强调女性主义社会学研究不只是关于女人的研究,也不只是由女人来进行的研究,而且是为女人说话的研究。这种研究所需的不只是对现存社会研究和理论进行修正和补充,而是对主流研究范式的整体变革,必须挑战其整个基础、假定和通则,建构女性主义自己的研究范式和知识理论,才能真正消除主流社会学中的男性霸权,使女人和女人经验在社会科学的图景中得以呈现,并真正服务于边缘群体的利益。②

当然,女性主义社会学理论在当代的发展,也使自己陷入了一定的困境之中,这不仅在于它无法真正摆脱各种宏大叙述和准玄学话语的缠绕,而且还在于它由于过于专注于理论上的建构和创新,忽略了理论和实践的辩证关系,从而造成了当代女性主义社会学理论所面临的话语增殖和意义失落的困境。正如有学者所指出的:"当代女性主义研究应该注重变迁而不是稳定;注重以与自然资源的互动为特征而不是脱离自然;更加强调定性方法而不是定量方法。"③因为女性更能够洞察社会现象,所以她们的观点是更加深刻和复杂的,能给我们带来更多深刻、复杂的知识。从某种意义上说,如何走出这种困境,实现对当代女性主义社会学理论局限的超越,将直接决定着女性主义及女性主义社会学理论的未来发展。④

六、"男性研究"的重拾和参照

女性主义社会学的研究往往伴随着女性主义的运动和浪潮,但是20世纪80年代以来,以美国为首的西方国家出现了男权的反弹,俨然兴起一波"男性运动",给女性主义社会学研究带来了不小的影响。女性主义社会学家过多地强

---

① 吴小英:《女性主义社会研究述评》。
② 同上。
③ 刘军:《女性主义方法研究》。
④ 李霞:《传统女性主义的局限与后现代女性主义的超越》,《社会学》2001年第6期。

调了女性的性别议题,往往忽略了女性和男性是互为界定的。女性主义的盛行使得性别研究中的男性身影非常模糊,这本身就会带来女性主义社会学研究的局限和瓶颈。因而,越来越多的研究者开始察觉到脱离男性单独地开展女性主义研究是非常狭隘的,他们开始重新审视并重视针对男性的研究,女性主义社会学家也不可避免地对这些研究作出回应甚至参与其中。

针对男性研究的许多解释框架,其实对于女性主义社会学的研究非常有解释力,也开始成为许多女性主义社会学家的研究参照。比如康奈尔(R. W. Connell)提出的霸权男性特质,精辟地分析了性别之间的权力与差异,认为男性之间也存在压迫,女性主义运动与进步男性运动之间存在互通,其创立的理论框架很好地回应甚至补充了传统女性主义对于父权制的分析和论点[1]。

可以说,女性主义社会学对于男性研究的重拾,使得"女性主义运动"和"男性运动"相挂钩继而升级为了一场"性别解放运动"。对于男性的研究成了女性主义社会学不可忽视的话题,其把男女等同为"拥有社会性别的人",并积极与女性主义社会学对话。"与妇女有关的信息也必然是和男子有关的信息。"[2]研究女性本身也就是研究男性。男性的研究纳入女性主义社会学研究的视野,也正在挑战女性主义转向的传统范式。

第五节 对西方女性主义社会学理论的评论与反思

从我们对西方女性主义以及女性主义社会学理论的梳理与叙述中,我们可以看到,西方女性主义起源于20世纪60、70年代女性主义运动的第二次浪潮的政治风暴,因此,从一开始,女性主义就带有较强的反主流文化、反主流意识和反主流理论的批判意识。在女性主义介入之前的主流社会学中,生理差异是解释男女两性在社会中不平等地位的主要原因,认为女性在社会中处于劣势是由于女性在生理条件上弱于男性而形成的,这是一种天生的自然状态,是由生物决定因素所造成的,社会学家在研究社会时,自然而然地以男性的思维和立场来思考

---

[1] R. W. Connell, J. W. Messerschmidt, "Hegemonic Masculinity: Rethinking the Concept," *Revista Estudos Feministas*, Vol. 21, No. 1, 2005, pp.241-282.

[2] J. W. Scott, "Gender: A Useful Category of Historical Analysis," *American Historical Review*, Vol. 91, No. 5, 1986, pp.1053-1075.

而忽视了女性的角度。这也造成了女性在社会研究中长期不被重视,社会学理论界关于女性的研究极少。随着女性主义第二次浪潮的兴起,社会学理论忽视社会性别差异来进行社会研究的行为方式,遭到了许多女性主义学者的极力反对,他们认为,女性是社会的组成部分,女性在社会学中应得到应有的重视,男女两性的差异不是由于生物因素而是社会制度、社会文化所造成的。因此,女性主义社会学理论的主要观点是:性别构成了理论的中心论题;性别关系中是存在问题的;不应当把性别关系看做是与生俱来的、固定不变的;女性主义社会学理论的任务是向不利于女性的身份地位挑战,争取改变女性的地位。①

实际上在西方女性主义思想史中,对男女差异的看法大体有五种基本的立场:(1)男女相异——男尊女卑,男权制,父权制;(2)男女相同——男女平等,自由主义女性主义;(3)男女相同——男女平等,社会主义女性主义;(4)男女相异——女尊男卑,文化女性主义和激进女性主义;(5)男女混合——男女界限不清因此难分高低,后现代女性主义。这五种立场虽然是并存的,但是它们又基本上是按时间顺序兴起与衰落的。传统的性别观念主张男强女弱,男尊女卑,男主女从,男主外女主内,强调男女的区别和差异,并把它们作为性别不平等的基础。现代的性别观念不强调男女差异,提出"男女都一样",批判男性气质和女性气质的刻板印象。随后发生了否定之否定,女性主义又重新强调了男女差别,但是更激进。极端者为女性气质赋予前所未有的价值,发觉各种"女尊男卑"的文化、伦理和道德理念。最后,后现代的性别观念主张弱化两性的界限,以量的差异代替质的差异。②

概括地说,社会学对于女性的研究经历了三个阶段:第一阶段,女性问题只是被包括进社会学的研究来填填空儿;第二阶段,女性研究成为一个独立的研究领域,进入社会学研究的主流,在女性研究领域建立了一些新的理论;第三阶段,女性研究开始影响到现存的理论,由于现存的理论当中有许多是性别主义的,女性研究中的成果被用来对现存理论作出修正。③ 实际上,在第一阶段,当女性主义从女性和性别问题着手进入社会学研究的同时,作为一门学科建制和知识模式的社会学本身也遭遇前所未有的危机:一方面,20世纪60年代,西方世界受

---

① 李银河:《女性主义》,山东人民出版社2005年版,第35页。
② 同上书,第11页。
③ 同上书,第35页。

第六章 当代社会学理论的女性主义转向

到阶级、种族和民族冲突的困扰,以反主流文化为特征的运动在整个西方社会以及思想界和文化界愈演愈烈。① 另一方面,20世纪70年代,西方思想界掀起了一场反实证主义的科学批判浪潮。这一批判思潮主要针对实证主义将事实与价值分离,机械、抽象地谈论客观性和理性的传统。② 对社会学基本概念和方法的重新审视、批判和尝试成为社会学家工作的一个当务之急。美国社会学家斯梅尔瑟(Smelser)在谈到战后美国的社会学状况时指出,研究主题、视角和方法论类型的分化已成为这一学科的标志,这带来两种结果:一是每个亚研究领域内解释框架的日益丰富多彩;二是在关于什么是知识的核心组织基础的问题上越来越缺少一致性。然而一方面是社会学的这种四分五裂和日益专业化所带来的问题,另一方面是社会学家越来越依赖于自然科学模式的陷阱这种趋势,两者并存。对技巧和实证科学的强调充斥着这个学科,结果导致曾经作为社会学思想中心的哲学的、道德的和社会问题的传统更加边缘化。这种追求不变的关系和精确的技巧程序的实用性作为美国社会学的主导范式仍然占据着核心的位置。它使社会学家们误以为不是以研究问题来界定所用的方法,而是以研究技巧来界定社会学问题的提出。这种方法论的霸权威胁到了社会学作为一种可行的学科事业的前景,导致了学科本身的危机和边缘化。③

因此,从某种意义上说,西方女性主义社会学的兴起既是对西方社会学研究中长期忽视女性议题的一种反叛性回应,也是西方社会学研究自身在遭遇种种困境时的一种应对性结果。与女性主义在其他的学科中表现相似,女性主义社会学的研究集中于对学科本身的男性中心导向的批判,倡导在女性经验基础上建立新的学科范式。虽然由于女性主义内部就社会学的许多重要主题还存在诸多分歧,尚未形成统一的范式或理论④,而且,主流社会学界对女性主义在社会学理论中的地位与作用也评价不同,但是显然学术界已经无法对20世纪70年代以来女性主义在社会学中发出的声音置之不理。由于立足于一种全新的社会性别观点,强调女性的经验和价值,女性主义社会学开辟了一种日常生活的社会学图景,这种尝试对社会学理论很具有启发意义,西方女性主义也因此在学术界获得了一块稳固的地盘。

---

① 吴小英:《"他者"的经验和价值——西方女性主义社会学的尝试》。
② 胡涤菲:《西方女性主义认识论与科学批判》。
③ 吴小英:《社会学中的女性主义流派》。
④ 乔纳森·特纳:《社会学理论的结构(下)》(邱泽奇译),第259—260页。

必须指出的是,在社会学中女性主义普遍缺席的情况下有一个显著的例外,这就是多萝西·史密斯。早在20世纪70年代初期,史密斯就开始关注社会学的现状,试图建立一种女性主义社会学理论。如今史密斯已经被公认为战后最有影响力的一位女性主义社会学理论家。史密斯将女性主义视野运用到社会学上,并始终致力于构造一种由女性创造并服务于女性的社会学,使女性的经验、利益和价值观成为社会知识和政治的基础。①

女性主义介入社会学以来,对传统社会学理论、方法、研究取向,研究对象和范围等方面都产生了重大的影响。它使得社会学不仅仅去关注那些长期以来被遗忘、被忽视的社会现象和人类群体,而且对其本身作为一门科学知识的客观性、中立性、去权威性展开深入的反思与修正。女性主义作为一支现代重要的社会思潮,本身的产生与发展都与其生存的社会状况紧密相连。不论是作为思想武器的女性主义理论还是作为物资(政治)力量的妇女运动,都是推动我们整个人类社会不断走向合理、平等和自由状态的重要力量。尤其在对科学知识,这一原本被认为是客观、正确、无价值偏好的人类创造,展开了深入的批判和反思,当然,这一过程伴随着西方后现代思潮的兴起和发展而显得声势浩大。

女性主义社会学强调的核心是社会中存在的性别不平等和女性受压迫的处境。如果从知识论的角度来看,女性主义社会学者都是不同程度的社会建构论者,强调知识、科学的社会建构性以及性别、女性的文化建构性。但从学术取向的角度来看,女性主义社会学者一般主张知识旨趣、伦理旨趣与政治旨趣的结合,强调女性主义研究的认识论策略与意识形态主张的一致性。因此,女性主义研究的学术性与政治性是不可分离的,这一特点决定了女性主义社会学研究在知识领域的当今地位——边缘的而又具有恒久的生命力。②

女性主义者指责传统社会学理论否认或忽视了知识的"性别化"本质,并且替代性地设计出了由男性统治世界的有关概念和男性主流理论③,批判社会学中流行的价值无涉方法与方法论主张,并将其归咎于父权制文化所隐含的两分法的认识论图式,试图建构一种以女性经验为基础的女性主义社会学研究模式,

---

① 斯蒂文·塞德曼:《有争议的知识——后现代时代的社会理论》(刘北成等译),第216页。
② 吴小英:《女性主义社会研究述评》。
③ 女性主义社会学家经常使用"男性主流"这个术语,用来描述在这个学科中占支配地位的核心或主流。她们以此指出,社会学学科的主流或是无视社会性别,或是把社会性别差异和从属地位看成是"自然的"。

第六章　当代社会学理论的女性主义转向

对主流社会学形成了强大的冲击。因此,女性主义社会学可以看做一种能够挑战统治关系的新的社会学,也是一种把社会学看做是道德科学的社会学观,一种为了改变日常的支配状况而对之进行批判性研究的新社会学。[1] 可以展望的是,人们无法再对知识、性别与权力之间的关系视而不见,这将成为女性主义社会学研究继续存在和长足发展的合理基础。[2]

但是,与传统的社会学不同的是,女性主义社会学不再把社会学等同于科学真理,不再把社会学视为唯一的,而是从不同的角度来诠释社会现象,使社会学具有新的含义。尤其是在后现代主义思潮的影响下,女性主义社会学的研究反思更趋向多元化,这顺应了世界复杂多变的特性,尤其是全球化带来的影响,然而在另一方面增加了自身为社会学寻找解放道路的难度。女性主义社会学至今依然处于边缘状态,但也正是这种边缘状态使她们获得了更大的生存空间,使女性主义社会学在整个社会学研究中独树一帜、引人注目,也因此具有了更多无法预知的愿景。

总而言之,女性主义社会学理论对于丰富人类对社会和人类自身的深入了解,对于揭露和改变人类社会到目前为止依然存在的缺陷,无论是在思想层面还是物资层面都作出了突出的贡献。女性主义与社会学理论的结合,不仅拓宽了社会学的研究领域,更是对社会学理论体系的一种完善。主流社会学理论是以男性的视角来看待社会的,在研究社会中带有男性中心主义的色彩。可以说,在以男性中心主义为主导的传统社会学理论中,女性被抛弃了太长时间,在社会学理论视角不断拓展的今天,女性主义与社会学理论的结合,对女性主义、对社会学理论而言都是一种发展,也是对跨学科研究的一种应用,对各自学科的发展都是有利的。

当然,其本身仍然有着这样或那样的不足和缺陷,但这也充分表明,它仍然有着可供进一步深入挖掘和完善的空间,就像对于传统社会学的批判一样,正因为有了对于现存问题的揭露,我们才有可能去改变,去完善,去发展。女性主义社会学理论的出现并不是对社会学传统理论的颠覆,而是对社会学理论知识的丰富和完善。我们不能奢望社会学成为一门包罗万象的终极学科,但是也不应拒绝为了改变人类处境而进行的改变和完善,无论这些力量来自于社会学知识体系内部,还是来自于外部。

---

[1] 斯蒂文·塞德曼:《有争议的知识——后现代时代的社会理论》(刘北成等译),第216页。
[2] 吴小英:《女性主义社会研究述评》。

【推荐阅读】

Mills, S., *Language, Gender and Feminism: Theory, Methodology and Practice* (Routledge; Taylor & Francis Group, 2011).

Woodward, K. and S. Woodward, *Why Feminism Matters: Feminism Lost and Found* (New York: Palgrave Macmillan, 2009).

安东尼·吉登斯:《现代性与自我认同》(赵旭东译),生活·读书·新知三联书店1998年版。

安东尼·吉登斯、克里斯多弗·皮尔森:《现代性——吉登斯访谈录》(胤宏毅译),新华出版社2001年版。

鲍晓兰:《西方女性主义研究评介》,生活·读书·新知三联书店1995年版。

卡拉·亨德森等:《女性休闲——女性主义的视角》(刘耳等译),云南人民出版社2000年版。

李银河:《女性权力的崛起》,文化艺术出版社2003年版。

李银河:《女性主义》,山东人民出版社2005年版。

刘霓:《西方女性学》,社会科学文献出版社2001年版。

罗斯玛丽·帕特南·童:《女性主义思潮导论》(艾晓明等译),华中师范大学出版社2002年版。

潘绥铭、黄盈盈:《性之变:21世纪中国人的性生活》,中国人民大学出版社2013年版。

邱仁宗:《中国妇女与女性主义思想》,中国社会科学出版社1998年版。

沈奕斐:《被建构的女性——当代社会性别理论》,上海人民出版社2005年版。

史蒂文·塞德曼:《有争议的知识——后现代时代的社会理论》(刘北城等译),中国人民大学出版社2002年版。

王宁、薛晓源:《全球化与后殖民批评》,中央编译出版社1998年版。

王征:《社会性别研究选译》,生活·读书·新知三联书店1998年版。

吴小英:《科学、文化与性别——女性主义的诠释》,中国社会科学出版社2000年版。

第七章

当代西方社会学理论的文化转向

几乎从社会学创建伊始,各个美学的、文化的领域就已经不仅仅表现为一种稳定的、自明的研究对象或研究领域,而且也表现为社会学理论中一种更具实质性的问题。① 意义、话语、美学、价值、文本、叙说这些传统上属于人文学科的议题,现正进入社会学家的视野,他们在理论化(theorize)社会过程和社会体制的过程中不断强调意义、符号、文化架构、认知图式。② 这一转变基本可以表述为社会学理论的文化转向,即文化不仅仅是社会学的一个重要范畴,而是成为构建社会学理论的一个重要纬度。人们热衷于讨论认同、再现、符号和消费,在一定意义上,社会学文化化了、诗化了乃至美学化了。一言以蔽之,所谓社会学理论的文化转向就是文化从作为一种社会学的考察对象转为一种特定的"文化的"或美学的社会学关注形式。

第一节 文化及其在传统社会学研究中的地位

文化,始终是社会学最基本的学术要素,是社会学研究人、人类社会的基本的视野与路径。但遗憾的是,在社会学理论的发展史中,学科的惯例让社会学理

---

① 布赖恩·特纳编:《社会理论指南(第2版)》(李康译),上海世纪出版集团2003年版,第431页。
② F. Roger and M. John," The Cultural Turn in American sociology," in F. Roger and M. John, eds., *Matters of Culture*: *Cultural Sociology in Practice* (Cambridge University Press, 2004).

论家们更多关注"社会""结构""群体"之类的宏大问题。直到 20 世纪 80 年代以后,"文化"才逐步成为新一轮学术研究的焦点,社会学理论家们才重新审视和考量"文化"这一概念的含义,以及它在整个社会学学科中的地位和价值。

一、文化的概念及其社会学含义

"文化"(culture)一词在西方来源于拉丁文"cultura",原义是指"耕耘"(cultivating)或"开垦"(tilling)土地。① 自 15 世纪以后,逐渐引申使用,把对人的品德和能力的培养也称之为文化。今天,尽管"文化"一词在人们的日常生活和社会科学中被广泛地使用,但其含义却一直难以统一,甚至是相当混乱和模糊不清的。社会学对"文化"一词的解释和界定是 19 世纪以后,随着社会学、人类学的发展而逐渐进行的。英国文化人类学家爱德华·泰勒(E. B. Tylor)在 1871 年出版的《原始文化》一书中,第一次把"文化"作为一个中心概念提了出来。他认为:"文化是一种复合体,它包括知识、信仰、艺术、伦理道德、法律、风俗和作为一个社会成员的人通过学习而获得的任何其他能力和习惯。"②

很显然,这种对"文化"概念的界定缺少物质文化层面上的内容,后来美国的一些社会学家、文化人类学家如奥格本(W. F. Ogburn)、亨格斯(F. H. Hankins)以及维莱(M. M. Willey)等人,对泰勒的定义进行补充和修正,"文化"一词才具有了实物层面上的含义。英国当代文化研究奠基人之一雷蒙德·威廉斯(R. Williams)也曾对"文化"的现代用法进行过系统的梳理。他认为,"文化"这一术语主要是在三个相对独特的意义上使用的:一是指一些知识活动,尤其是艺术活动的作品与实践;二是指一种具有特殊生活方式的符号特质;三是指作为发展过程的文化,即指对人的心智的培养(cultivation)。而且,威廉斯指出,第一种意义上的文化通常是人文学者的研究领域,第二种意义上的文化通常是人类学家与社会学家考察的对象,第三种意义上的文化则是运用历史文献和历史方法的历史学家的研究领域。③

---

① 约翰·R. 霍尔、玛丽·乔·尼兹:《文化:社会学的视野》(周晓虹、徐彬译),商务印书馆 2002 年版,第 19 页。
② 中国大百科全书总编辑委员会:《中国大百科全书·社会学卷》,中国大百科全书出版社 1991 年版,第 409 页。
③ 阿雷恩·鲍尔德温等:《文化研究导论(修订版)》(陶东风等译),高等教育出版社 2004 年版,第 4—8 页。

从文化社会学的角度来看,人们一般是在四个层面上来使用"文化"概念的:一是主观意义(subjective)的文化概念。主要是指由思想、情感、信仰和价值构成的,与客观的社会结构相对的主观思想和知觉文化。二是结构意义(structural)的文化概念。主要是指由行为模式、生活方式及某些关系结构组成的,相对于主观意义的文化概念。结构意义的文化概念主要由模式、生活方式、关系所表征,似乎较具客观整体的意义。三是拟剧意义(dramaturgic)的文化概念。主要是指作为一种社会结构的象征表述,文化由一系列象征符号构成,较容易观察,是一些由言辞、行动、产品和事件构成的符号系统。四是制度意义(institutional)的文化概念。主要是指由习俗、宗教、道德、政治和法律等组成的文化,与"主观意义的文化"相比,这类文化被认为具有外在于或独立于个人的群体意识的"社会事实"的特征。①

上述四个层面的文化概念是相互融合并且在意义上是相对独立的。外在的制度文化体系一旦建立,就会通过诸如语言、仪式和文化产品等符号的拟剧形式而得到传播和深化,成为人们内在于心的共享的主观价值观,最终这种共享价值或规范会引导社会中个体的群体行为,形成某种特定一致的生活方式或行为模式,即构成结构文化,从而使得"文化"具有了社会学的意义。因此,从这种联系来看,四种不同意义的文化概念的使用恰恰表达了一种文化延续和运行的内在机理,也正是在上述不同层面的使用之中,"文化"的概念及内涵不断变得丰富多彩,同时也获得了更为浓厚的社会学意义。②

二、古典和现代社会学理论中的文化

几乎从社会学创建之初,"文化"就成了社会学研究的一个重要研究因素。19世纪的马克思、韦伯、涂尔干都曾经从不同的思想纬度关注过与社会结构共生的文化现象或文化问题。马克思的相对经济基础结构的"上层建筑"和"意识形态"涉及了文化的阶级性。韦伯提出区别于具体社会秩序的充满文化意味的"伦理""精神"和"理性",并以一种建构主义的视角来看待文化与结构、文化与行动者的互动。涂尔干被认为是观念论的泰斗,以观念为导向的理论在他后期的宗教转向中甚为明晰,其提出的反映社会构成的"集体良知"概念更是深具文

---

① 周怡:《解读社会——文化与结构的路径》,社会科学文献出版社2004年版,第52—60页。
② 周怡:《文化社会学发展之争辩:概念、关系及思考》,《社会学研究》2004年第5期。

化意味。此外,在古典社会学时期,还有其他一些致力于文化建构的古典社会学理论大师,如齐美尔、本雅明(W. Benjamin)等人,他们试图从现代性的碎片之中去阐释社会生活转型的文化意味。例如,齐美尔就是以一种美学的角度而非科学的方式来把握社会关系的。齐美尔认为文化事关各种实现形式,甚至宣称现代性本身的实质就是心理主义,是从我们内在生活的种种反应出发来获得现实世界的经验和解释。齐美尔甚至还强调,社会追问,不只是一种理论的追问,还是一种美学的追问,因为现代社会生活之中的诸种特定的议题和冲突本身已经呈现为美学的形式。总之,在现代性的经典阐释者那里,文化的重要性得以凸现,并成为解读现代性不可或缺的独特纬度。①

尽管马克思并没有漠视文化的重要性,但不可否认的是,文化在马克思的整个理论体系之中并没有处于一个主流地位。韦伯看似赋予了文化至高的地位,但新教伦理也只不过是简化为促进资本主义成长的一个要素而已。涂尔干虽曾宣称"社会生活总体而言是由不同的再现(representation)所构成",并注意到宗教社会学对于理解政治过程的重要性,但这些观点一直为后世的社会学理论所忽视,直到亚历山大主编的《涂尔干式的社会学:文化研究》一书出版,涂尔干社会学理论的这一特殊面相才得以重申。②

第二次世界大战结束之后,美国现代社会学奠基人帕森斯也开始认为没有必要把现代性想得那么可怕。他主张在分析社会行动和制度时必须先以"文化价值"为中心,但他虽然肯定了文化价值的重要性,却并未说明其本身的性质。"文化"在帕森斯及其他功能论学者那里,只存在于抽象、分析的层次,他们把文化形式和社会功能与制度联系在一起,却没有给予"文化"在具体情境中的自主性。随着20世纪60年代冷战情势的升温,宏观的社会理论从分析权力转而选择了一边倒、反文化的立场。学者们在意义形成的脉络中研究意义,将意义看成是某种更"真实"的社会产物。巴林顿·摩尔(Barrington Moore)、米尔斯等学者认为,必须从利己的意识形态、团体过程和网络的角度来思考文化,而非文本。与此同时,微观社会学也在强调行动者彻底的反思性(reflexivity)。在布鲁默(Blumer)、戈夫曼、加芬克尔看来,文化形成了一个外在的环境,行动者会据此发展"负责"或能给人好"印象"的行动路线。在60年代的同一时期,就在功能论

---

① 戴维·弗里斯比:《现代性的碎片》(卢晖临译),商务印书馆2003年版。
② J. C. Alexander, ed., *Durkheimian Sociology: Cultural Studies* (Cambridge University Press, 1988).

第七章　当代西方社会学理论的文化转向

虎头蛇尾的文化取向从美国社会学界消失之时,有力地讨论社会文本的理论开始在法国发挥巨大的影响力。列维-斯特劳斯、罗兰·巴特(Roland Barthes)和早期的米歇尔·福柯在人文学科界掀起了一场革命,他们强调制度的文本性和人类行动的论述本质。不过在现在看来,这类研究取向仍旧过于抽象,同样无法详细说明文化的自主性和能动性。①

通过以上对古典时期和现代社会学理论中的"文化"所做的梳理,我们可以发现,尽管从社会学诞生之初就有了对文化因素的关注,现代社会学家们更是在建立文化自主性上做了努力,但从古典时期开始直到20世纪60年代的这一段很长的时间内,文化并没有因此而成为社会学理论关注的核心主题,或者说并没有表现为社会学理论中一种更具实质性的问题。对此,珍妮特·沃尔夫(J. Wolfe)认为,"问题在于主流社会学对于理论方面的发展,即使不怀敌意也是自以为是地漠不关心,无法认识文化和再现在社会关系中的构成性作用"。② 尤其在以结构为主体的古典社会学那里,文化几乎成了社会学理论研究的一个配角,就像英国社会学家阿切尔(M. Archer)所说:"无论从哪方面看,'文化'都只是'结构'的一个不起眼的配角。"③

三、当代西方社会学中的文化研究与文化理论

当代文化社会学与文化研究和文化理论有着千丝万缕的联系,在一定意义上也可以说,文化社会学理论本身就是文化研究和文化理论发展的必然结果。其实,文化研究是个大的复合体,包括的理论思想和观念也极其繁杂,"从20世纪30年代的新马克思主义到女性主义和精神分析再到符号学和后结构主义,都可以说是不同形式的文化研究"。④ 而且,文化理论本身所涵盖内容的丰富性与主题的多样性也决定了文化社会学理论的繁荣与发展。因此,我们对当代文化社会学理论的研究可以通过对当代文化理论的分析与透视来进行。

---

① 杰夫瑞·C. 亚历山大:《文化社会学:社会生活的意义》(吴震環译),五南图书出版股份有限公司(台湾)2008年版,第16—19页。
② 詹姆逊:《论文化研究》,载于氏:《文化研究与政治意识》,中国人民大学出版社2004年版。
③ M. S. Archer, *Culture and Agency: The Place of Culture in Social Theory* (New York: Cambridge University Press, 1988), p.1,转引自冯婷:《逸出结构的文化——文化社会学的新发展》,《学术论坛》2001年第4期。
④ 萧俊明:《文化转向的由来》,社会科学文献出版社2004年版。

文化研究或文化理论有广义和狭义之分。① 广义的文化研究是泛指的文化研究,其涵盖面很广,凡是以文化问题为研究对象的理论阐述,无论是源自某一学科还是某一思想流派,都是文化研究的组成部分。或者说,某一学科的理论或某一思想流派的理论一旦与文化问题结合起来,便形成了文化理论。比如说,哲学的解释学、语言学的符号学、精神分析等,它们原本并不是作为文化理论被提出来的,但是当文化理论家将它们用于文化研究时,便形成了文化理论。

狭义的文化研究是在理论的多元化背景下应运而生的,尤其以英国伯明翰大学的当代文化研究中心(CCCS)的成立及其所展开的系列研究为标志。康诺尔(S. Connor)指出:"以最狭义、最明确的方式来界定,文化社会学意味着对文化的、人为的各种形式和实践所做的社会学考察。"② 无论是广义的文化研究还是狭义的文化研究,从一开始,文化研究就具有跨学科的特性,也就是说,都不为某一学科所独有,都是彻底的跨学科的,甚至是反学科的。凡是在传统的学科模式中无立足之地的研究都成了文化研究的领地,如传媒研究、性别研究、妇女研究等。文化研究的跨学科性使其在当今这个过于狭隘的学术世界中,冒着被人认为晦涩难懂的风险。为了回应这种情势,文化研究的教授们逐渐走向了专业化和职业化,并为文化研究采取了定义更为明确的学术身份。在这种调整之下,文化研究被化整为零,变得较不热衷于政治,且逐渐受制于保守的政治观之下。③

从历史来看,西方文化研究或文化理论的历史(并非文化史)可以一直追溯到启蒙运动时期的人本主义。不过文化理论的真正兴起是20世纪60、70年代以后的事情,尤其是70年代以后,不同形式的文化研究传统综合了社会理论、文化批判、史学、哲学分析以及政治分析等领域中的有用成分,形成了形形色色的文化理论,西方文化研究领域自此从单纯地解读文化概念的阶段进入了一个对文化进行理论阐述的阶段。"文化"从作为一种可用社会学术语加以分析考察的对象,转为了一种特定的"文化的"或美学的社会学关注形式。社会学文化转向的意义就在于它能够在社会学领域形成和维护自身的话语权。

---

① 有的学者以"the study of culture"来称谓广义的文化研究,而"cultural studies"指狭义的文化研究。还有的学者在使用"cultural studies"这一术语时专门注明它既是泛指又是特指(当然,泛指所涵盖的范围还不仅仅局限于文化理论)。
② 布赖恩·特纳编:《社会理论指南(第2版)》(李康译),第431页。
③ Gary Browning 等:《当代社会学与社会理论的趋势》(周易正等译),韦伯文化国际出版有限公司(台湾)2004年版,第358页。

第七章 当代西方社会学理论的文化转向

当代文化研究学者对社会学理论的文化转向有着极大的启发和推动,他们开启了研究文学及其他文化形式的社会学视角(虽然在那时,他们的社会学视角都非常有限)。他们突出了对大众文化的关注,认为任何对现代社会文化的价值的谈论都不能停留在传统人文精英论的抽象领域,对文化危机的理解应该与城市化和工业化带来的结构变革和社会动荡联系在一起。① 如果对于目前的文化研究有什么基本的结论的话,这就是,社会并不仅仅由物质因素组织起来,其特征也不仅仅是物质力量,与物质力量相比,文化过程的意义更不稳定、多变、和不断转化。② 因此,当代文化研究的命题已不自觉地介入到了社会学的范畴,它在提倡研究社会现实的运动中向社会科学(尤其是社会学)靠近了,这一靠近的直接体现就在于:他们尽管采用多学科的视角和方法,完成的却是一部部社会学的经典作品。并且,从最近的发展来看,除了研究领域不断介入到社会学范畴,已经有越来越多的学者开始期望运用社会学等社会科学的研究方法来开辟文化研究中的新探索。

总体来说,文化研究吹起了新的号角,当他们向社会学不断寻求新资源的同时,社会学也须在这一汹涌澎湃的大潮中反思学科自身应该如何作为的问题。社会学该如何研究文化?面对文化研究所建立的大量的文化理论,社会学理论该如何寻求自身对文化的见解?更深层次的,当文化被史无前例地提至如此重要的高度时,社会学该如何衡量文化在学科理论中的地位?如今,许多社会学家已开始反思并参与其中,无论是在文化研究中寻求学科特色的研究成果,如社会学家在文化生产和传播等方面的卓越贡献,还是在学科层面上的争议,例如,德国埃森(Essen)文化学学院在对当代文化学研究进行梳理时,就更进一步提出"社会学是整个文化学的一个完整组成部分"的观点。尽管在德语的社会学传统中一直在学科内部给予了该学科以文化学的特征,但随着社会学与文化概念的接触,这可能不仅涉及现代社会学与其他相邻人文学科和社会学科的关系,同时还涉及这一学科最为基本的自我认同问题。③

---

① 戴维·钱尼:《文化转向:当代文化史概览》(戴从容译),江苏人民出版社2004年版,第8—9页。
② 约翰·R.霍尔、玛丽·乔·尼兹:《文化:社会学的视野》(周晓虹、徐彬译),第398页。
③ 克劳斯·李希特布劳:《作为文化学的社会学?——论文化概念在德语社会学自我反思中的作用》(谢宁译),转引自周发祥等主编:《社会·艺术·对话:人文新视野(第二辑)》,天津百花文艺出版社2004年版。

第二节　文化社会学的兴起及其当代转向的意义

文化社会学是较早从西方社会学体系中脱颖出来的一门分支学科。但早期文化社会学的研究与当代文化社会学的研究之间存在着较大的区别,尤其是伴随着 20 世纪 60 年代以来的西方青年运动、女性主义运动及后结构主义思潮的推动,"文化"逐步复兴成为所有社会科学和人文学科的一个重要概念。社会学的文化研究也由此经历了后帕森斯时代的一系列"再造"和"转向",将原本只作配角的被动转换为用文化语境直接参与研究主流社会学问题的主动。

一、文化社会学的兴起与发展

文化社会学作为一门分支学科的出现不能不归功于德国的社会学家和美国的文化人类学家①,但是,德国早期的文化社会学的研究对象主要是人类精神文化现象,比如威廉·狄尔泰的"精神科学"、李凯尔特的"文化科学"、斯宾格勒(O. Spengler)的"文化类型学"、马克斯·韦伯的"宗教社会学"等,都是研究人类精神文化状态的。那时的德国文化社会学实际上是一种历史哲学或称为"文化哲学"。② 例如,被称为是文化社会学开山先驱的德国社会学家阿尔弗莱特·韦伯(Alfred Weber)认为,文化是包含了规范原则和理念的诸种价值结构,是一种历史存在和意识结构。因此,韦伯的文化社会学实际上是融历史哲学和社会理论为一体的:一方面,他想通过阐述文化社会学的基本原理,建立起一套历史哲学的逻辑;另一方面,韦伯还阐明了他对现代社会的理解。因此,阿尔弗莱特·韦伯的文化社会学亦被称为"历史社会学"或"危机社会学"。显然,早期文化社会学家大多把人类精神文化看做文化社会学的全部研究对象,其实质是把人类文明史变成了精神发展史,抽掉物质文化的发明、创造,以此来说明人类全部文明的发展。这样的观点和论述自然是不全面的。

美国的文化社会学是建立在文化人类学发展的基础上的,是研究原始民族

---

① 最早提出"文化社会学"名称的是德国社会学家巴德(Pual Barth),在 1897 年所写的《社会学的历史哲学》一书中他第一次提出了要进行"文化时代的社会学"研究。详细论述请参见司马云杰:《文化社会学》,中国社会科学出版社 2001 年版,第 7—16 页。

② 曹卫东、张广海:《文化与文明》,广西师范大学出版社 2005 年版,第 60—64 页。

社会文化生活的人类学转向研究现代社会生活而形成的学科。他们几乎把一切社会现象都视为文化现象,甚至把社会群体、群体关系、社会组织等"社会"本身的参数也统统归之于文化现象,常陷入"文化即社会"或"社会即文化"的模糊境地,对于什么是"社会",什么是"文化",并没有很好的区分。如美国社会学家费尔丁·奥格本(W. F. Ogburn)题为《社会变迁》的著作,实际内容讲的却是文化的变迁。可见,当时的美国文化社会学家对于文化社会学的研究对象问题仍然是不清晰的。[1]

由此看来,早在 19 世纪中叶以后,就形成了以实证主义哲学和进化论的社会学为基础的古典文化社会学,尽管在当时并没有形成一门独立的学科。而从 19 世纪末到 20 世纪初,由于西方资本主义国家出现的社会和文化危机,以及这一时期在社会科学领域内形成的反实证主义—进化论的思潮,再加上在这一时期社会学本身也加强了方法论的研究,重新确立了社会学研究对象,即把注意力放到了社会观念、意识形态、文化精神及其对人的行为的影响等方面,以上种种的共同作用使得社会学从对社会的综合研究走向了经验研究或实用研究,从孔德、斯宾塞所建立的包罗万象的社会学体系中分离出了各种分支社会学学科,文化社会学也正是在这种背景下取得独立地位并逐步获得发展的。[2]

卡尔·曼海姆对此似乎持有不同的意见,他认为真正意义上的文化社会学完全是最近才发展起来的。他认为文化社会学是看待文化现象的一种独特方式,而且文化社会学并不是一门完美的、充分发展的学科。从历史哲学的立场考虑,文化社会学应该产生于当代。[3] 曼海姆认为,文化社会学存在的可能性与下列方面联系在一起:一是与文化本身出了问题这个事实联系在一起;二是与一门使社会过程本身成为研究对象的科学的出现联系在一起;三是与某种特殊的方法和一种新的,对于各种文化形成过程的取向的产生联系在一起,而这些文化形成过程在意识形态研究中得到了科学的表现。[4] 从社会学的角度来考虑,人是具有精神结构的,也就是说在人的世界观当中,有一种作为评价标准的"终极"价值被视为"至上"的东西,在中世纪是上帝,而到当代所有的精神因素开始变

---

[1] 司马云杰:《文化社会学(第五版)》,华夏出版社 2011 年版,第 17—18 页。
[2] 司马云杰:《文化社会学》,山东人民出版社 1987 年版,第 79—80 页。
[3] 卡尔·曼海姆:《文化社会学论要》(刘继同、左芙蓉译),中国城市出版社 2002 年版,第 5 页。
[4] 同上书,第 417 页。

动。于是，文化作为一种显现过程，进入人们的视野才成为可能。

不管文化社会学究竟源起何时，因何兴起，当代重要的文化社会学的知识根源，的确都可以追溯到古典社会学理论时期的马克思、韦伯和涂尔干三大家。后来的许多人都是在他们的基础上进行延伸、修正或整合的。例如，帕森斯在批评涂尔干"文化"概念的同时提出了"价值共识"的概念。从20世纪60年代中期到70年代末，在同帕森斯时代的对抗中，除明显带有文化意味的符号互动论、现象学社会学、冲突论、交换论诞生之外，一批称作"新经典""结构和后结构主义"的文化作品也相继问世，其中依然包含了三位经典大师的思想的有格尔兹、伯格、道格拉斯、福柯、葛兰西、哈贝马斯等理论家。①

二、当代社会学理论文化转向的意义

当代西方社会学研究的文化转向功能的立足点在于，它确认文化本身就是一种社会现象，它总是在人类社会内部产生并发展起来的，也就是说，人们只有在一定的社会生活中，在一定物质条件的前提下，才有可能创造和传播文化；人创造自己文化的同时，也创造着社会和历史，从这个意义上说，文化创造与物质创造具有同等重要性。当代文化社会学所研究的内容，无疑使社会学能够更大限度地研究社会与文化的关系问题。因此，当代社会学理论的文化转向对于社会学理论的社会功能的开拓具有一定的意义。具体来说，当代社会学理论的文化转向至少具有以下几个方面的意义：

第一，文化转向有助于增强社会学理论审视社会的功能。人类社会中不同的社会群体，包括民族的、国家的、地区的乃至各行各业人们的共同体，他们依据一定的自然环境和社会环境，共同参与经济与社会事务，创造了自己的文化。多种文化形态既彼此交融、互相渗透，又各具风貌、各有特点。即使是同一个民族的文化，也常由于地区分割性和历史延承性而呈现出多元化的特性。各种文化所体现的文化精神，常常别具一格。当前，在新的文化社会学层面上对文化及文化与社会的关系的考察，使社会学能对人类文化的丰富性、多样性，对各种文化间的交流、碰撞、吸收、融合、改造的曲折性进行更深的研究，而这必然会增强社

---

① 在当代西方，社会学家们开始极度地关注文化，关注社会生活中文化的角色，也许正是基于"文化一直就是一种社会现象"的认识吧。详细分析请参见周怡：《解读社会——文化与结构的路径》，第51页。

会学审视社会的功能。

第二,文化转向有助于揭示文化对社会实践影响的规律。文化系统具有一种行动的导向性,其主要功能就是使社会规范秩序合法化。因此,文化对社会实践具有导向和控制作用,它不仅指导和控制人们的心理、情绪,而且为人们提供价值观念、行为规范,从而让人们按照一定文化体系的导向去生活、行动。假如没有科学文化知识,没有对理性、逻辑及各种文化的探讨,人类就不可能有今天的社会文明。因此,文化社会学的兴起有助于我们认识和揭示文化对社会实践的这种影响,从而更好地把握其规律。文化精神的发扬光大,是人类社会进步的象征,要把文化的不断发展纳入到人和社会的整体发展的系统中去认识,只有这样才能真正认识和把握文化现象和社会实践的变化与发展。

第三,文化转向有助于增强社会学理论指导文化实践的功能。在一般研究中,社会学家和文化社会学家所关注的重点是不同的。社会学家较多地注重的是权力、角色、地位和社会结构本身及其各种体系,而文化社会学家注重的则是不同文化布局和文化情境中的秩序规范、行为模式等内容。比如,在当代信息传播技术的干预下,出现了生产资源的开发方向和社会重心的转移,以及生产结构的更新换代。这些事实说明生产性活动和社会性活动越来越离不开信息和传播,文化活动在社会建构中的作用越来越大,文化生活的社会实践意义越来越多地体现在信息和媒介之中。[①] 从文化社会学角度对此类问题进行研究,有助于增强社会学理论指导文化实践,推动社会发展。

第四,文化转向有助于推动主流社会学理论的多元发展。长期以来,主流社会学理论一直带着结构功能主义的色彩来参与对文化现象的研究,这实际上只是促成了文化社会学内部一批亚领域的成长。从而使得文化社会学几乎成了众多亚学科的集合。当代文化社会学的兴起,打破了主流社会学和传统文化社会学的研究框架,尤其是随着后现代主义而兴起的当代文化社会学理论以怀疑主义的姿态对主流社会学理论以追求普遍性为目标的所谓"宏大叙事"展开了挑战,二元对立的结构主义思维方式也开始转向多元共存的后现代思维。其研究思路充分吸收了解释主义、功能主义、后结构主义、符号学等思想。通过揭示表达和诠释之间的相互作用,有助于改变社会学理论中的还原主义倾向。而对于

---

① 陈遵沂:《文化社会学理论新透视》,《中共福建省委党校学报》2002年第7期。

符号和文化系统的相对自主性的考虑,赋予了文化社会学一种新的理论基础和批判资源。这些都推动了主流社会学理论向多元综合的方向发展。① 美国当代文化社会学研究者约翰·R.霍尔和玛丽·乔·尼兹在《文化:社会学的视野》一书中对新的文化社会学的分析性框架和研究方法作了总结,提出社会学理论的文化分析性框架包括:(1)文化的制度结构;(2)文化历史和文化形式的保存;(3)文化的生产与社会传播;(4)文化的效果;(5)意义与社会行动。

当然,即便是将文化社会学作为当代的一门社会科学学科来发展,也同样存在着太多的不确定性。比如,如何区分学科特质?它的研究对象和研究方法是什么?它是一门寻求意义的解释科学,还是寻求规律的实验科学?它是文化研究的分支,还是社会学的"亚类",或是人类学的展拓等等。从目前的发展状况来看,文化社会学依然"不是一个独立、统一的学科领域",相反,它由一系列不同的亚领域,如历史、知识、宗教、媒体、艺术、消费等组成。而与这些亚领域牵系的诸多理论,又几乎无一例外地带有学科综合之特点。② 就同"文化研究"是一种"学科的大联合",当代社会学理论的文化转向也呈现出了愈来愈多元的态势,这其中势必会引发人们的众多争议。

第三节 社会学理论的文化转向及其方法论特征

当代西方社会学理论的文化转向大致发生在20世纪80年代至90年代。然而,社会学文化转向的萌动似乎更早一些,可追溯至四十多年前。当然,社会学理论文化转向的脉络是极其复杂的,到目前为止,对文化转向的定义更是语焉不详。但仔细考察,可以辨识出文化转向的两个主要路径:一是从文化的角度去理解传统的行动与结构关系,并考察其间的互动关系;二是伴随着大众文化或消费文化成为社会学理论关注的焦点,文化视角在整个社会学理论中的影响力越来越大。

---

① 约翰·R.霍尔、玛丽·乔·尼兹:《文化:社会学的视野》(周晓虹、徐彬译),第38—41页。
② D. Crane, *The Sociology of Culture*: *Emerging Theoretical Perspective* (Cambridge: Blackwell, 1994), p.1,转引自周怡:《解读社会——文化与结构的路径》,第32页。

第七章 当代西方社会学理论的文化转向

一、文化转向的背景及其意义

即便是在"文化"的重要性越来越被承认和强调的当代社会,社会学理论究竟该如何认识"文化"这个概念,以及如何引导今后的学科发展等问题,在文化社会学内部仍是存在着较大的差异与分化的。虽然,人们在翻译时,常常将"The Sociology of Culture"和"Cultural Sociology"都译为"文化社会学",但两者实际上暗含取向上的差异,甚至可以说是本质上的差异。前者可以理解为将文化本身作为一种社会学的考察对象,即以社会学视角和方法研究文化现象,是关于文化的社会学研究;而后者却是一种特定的"文化的"或"美学的"社会学关注形式,即从文化分析入手研究社会现象,或是以文化为中心概念的社会学理论架构。因此,今天的文化社会学已不再是关于不同文化形成或文化现象的单一研究,而是一个关于整体社会生活、社会现象的研究。文化社会学正面临着从"The Sociology of Culture"向"Cultural Sociology"的转变,这种转变可以说是对学科自身的质疑和改变。

从西方社会学理论的发展史来看,当代社会学理论的文化转向发轫于20世纪60年代,这一智识运动在沿袭社会学理论的古典传统之基础上,在一系列因素的推动下浮现并汇流成的一种全新的社会学理论发展方向,即从文化的角度去洞察社会现象并建构以文化为核心的社会学理论架构。其中,文化研究和文化理论的兴起对于社会学理论的文化转向无疑具有极大的推动作用。文化研究的特点是,注重讨论各种文化实践与权力之间的关系,即文化现象和文化实践中的权力运作对文化实践的影响与干涉作用,其使命就是分析在具体的社会关系和环境中,文化是如何表现自身和受制于社会与政治制度的。文化研究致力于对当代社会文化的"道德评价"或批判,直至诉诸激进政治行动的努力。也就是说,文化研究具有理论与实践的双重性,其"文化"既是理论研究的对象,同时也是进行政治批评和改造的场所。因此,文化研究非常重视研究社会现实并致力于以文化视角去审视社会问题,这一转变使得宣称多学科研究的文化研究与社会学更加亲近,或者说文化研究更加社会学化了。这一变化的另一侧面就是,社会学理论受到文化研究的影响更加深刻了,文化研究的不少经典理论著述都为社会学家所阅读和引用,这无疑推动了社会学理论对文化的关注。

由此看来,当代社会学理论的文化转向既有现实社会的基础,即文化向社会经济生活各个领域的扩张,也有来自同样兴起于20世纪60年代的文化研究的影响。文化研究是当今西方学术界非常时兴的话语和论域,也是"学术交流最有活力的场所之一"。① 但在起初,作为同样是对文化现象进行研究的文化研究和文化社会学却是互相隔离甚至是互相轻视的。像亚历山大就曾对文化研究采取"完全轻视"的态度。但在最近几年,文化社会学和文化研究日益展开了接触和对话,这不仅为文化研究提供了"坚实的社会学基础",也使得社会学家能更好地把握"社会关系与制度的话语的特性",促进社会学理论的发展。②

如果说传统社会学理论一直以来以结构分析为聚焦,它较适合于对农业社会向工业社会转型的解读,那么,当现实社会进入到所谓的后工业社会、后现代社会或者说文化与社会之间的界限极其模糊的时候,社会的结构分析就显得难以为继。在这样的背景下,文化与社会结构的建构、社会运动、身份政治等议题纠缠在一起,多元文化、大众文化、消费文化也凸现为社会学的研究主题。正如阿切尔所说:"关于结构与能动(agency)的问题,常常被看成当代社会学理论的基本议题,但这个问题又始终被文化和能动的问题所笼罩。"③可以说,文化已成为当代社会学理论研究行动与结构等重大问题的一个基本参照。

此外,新功能主义、解释学、后结构主义和女性主义的兴起都构成文化成为社会学理论核心议题的强大动力。保罗·利科(Paul Ricoeur)、伽达默尔(H. G. Gadamer)等都对传统社会学理论的实证主义传统提出了挑战,并为文化的重申提供了理论空间。新功能主义致力于从多维的视角去超越帕森斯主义,文化的引入已成为实现这一目标的重要途径之一。结构主义、后结构主义和女性主义则分别从不同的角度进入到文化转向这一理论脉络之中。

二、社会学理论文化转向的方法论特征

当代社会学理论的文化转向不仅是研究方向和方法论的转变,而且是与社会人类学相关的一切人文社会科学性质的转变。这种转变表明了人类对于其所创造的社会和文化的重新理解,并在这种新的革命性理解的基础上,以完全不同

---

① 谢少波、王逢振:《文化研究访谈录》,中国社会科学出版社2003年版,第114页。
② 珍妮特·沃尔芙:《文化研究与文化社会学》,载《文化研究》第4辑,中央编译出版社2003版,第90—92页。
③ M. S. Archer, *Culture and Agency: The Place of Culture in Social Theory* (Cambridge: Cambridge University Press, 1996), p.xi.

第七章 当代西方社会学理论的文化转向

于以往文化形态的新模式重构人类社会和人类文化,包括重构组成社会和文化的基本因素的各种制度、语言、文字、日常生活模式以及人与人之间的基本关系等。① 尤其在方法论和研究范式的运用上,社会学理论获得了许多新的进展,主要表现为:

(1) 人文主义研究范式。这种研究范式不再单独依靠主流社会学的实证主义研究范式或客观中立的学术立场,而是强调解释性与沟通性的关联。实证主义的形而上学通常把文化看做一种先验的实体,但人文主义的研究范式却将之看做人的创造物,从而对其与人的行为行动之间存在的关系进行研究解释。在这种研究范式中,"解释"不仅处于研究对象的中心,也处于研究过程的中心,这一变化标志着其与社会学中的实证主义和结构主义范式的分道扬镳。② 正如格尔兹(C. Geertz)所说,文化社会学主要不是"一种探求规律性的、实验性的科学,而是一种探求意义的解释性科学"③。在研究过程中,应当多寻求理解,研究结果要注意理解性的解释,应把符号所蕴含的意义视为研究对象。

(2) 批判主义研究范式。这一研究范式重在对由资本主义发展而来的西方发达国家的社会文化现象进行全面的批判,重在寻找资本主义文化与制度结构间的联系,从而解构制度对文化的束缚。这种范式最有代表性的要数以法兰克福学派为代表的"文化批判理论"。其批判的指向后来扩展到对资本主义社会的方方面面,包括政治批判、意识形态批判、工具技术理性批判、大众文化批判、心理机制和性格结构批判、日常生活批判等,这些批判从不同侧面揭示着资本主义社会的深层文化矛盾和危机。④ 批判主义范式把文化社会学的研究从单纯的文化领域扩展到社会生活领域,把文化研究与人类的社会实践活动结合起来,从而更深刻地把握了文化的实在性与过程性。

(3) 多元范式的整合与运用。文化社会学是当代正在不断流行起来的研究领域,与传统的主流社会学不同,文化社会学的研究没有固定的学科基础,也不拥有一种界限明确的知识或学科领域,甚至是有意识地打破学科界限,从不同学科中吸取学术语言,尤其是文学的、社会学的、历史学的,以及语言学、符号学、人

---

① 高宣扬:《当代社会理论》,第 175 页。
② 约翰·R.霍尔、玛丽·乔·尼兹:《文化:社会学的视野》(周晓虹、徐彬译),第 401 页。
③ C. Geertz, *The Interpretation of Culture* (N.Y.: Basic Books, 1973), p.199,转引自沃野:《评格尔孜的文化观》,《安徽大学学报》2002 年第 4 期。
④ 杨悦:《论当代文化研究方法论的转变》,《河北学刊》2002 年第 1 期。

类学及心理分析学的话语。文化社会学研究的这种复杂性和多维性本身决定了文化社会学研究必须是跨学科的和多元的,因为任何一门学科都无法把握文化研究的全部复杂性。

总而言之,主流社会学强调实证主义等自然科学的方法,而文化社会学将文学评论、语言学或叙述分析等人文科学的方法用于社会学分析。其实,两种方法之间存在一种张力。社会与文化是一体两面,从结构的角度来看,我们看到的是社会;从意义的角度来看,我们看到的是文化。自英国伯明翰学派兴起文化研究之日起,关于文化与结构关系的争论就一直成为学术关注的焦点。而随着后现代的兴起,传统的文化社会学在经历了一系列的终结与转向后,形成了许多所谓"新学""后学"。在研究内容上由文化的社会学转向文化社会学,在研究方法上由经验实证转向文本诠释与文化批判。然而,一种充分的文化社会学必须得到经验研究计划的推动,对历史的、比较的框架有所认识,并且发展出真正具有社会学味道的关注焦点。因此,文化社会学只有在综合各种研究范式和研究方法的基础上,以一种综合的视角,研究文化与社会之间的复杂关系,才可以取得对当代社会和文化比较全面和透彻的认识。

第四节 当代西方社会学理论中的文化解读

"行动与结构"的问题是现代西方社会学理论的一个传统议题,而社会学理论文化转向的一个重要关注点就是如何借用文化进一步深入理解"行动与结构"的关系。所不同的是其旨趣不在于探究文化如何影响行动和结构,而是试图揭示文化与行动、结构之间的内在关联,并进而寻求文化、行动和结构的整合解释框架,所以"文化符号的结构在缘由上不仅和个体的行为及其交互活动相关联,而且与行动所在的制度特征相关联"。[①] 格尔兹从重新定义文化出发试图将文化纳入行动之流中进行理解,从而为理解文化与行动之间的关系开辟了新的路径。亚历山大从行为与秩序的关系考察之中为文化的重要性确立了基础。以布迪厄为代表的诸位大师级人物则为分层研究注入了文化视角:不同阶层的人群更多地凸显出其大异其趣的文化特征和文化取向。

---

① 乔纳森·特纳:《社会学理论的结构(下)》(邱泽奇译),第183页。

第七章 当代西方社会学理论的文化转向

一、行动与秩序的文化解读:格尔兹与亚历山大

克利福德·格尔兹具有明显的解释学倾向。解释学立足于这样一个现实:"人们体验生活,而不是仅仅以机械的方式反应生活,因而解释的方法是必要的。人们体验生活时,他们也试图寻找生活的意义,正是因为意义是主观的,因而发现意义的方法也必定是主观的。"①这实质上是一种反帕森斯的文化研究进路,即在对意识形态的解释上,文学转喻比功能性要求更为重要;意义的深描比价值和方法的归纳更为重要。格尔兹坚持认为,文化是"从历史沿袭下来的体现于象征符号中的意义模式,是由象征符号体系表达的传承概念体系,人们以此达到沟通、延存和发展他们对生活的知识和态度"②。而格尔兹正是在这个方向上付诸努力的里程碑式人物。正是基于这一认识,格尔兹对文化与社会系统进行了有益的区分:文化是有序的意义系统和符号系统,是人们用以解释他们的经验、指导他们的行动的意义结构;社会系统是围绕它们发生的,是实际存在的社会关系网络。但是,文化必须经由行动才能得以解读,格尔兹这样写道:"必须关注行为,而且要有某些精确性,因为文化形态正是在行为之流——或更确切地说是社会行动——中得到表达的。"③他提倡所谓的"深描"去阐释其间的意义结构。所以,他宣称社会理论即写作,旨在为地方文化和实践书写故事,从而使行动的意义从故事的形式中浮现出来。

在格尔兹的影响下,斯威德勒(L. Swidler)富有创意地将文化阐发为一个工具箱:文化是由一系列的工具组成,它们以大家均可使用的符号和社会实践的形式呈现,例如文化信仰、世界观、仪式以及沟通模式等。人们可以用不同的工具去解决不同的问题,这就表现为不同的策略。他认为人是积极的问题解决者,而非文化傀儡,人从可供选择的工具箱之中挑选工具并使用它们去创造新的工具从而达到预期目标。因此文化一定要在行动之中进行了解。④ 任何社会的成员都可不断获得新的工具,尽管文化可能限制行动者的选择机会,但它亦促使作为

---

① 杰弗里·亚历山大:《社会学二十讲:二战以来的理论发展》(贾春增译),华夏出版社2000年版,第223页。
② 克利福德·格尔兹:《文化的阐释》(纳日碧力戈等译),上海人民出版社1999年版,第103页。
③ 同上书,第20页。
④ A. Swidler,"Culture in Action: Symbols and Strategies," *American Sociological Review*, 1986, pp.273-286.

能动主体的人去理解这个世界,去建构目标与期望、去从文化传统中汲取资源。这一理论阐发明显揭示了文化与行动之间的动态关系,即"文化中的行动"(culture in action)。

亚历山大秉承涂尔干之宏愿致力于更加紧密地将行动和行动者本人经历的意义联系起来,并且将其与文化形式联系起来。① 他旨在倡导一种文化社会学的强纲领研究进路,这一强纲领研究进路包括:格尔兹式的"深描";文化的独立性理论;文化的一般理论。② 这在一定程度上可以被称为"亚历山大式的文化社会学"。他反对帕森斯那种将文化简单地化约为价值的观点,更批评那种将文化还原为阶级、权力和利益的表达的看法。他认为这两种方式都忽视了文化作为符号想象的这一重要纬度。由此,社会学要探究人们如何使得生活有意义以及人们如何将情感和意义赋予其世界的方式,而符号是用来分类理解社会、个人和有机体的要素。"一旦根据主观方法把意义组织起来,文化概念就凸现出来。文化即是结构的秩序,对应于有意义的行为。"③

亚历山大对市民社会的研究很好地体现了上述理论倾向。他认为,在一切受到美国市民社会批评的政治事件中,文化结构必须被视为一个不可或缺的因素。要理解美国政治,就必须理解美国市民社会的文化,理解这种政治文化就有必要理解它的符号性准则体系。④ 20世纪70年代的"水门事件",在一定程度上可以理解为某种仪式化了的事件,这样枯燥的政治机制被重新解释为美国民间宗教(或市民社会)中纯洁与不纯洁的要素之间更为深层次的二元对立。在此,我们不难看出,政治社会学的传统议题文化化了,从而被赋予新的解读方式。

二、阶层结构的文化解读:汤普森与布迪厄

在理解社会结构方面,当代西方社会学理论文化转向的一个重要成果就是从文化的角度去重新审视阶层结构。汤普森(C. Thompson)和布迪厄都倾向于

---

① J. C. 亚历山大:《新功能主义及其后》(彭牧等译),译林出版社2003年版。
② E. Ron, "Jeffery Alexander and the Cultural Turn in Social Theory," *Thesis Eleven*, Vol.79, 2004, pp.25-30.
③ J. Alexander, and S. Seidman, eds., *Culture and Society: Contemporary Debates* (Cambridge University Press, 1990).
④ J. Alexander, "Discourse of American Civil Society: A New Proposal for Cultural Studies," *Theory and Society*, Vol. 22, 1993, pp.151-207.

将阶层视为一种文化,这一视角在一定意义上摆脱了过去的阶级分析框架,大众娱乐、休闲、消费、时尚和文化风格都被视为核心,并在一定程度上重写了阶级的历史。

汤普森的扛鼎之作《英国工人阶级的形成》就致力于发现另外一种文化。阶级是社会与文化的形成,"是在人与人的相互关系中确实发生(而且可以证明已经发生)的某种东西","而所谓的阶级觉悟就是把阶级经历用文化的方式加以处理,它体现在传统习惯、价值体系、思想观念和组织形式中"。① 汤氏从文化纬度将阶级视为一种关系,或者如其所言,阶级是人们在亲身经历自己的历史之中确定其含义的,而这一含义恰恰是文化意味的,是在一个历史发展过程之中"形成"的,这明显有别于社会学的传统分层理论。

布迪厄致力于从文化的角度来重新审视社会区隔。他关注的并非是马克思所强调的经济因素,亦非韦伯意义上的权力、地位与声望,而是文化这一特定的阶级符号,符号的载体则被操作化为"文化资本"这一深具启发性的概念。在《区隔》这一巨著中,布迪厄以全新的视角展现了阶级或阶层的文化之纬,尤其是所谓的品味正好体现这一重要纬度。他辨识出三种品味圈:(1)合法品味,这是获得占支配地位的阶层中教育程度最高的集团成员资格的钥匙,包括偏爱艺术电影、前卫爵士乐等。(2)中产阶级品味,普遍见于中产阶级,例如喜欢古典音乐、抒情的流行音乐等。(3)大众品味,普遍存在于工人阶级集团,例如偏爱轻松古典音乐等。不同品味圈或曰阶级是在特定的社会空间下具有相同惯习的个体的集合,是惯习而非所谓的利益形成了阶级的边界。由此,品味成为行动尤其是选择消费品的重要原则,而文化资本的多寡就成为区隔的重要准则。在这个基础上,布迪厄深入把握了文化再生产和社会再生产之间的关联。《区隔》导言部分的开头是这样表达作者的雄心的:"存在着一种文化商品的经济学,但是它具有特定的逻辑。社会学致力于形成这样一些条件,以便文化商品的消费者以及他们对于文化商品的趣味得以生产;同时描述在某个特定时期被认为是艺术品的诸种物体的不同占有方式以及被视为合法的占有模式得以形成的社会条件。"② 这无疑为阶级或阶层研究开启了新视角。

---

① C.汤普森:《英国工人阶级的形成》(钱乘旦等译),译林出版社2001年版,第1—2页。
② P. Bourdieu, *Distinction*: *A Social Critique of the Judgment of Taste* (Cambridge: Harvard University Press)。

除了上述文化转向的代表性人物之外,吉登斯、泽里泽尔(Viviana Zelizer)等人的社会学思想都在一定程度上具有文化转向的意味。在吉登斯的结构化理论中,文化被视为社会关系和认同的重要构成部分。他认为,社会结构是在社会行动的日常实践之中再生产出来的,而行动者是具有知识的。社会结构可以成为社会行动的资源,然而这只有在行动者相当熟练地掌握互动技巧时才成为可能。在这个意义上说,吉登斯认为文化与结构是不分的,他的结构化理论也可以转译为文化的结构化理论。由此人的能动性或主体性得以强调。① 泽里泽尔,这位中国读者并不十分熟悉的社会学家则具有明显的文化主义立场,她以文化去批评狭义的经济行为并指出文化渗透在经济生活的各个领域,她的两部代表著作《金钱的社会意义》和《为无价的孩子定价》很好地凸显了其理论主张。前者指出,文化加速了社会分化,后者则宣称文化创造了一个迅速增长的消费经济。② 塞维尔(R. Sewell)则更具文化主义的意味,认为结构本身就是一种"深厚的文化现象",所以他试图从这一角度去理解结构的二重性并探究能动性的存在。③ 乌特诺(R. Wuthnow)对道德秩序的研究为我们提供了经由互动与沟通探究文化规则结构之路径。④ 阿彻尔则试图以分析性二元论(Analytical Dualism)去考察文化系统与社会文化互动之间的复杂关系,并由此提炼整合的理论框架。⑤ 哈贝马斯和埃利亚斯都提出了具有建构主义色彩的文化理论从而加入到文化转向的阵营。凡此种种,不难发现,文化转向有助于社会学更为重视人类文化对于行动和社会结构的重要性并提供了替代性的解释架构。

三、后现代视野中的文化解读

当代文化社会学理论的研究还体现在对文化本身的重视,它提出了一系列的解释框架,尤其是批判资本主义社会和后现代社会(或消费社会、后工业社会):一方面,社会学更为强调大众文化,法兰克福学派正是从大众文化的视角

---

① 安东尼·吉登斯:《社会的构成》(李康、李猛译),生活·读书·新知三联书店1999年版。
② 周怡:《解读社会——文化与结构的路径》,第74—75页。
③ W. Sewell, "A Theory of Structure: Duality, Agency, and Transformation," *American Journal of Sociology*, Vol. 98, 1992, pp.1-29.
④ W. Robert, *Meaning and Moral Order: Exploration in Cultural Analysis* (C. A.: University of California Press, 1987).
⑤ 马尔科姆·沃特斯:《现代社会学理论》(杨善华译),华夏出版社2000年版,第216—218页。

第七章　当代西方社会学理论的文化转向

来对资本主义社会进行批判的。另一方面,社会学重构理论架构以直面现实世界正在经历的重大转变,消费社会/文化成为后现代社会理论关注的重要议题,因为消费文化或者消费社会的勃兴导致了文化经验的角色扩张或者社会关系与日常生活的美学化。① 克鲁克(S. Crook)、帕库尔斯基(J. Pakulski)和沃特斯甚至提出"后文化"这一概念以阐述文化之中的后现代趋势。

(一) 大众文化:法兰克福学派的批判路径

法兰克福学派致力于批判资本主义社会,而文化批判是他们切入这一议题的重要策略,尤其是分析和批评越来越物化的大众文化。在他们眼里,大众文化控制了个体意识,强化了控制和屈从。大众文化是空穴来风,是不断拓展的休闲和娱乐等文化产业影响的结果。正是因为艺术和文化的日趋标准化和商业化,才致使人蜕变为消费社会之中的"单面人"。葛兰西较早就看到了统治阶级如何施诸文化霸权以控制被宰制的阶层,从文化而非物质利益的角度批判过资本主义社会。阿尔都塞强调了国家利用意识形态以维持其统治。卢卡奇(G. Lucács)关注物化过程,这一过程无疑包括文化领域。阿多诺(T. Adorno)关注的则是艺术和商品交换之间的整合,并且认为对抗工具理性的避风港在美学领域。

法兰克福学派注意到文化工业所体现的商品拜物教的强化、交换交织的宰制和国家垄断资本主义的强势。它成功地型构了大众的鉴赏力和偏好,经由反复灌输对于各种虚假需求的欲望而塑造了人们的意识。可见,文化产业在资本主义社会发挥着重要的作用:排斥现实需求或真实需求,排斥可选择的和激进的理论或概念;排斥政治上对立的思维方式和行动方式。其有效性就体现在它蒙蔽了民众的视野。② 大众文化所宣扬的一切只不过是另外一种形式的宰制,音乐、电影所承载的生活幻觉是将资本主义理性控制的功能延伸到了工厂和办公室之外,人们无所遁形。法兰克福学派的批判理论实际上正是从马克思的政治、经济和文化批评转换为了更为专门的以文化为核心主题的批判。

法兰克福学派的批判理论致力于披露成熟的资本主义体系和发展中的资本主义世界秩序里的各种问题。这在一定程度上与马克思对经济基础的重视保持了距离,然而却与后现代主义关于象征、符号、文化及意识形态上的阐述殊途同

---

① 布赖恩·特纳:《社会理论指南(第2版)》(李康译),第449页。
② 多米尼克·斯特里纳蒂:《通俗文化理论导论》(阎嘉译),商务印书馆2003年版。

归。因为在后现代主义那里,大众传媒和通俗文化在社会秩序的重要性与权力,意味着它们支配并塑造了其他一切形式的社会关系。各种通俗文化符号、媒体语言支配着我们对现实的感受,支配着我们确定自身和周围世界的方式。在一定程度上,社会已经被纳入媒体之中。① 因此,要批判这个社会,就必须批判这个社会的大众文化。大众文化是晚期资本主义的产物,它与普遍的商品化联系在一起。大众文化不仅必然隐含了对社会秩序的否定和批评,并通过焦虑的压制使现存秩序合法化,从而实现其意识形态功能;与此同时,它又表达了人们某种乌托邦式的希望,经由想象性叙事和对社会和谐的影像幻觉而实现愿望。然而,在更为宽泛意义的后现代社会理论中,消费文化或消费社会这样的词语应用更为广泛。

(二)消费文化/消费社会:后现代主义的视野

后现代社会理论宣称,社会组织正在转向一种特定的后现代形式,其特点就是社会结构和经验的美学化,这一转向的实质就是文化向经济生活各个领域的规模庞大的扩张。为了回应这一特定的时代需要,一种所谓的"文化化的社会学"(Culturized Sociology)兴起以直面文化化的社会生活,而实现"文化化"的策略就是将视角转移到日益凸现的消费文化。②

后现代主义者考察文化的一个基本出发点是,在后现代社会,一切都成为商品,成为被消费的对象。整个后现代主义的文化与市场纠结在一起,艺术乃至理论都成了商品。在商品化之后,文化就从过去特定的文化圈之中扩展而出进入了人们的日常生活,文化(尤其是媒体、消费)正在侵蚀社会的边界。文化不再是一个孤立的美学现象,而是涉及文化与经济生产之间的复杂关联,涉及资本主义的意识形态建构,涉及跨国资本主义时期的群体、民族和国家之间的关系。这在詹明信(F. Jameson)看来就是文化的经济化或商品化,在波德里亚看来就是消费社会的勃兴。

波德里亚对消费社会的解读在一定程度上是一种文化解读,因为在消费社会里,所有物品都是某种符码,我们消费物品就是消费符号,同时在这一过程中对自己进行界定。正是在这个过程中,主宰着价值的生产和流动的过程的符码

---

① 多米尼克·斯特里纳蒂:《通俗文化理论导论》(阎嘉译),第246页。
② 布赖恩·特纳编:《社会理论指南(第2版)》(李康译),第432页。

第七章 当代西方社会学理论的文化转向

获得了一定程度的自主性。消费社会将经验和商品美学化了或者"文化化"了,之所以如此,是因为消费社会起源于过度生产,商家不得不以大量的广告和市场策略来吸引顾客,有时甚至是超过了实际生产过程的。各式各样的物品都成了符号消费的一部分,这样文化领域和商贸领域产生了互惠性的交换。他这样写道:"文化中心成为巨大商场中一个不可或缺的组成部分,这不是说文化在此处被'丧失品格地出卖了',这么说太简单。它是被文化化了。结果,商品(服装、食品、餐饮等)也被文化化了,因为文化被转换成在种种可消费的东西的普遍展示中,处在其他东西当中的一种特殊且被闲置的实体,一种奢华,一样事物。"[1] 他对时尚的关注更是体现了文化转向。时尚不仅不指涉任何真实的事物,而且也不导向任何地方。时尚并不生产任何东西,仅仅生产出符码。时尚体现了符码的统治。[2]

詹明信是从文化的角度来解读现代主义的,他认为所谓的后现代主义实际上是一种新的文化逻辑,与此同时整个社会的经济结构继续保持资本主义的早期形式。后现代文化具有无深度、无历史,无时间和虚拟化的特点。然而,这一文化的背后隐匿的依然是马克思主义的逻辑,因为:全球性的后现代文化是遍及世界的美国新一轮军事、经济政治的内在的、上层建筑的表达。在这个意义上,正像整个阶级历史中所贯穿的那样,(隐藏)文化之下的是血腥、痛苦、死亡和恐怖。詹氏也注意到了消费文化是后现代社会的重要组成部分,消费文化的兴起导致高雅文化与商业形式之间的分野逐步消失,文化艺术全面进入社会和日常生活之中,或者更准确地说,所有的文化都卷入消费之中。正如詹明信所言:"由于作为自律空间或范围的文化黯然失色,文化本身落入了尘世。不过,其结果倒不是文化的全然消失,恰恰相反的是惊人扩散……如今整个社会层面成了'文化移入',在这个充满奇观/形象或海市蜃楼的社会里,一切都成了文化的——上至上层建筑的各个平面,下至经济基础的各种机制。……文化本体的制品已经成为日常生活随意偶然的经验本身。"[3] 所以文化已经扩张到整个社会领域,从经济价值、政府权力、生活实践到心智结构,都成了"文化"。后现代文

---

[1] J. Baudrillard, *Consumer Society*, trans. by J. Mourrain, in M. Poster, ed., *Selected Writings* (Cambridge: Polity Press, 1988), p.32;亦可参阅布赖恩·特纳编:《社会理论指南(第2版)》(李康译),第449页。

[2] 乔治·瑞泽尔:《后现代社会理论》(谢立中等译),第130—131页。

[3] 詹明信:《晚期资本主义的文化逻辑》,生活·读书·新知三联书店1997年版,第381页。

化极度膨胀,凡小说、音乐、绘画、建筑、影视、商业广告等都是特定的"文化文本",空前庞杂。在这一背景下,文化无意识兴起代之以政治无意识,多元共存的思维代之以二元对立的思维。

丹尼尔·贝尔试图从文化的层面来解析资本主义社会正在面对的一系列新的变化乃至断裂,因为资本主义在几百年的发展过程中已经形成政治、经济和文化领域内的三个根本性对立。尤其是资本主义精神中所隐匿的精神潜在病灶日益凸现,即宗教冲动力和经济冲动力之交错弥漫于整个资本主义的上升时期。他的《资本主义文化矛盾》试图阐释大众消费社会所释放出的种种能量与欲望和维系资本主义的工作、勤俭和责任等核心价值之间的断裂。因为,在所谓的后工业社会里,可供人们消费的服务和商品急剧扩张,即便是那些为少数人所持有的价值观念也迅速地扩张并在大众社会中获得合法性地位,这一巨大的张力或者断裂导致了资本主义社会无法克服的矛盾。社会的世俗化剥除了世事万物的神圣色彩,这样,资本主义就无法为人们的工作和生活提供终极意义,人们陷入信仰危机。贝尔提供的答案也是文化式的,即重新向某种宗教观念回归并提出了一个公共家庭理念以回应上述的断裂。

克鲁克、帕库尔斯基和沃特斯认为在后现代化的进程中,一种所谓的"后文化"(post-culture)正在浮现。在这样的情况下,文化不再是一个分化的领域,而是与社会和人格聚合在一起,形成一个浑然一体、毫无分化的整体,由此表现出与现代文化全然不同的特征。第一,后文化具有过度分化的趋势,每个文化要素都变成一个独特的产品且与所有的传统相脱离,所有的界限都模糊。第二,后文化具有过度理性化的特征,规定文化形式的是市场上的消费,从而脱离价值理性或目的理性,这使得后现代的产品毫无风格可言。后文化的第三个特点即为过度商品化。所有的东西都变成了消费品,这无疑构成一个过度商品化的意义背景。所以后文化展现的是符号的混乱和对拼凑与模仿的偏好。①

戴维·钱尼甚至认为,后现代世界即为文化转向的顶点,因为此时的现实世界"已经无法在文化和社会之间作出有意义的划分;现实世界不再以本身的面貌存在,而仅仅是以文化的形式登台、演出、展现和现象"②。可见,处处皆文化,斯言诚哉。

---

① 马尔科姆·沃特斯:《现代社会学理论》(杨善华译),第224—225页。
② 戴维·钱尼:《文化转向:当代文化史概览》(戴从容译),江苏人民出版社2004年版,第212页。

（三）殖民文化：后殖民主义的视野

后殖民主义本质上来说是后现代主义在东方和第三世界国家的一种变体，它与东方和第三世界国家人民反对殖民主义的斗争和非殖民化尝试有一定的相关性。① 同时它也是当代多种文化政治理论的集合性话语，与后现代理论相呼应，在消解中心权威，倡导多元文化研究的潮流中崛起，并以其权力话语研究和文化政治批评性拓展出广阔的文化研究视阈。②

在后殖民主义理论那里，对文化与殖民之间关系的考察从未停止过，萨义德（E. Said）的《东方学》和《文化与帝国主义》就是一个显著的标志。在后殖民主义理论家看来，第三世界国家在政治上的独立与经济上的成功并不意味着其在文化上也取得了自主或独立。由于第三世界国家摆脱西方殖民统治的努力常常是借助后者的所谓现代的方式，如现代的语言与文化。这就形成了一个悖论：第三世界国家的反帝、反殖，争取民族独立与富强的事业，常常是借助西方第一世界国家的思想与文化，从而无法摆脱西方殖民文化的深刻影响与制约。③ 因此后殖民主义理论集中关注第三世界国家与民族与西方殖民国家文化上的关联，又称"文化殖民主义"。

后殖民主义理论首先否定殖民时代的结束必然意味着殖民状况的解除或原殖民国家的真正独立。殖民时代的结束给原殖民国家所带来的后果是双重的，一方面，是纷纷独立的"再生"的欢欣，另一方面是独立的期望同时也是一种沉重的历史重负。人们感受到创造一个全新的世纪的急迫性，但是这一任务由于后殖民性（即无法真正获得政治、经济、文化上的独立）的严酷现实而显得异常艰辛。第三世界国家在现代化进程中不可避免的历史延误与其创新的文化欲望之间出现了深刻的紧张与矛盾。

殖民主义之后，后殖民的与"独立的"民族国家的出现常常伴随着忘记殖民过程的欲望，其目的是驱散自身所遭受的殖民统治的痛苦记忆。但事实上，历史不能通过一种简单的意志行为而得以自由选择。也就是说，仅仅是对殖民记忆的压抑本身决不等于从殖民统治令人不快的现实中真正解放出来。因此抵抗遗

---

① 王宁、薛晓源主编：《全球化与后殖民批评》，中央编译出版社1998年版，第120页。
② 王岳川：《后殖民与文化批判话语》，《求索》2001年第6期。
③ 陶东风：《文化研究：西方与中国》，北京师范大学出版社2002年版，第113页。

忘就具有重要意义。① 从某种意义上说,反殖民主义理论的价值就是重新唤起对于殖民历史的记忆,它的理论任务是提醒人们警惕遗忘的可怕后果,重新唤起关于历史的记忆,深刻地反思殖民的文化后果。

后殖民主义批判西方主流话语的矛头所向是欧洲知识的文化霸权。由于这个霸权的作用,非欧洲世界的知识就成为"被制服的知识"或"被剥夺了资格的知识"。它尝试重新肯定非欧洲世界的认识论价值。后殖民主义拒绝欧洲文化的普遍化、特权化,认为欧洲的哲学与文化在提出普遍性要求的时候,从来没有考虑非欧洲世界的知识以及自己对非欧洲世界的无知。

后殖民主义这样的批评话语所要争取的是使知识的领域更具有代表性,反对对知识的所有排除与压制。首先,要提示隐藏在知识生产中的利益与意识形态,同时它还必须关注大量所谓"不合法"的被剥夺了资格的与被制服的知识。后殖民的批评家以批判性知识分子自居,他们获得了这样一种观念:西方的权力内在存在于西方的认识论与教学法中,这样看来后殖民主义对于西方主流知识的批判不能不同时是一种政治介入。

(四) 反文化:弥尔顿·英格尔

反文化(counter culture)主要是指20世纪60年代以来作为反主流文化的一种价值观和生活方式。其基本精神是指来自人们对主流价值的一种批判,无论"反文化"来自对工业时代生活的不满,还是对布尔乔亚阶级兴起之价值的一种反叛。反文化基于"改革"的欲望,更精简地说,它是一种促使转变的社会力量。如60年代美国的反文化运动潮流,引导了60年代至70年代的社会运动高度发展:反战、人权、民权、女权、性解放、嬉皮士等百花齐放。② 因此,"拒绝"和"反抗"是反文化的关键词,其表现形式往往就是各种反文化社会运动。

美国社会学家和亚文化研究的权威人士弥尔顿·英格尔(J. Milton Yinger)对"反文化"的概念进行了较为系统的梳理。③ 他指出,韦斯特休斯从三个方面对反文化进行定义:一是在意识形态层面上,指全盘排斥一个社会主导文化的一整套信仰和价值;二是在行为层面上指接受上述信仰和价值;三是举止与众不同,倾向于独立出这个社会的一群人。还有一些人以经验的例释的形式来说明,

---

① 陶东风:《文化研究:西方与中国》,第116页。
② 郑慧华:《从"反文化"的角度谈本届台北双年展》,《中国美术馆》2005年第5期。
③ J. M. Yinger, "Contra Culture and Subculture," *American Sociological Review*, Vol. 25, 1960.

第七章 当代西方社会学理论的文化转向

如有人将嬉皮士称为"反文化的突出例子",它的存在是"对美国中产阶级的基本价值观的实践活动的逆反"。而达维多夫的反文化是对理想主义、知识主义以及被视为客观必然的、理智的或由法律支配的一切的否定。也有人认为,反文化是反对"过分强调窒息人的理性,忽视人类经验中非理性的意义",反对"使社会发生畸变的高压制度,不切实际把科学奉为通向真理的唯一途径"。[1] 还有学者提出反文化就是反抗技术工业化社会。

在英格尔所论及的反文化里,他是将这种对立的文化视角与欧洲法兰克福学派的"否定哲学"浪潮联结在一起的,因而带有强烈的批判性。英格尔认为:"辩证的思维在于否定,在于对现存事物的批判。任何现象的不同方面之间的矛盾产生出张力,这些张力就是产生变化的主要根源。"[2]在当今褒贬如此多样的描写和定义中,"反文化"这一术语只有在一定的参照下才可能不被误用。"一个反文化既是行为的,也是符号的。它的壮大取决于对社会秩序的触犯和批判的配合。当然这两股潮流从来就没有分开过。二者合流之日,即重大的反文化狂飙之时。"[3]英格尔还根据克拉克洪对"文化"的定义,给"反文化"下了与之相对的定义,即"所有情景地创造的生命存在式的总和——他们形成于社会动荡和社会内部发生冲突的背景中,是对那些历史地创造方式的颠倒,并处于与其尖锐对立的状态"。反文化就有以下几个方面的鲜明特征:(1)它是与社会主导价值具有强烈对抗性的观念意识。(2)它是与社会主导价值相背离的一种生活方式,如颓废、吸毒、性混乱、斗殴和追逐时髦。(3)出现了一套独特的文学和艺术,从而形成了一种既具有理论形态又富有社会影响的亚文化。[4]

总之,反文化现象的出现冲击和消解了资本主义社会固有的价值体系与社会秩序,推动了西方社会的变革。但其在思想方法和行为方式上的极端与偏执,也极容易把人们拖向非理性的空想王国。[5] "反文化"概念的提出,为我们理解当今纷繁多样的文化样式提供了一种新的路径和视角,其本身也是当代文化社会学研究的对象之一。

---

[1] 苏国勋、刘小枫主编:《社会理论的政治分化》,上海三联书店2005年版,第378页。
[2] 弥尔顿·英格:《反文化:乱世的希望与危险》(高丙中、张林译),桂冠图书公司(台湾)2002年版,第20—21页。
[3] 苏国勋、刘小枫主编:《社会理论的政治分化》,第381页。
[4] 高丙中:《主文化、亚文化、反文化与中国文化的变迁》,《社会学研究》1997年第1期。
[5] 黄瑞玲:《浅议美国反文化运动》,《思想理论教育导刊》2006年第3期。

第五节　当代西方文化社会学理论研究的新进展

一、美英不同语境下的文化社会学理论研究进展

在过去的几十年里,在继承古典文化社会学思想并逐步发展后,社会学家们已不再把文化看做是社会关系下的附带现象或结果,而是开始注重强调文化在社会生活生产中意义的中心性。文化社会学所面临的主要任务也变成了将制造意义的中心作用包含、体现在对社会现象的分析中。① 在这层意义上,文化社会学家们就需要在理论上阐明文化是如何作为社会学研究的一个中心维度的。但是,他们在进行对这一概念的分析和复兴时却采用了大不相同的方式。尽管在理论层面文化社会学家们都拒绝把文化看做是附带结果而统一地开始研究文化和社会的相互作用。然而,在连接理论和实践的方法论层面上,由于关联文化和社会的策略的不同,导致了两种不同的把握文化作为社会学基础含义的方式,两种不同的研究文化符码和社会关系相互作用的方式。一种是通过社会关系来分析文化符码,另一种则是根据文化符码来分析社会关系。而这两种不同的方式正是体现了美国和英国这两种不同的文化社会学语境以及文化在两种语境下的不同意义。②

在美国语境下,社会学家们更倾向于通过社会关系来分析研究文化符码本身。如斯威德勒和拉蒙特(Lamont)都聚焦于具有理所当然意义的文化,认为文化是嵌入在日常生活制造意义的实践中的,因此应该通过社会关系和社会活动来理解文化。③ 另一个重要的参考例子就是亚历山大所提出的"强文化范式"。④ 亚历山大是近年来文化社会学界最热门的学者之一,他在文化社会学领域的努力将文化推向了社会学学术的中心,而"强文化范式"和"弱文化范式"正

---

① J. Alexander, *The Meanings of Social Life: A Cultural Sociology* (New York: Oxford University Press, 2003).

② F. L. Neto,"Cultural Sociology in Perspective: Linking Culture and Power," *Current Sociology*, Vol. 62, No. 6, 2014, pp.928-946.

③ M. Lamont,"Meaning-making in Cultural Sociology: Broadening Our Agenda," *Contemporary Sociology* Vol. 29, No. 4, 2000, pp.602-607.

④ J. Alexander,"The Meaningful Construction of Inequality and the Struggles Against It: A 'Strong Program' Approach to How Social Boundaries Change," *Cultural Sociology*, Vol. 1, No. 1, 2007, pp.23-30.

是他在 2000 年以来推出的一对重要的学术分析概念(见表 7.1),用以说明"文化社会学"与"文化的社会学"的双视角区分以及促进社会结构与"文化自主性"的讨论。①

表 7.1 强弱文化范式的比较

	强文化范式	弱文化范式
学科视角	文化社会学	文化的社会学
解释变量	自主性独立变量,自变量	不完全独立变量,因变量
研究视角	从文化入手研究社会现象	社会学对文化现象的关注
描述方法	深描,"意义"镶嵌在实践语境中	浅描,"意义"被排除在社会结构之外
解释着力点	用具体解释具体,认为文化有客观存在的结构	用抽象术语解释行动意义,文化是行动的外部环境

亚历山大结合了结构主义和解释学,将象征系统内在动力机制的研究带入了社会学研究,认为文化是一个半结构化(pre-structured)的有反思实践性的系统。他强烈反对将文化看做非独立变量的文化的社会学,理查德·彼得森(Richard Peterson)的文化生产观点就是亚历山大主要批评的对象之一。② 文化生产学派学者认为文化是在其所处的不断变化的环境中被塑造建立的,文化本身并不具有一套清晰连贯的价值规范。他们不赞成将对文化的研究扩展到社会学的方法论层面,而仅是认为文化在检验和发展社会学理论方面是一个卓有成效的研究领域。③ 而这在亚历山大看来就是一种"弱文化范式",因为文化生产学派虽然关注文化的意义并通过社会来研究文化,却始终没有承认文化作为一个自变量的自主性。但值得注意的是,亚历山大所谓的强文化范式和弱文化范式其实也只是一个反映其倾向的理想模型,完全的强范式带有强烈的乌托邦色彩,很少有研究能同时满足亚历山大提出的表中的各项要素而被归入强文化范式的阵营。④ 而在被亚历山大归为弱范式的思潮中,如帕森斯、布迪厄、福柯等人的观点往往也并未绝对地认为文化与结构是因果决定关系,而是更多地强调

---

① 周怡:《强范式与弱范式:文化社会学的双视角》,《社会学研究》2008 年第 6 期。
② F. L. Neto, "Cultural Sociology in Perspective: Linking Culture and Power."
③ R. Peterson, ed., *The Production of Culture* (London: Sage, 1976).
④ 周怡:《强范式与弱范式:文化社会学的双视角》。

文化与结构的并蓄作用关系。也许我们应该重视的并非是亚历山大对于强弱范式的划分,而是其对强文化范式所代表的文化自主性的呼唤。虽然视角的不同带来了很多争论,但美国的文化社会学也正是在这种争论中才得以崛起和发展。随着2013年2月《美国文化社会学》期刊的发行,这种通过社会关系来分析文化符码并崇尚文化与社会结构分离的分析的流派更是得到了制度化的加强。①

而目前文化社会学领域的另一流派,也就是与上述美国流派所不同的主要在英国形成的流派,则更倾向于通过研究文化符码来研究社会关系,其关注重点是文化和社会结构的融合与整合。这一流派在2007年3月英国期刊《文化社会学》发行后得到加强。② 其实早在19世纪60年代后期,伯明翰学派和英国的文化研究领域就已开始反对主流社会学仅仅将文化看做是社会生活的副产物的观点,而倾向于两者的融合。在当前,则有如戴维·英格利斯(David Inglis)这样的学者在继承这一流派的思想。他认为过分地讨论文化研究(研究对象为文化)和文化社会学(研究对象为社会)的界限问题是没有必要的,因为这会忽视两者共享同一认识论的假设这一基本事实。在英格利斯看来,文化研究和文化社会学都是为了使文化和权力更紧密地结合而存在的,当代社会学中文化分析的发展动力就是知识的多样性和政治活动对文化研究的强力参与。不管是作为一个有意义的讨论还是作为一个想要避免的趋势,文化研究都在一定程度上对文化在文化社会学中的意义设立了一定的界限。而文化社会学与多种多样的文化研究之间的主要区别则是前者是在社会学理论和方法的指导中进行关于文化的研究的。③ 因此,在这层意义上,文化社会学应当是一个不仅仅站在文化的立场而应是站在社会学的立场来考虑问题的研究领域。文化社会学的关注焦点应基于区分研究文化时社会学的方法和其他方法的不同。比如,文化生产的方法就可以像这样被包含进文化社会学,尤其是在其开始强调消费转向,分析个人和集体是如何改变之前的象征系统而制造新的身份识别的时候。④

---

① F. L. Neto,"Cultural Sociology in Perspective:Linking Culture and Power."
② Ibid.
③ D. Inglis, A. Blaikie and R. Wagner-Pacifici, "Editorial Sociology, Culture and the 21st Century," *Cultural Sociology*, Vol. 1, No. 1, 2007, pp.5-22.
④ F. L. Neto,"Cultural Sociology in Perspective:Linking Culture and Power."

二、法国和澳大利亚的文化社会学理论研究进展

除美英之外,法国和澳大利亚也在文化社会学领域取得了一定的进展。法国悠久的社会学传统和丰富的社会学思潮一直以来都对文化社会学领域的发展起着不可替代的作用。考虑到符号象征思想一直是法国社会科学界的主要关注点,人们甚至会怀疑在法国讨论社会学文化转向的必要性。涂尔干在后期关于社会学家应关注社会现象中符号象征维度的思想就被广泛地继承了下来。应该说,一直以来法国的社会学、人类学和哲学之间就不存在十分明晰的界限,这也影响了其文化转向。但"文化社会学"这一名称却很少应用于法国的社会学研究。① 不过,在法国的当代社会学中,还存在着用社会学流派来促进美国文化社会学和法国实用主义社会学的对话。通过关注个人在日常生活中确立道德评价标准的不同,这些流派都承认了文化和社会领域之间存在的相互作用。②

而在澳大利亚,文化社会学正在得到越来越多的关注和重视。澳大利亚的学者们在欧美已有的文化社会学理论基础上,借助澳大利亚自己的文化研究,逐渐发展出了新的理论方法。这在很大程度上是由一些将澳大利亚的社会生活作为实验室的研究实现的,而这些研究往往是通过改进或重新表述欧美的研究成果而进行的。③ 比如,奥斯鲍迪斯顿(Osbaldiston)就以菲利普·史密斯(Philip Smith)对地点的分析分类为基础,来理解澳大利亚市民对城市、农村、海滨的认知。④ 再如,本·哈利姆(Ben Wadham)对白色(肤色)作为一种统治迹象的不可见性进行的研究,也可以说是在澳大利亚语境下以文化社会学视角探索社会生活的一项创造。⑤ 尽管我们不能否认文化社会学已在澳大利亚的有关文化的研究中取得了很大的进展,但澳大利亚的文化社会学有着与文化研究完全混合和

---

① P. Lichterman, "Repenser la 'Critique' dans la Sociologie Culturelle Etats-Unienne: Une Alternative Pragmatique à la 'Démystification'," *Tracés Revue de Sciences Humaines*, Vol. 13, 2007, pp.73-89.

② M. Lamont and L. Thévenot, eds., *Rethinking Comparative Cultural Sociology: Repertoires of Evaluation in France and the United States* (Cambridge: Cambridge University Press, 2000).

③ E. de la Fuente, "Cultural Sociology in the Australian Context," *Journal of Sociology*, Vol. 44, No. 4, 2008, pp.315-319.

④ N. Osbaldiston, "Elementary forms of Place in Seachange," *Journal of Sociology*, Vol. 46, No. 3, 2010, pp.239-256.

⑤ B. Wadham, "The Turn to 'Whiteness': Race, Nation and Cultural Sociology," paper delivered to TASA 2003 Conference, sponsored by University of New England, December 4-6, 2003.

合并的趋势,因此若想巩固自身,成为一种有特色的社会学理论,澳大利亚的文化社会学还路漫漫其修远兮。①

三、对当前西方文化社会学理论研究的展望

总的来说,当前的文化社会学家们都在承担着同一任务,即发展出一种对社会结构的具体性提出质疑的以意义为中心的方法。其目标是根据历史现象分析意义的变化,可见,意义在这里被看做是一种特有的社会生活。文化社会学家们既不认为文化是社会发展的结果,也不认为文化是社会现象的结果,以避免掉入会减少文化对社会的影响力和以无力的相对主义对待文化研究的双重陷阱。一方面,那些希望通过社会交互作用来研究文化的学者们在试着分离文化象征系统和社会,以给予文化自主性。这种在分析层面的分离被认为是理解两者之间经验关联的先决条件;而在另一方面,志在通过社会符码来研究社会交互作用的文化社会学家们,则倾向于合并象征系统和社会,其经验关联是转移到理论层面的。这两种构建、孕育文化社会学的方式都为作为社会学子领域的文化社会学在诠释自身正在进行的巩固过程时提供了分析工具。② 尽管由于语境不同关于文化社会学的研究衍生了很多辩论,但每个人都可以从双重视角来考察文化社会学。在上述的两股主要流派中,我们也可以找到对文化社会学非常不同的研究方法。比如,亚历山大和拉蒙特虽然都致力于通过社会来研究文化,但他们希望达到这一目标的方式是完全不同的。亚历山大十分提倡并注重文化的自主性及构建一个区别于"文化的社会学"的文化社会学。而拉蒙特关心的则是那些建立社会层级的文化符码,她强调文化社会学应具有一个更广泛的含义,以包含使用社会学方法对文化所作的所有研究。

在文化社会学的经验应用领域,目前也有一些研究主题展现出了较好的发展前景。比如,"文化创伤"就是文化社会学中很有前景的一个研究概念,大多数的相关研究都揭示了包含文化创伤建构在内的象征符码的转换。将离散事件转化为文化创伤之所以成为可能,就是因为在叙述角度上采用了集体认同的观

---

① F. L. Neto,"Cultural Sociology in Perspective: Linking Culture and Power."
② Ibid.

念以提高事件转化的可能性。① 文化社会学的分析框架也可应用于宗教归属感、职业道德伦理及其他公共话语形式的研究。但总体而言,由于"文化"在社会科学中定义的多样性,及其影响的不可测性,文化研究在经验应用领域一直面临着极大的挑战。因为虽然我们都明确地知道文化对个体、社会存在着影响,却很难精确地估算这种影响的程度和大小。珀拉维嘉(Javier G. Polaviejaa)针对这一文化研究的方法论困境提出了有别于传统的理解路径。这一路径试图中和韦伯文化研究传统中对个体能动性的忽视以及斯维尔德文化研究传统中对个体能动性的过分强调,而将文化定义为一个中层的"概率倾向"(probabilistic tendency)。也就是说,处于特定文化中的个体会比不处在这一文化中的个体有更大的概率从事特定的行动。按照这一思路,文化是一个需要通过个体表现出来的宏观建构,是一种通过个体才能够展现出来集体性现象。哈维的这种对于文化的新理解路径将文化研究与项目评估中的因果分析策略联系了起来,为文化社会学的研究提供了一种新的理论与方法思路。②

应该说,当代文化社会学具有丰富的理论思潮和实践经验,但这对文化社会学的发展来说是一把双刃剑。一方面,学者们在多学科视角下的讨论促进了文化社会学这一学科的崛起;另一方面,以文化社会学为主题的相关学术期刊也变得越来越种类繁多,对于各个研究对文化社会学的贡献的解释和评价就在很大程度上受限于编辑们的采纳、说明。另外,文化社会学需要克服的一个主要障碍就是,目前为止,其发展过多地建立在英美语境下。除了在法国和澳大利亚小范围地发声,文化社会学的声音很难在美国和英国以外的语境下被听到。而其实其他地区的文化社会学家们也应该根据其自身的社会学传统,参与或重新解读文化社会学界的一些讨论。这不仅能够增加文化社会学的概念工具,也可能会创造出新的理论或值得讨论的新内容。除了需要跨越国界来发展文化社会学之外,其在未来面临的另一个重要挑战是需要巩固文化社会学,使其形成一个理论和方法更为均匀的研究框架,以使文化社会学与其他学科展开良性的对话成为

---

① R. Eyerman,"Harvey Milk and the Trauma of Assassination," *Cultural Sociology*, Vol. 6, No. 4, 2012, pp.399-421.

② J. G. Polavieja,"Capturing Culture: A New Method to Estimate Exogenous Cultural Effects Using Migrant Populations," *American Sociological Review*, Vol. 80, No. 1, 2015, pp.166-191.

可能。①

　　文化社会学不应该是一个在历史现象之前就定义象征系统如何进行意义制造的理论,也不应该是一种否认学科边界任意主张跨学科研究的分析风格。文化社会学应该是一个处于其他学科(如人类学)和社会学其他分支(历史社会学、政治社会学)的交叉点,但同时自身又具有一套连贯的理论和方法工具的分支学科。虽然这对于文化社会学家们来说还有很长的一段路要走,但文化社会学已经成功地建立了一些特定的研究方向来定位其特殊性。比如,文化社会学在一定程度上成功地避免了文化主义的陷阱,没有将其关注点建立在激进的相对主义的对文化的推广和一般化上,而是以一种社会学的方法在使用文化的概念。②

第六节　对当代社会学理论文化转向的评论与反思

　　当代西方社会学理论的文化转向以及由此而形成的当代文化社会学理论,从20世纪60年代以来就伴随着文化研究的诞生而兴起发展,但至今这一名称的真正含义还没有得到明确的表达。但一个大体一致的看法是:今天的文化社会学"已经不再是关于文化形式或文化现象的单一研究,而是一个关于整体社会生活、社会想象的研究"。③ 当代西方社会变化的一个重要方面,是人类所创造的文化发展得越来越复杂,文化中的人文因素和物质因素紧密地相互交错在一起,致使人类创造的现代文化在社会生活中占据着非常重要的中心地位。④

　　传统的主流社会学理论在相当程度上忽视了文化领域,只关注被理解为与文化相分离的社会结构和制度。例如,帕森斯在AGIL分析模式中,就把文化系统看做是与社会系统、人格系统相对独立的统一体,并把社会结构、行动/能动与文化简单地割裂开来。与此相反,当代社会学理论却认为真正的行动环境和社会条件本身都是相互渗透的、非常复杂的文化产品。因此,它们试图超越传统社会学把社会与文化分割开来的研究途径,突出并优先考虑文化现象和文化关系,

---

① F. L. Neto,"Cultural Sociology in Perspective: Linking Culture and Power."
② Ibid.
③ 珍妮特·沃尔芙:《文化研究与文化社会学》。
④ 高宣扬:《当代社会理论》,第30页。

第七章 当代西方社会学理论的文化转向

同时也充分考虑到作为研究对象的社会和文化,同实际存在的社会和文化之间的不可避免的二重化,充分考虑到社会和文化的实际运作过程同社会学家对于社会和文化的研究过程的二重化。这两种二重化是社会学家研究社会和文化的实践活动所不可避免的行动效果。① 今天,文化因素在整个社会结构中的地位和意义已发生了根本性的转变。如果说传统的社会学家还有可能把文化作为一个相对独立的子系统而加以分析的话,那么,在人类文化高度发达并无孔不入地影响着人类的整个生活世界的结构的时候,当代社会学理论家已经完全不可能再沿用传统社会学家的文化与社会分割的研究方法了。因为当代社会学家身处其中的当代社会本身,就是一个充满着高度文化因素的社会世界。②

文化范畴的这种显要地位是与消费主义所造成的现代社会的转型,及由此导致的文化领域大规模扩张分不开的。因此,当代西方社会学理论之所以会高度关注文化范畴,很大程度上也是伴随着文化消费和文化再生产的增长、现代社会中一些重大变迁所产生的效应。由于文化与社会生活的密切关系,文化的社会学视角为个人性和公共性的理解与行动提供了一个重要的杠杆。一些后现代主义者甚至认为:"在一个处于现代向后现代转换的世界中,文化研究必定就是社会学研究。"③

第二次世界大战后,西方社会学理论的历史主题是在反"帕森斯理论帝国"的过程中建立起来的。虽然挑战帕森斯理论的每一种"后帕森斯理论"都没有得到充分的发展,但制度的意识形态力量已经发生了变化,新的社会学领域已经在美国建立起来,而且欧洲的社会学理论也开始复苏。④ 其中在英国兴起的文化研究就是国际学术界最有活力,最富于创造性的学术思潮之一。随着当代文化研究跨学科的发展,也越来越呈现出其社会学基础和意义的缺失。正是在这样一种背景下,那些后帕森斯理论把开始文化研究引入进来,这无疑开辟了社会学理论研究的新方向,也直接导致了社会学理论的文化转向和文化社会学研究的确立。因此,文化社会学作为一门学科的真正出现主要发生在当代。

从文化社会学的演变历史中,我们可以发现早期的文化社会学仍以现代性

---

① 高宣扬:《当代社会理论》,第35页。
② 同上书,第36页。
③ 约翰·R. 霍尔、玛丽·乔·尼兹:《文化:社会学的视野》(周晓虹、徐彬译),第400页。
④ 杰弗里·亚历山大:《社会学二十讲》(贾春增译),第120页。

为分析核心,文化整合体现的正是现代性的特征,而晚期对这种"整合"的摒弃,既是对传统社会学的反叛,也是后现代性对现代性的叛离。早期的文化社会学主要是从社会学的角度去研究文化,或者说用社会学的方法、理论去分析文化,而当代的文化社会学一面继续从社会学的角度去分析研究文化,同时另一种文化社会学的含义也慢慢萌芽了,即对社会、社会学理论进行文化的分析研究。这里所说的对社会、社会学理论进行文化分析,并非是用文化理论去看待社会,而是说在社会学的研究中引入文化的因素,通过文化去分析研究社会。因此,在这整个过程中,文化社会学的研究重心从先验的抽象实体转向现实的生活实践,在目的上从单纯的文化认识转向文化的应用;在视野上从地域性文化转向全球性文化。[1] 这也就决定了文化社会学不可能无牵无挂地独来独往,它还与女性主义、后殖民性等有着密切的关系。

今天,文化社会学的凸现及其转向使得文化视阈的研究越来越显势,文化社会学家和文化研究学者之间展开的积极的和富有成果的对话也越来越多。这种对话,一是建立在文化研究内部对人种论的重要性、对社会进程与制度的研究和对那些文化生活结构特征的理解的更多承认的基础上;二是建立在一些文化社会学家的著作的基础上。他们通过对文化研究的批判理论全新的投入扩展了其观点和观念框架。这种对话的益处在于使两者获得了共同的利益,这种意义即是两者间相互的承认。对文化社会学来说,就是承认对那些描述以及对社会如何文本地或话语地构成不断复杂化的理解,仍需要去从事长期隶属于社会学调查的社会建构的实践。而社会学家通过关注习俗与社会关系,以及关注社会差异与其历史转变的建构准则的更广泛的前景,也能为文化分析的课题作出贡献。[2] 另外,通过文化社会学和文化研究的接触,也能使文化社会学相对化。这种相对化的社会学将具有一种主体和客体的理论,扮演一种批判——道德的角色。这种角色抛弃了主流社会学价值中立的立足点,导致了处理问题更富有生产性的方法。总之,当代文化社会学和文化研究之间持久的、富有建设性的对话,一方面保证了文化研究的社会化,另一方面,也扩展了文化社会学的研究领域和考察文化问题的方式,促进了文化社会学理论的发展。

可以说,文化,在当代社会学领地里找寻着自我,也引发了社会学学科内部的

---

[1] 杨悦:《论当代文化研究方法论的转变》,《河北学刊》2002年第1期。
[2] 珍妮特·沃尔芙:《文化研究与文化社会学》,第86页。

第七章 当代西方社会学理论的文化转向

大震动和自我反思,社会学的文化转向,从"The Sociology of Culture"到"Cultural Sociology"的转变,将无可避免地历经无数的争辩和尝试(正是这种转向标志了文化社会学在社会学这块领地里的真正崛起和自主)。① 但毋庸置疑的是,文化的重要性将不断突显。如果说争辩是必需的,那么这也正展现了社会学的绚烂多姿,而这又将开启新一片的广阔天空。因为它至少有助于唤起包括社会学理论在内的所有社会科学研究者本该拥有的人文关怀。

西方社会学理论的文化转向,使得一度被社会学家疏远的文化研究又重新进入了主流社会学的视野。这种文化社会学的显势不仅有其现实基础,也因为文化和社会学本身就有一种契合的关系。正像约翰·霍尔和玛丽·乔·尼兹在《文化:社会学的视野》一书中说的那样:"文化一直是一种社会现象,是一种可以用社会学术语加以分析的现象。""社会学的思想方法有助于我们理解文化,社会学意义上的文化问题也应该得到研究。"② 正基于此,我们有理由对文化社会学在未来的发展抱以更大的期望!

就社会学理论文化转向的特点来说,布赖恩·特纳(B. S. Turner)认为,在许多批评声中,它即便没有摧毁社会科学和人文学科的知识可信性,也完全可能摧毁社会理论的知识可信性。③ 因为社会范畴这一观念正逐步消解在文化范畴之中:一是用文化理论取代社会理论;二是用文学性的解释侵蚀了社会学的方法,社会被作为一种纯粹的文本被解读,并在其中被解构或消解;三是把一切社会关系都"解读"为文化关系。但就文化转向结果而言,特纳认为它是华而不实的。当代文化研究与社会学理论的文化转向至少面临着以下几个方面的挑战:

第一,从思想的角度上说,当代文化研究与文化社会学理论不太可能发展出一批概念,能够在广度、深度和道德严肃性等方面,比得上韦伯的理性化观念、马克思的异化概念、涂尔干对神圣范畴的分析、齐美尔对精神生活与大都市的理

---

① 这一转向实际上也表明了文化社会学的两种研究视角:一是以社会学的视角和方法研究文化现象的"The Sociology of Culture",即关于文化的或艺术的社会学研究,二是从文化分析入手研究社会现象的"Cultural Sociology",可称为以文化为中心概念的社会学理论架构。这里的文化就是指具有更广泛的价值、信仰、观念等意义的文化,而不是像 Sociology of Culture 里那样主要指艺术。早期的一些经典理论,像韦伯和涂尔干对宗教现象的研究都属于以社会学视角审视文化的一类;而后来布迪厄的文化研究则明显归于后者。有关分析可参阅周怡:《文化社会学的转向:分层世界的另一种语境》,《社会学研究》2003年第4期。

② 约翰·R.霍尔、玛丽·乔·尼兹:《文化:社会学的视野》(周晓虹、徐彬译),第17页。

③ 布赖恩·特纳编:《社会理论指南(第2版)》(李康译),第21页。

解,或者帕森斯对教育系统中民主革命的分析。

第二,当代文化研究与文化社会学的转向,常常是宣称传统学术上的所谓失败,而不是力求提出一套切实的研究规划。因此,它不再可能有一套统一的研究纲领,这便产生了思想上和学术上的真空,并时常不自觉地靠文化研究来填补。

第三,当代文化研究与文化社会学尽管正确地认识到文化范畴是社会变迁中的核心要素,但却未能有一种充分的理论或方法论来把握和实现这种变迁。他们误以为起推动作用的不是一套稳定的研究规划而是理论,是对于变迁的理论回应。因而,他们更关注的是理论阐述和定位,而不是理论与社会的互动。

第四,一种充分的文化社会学必须得到经验研究计划的推动,对历史的、比较的框架有所认识,并且发展出真正具有社会学味道的关注焦点,也就是说,集中考察社会中不断变动的权力均衡。将社会范畴归入文化范畴的尝试并不能对权力、不平等和社会分层产生充分的理解。[①]

第五,社会学家们越来越重视文化在当代社会中自主的、相对独立的重要作用,其导致的最终结果就是整个文化社会学顺应了整个文化科学的语言学转向。例如,亚历山大强调不应忽视符号现象、神话、隐喻等;吉登斯也表现了对语言的极大关注,而批判主义传统下的语言学转向就更是显而易见了。

第六,当代文化研究与文化社会学家抛弃了一直困扰着社会学界关于文化现象研究的"文化整合的神话",转而把文化的分化性、多样性、内在矛盾性、非一致性、非连贯性作为自己的关注焦点,认为不是一致与整合而是冲突与分裂才是文化现象的固有特性。[②] 这一观念将导致现代社会更为激烈的冲突。

第七,当代社会学理论的文化转向过于理论化,在文化转向的纵容下,很多作品更多地将"世界"(world)转化为"词语"(word),从而用理论颠覆了日常生活世界,一切都文化化了。毫无疑问,文化的这种泛化取向不仅在一定程度上增加了"文化"这一复杂概念的含混性,也势必会引起人们的反弹。

第八,以"文化"取代"社会"的范畴,把所有的社会关系都"解读"为文化关系的倾向,至少忽略了权力的物质基础和文化的制度化之间的不同张力。正如格尔兹所言:文化分析"永远存在这样一种危险:在寻找深伏在底层的乌龟时,它会迷失表层的现实生活——使人们在方方面面受到制约的政治、经济和分层

[①] 布赖恩·特纳编:《社会理论指南(第2版)》(李康译),第22页。
[②] 杨悦:《论当代文化研究方法论的转变》。

第七章　当代西方社会学理论的文化转向

的现实——和这些表层的现实生活建立其上的生物和物质的必要因素"。①

尽管当代西方社会学理论的文化转向存在着种种不妥和令人难以接受的地方,但其对主流社会学理论的影响却是有目共睹的,这一转向在整个社会学中的影响也是深入且广泛的。文化转向的支持者回应了批评那些把社会建构在物质组织上的努力所导致的本质主义和基础主义问题。② 这一转向在一定程度上拓展了社会学理论的视野,并有助于人们深入了解人类社会正在经历的社会变迁,尤其是象征、符号、消费、格调或者品位等的意义在凸显、放大乃至侵蚀社会的边界。在这样的背景下,所有的社会实践都可以被解读为文化的。

各种形式的文化社会学的理论和分析,基本上是由现代世界中文化与社会之间绝对难以调和的现况所产生出来的。文化范畴与社会范畴在当代已经以种种难以预计的方式交织在一起了,文化范畴试图注入社会范畴的每一个毛细血孔,让社会学本身颠覆。因此,当代社会学理论不再可能以文化的性质来设定任何一般性或普遍性的原则,因为在可预见的未来,文化社会学将继续关注似乎将愈益普遍的多元文化处境所揭开的那些描述性问题和规定性问题,而不是阐述"文化"在"社会"当中所担当的角色(而在此之前文化和社会之间断裂的问题在当今社会已经变成了文化多元性的问题),因为文化的各种意义和界定本身也始终处在变动之中。③

今天,对于文化的反思和研究推动,使得"文化"作为一个分析视角不断加入到主流社会学的研究问题之中,并受到越来越多的关注。事实上,近一二十年来,当代文化社会学的研究对象,已经从原来的人格文化、宗教、艺术、流行文化、仪式、文化变迁等文化现象,转而投向阶级分层、流动、性别和组织等社会问题。这种研究对象的转型,无疑提升了文化社会学在社会学理论中的位置。换句话说,这种转向致使社会学理论从此不得不在一些视为主流的研究问题上,关注来自文化社会学的声音,并随时与之展开对话。

【推荐阅读】

Alexander, J. C., *Meanings of Social Life: A Cultural Sociology* (Oxford University Press, Inc., 2003).

---

① 克利福德·格尔兹:《文化的阐释》(纳日碧力戈等译),第34页。
② 马克·斯密思:《文化:再造社会科学》(张美川译),吉林人民出版社2005年版。
③ 布赖恩·特纳编:《社会理论指南(第2版)》(李康译),第457页。

Gillin, J. L., *Cultural Sociology: A Revision of an Introduction to Sociology* (New York: Macmillan Co., 1948).

Robertson, R., *Meaning and Change: Explorations in the Cultural Sociology of Modern Society* (New York: New York University Press, 1978).

阿雷恩·鲍尔德温等:《文化研究导论(修订版)》(陶东风等译),高等教育出版社 2004 年版。

C.汤普森:《英国工人阶级的形成》(钱乘旦等译),译林出版社 2001 年版。

曹卫东、张广海:《文化与文明》,广西师范大学出版社 2005 年版。

戴维·钱尼:《文化转向:当代文化史概览》(戴从容译),江苏人民出版社 2004 年版。

多米尼克·斯特里纳蒂:《通俗文化理论导论》(阎嘉译),商务印书馆 2003 年版。

杰夫里·亚历山大:《文化社会学:社会生活的意义》(吴震環译),五南图书出版股份有限公司(台湾)2008 年版。

卡尔·曼海姆:《文化社会学论要》(刘继同、左芙蓉译),中国城市出版社 2002 年版。

克利福德·格尔兹:《文化的阐释》(纳日碧力戈等译),上海人民出版社 1999 年版。

拉克劳、墨菲:《文化霸权和社会主义的战略》(陈墇津译),远流出版公司(台湾)1994 年版。

马尔科夫·沃特斯:《现代社会学理论》(杨善华译),华夏出版社 2000 年版。

马克·斯密思:《文化:再造社会科学》(张美川译),吉林人民出版社 2005 年版。

曼纽尔·卡斯泰尔:《信息化城市》(崔保国等译),江苏人民出版社 2001 年版。

乔治·瑞泽尔:《后现代社会理论》(谢立中等译),华夏出版社 2003 年版。

司马云杰:《文化社会学》,华夏出版社 2011 年版。

苏国勋、刘小枫:《社会理论的政治分化》,上海三联书店 2005 年版。

陶东风:《文化研究:西方与中国》,北京师范大学出版社 2002 年版。

萧俊明:《文化转向的由来》,社会科学文献出版社 2004 年版。

谢少波、王逢振:《文化研究访谈录》,中国社会科学出版社 2003 年版。

约翰·R.霍尔和玛丽·乔·尼兹:《文化:社会学的视野》(周晓虹、徐彬译),商务印书馆 2002 年版。

詹明信:《晚期资本主义的文化逻辑》(陈清侨等译),生活·读书·新知三联书店 1997 年版。

周怡:《解读社会——文化与结构的路径》,社会科学文献出版社 2004 年版。

第八章

当代西方社会学理论的身体转向

身体是一个悖论,一方面它是被自然、社会与文化构成的,另一方面,它又是构成世界的原型。在过去的二十多年里,无论是社会科学还是各种人文学科都开始急剧地转向于探讨社会生活中的身体,以更好地理解我们特殊的历史和现实的生活世界。古希腊德尔斐神庙的入口处镌刻有一句流传千古的名言"认识你自己",这正是西方思想史包括西方社会学理论的努力所向。要想真正认识你自己,反思自身就成为一种必然的选择。对身体的观照有助于澄清笼罩在身体之上的暧昧想象,有助于重建明晰的身体意象,有助于挖掘人的潜在本质,当然,也有助于追寻西方社会学对人的理解之路。

第一节 西方思想史上的身体踪迹及其理论传统

任何人都无法否认的一个基本事实是:我们的存在与身体息息相关。无论灵魂多么高贵,身体的寂灭必然导致灵魂的消散,从而取消人的现实存在。从这种意义上来说,"人类有一个显见和突出的现象:他们有身体并且他们是身体"。[1] 也正因为如此,对身体的探讨本质上就成了对人本身的探讨,身体的命运实际上也正是人自身命运的一种生动写照。在西方思想史上,依然遗留着各种有关身体论述的踪迹。

---

[1] 布赖恩·特纳:《身体与社会》(马海良、赵国新译),春风文艺出版社2000年版,第54页。

一、西方思想史上的身体踪迹

在西方哲学传统中一直存在着一种不平等的二元论,这种二元论被具体表述为身心二元论。在古希腊语境中,身体代表感性,心灵代表理性,从认识论上来说,感性产生的是意见,理性导致的才是真理。古希腊哲学的最高追求是对真理的发现,以及对意见的弃绝,很显然,真理高于意见,所以,心灵高于身体。可以说,整个西方传统哲学就是一部心灵压迫身体的历史,而这种压迫主要是通过柏拉图才真正完成的。

作为古希腊哲学的主要代表,柏拉图的哲学主要建立在实在与现象的二元划分基础之上。他将世界划分为具体的感性世界和抽象的理念世界,理念世界是本原,是最本真的实在,它决定了感性事物的存在,感性世界是对理念世界的分有和模仿的结果,感性事物正是因为分有和模仿理念才得以存在,但感性事物仅仅是理念的影子。因此,这种感性事物的存在从根本意义上来讲是非本真的、无意义的。

与这种二元论世界观相对应,在灵魂与肉体的关系中,柏拉图的态度是异常鲜明的。他对于肉体抱持一种强烈的敌意,他对肉体的态度始终是贬抑和否定的,这使得柏拉图的哲学不可避免地带上一种浓厚的禁欲主义色彩。在柏拉图看来,身体是一种虚假的存在,是一种无意义的存在,身体是心灵的牢笼,身体是心灵的坟墓,身体阻碍了心灵对智慧的追求,而哲学家毕生的追求目标就是智慧。智慧本身是一种极其纯净的东西,只有当哲学家真正摆脱身体的羁绊,灵魂才能获得自由,只有自由的灵魂才能达到对智慧的追求。柏拉图的哲学对西方思想影响非常深远,英国哲学家怀特海(A. N. Whitehead)曾毫不夸张地评论到:整个西方哲学发展史不过是对柏拉图哲学所作的一连串脚注。不过,柏拉图的思想对于身体发展来说可能就是灾难性的了,因为从柏拉图开始,西方社会就开始了漫长的对身体的压抑和污名化时期。

直至文艺复兴时期,身体开始逐渐走出神学的禁锢,但是,它并没有获得长久的哲学注视。通往知识之路的是意识、心灵和推算的内心世界——身体在知识的通途中依然没有找到它的紧要位置。即使在作为柏拉图理论的最理想传人的近代哲学家笛卡尔那里,心灵同身体仍然是分属于两个不同区域,对此,笛卡尔最经典的表述就是:"我思故我在。"不过,"我思"所指涉的自我不是身体自我,而是精神自我、是我的灵魂。换句话说,笛卡尔认为,正是因为有了灵魂,所以才有了我的存在。我是灵魂性存在,而不是身体性存在。

在笛卡尔的思想中,精神和身体是完全不同的,"在身体的概念里不包含任何属于精神的东西;反过来,在精神性的概念里边也不包含任何属于肉体的东西"①。在柏拉图那里,身体是被贬抑的,但是,通过身体的感性训练,灵魂还可以"回忆"起理念世界中的印象。而在笛卡尔这里,身体不仅被贬抑,而且,身体和心灵是根本不相关的两种存在。因此,布赖恩·特纳曾就此评论道:社会科学普遍接受了笛卡尔的遗产,在笛卡尔这里,身体和心灵存在着尖锐的对立。他的二元论相信,在身体和心灵之间没有互动,因此,这两个领域或者主体都是被各个不同的学科分别提出来的。身体成为包括医学在内的自然科学主体,而心灵则成为人文科学或文化科学的主题,后来,这种分割成了社会科学基础的一个重要特征。②

二、身体研究的三大理论传统

尽管西方社会科学普遍地忽视了身体的重要性,但是身体在笛卡尔主义框架之外的社会理论中还是得到过一些研究的。如果仔细梳理一下,我们可以发现,20 世纪有三个对身体研究的理论传统为身体社会学理论的发展起到了关键性的作用,分别是以梅洛-庞蒂(Maurice Merleau-Ponty)、保罗·谢尔德(Paul Schilder)等人为代表的现象学传统,以布迪厄等人为代表的人类学传统和以尼采、福柯为代表的谱系学传统。③

(一) 身体社会学的现象学传统

梅洛-庞蒂的著作对身体社会学理论的发展产生了重要影响。在《知觉现象学》中,梅洛-庞蒂概述了现象学内现存的大量研究,他发展了一个精彩的身体体现(embodiment)观点,使之来克服身心二元对立观点。在试图理解人的知觉过程中,梅洛-庞蒂断定,知觉总是从一个特殊地点或角度开始的。正是从身体的"角度"出发,外向观察才得以开始——如果不承认这一身体理论,就不可

---

① 笛卡尔:《第一哲学沉思录》(庞景仁译),商务印书馆1986年版,第228页。
② 转引自布赖恩·特纳:《身体问题:社会理论的新近发展》,载汪民安、陈永国编:《后身体:文化、权力与生命政治学》,吉林人民出版社2003年版。
③ 汪民安、陈永国编:《后身体:文化、权力和生命政治学》,前言。

能谈论人对世界的感知。我们对日常现实的感知取决于活生生的身体,因为身体是主动积极的,它是外向的,或者它被某种习惯所引导。根据胡塞尔的意向性现象学,梅洛-庞蒂断定,基本的意向性扎根于活生生的身体,这个身体则在作为一个化身的主体性之内。这样,知觉和身体活动即便被分离,也只能是人为假想的分离,因为基本的知觉形式包括了身体活动。例如,梅洛-庞蒂根据对断腿作的心理研究表明,由于身体出现了损伤,判断和知觉的关系发生了根本性的错乱和断裂。正是作为哲学和心理学的探索结果,梅洛-庞蒂才用身体这个观念来宣称,身体不是自为的客体;它实际上是"一个自发的力量综合、一个身体空间性、一个身体整体和一个身体意向性,这样,它就根本不再像传统的思想学派认为的那样是一个科学对象"。①

保罗·谢尔德对身体社会学也作出了特殊的但又常常被忽略的贡献。谢尔德在1935年出版了《人体的形象和外表》。这本书分成三个部分,即身体形象的生理基础、身体形象的力比多结构和身体形象的社会学。他主要描述和分析了他所谓的身体的"姿态模式"。他认为这是一个被建构的形象,并且不是和人体的生理特性就是和纯粹的感官性保持着间接的关系。他涉及了广泛的诸如失语症和脑损伤这样的病理学发现,据此表明这样的观点:正常的身体意识具有构造性和习惯性。根据身体的力比多结构,谢尔德承认身体的情绪和感受活力。身体的姿态模式主要关注外在的身体空间组织,而身体的力比多结构关注的是内在的身体时间秩序。在该书的最后"论身体社会学"的部分,谢尔德表明了身体形象的社会性,他相信身体形象必定是社会的,身体形象的所有方面都是通过社会关系建构和培养的。谢尔德的著作从心理学、社会学和文化的角度来理解身体形象,同时又将它们整合为人格和社会互动的基本方面。因此,谢尔德断定,我们不应该将客观的身体看成是同主观身体的内心意识无关的一个独立整体。

(二) 身体社会学的人类学传统

关于身体社会学发展中来自人类学的贡献可以由布迪厄的著作来表明。尽管如今人们通常把布迪厄归为社会学家,但他早期的田野工作和他的实践理论却明显是在人类学视野内形成的。布迪厄在早期对卡比尔人作了人类学研究,

---

① 转引自布赖恩·特纳:《身体问题:社会理论的新近发展》。

并养成了反结构主义的人类学立场,以此纠正他在列维-斯特劳斯作品中所发现的大量问题。布迪厄的人类学是有挑战性的,因为他意图表明在高级文化的世界中,为夺取领导权所做的相似斗争是如何进行的。布迪厄发展了(很具隐蔽性的)身体社会学,他将身体社会学作为他更为广泛关注的"惯习"和"实践"概念的一部分。在《区隔》中,在趣味方面的身体禀赋和身体的象征再现是他"文化资本"概念的一个重要特征。布迪厄社会学中的人体表现为一个"场域"或空间,不同社会阶层的文化实践刻写在它上面。每一个阶级和每一个阶级分支都有一个极具特色的活动,特别是体育活动,这个活动可以展示他们的文化和经济状况。显然,在布迪厄的社会理论中,其身体可以看做是阶级禀赋的一种载体,这些禀赋本身就是不同阶级的生活世界或习性内部的兴趣通道,"身体"可以成为一种阶级标识。

(三) 身体社会学的谱系学传统

尼采是第一个将身体提到哲学的显著位置的哲学家。尼采在《权力意志》中拒绝了"灵魂假设",并提出从身体的维度重新开始(哲学)。尼采的原则是,让万事万物遭受身体的检测,是身体而非意识成为行动的凭据和基础。[①] 他从身体的角度"重新审视一切,将历史、艺术和理性都作为身体弃取的动态产物",世界不再与身体无关,世界正是身体的透视性解释,是身体和权力意志的产品。福柯正是受尼采的身体理论启发而发展出自己的谱系学,可以说,福柯的谱系学,在某种意义上是对尼采谱系学的重写和引申。不过,福柯又稍稍地偏离了尼采的道路。在尼采那里,身体是主动而积极地对世界的评估和测量,而福柯所认为的身体则是被动而驯服地对世界的铭写。在福柯社会理论的核心,矗立着的是身体和权力的关系,他将身体看做是话语权力的效应。福柯的身体是和权力密切相关的,正是在权力的干预下,身体发生了变化。权力和身体紧紧地联结在一起,以至于福柯发明"规训权力"这一概念来描述权力对于身体的管理、改造、控制。身体的可变性是权力有意图地来实施的,权力生产和造就了身体的多样性,身体是权力的产品和结果。福柯的身体令人感到绝望,它永远是静默而被动的,它处在各种权力的摆布和操纵下而听天由命,它被塑造、被生产、被改换、被操纵。在福柯这里,今天的社会惩罚,"最终涉及的总是身体,即身体及其力量、

---

① 汪民安:《尼采、德勒兹、福柯:身体和主体》,文化研究网,http://www.culstudies.com。

它们的可利用性和可驯服性、对它们的安排和征服"。正是由于这个区别,福柯被人们认为对身体社会学作出了重要的贡献。

第二节 西方传统社会学理论研究中的身体反应

"身体"向来是被社会科学尤其是传统社会学理论所忽视的研究对象。在传统的社会学理论中,"社会行为者"和"社会行为"这些核心概念,主要是在笛卡尔主义的二元论框架中形成的。传统社会学将身体看做是行为环境的一部分,因此,它们通常按照韦伯的方法论原则对社会行为的意义进行解释,认为社会学是人文科学范围内的一个学科,其目的就是对行为的共通意义进行文化理解,从而造成对人体重要性的忽视。① 结果,身体在社会学研究和社会理论中奇怪地被遗失和缺席了。

一、社会学理论中身体研究的缺席

在传统的社会学理论中,身体研究一直处于缺席状态。例如,韦伯就明确指出,社会学是对社会行为及其互动进行阐释的学科,而社会行为是由具体的社会存在者来完成的,与其身体本身无关。在帕森斯的行为社会学中,其对个别行为和社会系统的分析也只不过是把身体看做是行为环境的一部分而已。在吉登斯的结构化理论中,他也将身体看做是对人的行为的时—空制约因素。尽管对行为意义的研究肯定和身体问题联系在一起,但是,无论是古典社会学时期的韦伯,还是现代社会学时期的帕森斯和当代社会学时期的吉登斯,他们都回避了作为人的行为基本构成的"身体体现"的真正含义,而现实中的身体体现却总是和受苦、高兴、死亡、痛苦等密切相关。

人的身体必然是和他的社会性联结在一起的。人是社会性的动物,人生活在社会之中,不可避免地要和其他人的身体发生接触,并且人总是通过实践来体现自己的身体,但传统的社会学却普遍地忽视了这些实践中身体体现的作用。长期以来,尽管哲学、宗教、人类学、艺术等许多学科都直接或间接地在谈论身体,但是,非常令人奇怪的是,以关注社会实践为己任的传统社会学理论却一直

---

① 布赖恩·特纳:《身体问题:社会理论的新近发展》。

第八章 当代西方社会学理论的身体转向

对身体这个基本现象和重要范畴保持着沉默(在传统社会学理论的论域中很少专门提及身体,哪怕是对身体的贬低)。对于这种奇怪现象,布赖恩·特纳认为主要有以下三个原因:

首先,在本体论上源于西方传统身心不平等二元论。西方传统的身心观在柏拉图那里是严重不平等的,在笛卡尔那里则进一步恶化为身心对立论,这种后果最终演化为心灵霸权主义的一元论。这种对立和一元化导致了身体与心灵的人为分离,这种分离进一步表现为身体和心灵分别被不同的学科所专有。身体成了医学、生物学等自然科学的研究对象,心灵则成了哲学、社会学等人文社会科学的研究对象,这种分割构成了社会科学研究的一个重要特征。① 这种特征在韦伯、狄尔泰以及新康德主义那里都有明显的反映。

其次,在认识论上源于社会学的非生物主义假设。传统社会学是建立在反生物主义实证论的基础之上的,社会学的核心假设认为,自我是价值和意义的主体,而不是生物性的肉体,个体的意义取决于社会存在而不是生物存在。社会也不是纯粹自然的存在,而是被人类社会性实践活动重构的结果。因此,社会行动的意义绝不能归结为生物学或生理学。人类并不只是将自然世界理解成既定的世界,因为自然总是以文化为中介的,人类所处的现实实际上是由社会建构而成的。外部世界,包括人类身体,不是一个给定的世界,而是经常以人类劳动为中介通过人类文化得以阐释的历史现实。这种观点经过韦伯和马克思的阐发在传统社会学理论中根深蒂固,也在某种程度上阻碍了身体的浮现。这一点从社会学的核心问题是自我与社会的二分,而不是自然与文化的二分也可以看得很清楚。②

最后,在方法论上源于社会学反原子主义的整体论。传统社会学主要关注的是对社会事实的整体解释,宏观社会学将社会系统作为自己的研究对象,认为结构不能被归结为个体之间的关系,社会是自身的创造,社会系统是其研究的落脚点;因此人的身体不能置于这个理论空间之内。微观社会学将身体排除在自己的研究之外,是因为作为社会行动者的自我在行动中是由社会构成而不是由个体的生物性所决定的。传统社会学更多地立足于系统、制度、解构、组织、关系的研究之上,无法纳入身体这个基本事实。这种观点在涂尔干、帕森斯以及哈贝

---

① 布赖恩·特纳:《身体与社会》(马海良、赵国新译),第4页。
② 同上书,第89—92页。

马斯那里都有非常明显的表现。因此,任何引领社会学走向身体理论的企图一定是作为异端背叛而出现的,因为这样一种运动同时暗示生物主义和方法论个体主义①,而这恰恰是主流社会学理论所难以容许的。

从学理上来说,特纳的上述解释是很有说服力的,但是,特纳忽视了一个非常重要的解释纬度——历史解释。社会学以及其他人文社会科学从根本上来说都是对现实生活的反映,是对人类的自我认识和社会行动的具体反映。传统社会学的产生和发展对应的是工业社会,注重的是生产建设,所以,传统社会学只能对这些相关社会实践作出解释。当代社会已经进入了后工业社会,生产型社会开始被消费型社会所替代,集权主义社会已经被个体主义社会所取代,集体意识逐渐被个体权利意识所取代,所有这些都使个体成为社会学关注的焦点,对个体的深入关注必然导致对身体的深入探讨。当代社会学中身体研究热潮的涌动,严格来说首先是对当代社会变迁的生动反映,而不是社会学本身研究范式转换所导致。

二、社会身体学:身体社会学的前兆

尽管身体在传统社会学理论中遭到了持久的忽视,但这并不意味着传统社会学理论中身体的荡然无存。例如,涂尔干在其后期著述中并没有把身体仅仅局限于自然领域,而是把它看做是社会符号和神圣力量的生发器。而这些社会符号和神圣力量对于一个社会群体的自我认同和社会空间的构建都是至关重要的。齐美尔也认为,身体是社会的一个源头,是社会和文化形式的一个源头。正是这些社会和文化形式使得个体发展出他们的个性。在齐美尔看来,社会形式发端于个体之间的基本接触,在这些接触点上,人们互递眼神、互施礼节、激发情感、展开对话、确立交互性的精神取向。在此,社会生活的脉络得以显现,并且开始把人们结合在一起。② 可见,在传统社会学理论中,有关社会身体学的研究就为身体社会学的兴起开启了可能之门,尤其是在实证主义社会学传统中表现非

---

① 布赖恩·特纳:《身体与社会》(马海良、赵国新译),第93页。
② D. Levine, "Introduction," in G. Simmel, *On Individuality and Social Forms* (Chicago: University of Chicago Press, 1971).

第八章 当代西方社会学理论的身体转向

常明显,其中最负盛名的理论就是社会有机体论和社会生物主义。①

斯宾塞尝试着用生物学的观点来解释人类社会。在斯宾塞看来,人类社会与生物有机体一样,有一个漫长的进化过程,在这个进化过程中,社会如同生物有机体一样结构日趋复杂、功能逐渐分化、关系日益紧密。最有意思的是,斯宾塞异想天开地用生物有机体的结构来比附社会的结构。生物有机体有一个营养系统,不断摄取营养,社会相应地也有一个营养系统——生产系统,主要包括工人、农民等劳动者;生物有机体有一个循环系统,人类社会也有一个循环系统——分配系统,主要包括商人阶级;生物有机体有一个神经系统,人类社会也有一个神经系统——管理系统,主要包括统治阶级。斯宾塞的解释主要受到了柏拉图的影响,柏拉图很早就提出,人类灵魂构成被分为理智、情感、欲望三个等级,相应地,人类社会也分别有统治者、武士、劳动者三个阶层。用身体来图解社会这其实是一种很天才的设想,尽管这种假设看起来过于非社会学化,但并非毫无道理。在当代另一个社会学研究热点——大众传媒——的研究中,马歇尔·麦克卢汉(M. McLuhan)被频频提起,而麦克卢汉非常有名的一个观点就是:"传媒是人的延伸!"②

与社会身体学相关联的另一个发展方向就是建立在达尔文生物进化论基础之上的社会生物主义。社会生物主义企图把一切社会生活简化为不可改变的生物性因素,其中也有不少把社会行为与社会现象类比于生物体(包括人的身体)的思想。许多社会学家将这两种学术方向贬低为形而上学的还原论,这两种思潮尽管在学术界有着一定的影响,但始终没有发展成为社会学的主流。当然,不可否认的是,这两种思潮有一个共同的理论目标:揭示人的生物性与社会性的内在关联。当代身体社会学一个非常显著的研究特征就是寻找身体与社会的内在联系,用社会文化来解释身体体现,这也算得上是一个殊途而同归的有趣现象。

---

① 必须指出的是,尽管涂尔干和齐美尔有一些论述跟"身体"相关,但是,当代身体社会学一般对实证主义社会学传统的涂尔干是避而不谈,认为他只是对"社会事实"进行分析,忽视了体现真实的"体验"。而齐美尔的著述——尽管有许多关于情感和感觉的社会学研究——也常常被列入较低层次的研究。可以说,身体社会学家直到现在也没有把齐美尔作为一个重要人物来看待。相关分析可参见 J. Stewart, "Georg Simmel at the Lectern: The Lecture as Embodiment of Text," *Body & Society*, Vol. 5, No. 4, 1999。

② 马歇尔·麦克卢汉:《理解媒介——论人的延伸》(何道宽译),商务印书馆出版2000年版。

三、传统社会学理论中的"身体"片断

在传统的主流社会学理论之内,唯一严肃地考虑微观互动中的人体性质的是符号互动论传统,其中最大的贡献者莫过于阿尔文·戈夫曼了。戈夫曼提出的"自我在场"概念认为,社会自我至少是部分通过社会身体体现出来的。认为身体是社会实践的观点对戈尔曼研究社会生活中的脸面、耻辱和尴尬这些纷纭的现象至关重要。[①] 比如,尴尬感常常是和脸色的变化相关的,广而言之,我们的"不适"或"惬意"这样的概念通常是通过大量的身体姿态表达的,而这些身体姿态可以被读作一种语言。

将身体当作一套实践的思想在莫斯(M. Mauss)那里得到了系统阐发。他发展了"身体实践"这个概念,以便在自我的社会语境中理解自我的本质。在莫斯看来,身体是一种生理潜能,通过人们所共有的个体受到训诫、约束和社会化的各式各样的身体实践,这种生理潜能才能被社会地、集体地实现。[②]

在当代社会学和人类学中,认为身体在日常生活中具有中心性的这种观念,主要是通过布迪厄论述与社会实践相关的"惯习"(habitus)的著作表现出来。在布迪厄论述社会阶级和身体的著作中,我们可以发现他特别注意在变化的日常经验中身体性质的重大差异,尤其是和他们自身社会习性相关的职业群体的身体性质的重大差异。在布迪厄看来,身体因而就有了某种文化资本,这种文化资本是通过指向外部身体的特定实践表现出来的。[③]

布迪厄发展了(很具隐蔽性的)身体社会学,他将身体社会学作为他更为广泛关注的"习性"和"实践"概念的一部分。在趣味方面的身体禀赋和身体的象征再现是他"文化资本"概念的一个重要特征。布迪厄社会学中的人体表现为一个场所或空间,不同社会阶层的文化实践刻写在它上面。每一个阶级和每一个阶级分支都有一个极具特色的活动,特别是体育活动,这个活动可以体现其社会文化和经济发展状况。因此,身体实际上就是个体文化资本的一部分,从这个意义上说,身体就是权力的记号。[④]

[①] 布赖恩·特纳:《身体与社会》(马海良、赵国新译),第36页。
[②] M. Mauss,"Techniques of the body," Economy and Society, Vol. 2, 1973, pp.70-88.
[③] 转引自布赖恩·特纳:《身体与社会》(马海良、赵国新译),第37页。
[④] 布赖恩·特纳:《身体问题:社会理论的新近发展》。

第三节 当代社会学理论的身体转向及其新进展

随着近三四十年社会学理论的发展,身体与灵魂二元论的观念以及蔑视身体的传统逐渐转向,身体作为一个不可或缺的物质维度开始浮现在理论视阈中。"身体"这个范畴开始与阶级、党派、主体、社会关系或者政治、经济、文化、意识形态这些举足轻重的术语相提并论,并共同组成了某种异于传统的理论框架。①

一、当代社会学理论中的身体转向

西方社会学理论的身体转向以及由此而导致的身体社会学之所以能够在当代发生,其中的一个重要原因是当代女性主义思潮和妇女运动对社会学家所产生的影响。可以说,当代身体社会学是女性主义运动在社会学研究领域中所产生的一种政治后果和社会后果。② 从 20 世纪 80 年代开始,社会学家不仅认识到了身体是当代政治和文化的一项重要议题,而且开始把身体问题化,并把它作为社会学理论的一个重要组成要素。随着后工业时代的来临,各种消费主义、享乐主义开始盛行,越来越多的人把关注的焦点投向了对身体美的追求、对衰老身体的否定、对死亡的摒弃、对运动以及保持身体健康的重视。这在某种程度上促使我们的社会学家不得不将研究的目光和思考的焦点聚集到人们习以为常的"身体"之上。

身体由现代状态的受贬抑到当今时代受褒扬的变化,是和现代主义范式及其意识形态基础日渐失去说服力相关的,当然这也是所谓的后现代的状况使然。特纳指出,当代思想对身体的兴趣和理解是"西方工业社会长期深刻转变的结果"③。

首先是基督教清教主义(Puritanism)正统思想的式微以及大众消费主义的盛行。随着基督教清教主义正统思想的式微,各种谴责性享乐的资产阶级及工业资本主义的道德机制在很大程度上已经消失,休闲与消费方式的变化,工人阶级中的年轻男子粗壮的男子汉形象与加诸他们身上的闲适之间不再有"功能的

---

① 南帆:《身体的叙事》,《天涯》2000 年第 6 期。
② 布赖恩·特纳编:《社会理论指南(第 2 版)》(李康译),第 579 页。
③ 布赖恩·特纳:《身体与社会》(马海良、赵国新译),第 2 页。

关联",现代性中的劳动的身体成为后现代中追求欲望的身体,"身体是作为享乐主义实践和欲望的一个领域而出现的"。特别值得注意的是,身体形象在通俗文化与消费文化的突出地位及其无所不在,就是身体(尤其是身体的生殖功能)与社会的经济和政治结构相分离所产生的文化后果。

其次,妇女运动的政治冲击、女权主义对父权制社会组织的批判以及妇女在公共生活领域角色的转变,也是造成身体处于突出位置的重要原因之一。女性主义理论家们向性别差异的本质提出质疑,断言男女之间的差异是历史、文化的产物,是偶然形成的,而不是天性和神的意志使然。① 吉登斯认为,在后工业社会中,传统父系社会中的财产、性与身体之间的关系很大程度已经开始分离,个人之间以及家庭成员之间的关系不再建立在财产契约之上,而是建立在通过亲密关系和性接触来实现的对个人满足的一系列期盼之上。因此,身体对于表现性和亲密性的这些新型模式是至关重要的,因为身体是这些新型情感强度的渠道和载体。

最后,社会人口结构、寿命的变化以及人工授精、试管婴儿、克隆技术、全球性的器官移植工业等一系列生物技术的发展和应用,最终提出了许多哲学、伦理学和法学的问题,诸如身体与灵魂、身体体现与自我、意识和身份之间的关系问题。"在这个肉体社会中,我们主要的政治与道德问题都是以人类身体为渠道表现出来的",因此,"在一个技术迅速扩展的社会中,人的身体体现的社会、经济和法律地位方面的这些宏观变化产生的后果是,人类身体已成为许多社会科学与人文学科研究的焦点"。②

当然,当代西方社会学理论的身体转向主要还是由社会本身的内在变化所引起的,身体社会学的发展逻辑遵循着从直接切入生理身体到间接关怀社会身体这样一个循序渐进的过程,对健康、疾病、老龄化等直接与身体相关的社会现象的关注直接催生了身体社会学的最初研究兴趣。"由于医疗实践性质和技术发生了重大变化,由于疾病与病痛的变化结构,以及由于人口老龄化——至少发达的工业社会是这样的,身体在当代文化中变得重要起来。"③

---

① 布赖恩·特纳:《身体与社会》(马海良、赵国新译),第 2 页。
② 同上书,第 29 页。
③ 同上书,第 7 页。

二、当代西方身体社会学理论的新进展

在当代西方社会学理论中,身体社会学"是一个崭新的,也是最激动人心的领域之一"①。越来越多的社会学家开始热烈地关注身体问题,并且在研究领域和研究方法上都取得了长足的进展和突破。就当前而言,身体社会学在以下三块经验领域里已经有了很大的研究发展:身体的文化表现的政治学;性本性、社会性别和身体;健康和病患中的身体。②

(一) 身体的文化表现的政治学研究

当前,有关身体的大量研究已经切入身体的文化表现方面的主题,其目标多半在于揭示作为一种社会关系隐喻的身体所体现的符号意涵。这种对于身体体现特征的研究主导了文化人类学的大部分传统。在这种文化人类学里,身体基本上是一种文化象征系统,体现着各种社会关系,尤其是那些很成问题、意义含混的社会关系(比如孪生子之间的关系)。总之,以人的身体为核心的表现性话题的政治学一般以男人和女人之间在解剖学上的差异为关键。因此,有关女性的身体的表现经常表明了妇女在社会中所承担的矛盾角色:通过再生产,她成为具有创造性的行动者;而通过男性的男权权力,她又居于从属地位。

(二) 性本性、社会性别和身体研究

身体社会学发展中的第二个主要关注点,在于以社会性别、生理性别和性本性等问题为核心的女性主义理论(以及更晚近的酷儿理论)。有关身体的女性主义写作和男同性恋写作,已经促使了对权力的社会性别化的性质的质疑,但重要的是要认识到:在社会学和社会理论中,对于身体体现的女性主义的研究途径和其他取向之间存在着重要分歧。当代身体社会学发展的一个重要特征,就是在有关身体的社会理论中,女性主义的成分和非女性主义的成分之间始终缺乏明显的互动和交流。大多数女性主义争论的主要论点,可以概括为这样一个观念:一些简单的男女两分观念(如男性特质和女性特质)是社会性和文化性的产物,未能把握性本性方面的复杂表现。在当代有关女性主义理论的研究中,学者们就越来越倾向于把"身体"作为一种社会性别化的社会建构来对待。

---

① 安东尼·吉登斯:《社会学(第4版)》,第181页。
② 布赖恩·特纳编:《社会理论指南(第2版)》(李康译),第581—583页。

(三) 健康和病患中的身体研究

身体社会学在社会科学中发挥理论重要作用的另一领域是医学领域。在为病患、疾病、病痛等范畴提供某种社会学角度的观照方面,身体社会学已经发挥了重要作用。对于有关医学范畴的社会建构的整个争论,身体都是至关重要的,在这些争论里,传统医疗科学那种幼稚的经验主义已经受到了下述观念的挑战:疾病自有其历史,受到种种科学话语在文化角度上的塑造,自身的存在也归之为权力关系。例如,特纳在《医学权力和社会知识》中认为病症在他们的历史发展过程中明显地表现了在变化的资本主义关系语境下,男人和女人之间的政治冲突;用社会建构主义的方法可以总结为:身体有历史。

第四节 西方社会学研究中的身体蕴意与理论主线

一、西方社会学研究中的身体蕴意

虽然身体研究在西方学界引起了广泛的关注,但对于身体的具体意蕴却从未有过统一。马克思认为身体是劳动的工具也是劳动的产物,身体既具有自然属性又具有社会属性,既具有实践性更具有能动性。涂尔干、莫斯和道格拉斯虽然也曾将身体做过物理身体和社会身体的区分,但他们不关注物理身体,而只关注社会身体,尤其是身体的文化象征意义。帕森斯把身体看做是一个生物有机体,认为它只是社会行动中环境的一部分。梅洛-庞蒂认为身体是灵魂和肉体的统一,肉体是灵魂的载体,灵魂是肉体的表现。布迪厄认为身体的惯习是在特定场域中形成的,身体是一种文化资本或经济资本。吉登斯认为身体是一个"行动系统"和"实践模式",是维持连贯的自我认同的基本途径。鲍德里亚认为身体是当代社会最美的"消费品",消费的符号化也带来了身体的符号化。福柯则认为身体是知识、权力和真理规训的对象,是社会建构而非自然的产物。谢林(Chris Shilling)[①]等人则认为身体是生物有机体和社会文化持续互动的产物。凡此种种,不一而足。在消费社会和后现代理论的影响下,人们更是按照自我规划对身体进行各种塑造和改变,使得在日常生活和经验世界中的身体表现和实践也异彩纷呈。然而,正因为此,要想在学界对身体的蕴意达成清晰的共识就更

---

① Chris Shilling,也有译为"希林"的。

是难上加难了。虽然如此,通过对各学者所提出的身体蕴意的梳理,我们仍然至少可以从以下几个方面来把握身体的蕴意:

(一)身体是物质性的肉体和超越性的精神的统一

肉体和精神是身体的一体两面,他们都不可能单独地存在。一方面,物质性的骨骼、神经、血液、脂肪、肌肉等组成的肉体是身体的实体基础,是精神的载体。英语中"肉体"对应的词很多,但其侧重各有不同:如"flesh"是强调身体由血肉组成,具有欲望属性;"soma"强调由细胞组成的身体的有机属性;"corporeality""corporeity"或者"corpse"强调人的物质形体。这种生理身体通常也是生物学研究和医学实践的对象。另一方面精神是身体的本质,它受各种历史、文化传统、风俗习俗、社会制度、"身体技术"等影响把生理身体建构成为社会身体,使之带有厚重的文化、社会和历史的印迹。所以,肉体和精神二者密不可分,我们不能单纯地从某一方面来认识身体,必须把它作为肉体和精神的整体加以认识和把握。

(二)身体不仅指单数的个人身体,也指复数的人类身体

即福柯所谓的个人身体(the individual body)和社会人口身体(the populations body)。在福柯看来,个人身体主要指"人类身体的解剖政治学"(ananatomo-politics of the human body),包括对个体身体的规训,如对个体的临床检查和微观辨别,优化身体功能,发挥身体功能;而社会人口身体则涉及"人口的生命政治学"(abio-politics of the population),它是国家、政府采用人口统计学、流行病学和公共卫生科学的方法来关注整个社会的出生率、死亡率、人口健康状况、身体体质、体育锻炼等,以监管和控制社会的人口。①

(三)身体不是静止的单一形态,而是动态的多元形态

受具体的自然环境和社会环境的影响,身体形象、身体的再生产、身体技术、身体表现和身体实践都是多元的,是随着社会、历史的演进不断发展变化的,即使在同一历史时期,身体也呈现出各种不尽相同的形态。如莫斯对处于不同年龄段的不同身体技术(出生的技术和分娩的技术、儿童时期的技术、青少年时期的技术、成年时期的技术)进行了论述;弗兰克(Arthur W. Frank)将身体区分为

---

① B. S. Turner, "Body, Theory," *Culture & Society*, Vol. 23, 2006, pp.228-229.

规训的身体、镜像的身体、支配的身体、交往的身体;奥尼尔把身体区分了世界身体、社会身体、政治身体、消费身体和医学身体;洛克(M. Lock)则把身体分为个人的身体、社会的身体和政治的身体。①

二、西方身体社会学研究中的理论主线

如前文所述,尽管在当代西方学术视阈中,"身体"作为一个重要的研究对象已经进入到了社会学理论的研究视野中,但不同社会学家对身体的解读却不尽相同,由此也使得当代西方身体社会学的研究呈现出了一幅斑斓多姿的景象。总体来说,在社会学理论的众多身体研究的热潮中,可以发现以下这些非常明显的理论主线,这些理论主线大多是围绕着对"身体"蕴意的不同理解而逐步展开的。

(一) 作为文化象征的身体研究

这种研究以文化人类学的研究为代表。由于学科研究理念以及研究主题的缘故,人类学尤其是文化人类学一直非常关注身体研究。人类学在身体研究进入社会科学研究视野这一过程中起到了非常重要的作用,其中,道格拉斯(M. Douglas)、赫兹和莫斯的贡献尤为突出。例如,在玛丽·道格拉斯的著作中,我们就可以清楚地发现,身体原则被理解成一个文化象征系统。对道格拉斯来说,身体是整体社会的隐喻,身体中的疾病也仅仅是社会失范的一个象征反应,稳定性的身体也就是社会组织和社会关系的隐喻。我们对社会关系中的风险和不稳定性的焦虑都可以通过身体秩序理论得到说明。②

玛丽·道格拉斯注意到了身体的物理属性和社会属性,并且强调身体的社会塑造特征,她将身体区分为物理身体和社会身体,"社会身体制约着我们对物理身体的理解。我们对于物理身体的经验总是支持某一特定的社会观点,它总是被社会范畴所修改,并通过它被了解。在两种身体经验之间,存在着意义的不断转换,这样,任何一种经验都强化着另外一种"③。很显然,道格拉斯认为,在

---

① 赵方杜:《身体社会学:理解当代社会的新视阈》,《华东理工大学学报(社会科学版)》2012年第4期。
② 布赖恩·特纳:《身体问题:社会理论的新近发展》。
③ 乔安妮·恩特维斯特尔:《时髦的身体:时尚、衣着和现代社会理论》(郜元宝等译),广西师范大学出版社2005年版,第11页。

两种身体之间,物理身体和社会身体同时并存,但是,物理身体是基础,社会身体是本质。两种身体之间的相互影响和转化主要是通过赋予物理身体充满社会意义的象征而实现。因为"身体是一个模式,它可以代表任何有限的系统。它的边界可以代表任何有威胁和不牢靠的边界。身体是个复杂的结构,它的不同部分的功能及其相互联系,为其他复杂的系统提供了象征的源泉"①。道格拉斯由此分析了排泄物、母乳、流涎、洁净、肮脏的社会意义,并指出了身体与文化象征的内在关联性。

在这种视阈的研究中,身体常常被看成是一个象征系统或者是一种话语。他们往往对生理性身体不感兴趣,同样地,对活生生的身体观念也不感兴趣。福柯说身体是被知识生产的,身体是体现这种知识形式的实践的某种效应。但福柯的研究关注的是身体如何被话语所生产,他的基本主题是,社会科学和社会体制——它们表达科学知识——如何将身体和人口规范化。这个工作是基本性的,但是,它不涉及身体的本质。②

(二)作为社会建构的身体研究

这种研究以社会建构主义和女性主义的研究为代表。对于建构主义来说,重要的是要认识人的身体横跨了人的自然本质和社会文化两个领域。物质身体的功能的发挥由自然过程所支配,而它在这个世界上的行为活动是由社会和文化因素所形成的,这一点是不容忽视的。③ 女性主义的研究目标主要在于揭示和批判男女两性之间的差异和不平等。女性主义坚决反对"生理就是宿命"的观点,否定了生理性别的重要性,强调性别的社会建构性,进而否定了身体在性别中的重要意义,认为人的身体就像性别一样都是社会建构而成的。在女性主义看来,人的性别其实有两种:一个是社会性别(gender),主要由后天的社会文化建构而成,另一个是生理性别(sex),主要由先天遗传所造成。生理性别无法改变,而社会性别则可以改变。对我们来说,最重要的是社会性别而不是生理性别。

在现实之中,女性相对于男性在身体上有诸多方面处于劣势,比如力量、速度等,许多人往往通过身体上的不足断定女性不如男性,从而在男女两性的互动

---

① 转引自鲍伊:《宗教人类学导论》(金泽等译),中国人民大学出版社2004年版,第51页。
② 布赖恩·特纳:《身体问题:社会理论的新近发展》。
③ 阿雷恩·鲍尔德温等:《文化研究导论(修订版)》(陶东风等译),第278页。

中全然否定身体的社会意义。对此,女性主义的身体社会学研究认为,性别不是天生的,而是文化塑造和社会建构的结果。因此,日常生活中的身体就像性别身份一样,主要表现为社会角色扮演的不同,换句话说,身体与性别的差异实际上是身体与性别表演的不同。因此,女性可以通过身体表演的改变来改变性别的不利地位。言语方式、行为模式、服装款式的改变就成了女性主义革命的一种选择。

总之,社会建构主义和女性主义关于身体的决定性、欲望的政治化、性别的表演性、身体的性别特质等观点深刻地影响了当代身体社会学的发展,并以新的内容和形式重新焕发出了炫目的光彩。

(三) 作为欲望规训的身体研究

既然身体是文化的象征、是社会的建构,那么,对身体进行管理就理所应当。在这方面,首先应该提到的是莫斯,莫斯发明了一个关键词——"身体技术",指的是"人们在不同的社会中,根据传统了解使用他们身体的各种方式"①。这种身体技术带有鲜明的社会文化色彩,日常生活之中,我们打交道的对象其实不是具体的身体,"我们打交道的是各种身体技术。身体是人首选的与最自然的工具。或者,更准确地说,不用说工具,人首要的和最自然的技术对象与技术手段就是他的身体"②。莫斯的身体技术有点类似身体表现方式,在这里,人及其身体表现方式与社会文化产生了别有意味的对接。也正因为身体技术是后天的文化使然,而且,身体技术与人本身紧密相连,所以,对身体的训练和学习就成了首要的选择。莫斯认为,在人的一生中始终伴随着身体技术的学习和训练。诸多身体技术同时还受到了年龄、性别等因素的影响。人的一生其实就是通过训练获得为社会所承认的各种身体技术,从而表现自我并与他人交往的过程。莫斯的身体技术学说涉及了身体的规训以及身体的表现,这些都成了当代身体社会学理论的主要灵感。

莫斯的身体技术理论直接影响了福柯的身体观,但是,无论从广度还是深度来看,福柯对身体的探讨远远超过了前人,福柯身体理论的影响也是异常巨大的。我们可以毫不夸张地说,当代身体社会学研究热潮的出现很大程度上就是

---

① 莫斯:《社会学与人类学》,上海译文出版社2004年版,第301页。
② 同上书,第306页。

第八章 当代西方社会学理论的身体转向

由福柯所引爆的,而且,福柯对当代身体社会学的影响是根本性的,这种影响不仅仅在于研究主题的转换,更在于研究范式的根本倒转。西方传统社会通常认为,身体是灵魂的牢笼,福柯则反过来认为,灵魂是身体的牢笼。整个身体史就是被压抑、被宰制、被规训、被糟蹋的历史。在福柯看来,只有身体才是真正的本原。当代社会就是一座巨大的监牢,层级监视、规范化裁决以及检查是对身体进行规训的主要手段,学校、医院、兵营等组织和机构则是对身体进行规训的具体场所。有关福柯的身体社会学思想我们将在本章第五节中专门予以介绍。

（四）作为社会实践的身体研究

人类身体需要在日常生活中经常地、系统地得到生产、维护和呈现,因此身体最好被看做通过各种受社会制约的活动或实践得以实现和成为现实的潜能。这种把身体作为一种社会实践的观点对厄文·戈夫曼研究社会生活中的脸面工作、耻辱和尴尬这些现象至关重要。因为对共同在场的关注将导致对身体的注意,包括其性情和表现——这一主题贯穿了戈夫曼作品的始终。[①] 此外,认为身体是实践的思想在马塞尔·莫斯的人类学著作中也得到了较为系统的阐发,他认为身体行为的一些基本方面,如走、站、坐等,都是社会实践的结果。在当代社会学和人类学中,认为身体在日常生活中具有中心性的这种观念,更是通过皮埃尔·布迪厄论述与社会实践相关的"惯习"的重要性而表现出来。布迪厄特别注意在变化的日常经验中寻求身体性质的重大差异,尤其是和他们自身社会习性相关的职业群体的身体性质的重大差异。在布迪厄看来,身体拥有文化资本,而这种文化资本的获得是通过指向外部身体的特定实践表现出来的。[②]

（五）作为躯干肉体的身体研究

从某种意义上讲,身体社会学与其经典理论一样,都与意义和符号有关。当代身体社会学强调身体和肉体的体验是个人和社会生活的重心。而且,我们关注疾病和老化过程的方式要随着时间、文化的不同而不同,我们身体的感觉和体验是社会文化和生物特性不断相互作用的结果,不能因为强调身体的文化象征、社会建构和社会实践的作用就忽视了身体的基本生理特性。

因此,对作为躯干肉体的身体的社会学研究不仅是必需的,也是最为基本

[①] 安东尼·吉登斯:《社会理论与现代社会学》(文军、赵勇译),社会科学文献出版社,第126页。
[②] 布赖恩·特纳:《身体与社会》(马海良、赵国新译),第37页。

的。实际上,这种意义上的身体研究不仅可以使我们避免简单的唯物主义,也能使我们更好地理解文化和社会实践是怎样来精心处理和构建身体的。在这方面,我们能避免行动与内在行为以及文化与自然之间的一些二分法。①

正如布莱恩·特纳(Bryan S. Turner)所说:"只要我有身体,我就有其他灵长类动物也有的被视为生物基础的诸多特点;从这个意义上说,我的身体是我施加控制的一种自然环境。就像环境中的其他现象一样,我可以触、摸、闻、看到我的身体,但是我必须有我的身体,我才能触摸闻看。在通过环境进行控制的过程中,我首先和直接地拥有我的身体,与我拥有其他物体的方式不同。我拥有我的身体,但同时也意味着身体拥有我,因为我的身体的退出同时也就是我的退出。"②尽管特纳也强调我们的身体必须被理解为是由社会建构的,但在他的著作中,作为躯干肉体的身体的生物性始终占有明显和重要的地位。他认为,"我们必须在一开始就坚持是人的身体",这样才能战胜仍盛行的身—心(mind-body)分离的观点。实际上,就像特纳在其《身体与社会》一书中所阐述的那样,在身体的研究中处处存在着悖论,身体是物质的有机体,但也是一个隐喻;它是去了头和四肢的躯干,也是人。身体也可能是各种身体的集合,正像在"肉体"或者"基督神秘身体"中那样,经常伴随着合法的个性……③

第五节　西方身体社会学理论的代表人物及其观点

伴随着当代西方社会学理论的身体转向,身体社会学作为当代社会学理论的重要分支已引起越来越多的理论家的关注。在此,我们仅对米歇尔·福柯、约翰·奥尼尔、布赖恩·特纳、弗兰克、梅洛-庞蒂、克里斯·谢林等代表性人物关于身体社会学理论的思想观点作简单的介绍。

一、福柯:权力与身体

在社会学领域,身体成为当代社会学的焦点之一,这与福柯的名字分不开。正因为有了福柯,身体和非理性这些领域才受到学术界的真正重视,才真正"登

---

① 布赖恩·特纳:《身体问题:社会理论的新近发展》。
② 布赖恩·特纳:《身体与社会》(马海良、赵国新译),第62页。
③ 同上。

第八章 当代西方社会学理论的身体转向

上了大雅之堂"①。而福柯深受尼采的影响,将身体置于权力运作的中心进行探索。我们知道,传统的身体研究更多停留于社会建构和文化再造,福柯则进一步将身体研究推向了政治层面,建立了身体政治学。但是,"身体正在进入一种探究它、打碎它和重新编排它的权力机制。一种'政治解剖学',也是一种'权力力学'正在诞生,它规定了人们如何控制其他人的肉体,通过所选择的技术,按照预定的速度和效果,使后者不仅在做什么方面,而且在怎么做方面都符合前者的愿望。这样,纪律就制造出驯服的、训练有素的肉体、驯顺的肉体"②。福柯的身体理论不仅引入了权力、真理、话语这些宏大而又沉重的关键词,而且,身体还被放置在深厚的历史背景之中来解读,这使福柯的身体理论具有一种不同凡俗的面孔,同时,又具有一种超乎寻常的震撼力!

福柯致力于探索人们看待各种活动和行为方式的变化,这些活动和行为是以人们的身体为主角的。他的著作逼真地再现了当代的肉体折磨、疯癫和监狱。例如,福柯在《疯癫与文明》中首次涉及身体。福柯指出,在17世纪,人们对疯人的禁闭实际上是对身体的禁闭,即社会的组织和管理是一种身体性的管理,它把身体束缚起来。但到了19世纪,身体的管制不是首要的,而是通过内心的方式进行的,即让疯人发现自己的内疚感和羞愧感从而被驯服下来。在现代惩罚制度中,身体仍然是权力实施的对象,但不再让它撕裂,而应当让它温驯;它关心的不是要控制或不控制,不是要加重或减轻控制,而是关心如何控制、如何更有效地控制,关心的是控制的方法和策略。这是一种围绕着身体,主要是个人身体的新的权力技术。不再是施以酷刑,而是通过某些技巧来安排和组织这些个人身体的空间分布。③ 因此,福柯在这里仍然是依照传统的模式将身体和内心对立起来的,只是身体和内心是处于不同的位置罢了。④ 由于权力的介入,人们对身体的处置方式已经从早期的镇压身体转变成了现在的投资身体、消费身体和赋予身体以能量和效益。

在福柯的思想中,身体并不是福柯的理论目标,极限体验和生存美学才是福

---

① 李银河:《福柯与性——解读福柯性史》,山东人民出版社2001年版,第19页。
② 米歇尔·福柯:《规训与惩罚》(刘北成、杨远婴译),生活·读书·新知三联书店1999年版,第156页。
③ 杨大春:《身体经验与自我关怀——米歇尔·福柯的生存哲学研究》,《浙江大学学报(人文社科版)》2000年第4期。
④ 汪民安:《尼采、德勒兹、福柯:身体和主体》。

柯贯彻一生的终极追求,正是这种追求,使福柯将欲望、性、同性恋等作为热切探讨的话题以及身体力行的实践,也正是因为有了福柯的勇敢越界和大胆违规,性以及非常态的性才成为当代身体社会学中另外一块非常迷人的探索领域。福柯开启了社会学家探究社会机制建构、重构身体的先河。"从空间与身体,欲望与性本性,古典希腊罗马时期的快乐,基督教会中的纪律实践,到国家及其局部机器(local apparatus)的调控作用,关注这些领域的整个一代研究者,都受到了福柯对医学、纪律和身体的研究的启发。"①"福柯以新的视角深入地阐释了围绕在身体和生命周围的政治权力,他通过《疯癫与文明》《规训与惩罚》《临床医学的诞生》系列著作把医学、精神病学、犯罪的惩罚等与身体有关的权力运作机制揭示得淋漓尽致。"②在他之后,特纳、奥尼尔等对身体社会学的理论建构进行了探索。③"身体"开始成了当代西方社会科学界研究的热点。

二、奥尼尔:五种身体形态

约翰·奥尼尔在他的《身体形态》一书中,界定了现代社会的五种身体形态:世界身体、社会身体、政治身体、消费身体、医学身体。(1)世界身体:"人们通常是以自己身体来构想宇宙以及以宇宙来反观其身体",一切科学之基础即是世界身体。④"人类是通过其身体来构想自然和社会的。这也就是说,人类首先是将世界和社会构想为一个巨大的身体。以此出发,他们由身体的结构组成推衍出了世界、社会以及动物的种属类别。"⑤(2)社会身体:它构成了内在于公共生活的深层交往结构,此身体乃社会秩序与价值的象征。如左手与右手的二元对立在某些社会中就具有社会与宗教的意义。"我们的身体就是社会的肉身"。(3)政治身体:政治的架构与身体的架构是"同构的",如在古希腊,城邦系统被视为源自于一个"最早的城市",即"一个放大了的身体",城邦组织系统的和谐如同身体的诸器官之间处于和谐的统一状态一样。(4)消费身体:这是需求的身体,它是商业美学所利用的资源、时装工业算计的对象。(5)医学身体:

---

① 布赖恩·特纳编:《社会理论指南(第2版)》(李康译),第579页。
② 侯杰、姜海龙:《西方学者的身体研究》,中国社会学网,www.cass.net.cn。
③ 陈立胜:《"回到身体":当代思想中的"身体"转向及其意义》,文化中国,http://culchina.net。
④ 约翰·奥尼尔:《身体形态:现代社会的五种身体》(张旭春译),春风文艺出版社1999年,第15—16页。
⑤ 同上书,第17页。

身体的医学化是身体全面工业化的一个重要的组成部分,"我们生命中的每一个阶段——怀孕、生产、哺育、疾病、痛苦、衰老、死亡等——均置于职业化和官僚化中心的处置之下"①。

奥尼尔在谈论"社会身体"和"政治身体"时发现,人们曾经以身体为比拟来说明社会政治的整体性以及平衡观念。在奥尼尔看来,"拟人论"的终结是现代社会的一个重要后果——现代经验之抽象基于人形的消弥之上,因为人们更青睐于可算计测量之物,如数据、线条、符号、代码、指数等;作为人类自我赋形中的创造性力量,拟人论正在处处消退。

奥尼尔认为,资本主义文化以及种种技术神话已经作为另一种框架代替了拟人论。国家、社会、家庭的设想无一不在这种框架下面开始重新设计。身体完全丧失了基本蓝图的意义。于是,人的每一种生理、精神和情感的需求最后都将被物化成化学物质或职业服务。这时,身体很大程度地变成了经济的盘剥对象。案牍化的生活废弃了身体运动,商人们开始出售休闲、健康以及体育运动。身体体验的替代性消费是大众社会的另一个特征,性和暴力成为商品的主要成分。

身体被孤立起来予以专门的技术处理,这是工业社会的组成部分;具体地说,现代医学为之提供了越来越完善的条件。可是,这种进步同时还包含了隐蔽的控制。"关于生命基因学、健康、生存必需品、家庭条件、学习能力等的科学话语的膨胀之后果就是将生命带入了国家权力和工业化所控制的轨道上来了。"②

三、特纳:身体秩序与身体体现

布赖恩·特纳可以说是当代研究身体社会学最为重要的学者之一,在他的很多著作中,都对身体社会学进行了阐释和说明,并对身体社会学兴起以来的理论作了综述。特纳深受福柯著作的影响。特纳根据社会学概念将身体考虑为分割式的内部空间和外部空间。身体的外部性涉及的是社会空间内的身体表现以及对身体的控制和调配。在很大程度上,身体社会学(根据它尚不成熟的形式)主要关心的是这样一个问题:"身体是如何在与人格和同一性相关的空间内被表现的?"

特纳以霍布斯关于社会秩序的论述为基础,试图建立一种新霍布斯身体理

---

① 约翰·奥尼尔:《身体形态:现代社会的五种身体》,第123页。
② 南帆:《身体的叙事》,文化研究网,http://www.culstudies.com。

论。同时,他还吸收了福柯对于人口管制和单个身体规训的区分,以及费瑟斯通对于作为一种环境的身体内部与作为个体在公共面前呈现自己媒介的身体外部的区分,他尝试以这种二分法作为一种启发手段,以建构一种普通身体理论并确定具体的身体理论。在上述二分法的基础上,特纳从内在/外在、身体/人口这四个维度,提出了繁衍、约束、再现和管束四重分类。进而,特纳指出了霍布斯的秩序问题是一种身体几何学的问题,其四个相关的维度是:通过时间而进行的人口繁衍、空间的人口约束、作为身体内部问题的对欲望的限制、作为关涉身体表面问题的身体在社会空间的再现。①

特纳认为维持社会秩序有赖于完成四项任务:在时间上完成身体的再生产,并对身体进行约束;在空间上对身体进行管制与表现。他辩称社会系统的稳定性取决于以下两点:一是在时间上,是否能保证身体的连续性;二是在空间上,是否能控制大量没有受到管制的身体。他试图证明,一种父权制的老人政治系统对生育率的控制,辅以通过压制性欲的方法对身体的内在进行禁欲式管理的手段,长期以来确保了时间上有规律的人口繁衍。而在空间上对于身体的调控,则是通过一种全景式规训系统来达成的。该系统的基础针对身体的外在进行管理,管理的手段是使自我表现方式常规化。②

特纳不相信有某种普遍科学的方法可以描述我们的身体如何在社会中"存在"。相反,如何感觉我们的身体是什么,他人如何看待,以及我们的身体如何作用和行动在很大程度上(并非全部)取决于文化的作用。特纳将身体社会学界定为"人类对身体管理的历史和社会的后果"。他认为处于人类社会中的身体必然被规范过——来自既定社会和文化的固有技术的训练结果。针对当前身体社会学研究的缺陷,特纳指出必须要深入理解身体体现这个哲学观念,也就是要建立一种身体体现的社会学(The Sociology of Embodiment),因为体现是探索肉体性、感性和客观性的身体的系统矛盾和歧义的一种方法。他认为,身体体现有以下几个必需的组成要素:一是身体体现是"肉体化过程"(corporealization)的持续实践的效果或后果,它需要习得和把握一系列的身体技术,身体体现是融合了一系列肉体的实践。二是身体体现是一种成就,一个行动者可以由此接受一

---

① 布赖恩·特纳:《身体与社会》(马海良、赵国新译),第162页。
② 凯瑟琳·艾莉斯:《福利与身体秩序:建立身体话语转换的理论》,载汪民安、陈永国编:《后身体:文化、权力与生命政治学》,吉林人民出版社2003年版,第425页。

系列的性情倾向、实践和策略,并就此自得地享有一种独特的惯习。三是身体体现就是从感觉上和实际上生产出生活世界中的在场。身体体现是感官身体或主官身体的活生生的经验。四是身体体现是一种社会规划,因为它发生在一个已经是社会性的生活世界之中。身体体现并不是一种孤立的规划,它处在一个又相互关联的社会行动者组成的社会历史世界中,处在一个网络中。五是身体体现一方面是塑造一个身体、成为一个身体的过程,另一方面也是塑造一个自我的规划。身体体现和自我体现是两个相互依赖、自我增强的规划。①

四、弗兰克:身体行动模式

无疑,特纳的身体结构模式带有浓厚的建构论、功能论色彩,这也遭到了威廉斯和本洛德(Bendelow)的批判,他们认为特纳把重点放在了社会如何对身体进行建构上,而忽略了身体作为社会行动和实践经验的载体和基础等方面的内容。② 而弗兰克则另辟蹊径,提出了他的身体行动模式,来考察身体与人的行动之间的关系。弗兰克认为,首先要考虑的是个体的身体所面临的"行动问题",而不是摆在社会系统面前的"身体秩序"任务,有关社会的理论概括或许就只能走到特纳的范畴划分这一步,但这些范畴首先不能被设定为某个"社会"的抽象需要,而应该源于身体自身的问题,即处在某一社会背景中的具身体现。③ 就此而言,弗兰克比特纳更加关注如何进一步地发扬戈夫曼有关身体作为人的行动要素的某些洞见。虽然在很大程度上,弗兰克依旧是在采取社会建构论的思路来看身体,他同样认为身体的意涵和发展都与社会力量和社会关系密不可分。然而,他的"行动问题"分析已远远超出许多社会建构论观点所特有的局限。比如,弗兰克非常重视身体作为肉身现象的存在,认为这本身就会影响到人们如何体验自己的身体。再比如,弗兰克认为身体并不是从话语和制度中凸显出来的,而是来自其他的身体(具体地说,就是女性的身体)。身体为人提供了行动的手段,但也对行动施加了约束,身体的肉身性始终是坚不可摧的事实。弗兰克还进

---

① 布赖恩·特纳编:《社会理论指南(第2版)》(李康译),第591页。
② S. J. Williams, G. Bendelow, *The Lived Body: Sociological Themes, Embodied Issues* (London: Routledge, 1998).
③ Arthur W. Frank, "For a Sociology of the Body: An Analytical Review," in M. Featherstone, M. Hepworth, B. S. Turner, eds., *The Body: Social Process and Cultural Theory* (London: SAGE Publications Ltd., 1991), p.54.

一步提出,身体是社会"身体技术"(话语、制度和身体的肉身性的综合)的中介和结果,而社会也是这些身体技术的中介和结果。话语并不具备它们在福柯作品中所拥有的那种决定力,而是指有关身体能力和约束的想法,在身体的体验中,这些想法已经存在,等待着自我理解。①

根据身体自我控制、欲望程度、身体与自我及他人的关系,弗兰克将身体分为规训的身体(disciplined body)、镜像的身体(mirroring body)、支配的身体(dominating body)、沟通的身体(communicative body)这四种理想类型。弗兰克认为,身体存在的是行为问题而非秩序问题,应从现象学而不是功能取向的角度展开分析。每一种身体的理想类型都可以在日常生活中通过具体的行动模式展开,获得相应的角色。如通过理性化的管理(regimentation)与秩序产生规训的身体,通过商店消费(consumption)产生镜像的身体(这与鲍德里亚的消费理论有一定的相似性),通过战争等强力(force)产生支配的身体,通过共享话语、舞蹈、关爱和交流产生交往的身体和得到认同(recognition)。② 应该说,弗兰克的论证核心还在于身体必须克服的那些"行动问题",但这一思路仍旧存在着一些困难和空白。比如,尽管上述的这四种理想身体类型颇有用益,但却并未清晰地表明,人们为何应当选择对自己的身体采取某些特定的关系,个体如何能够在身体用法的不同风格之间做出转变,哪些更为广泛的历史条件会影响到他们采取这些而非那些风格。总的来说,弗兰克所提出的身体行为模式相对于特纳而言更具有动态性和多元性,可视为补充了特纳的结构主义模式。而且这种对身体自下而上的分析方法,不仅把握了社会作用于身体的各种行为方式,也包括在具体行动中身体是如何行动和构建社会的。比较而言,特纳和弗兰克的这两种身体模式从不同的空间层次展开,特纳是自上而下的(top-down),而弗兰克是自下而上的(bottom-up),他们的相似之处在于都把身体问题置于行为、行动者、结构所关注的中心。③

---

① 克里斯·希林:《身体与社会理论(第2版)》(李康译),北京大学出版社2010年版,第90—93页。
② Arthur W. Frank, "For a Sociology of the Body: An Analytical Review."
③ 赵方杜:《身体社会学:理解当代社会的新视阈》,《华东理工大学学报(社会科学版)》2012年第4期。

五、梅洛-庞蒂：身体现象学

梅洛-庞蒂的著作对身体社会学的发展产生了重要的作用。在《知觉现象学》中,梅洛-庞蒂概述了现象学内现存的大量研究,他发展了一个精彩的肉身观点,使之来克服身心二元对立观点。在试图理解人的知觉过程中,梅洛-庞蒂断定,知觉总是从一个特殊地点或角度开始的。正是从身体的"角度"出发,外向观察才得以开始——如果不承认这一身体理论,就不可能谈论人对世界的感知。我们对日常现实的感知取决于活生生的身体,身体是主动积极和外向的,并被某种习惯所引导。根据胡塞尔的意向性现象学,梅洛-庞蒂断定,基本的意向性扎根于活生生的身体,而这个身体则在作为一个化身的主体性之内。这样,知觉和身体活动即便被分离,也只能是人为假想的分离,因为基本的知觉形式(比如看本身)包括了身体活动。梅洛-庞蒂根据对断腿作的心理研究表明,由于身体出现了损伤,判断和知觉的关系发生了根本性的错乱和断裂。正是作为哲学和心理学的探索结果,梅洛-庞蒂才用"身体"这个观念来宣称:一切"较高级"的脑力功能也是肉体行为。身体不是自为的客体,它实际上是"一个自发的力量综合、一个身体空间性、一个身体整体和一个身体意向性,这样,它就根本不再像传统的思想学派认为的那样是一个科学对象"①。

梅洛-庞蒂的身体社会学所倡导的理论框架是为了理解人类身体和日常世界之间的关系,以取代传统笛卡尔哲学中的身心二元论。他认为解决二元困境的方案是揭示人类既不是纯粹的"意识"或"主体",也不仅仅是"身体",但如果我们将之看做为"身体—主体"时,就能很好地理解生命的全部本性了。身体—主体存在于肉体间的本质之中,身体就是主体,而主体也是身体。②

六、谢林：自然主义的身体观和建构主义的身体观

在对身体社会学进行理论剖析的同时,英国学者谢林则关注到了更为深层的问题。他认为身体研究在社会学中处于"双重地位":社会学很少明确地将身体作为学科关注的合法对象予以直接回应,但同时生理性、物质性的身体形态又

---

① 布赖恩·特纳:《身体问题:社会理论的新近发展》。
② A. Howson, D. Inglis, "The Body in Sociology: Tension Inside and Outside Sociological Thought," *Sociological Review*, Vol. 49, No. 3, 2001, pp.297-317.

不可避免地出现在古典社会学家们的研究之中。尤其是20世纪80年代以来,在女性主义、人口老龄化、消费文化和身体改造技术的共同影响下,身体研究渐成显学。谢林在梳理前人思想的基础上做了自然主义的身体观(生物性的身体构成了社会关系和社会不平等的基础)和建构主义的身体观的区分,并对这两种身体观做了详细的考察和分析。

谢林认为,自然主义的身体观主张人的身体所具备的能力与受到的约束规定着个体,生成了标志着国家和国际生活模式的那些社会、政治与经济关系。物质财富、法律权利和政治权力等方面的不平等都不是社会角度建构出来的,也并非是偶然生产和可以逆转的,而是由生物性身体的决定力给定的,至少是由这种力量合法化的。时至今日,自然主义身体观的这一思路依然形塑着流行的身体观念,尤其明显地体现在认为社会性别不平等是女性"柔弱的""不稳定的"身体所直接造成的。这种自然主义的身体观非常强调是人的身体构筑了社会关系,为社会关系出了一份力。然而,将纷繁复杂的社会关系和不平等论统统化约为一种一成不变的前社会态身体,从社会学角度来看,这似乎很难成为富有裨益的基础。因此,晚近绝大多数的有关身体社会学的研究对于这一套自然主义的身体观是表示抗拒的。也就是说,目前来看,大部分的身体社会学研究都持一种建构主义的立场。[①]

建构主义的身体观认为,身体是文化、制度建构的产物,即"社会建构的身体"(the socially constructed body),身体的意义、重要性乃至存在本身都属于社会现象,从这个意义上来说,身体不是社会的自然基础,而是各种社会力量和关系合力而成的结果。但事实上,社会建构论的身体观五花八门,融合了许多有关身体与社会关系的说法,除了以上的基本共识外,这些社会建构的身体观各具特色,且并非都能互相补充。比如说,后结构主义者往往主张,语言范畴决定了我们有关具身体现(embodiment)的体验;而符号互动论者则更为强调对于身体的管理和控制有赖于相对自主的人类行动者的行动。两种思路都对作用于身体的各种社会力量有所论述,但要确定这些力量究竟是什么,又如何影响身体就各有各的说法了。[②] 但总的来说,这些社会建构论的身体观,都在不同程度上受到以下四种因素的影响:玛丽·道格拉斯的人类学、对人类身体历史进行探究的近期

---

① 克里斯·希林:《身体与社会理论(第2版)》(李康译),第16—39页。
② 同上书,第68页。

第八章 当代西方社会学理论的身体转向

作品、福柯的著作和戈夫曼的理论。尤其是福柯和戈夫曼对身体社会学的影响更为明显。但这二者之间的理论存在很大的差异,这一方面是缘于他们著作的形式和风格迥异,另一方面则是福柯被认为是后结构主义者(关注话语和权力对身体的规训与惩罚),而戈夫曼则被认为是符号互动论者(关注作为社会行动要素的身体)。福柯和戈夫曼的这种影响,在当代主要体现在特纳和弗兰克的身体理论中。虽然特纳综合了马尔萨斯、霍布斯、卢梭、韦伯、帕森斯、戈夫曼等人的理论,以探讨他所谓的新的"霍布斯的秩序问题"。但从特纳的身体结构模式可以看出,他受福柯的影响更为明显,他和福柯一样更加关注社会制度对身体的生产和控制。而弗兰克的身体行为模式更加关注"活生生"的身体及其体现问题,这可以被看做是戈夫曼所探讨的日常生活中互动的身体的一个继续和发展。① 在谢林看来,社会建构论的这些观点都提供了非常重要的洞见,看清了身体可能如何受到权力关系的影响,身体如何进入有关自我的社会界定,身体如何能够发挥作为社会符号的功能。这些观点还凸显了身体如何能够被用来使社会不平等合法化。任何探讨社会中的身体的新思路都需要利用这些观点。但社会建构的身体观也存在着一些问题。比如,虽然建构论的观点告诉了我们许多身体在社会中的重要意涵,但身体本身究竟意味着什么,我们仍旧不太了解。我们虽然了解了那些建构某种被称作"身体"的东西的社会力量,却不太清楚实际被建构的东西本身。这就意味着,身体或许已经被命名为某种理论空间,但在绝大多数情况下却未受考察。因此,谢林建议,社会建构的身体观需要在充分重视身体的肉身特性的背景框架下加以利用。②

第六节　西方社会学理论身体转向的特征与反思

西方社会学理论的身体转向是当代西方社会学理论的一个重要转变,其重要性在于"身体"在当代已经处于各种社会学理论张力的中轴之上。作为一项社会学事业,社会学理论的身体转向致力于讨论身体的社会性,讨论身体的社会生产、身体的社会表征和话语、身体的社会史以及身体、文化和社会的复杂互动,并把触角逐渐延伸到了体育、时装、消费、舞蹈、美容等众多领域中。可以说,身

---

① 赵方杜:《身体社会学:理解当代社会的新视阈》。
② 克里斯·希林:《身体与社会理论(第2版)》(李康译),第68—95页。

体正在以全然不同于以往的清晰姿态呈现出来,这也许可以视为身体社会学真正繁荣的前奏。

一、当代西方社会学理论身体转向的特征

身体之所以会由现代状态的受贬抑演变成当今时代的受宠爱,"这是和现代性范式及其意识形态基础日渐失去说服力不无关系的"①。特纳指出:"在一个技术迅速扩展的社会中,人的身体所体现的社会、经济和法律地位方面的这些宏观变化产生的后果是,人类身体已成为许多社会科学与人文科学研究的焦点。"②但是,从社会学的角度出发,我们应该如何理解"身体"呢?克里斯·谢林认为,身体应该被适当地理解为未完成的生物现象与社会现象,这个现象已经被转化为进入社会、参与社会的结果。

如前文所述,当前,身体研究的两种基本方法主要是自然主义与社会建构主义。自然主义的方法把身体理论化为社会的上层建筑得以从中产生的生物学基础,社会来自躯体并受到躯体的制约。社会建构主义的方法把身体的意义、重要性甚至于身体的存在都当作是社会现象。身体不是社会的自然基础,相反是社会力量与社会关系的结果。③ 身体社会学研究则主要偏重于后者。今天,我们的身体并不只是存在的问题,也不仅仅是存在于社会之外的有形的东西。我们的身体受到我们所属的社会规范和价值观的影响,也深受我们社会经验的影响。④ 概括地说,当代西方社会学理论的身体转向以及由此而形成的身体社会学主要具有以下几个方面的特征:

第一,身体社会学理论所论述的"身体"具有能动性含义,它反对一切简单化的还原主义做法。虽然身体是人们无法完全征服的一种环境限制,但是实际情况是,他们通过身体的体现而表现出某种躯体管理的形式。人们用身体、在身体上、通过身体进行实践。

第二,身体社会学理论必须直接面对自然和文化二分法,因为二者之间的关系是社会的、历史的和矛盾的。身体肯定是自然的一部分,但是以生物学解释人

---

① 陈立胜:《身体:作为一种思维的范式》,《东方论坛》2002年第2期。
② 布赖恩·特纳:《身体与社会》(马海良、赵国新译),第8页。
③ 陶东风:《身体意向与文化规训》,《文艺研究》2003年第5期,编译自 Chris Shilling, *Body and Social Theory* (Sage Publications, 1993)。
④ 安东尼·吉登斯:《社会学(第4版)》,第182页。

的行为是殊为不当的。另一方面,生物学和生理学本身是对人的经验予以组织和系统化的分类体系,因而具有文化的而非自然的特征。

第三,完备的身体社会学必须是社会的,而不能是个体的。关于身体体现的现象学大都具有浓重的个体主义特性,不能充分认识到个人的身体体现受到社会训练、语境的高度约束。我们对自己身体的权威是通过身体来实践的,它体现了人的能动性特征,但是这种权威的自然性很难离开我们的社会环境,我们的身体也许是别人的合法财产。①

第四,对于个体和群体而言,身体既是一个环境(自然的一部分),又是自我的中介(文化的一部分)。从身体角度来说,自然与社会之间的这种交易可以看做是生理学问题。我们可将身体当作阐释和再现的外部表层结构。

第五,我们不能将身体仅仅看做是单数的,而应看成是复数的,也就是说看成是人口的身体。② 约束和组织个体身体,是为了人口的利益,约束人口的身体是沿着时间和空间两个纬度进行的,既约束各代人之间的再生产和约束政治的/城市空间内人口再生产,因此身体社会学是一门政治社会学,因为它涉及支配欲望的权威性斗争。

第六,社会学的大多数理论化形式将自我与身体严格分离开来。但是,身体对微观社会秩序和宏观社会秩序来说都很关键。身体是自我表演的载体,也是进行贬损的社会排斥仪式的对象。亲昵和排斥集中表现在作为标识自我的手段的身体上。因此,身体社会学也必须包括偏常行为社会学和控制社会学。③

当然,当代身体社会学理论也十分复杂,有关身体的不同社会学论述令人眼花缭乱,各种竞争性观点大量存在(这也为梳理身体社会学理论本身带来了难题)。例如,从本体论来看,身体究竟是基础主义的还是反基础主义的?身体的基本特征到底是由社会过程产生的,还是身体就是一个有机现实而独立于它的社会表征之外?从认识论来看,身体究竟是自然主义的还是建构主义的?等等。这些都存在着不同的争论。但是,考虑到身体社会学在主流社会学理论中还是一个相对新的主题,如果我们过早地排斥我们在观念上的多样性选择,显然是不合适的。身体问题作为社会存在,其在特定社会的文化发展中占有特定的位置;

---

① 布赖恩·特纳:《身体与社会》(马海良、赵国新译),第342页。
② 布赖恩·特纳:《身体问题:社会理论的新近发展》。
③ 布赖恩·特纳:《身体与社会》(马海良、赵国新译)。

但作为属人的存在,我们都由我们共同的本体论维系在一起。不过这种本体性的相互关联也受到技术变迁和医学变迁的威胁。身体之后是否还会出现另一个社会世界,在这个世界里,技术转变了身体体现的伦理学?电子人及其他技术的进步,可以改变身体体现的性质,侵蚀人的生命的这种关联性。可以预见,身体社会学和身体人类学的下一个发展阶段,将主要关注技术、信息系统、电子人对身体体现和以身体为核心的权力关系的影响。①

二、对当代西方身体社会学理论研究的反思

身体从被检视的对象转变为思想和行为的主体是当代社会学理论的一个重大转向。今天,身体社会学理论不仅已成为当代西方社会学理论中的一个完全确立的领域,而且还引起了整个社会学界乃至人文社会科学界的广泛关注。比如说,1998年,英国社会学协会就将其年会的主题确定为"唤醒身体意识"(Making Sense of the Body)。此外,关注身体问题的出版物数量也大大增加了。社会学对于身体的兴趣多半被解释为对社会变迁的学科响应,其他人文学科和社会科学也开始将身体置于重要的地位,关于身体的社会学陈述经常会与文化人类学、地理学和哲学中相应的陈述相互交叠。② 如果说在纷繁的后现代社会理论中单独考察身体社会学也许会有些突兀,那么只要把身体社会学的发展置于整个社会学理论乃至社会理论的发展过程中,身体社会学的生成过程又是那么的水到渠成。

在社会学理论的古典阶段,无论是实证主义、人文主义还是批判主义都是对"身体"嗤之以鼻的。当人刚刚从神学那里解放出来的时候,当不同社会学理论流派对于社会事实抑或是对于社会行动关注的时候,仅仅作为个体容器的"身体"是肯定得不到关注的,反过来还会成为批判的对象。因为关注身体本身就与社会学的方法论相悖。而到了社会学理论的现代阶段,各种理论家都将目光集中在了对于宏大社会理论的建构上。当帕森斯和反帕森斯者都在围绕"现代化"展开论争,并对社会变迁与社会行为进行解释的时候,此时承载个体的身体仍继续在黑暗中沉睡。只有到了社会学理论的当代阶段,当宏大叙事、整体性、理性主义成了拒斥的对象,当去中心化、多元主义成为理论走向,身体才能从与

---

① 布赖恩·特纳编:《社会理论指南》(李康译),第592页。
② A. Howson, D. Inglis, "The Body in Sociology: Tension Inside and Outside Sociological Thought."

意识的对立中真正浮现出来,成为建构社会的主体。

社会学的"身体"需要概念上的工具,这种工具不仅使实践者能够解释"身体—主体"的体验和"身体—客体"的社会载体,而且允许实践者能够反过来对他们的社会学实践进行反思。为了追求这样的工具,很多身体社会学家已经实现了由偏重于对身体进行社会结构解释的理论框架转向了将身体作为基本体验的理论框架。① 这一转向通常运用了梅洛-庞蒂现象学哲学的观点,而且在一定程度上与采用现象学观点的女权主义哲学家的工作相结合,以阐释女性体现的活生生的体验,而这曾经被推至主流分析的边缘。就像性别最初被认为是社会学上的附件一样,身体被带入社会学分析也是作为理论的附属品。在社会学理论有关身体概念的发展中,至少存在着三种明显的变化趋势:一是把身体完全带入到了社会学的知识框架内并被社会学理论所接受;二是重新发现了经典理论中的身体意象与身体论述;三是将身体确立为超越社会学二元困境的核心。②

自 20 世纪 80 年代身体社会学的兴起至今,已经涌现出了大量的研究身体社会学重要性的著作。虽然有着丰富的身体理论著述传统,但由于身体社会学还是一门新兴的社会学分支,当代身体社会学理论的现状在很多方面还不够完善,不尽如人意。身体社会学研究仅在有限的领域内得到发展,而且还一直局限在理论思辨和精心阐发之上,未能创造出一种深厚的研究传统或研究议项。过多关注理论而缺乏真正的实际研究。③ 迄今为止,社会学还尚未形成一套连贯而全面的身体理论,能够处理与社会和各种人类身体体现模式有关的一系列复杂问题。对于主流社会学来说,身体社会学更是一个相对新的主题,还未被正式吸收为一门学科。如果没有 套充分的研究规划和分析方案,身体社会学将成为社会学时尚中又一段短暂流过的时期。④

因此,当代身体社会学理论也存在着许多不足之处:(1)对大多数身体社会学学者来说,经常很难看清楚其中什么是社会学性质的东西,而他们的关注焦点也时常局限于身体的表现性和文化性特征。社会建构主义的身体观告诉我们,社会能够塑造身体并使身体具有社会意义,但是它却不能使我们知道身体是什

---

① C. Shilling, "Embodiment, Experience and Theory: In Defence of the Sociological Tradition," *Sociological Review*, Vol. 49, 2001.
② A. Howson, D. Inglis, "The Body in Sociology: Tension Inside and Outside Sociological Thought."
③ 布赖恩·特纳:《身体与社会》(马海良、赵国新译),第46页。
④ 布赖恩·特纳编:《社会理论指南(第2版)》(李康译),第580页。

么,它为什么能够承担如此重大的社会意义。因此,社会建构论并不完全令人满意。说身体是社会建构的产物当然没有问题,但是却没有告诉我们身体的特殊性。(2)身体体现的观念是不清楚的,甚至是缺失的,与社会学研究的其他一些属性,比如政治学和伦理学方面的内容也缺乏系统的关联。(3)强调身体的文化表现,造成了现象性的身体从考察的视野中溢出,也没有人注意作为活生生经验的身体。正如特纳所指出的:注重身体的文化符号就模糊了甚或预先排除了另一种关注:日常世界里要吃饭、要睡觉、要工作的现象的身体、经验的身体。只有当身体有衰老和疾病而开始衰退,引出痛苦和不适的时候,身体才成为日常生活中关注的焦点,而其他时候,它并不在我们的视野之内。[1]

当代的身体社会学实际上陷入了两难的困境之中,一方面,身体社会学认为身体主要是由社会创造和决定的一个客体,其在理论倾向上似乎与一贯强调社会结构的主流社会学理论保持着高度的一致性;另一方面,又由于对经验层面和行动层面的关注,使得身体社会学更加倾向于"活生生的体验"议题。身体社会学似乎注定要在结构和行动、客观与主观中寻求主流社会学与非主流社会学理论的平衡点。因此,发展出一种能够分析人类体验和社会结构关系的社会学是非常重要和迫切的。

但是,不管身体社会学理论存在着多少局限性,面临着多少挑战,身体社会学已被确立为一个重要的分支学科,并且已经对社会学理论作出了普遍性的贡献。作为一个分支学科,它考察了身体是如何被社会赋予生机和给予标记的。[2]尤其是最近几年,身体社会学理论又对人们的感知能力和与人的身体体现能力相关的体验产生了很大的兴趣。身体社会学为社会学理论中长期以来有关社会行动和社会结构间关系的争论提供了一种新的视角。[3] 从而有可能发展出一种新的研究范式。

针对身体社会学研究的未来发展趋势,豪森和英格里斯认为,当代身体社会学家面临这样的选择:或者停留在社会学传统关注领域的特定界限内,或者转向文化研究。而后者提供了一种对体验、认同和文化之间关系进行研究的更为宽广的视野。然而,针对文化研究在对二元对立、性别主义、时尚、反文化和完美性

---

[1] 布赖恩·特纳编:《社会理论指南(第 2 版)》(李康译),第 589 页。
[2] C. Shilling, "Embodiment, Experience and Theory: In Defence of the Sociological Tradition."
[3] S. Nettleton and J. Watson, eds., *The Body in Everyday Life* (London: Routledge, 1998).

第八章 当代西方社会学理论的身体转向

的批判性解构中,倾向于把身体视为一种由社会因素赋予其意义的现象,豪森和英格里斯认为其研究效用的框定可能会犯简化论的错误。①

如果身体社会学理论家要在社会学和文化研究之间作出选择的话,那么有更充足的理由延续社会学的传统。每次当身体体现研究中的后现代观点被反复引用的时候,它总被视为是一种激进的方法。如果关于身体的社会学研究没能充分地探察到人类的体验,很可能是他们忽视而不是遵从了社会学"创立之父"在他们的著述中所倡导的思想和建议。因此,当代许多身体社会学家提出,我们的研究目标应该是建构一个身体体现的社会学,这样才能对社会生活的物质特征有全面的阐述。② 而特纳针对当前身体社会学理论研究中存在的重大缺陷,指出未来的身体社会学研究需要从以下方面对身体理论作一整体改观:一是要深入理解有关"身体体现"的概念;二是要全面把握身体形象在社会空间中如何发挥功能;三是要真正从社会学角度评价各种社会身体长时间的交互作用;四是要以一种彻底的历史感来认识身体及其文化形态;五是要从政治的角度理解身体与治理的关系,尤其是参照我们可称之为"肉体公民权"的方面对身体实施的性调控和监控。③

而对于过去二十多年来的理论研究以及越来越多的经验研究,身体已经充当了具有丰硕成果的关注点。不过,尽管身体理论纷繁多样,但在该领域目前影响最大的就是以下三种:一是针对秩序化身体的社会建构论分析;二是针对生命态身体的行动思路或现象学思路;三是结构化理论中的身体观念。在过去的十多年里,这三种思路不仅让该领域呈现出不断发展的特性,同时也提供了很多关于身体的社会意涵的宝贵洞见,并继续确立着研究议程,引导着该领域的大部分著述。不过,纵然取得如此之多的成就,它们也都暴露出理论上的严重局限。比如,对于身体的看法彼此迥异,使这一主题非但没有逐渐清晰,反而更加扑朔迷离。正如谢林所说,这种趋势所导致的研究领域不仅是百花齐放,也越来越成一盘散沙。如果我们要把这种竞相创新的态势转化为某种更为持久的成就,那么现在就该是理论统合的时候了。社会学的研究所面临的挑战,就在于揭示,在一

---

① A. Howson, and D. Inglis, "The Body in Sociology: Tensions Inside and Outside Sociological Thought."
② C. Shilling, "Embodiment, Experience and Theory: In Defence of the Sociological Tradition."
③ 布赖恩·特纳编:《社会理论指南(第2版)》(李康译),第584页。

般层面上,在特定情势下,社会之构成过程中彻底的身体维度分别是如何运作的。①

或许,我们将开辟一种新的身体社会学研究,这种新身体社会学,从某种意义上讲,跟其经典理论一样,都与意义和符号有关。在新身体社会学看来,社会学就是研究"社会行动的意义,即作为个体的行动者的主观视角、情感和感受"。作为后现代社会理论的一支,当代身体社会学具有后现代社会理论的所有特点:庞杂、跨学科、晦涩等。同时,相比其他社会学分支相对明晰的发展脉络和理论体系,身体社会学的理论构造似乎还在逐步形成的过程中。但可以断言的是,身体社会学并非以身体本身作为最后的理论归宿,身体毕竟只是一种象征、一种载体、一种隐喻,身体背后所潜藏的是更加值得注目的感性。数千年的人类文明史其实是一部理性霸权主义的独角戏。随着神权主义的崩溃、随着君权主义的瓦解,人们探询的目光逐渐转移到了人类自身,对人类自身的深入探讨,必将导致理性主义的破灭,因为,理性主义的本质其实是把人抽象化、把人符号化、把人形式化,理性主义阉割了血肉丰满的人,并且消灭了此时此刻此在的此人!随着个人主义的兴起,随着消费社会的到来,当今的社会正在向感性化的方向演进,身体和肉体的体验越来越成为个人和社会生活的重心。正如有学者所指出的,身体社会学与其说是社会学理论的一个分支,还不如说它为后现代的社会学理论提供了一个重要的研究视角和维度。

【推荐阅读】

Cregan, K., *The Sociology of the Body* (SAGE Publications Ltd., 2006).

Scott, S., D. Morgan, *Body Matters*: *Essays on the Sociology of the Body* (London & Washington, D. C.: Falmer Press, 1993).

Surhone, L. M., *Sociology of the Body* (VDM Verlag Dr. Mueller e. K., 2010)

安东尼·吉登斯:《社会理论与现代社会学》(文军、赵勇译),社会科学文献出版社 2003 年版。

布赖恩·特纳:《身体与社会》(马海良、赵国新译),春风文艺出版社 2000 年版。

简·盖洛普:《通过身体思考》(杨莉馨译),江苏人民出版社 2005 年版。

克里斯·希林:《身体与社会理论(第二版)》(李康译),北京大学出版社 2010 年版。

---

① 克里斯·希林:《身体与社会理论(第 2 版)》(李康译),第 220—229 页。

李银河:《福柯与性——解读福柯性史》,山东人民出版社2001年版。
马歇尔·麦克卢汉:《理解媒介——论人的延伸》(何道宽译),商务印书馆出版2000年版。
托马斯·拉克尔:《身体与性属》(赵万鹏译),春风文艺出版社2000年版。
汪民安:《身体的文化政治学》,河南大学出版社2004年版。
汪民安、陈永国:《后身体:文化、权力和生命政治学》,吉林人民出版社2003年版。
约翰·奥尼尔:《身体形态:现代社会的五种身体》,春风文艺出版社1999年版。
周与沉:《身体:思想与修行》,中国社会科学出版社2005年版。

第九章

当代西方社会学理论的情感转向

在传统的社会学理论研究中,"情感"问题一直被主流社会学研究置于边缘地带,有时甚至根本就没有进入到主流社会学家的研究视野中去,这种状况直到20世纪70年代才逐步得以改变。究其原因,一方面是受学科分类的影响,传统社会学一直把"情感"现象归类为心理学或生理学研究的范畴,认为情感问题充其量也只是社会学中非理性因素的一种表现,因此,"情感"现象常常被当作社会学研究的一个"配角";另一方面,作为现代社会的产物之一,社会学从诞生之时起,就肩负着促进现代性成长和推动现代化发展的责任,这在某种意义上促使传统社会学理论研究常常关注的是社会发展的各种结构性力量和理性逻辑,因此,对微观层面上的"情感"现象不是视而不见就是置之不理。实际上,情感绝不只是个体的一种心理表现,而更多的是作为一种突破个体的关系存在。[①] 因为情感是人类行动和人类经验的重要组成,相对于心理学和生物学等学科在这一领域创造出的长期且深远之影响,社会学在情感方面的研究略显滞后。即使如此,情感社会学仍以独特的研究方法和理论视角,开辟出了富有意义的社会学研究领域,并逐步成为当代社会学理论研究的重要分支之一。

---

① 文军:《情感反映社会与文化深层次状况》,《中国社会科学报》2016年3月9日。

第一节　社会学理论的情感转向及其意义

一、情感社会学的兴起与发展

任何一个学科热点的出现都与其所处时代的社会背景相关,情感社会学的兴起亦如是。20世纪中叶以后,随着资本主义的发展,西方社会的物质文明在工业化和现代化的稳步推进下日益发达。然而,社会的心理状况和情感状态并没有随之进步。由于发展和分配的不平等,造成阶层矛盾尖锐,个人和社会面临着不安全的状态,社会怨恨情绪日益蔓延,积日累久的社会弊端开始暴露。启蒙时代以来所预言的理想社会并未到来,甚至成为遥不可及的乌托邦。具体来说,由于科层制的实行、社会组织的严密管理等桎梏,个体内在的人性感情被标准化、平均化所抹杀了。许多处于烦恼和郁闷之中的西方人,往往采取种种反常或过激的方式来发泄内心的不满和失望。① 与此同时,人们渐渐开始反思资本主义和理性主义,诸多社会运动伴随着这一思潮风起云涌。故而,诸多围绕着人类情感的问题需要被及时地应答,并且在解释社会行动乃至社会变迁上,情感维度的重要性也开始凸显,这都成为情感被社会学所关注的现实基础。

不仅是时代背景的推动,情感社会学的兴起,也可以被视为开辟了情感议题的一种新的研究路径。这种路径的出现弥补了其他学科在情感研究上的局限和瓶颈,也是情感研究向社会学领域的扩展需求。生物学和心理学对于情感有着相对长期的研究,其偏重探究情感的本质和发生机制。这一路径的研究普遍认为情感的产生与身体所感觉到的信息有关,是基于生理层面的交互作用,其认为人类身体的生理变化造就了情感,身体器官对于环境改变的知觉反应,是情感产生的根本原因。② 神经科学则更详细地表达了类似的观点,其认为情感的产生是固化在人类的身体系统中的,大脑通过如听觉、视觉、触觉、味觉等知觉信息的输入,接收到了感觉信号并进行加工,由此产生了各式各样的情感反应,继而由身体系统对于知觉和行为产生作用。

生物学和心理学重视情感的生物性,这一路径的研究观察到了生物力量对

---

① 郭景萍:《西方情感社会学理论的发展脉络》,《社会》2007年第5期。
② W. James, "What Is An Emotion?" *Mind*, Vol. 9, No. 34, 1884, pp.188-205.

于情感的支配作用,并且在微观层面形成了情感产生的解释机制。然而,其难以在宏观层面解释情感与社会之间的相关问题。侧重分析情感的社会建构和控制过程的另一种路径由此浮现,而情感社会学的兴起正是基于这种路径。

情感是社会建构的,这是研究情感的社会学家所持的基本观点。他们认为,人类的情感是文化社会化以及参与社会结构所导致的条件化的结果[1],情感的界定以及情感的表达,受到来自文化意识形态、观念、规范等因素的作用,而这些因素与社会结构紧密联系在一起。这也是情感社会学研究的基本落脚点和研究意义之所在。与生物学和心理学的侧重点不同,社会学家对情感如何影响社会结构中的互动进程,以及情感如何被这一进程所影响等议题感兴趣,以此来理解情感所蕴含的建构特征。[2]

追随古典时期社会学家对于情感的部分论述,尤其是以韦伯的人文主义传统为基础,20世纪40年代左右,埃利亚斯等社会学家较早地观察到个人情感与社会结构的紧密联系,从批判理性主义的立场探讨了理性与非理性在社会发展中的失调,强调理性与情感相平衡的社会。而20世纪70年代之后,在霍赫希尔德等社会学家的努力下,情感社会学日臻成熟,他们更细致地发展出情感社会学的理论流派,并与其他理论进行杂糅和对话,使之成为一个单独的社会学学科分支。就像美国社会学家乔纳森·特纳所说:"情感是把人们联系在一起的'粘合剂',它可生成对广义的社会与文化结构的承诺。"世界上从来就没有孤立存在的情感,恰恰相反,所有的人类情感都是深深植根于社会结构和文化系统中的,是身体生物基础、文化和社会结构三者之间相互作用的结果。人类的独特特征之一就是在形成社会纽带和建构复杂社会结构时对"情感"充满着种种依赖关系。或许,这正是情感社会学研究的出发点。[3]

二、情感在古典社会学理论中的叙述与地位

早期的社会学家其实已经留意到情感与社会的关系。他们已经认识到,情感不仅是心理状态的表现,也是人类行为中不可或缺的元素,其代表了人类行为

---

[1] 乔纳森·特纳、简·斯戴兹:《情感社会学》(孙俊才、文军译),上海人民出版社2007年版,第2页。
[2] 同上。
[3] 同上书,第310页。

第九章 当代西方社会学理论的情感转向

模式与倾向。追溯至社会学的奠基时期,许多名家的著作中都早已存在与情感相关的论调与议题。

社会学的奠基人孔德就有早期的论述:"社会秩序立足于由情感、行为和理智构成的人性统一性。其中情感起决定作用;利他主义这种'仁慈之爱'是维持社会秩序的积极力量。"孔德遵循整体性和社会性的基本原则来解决个人情感与社会情感的矛盾,从而找到了构建和谐社会秩序的情感实证主义路径。[1] 故而,孔德的实证主义其实也混杂着人性色彩,甚至最后孔德自己也希望建立人道教,倡导以道德情感来重建社会秩序。

涂尔干认为社会是由观念和情感组成的,其在论述社会团结的时候,把情感作为其中一个重要的元素,来说明集体情感是社会团结的基础和纽带。他试图通过有着集体主义烙印的情感来阐释社会秩序,作为社会制定行为规范的依据。他指出,情感经验的获取源自社会的作用力,但是社会作用的方式采取一种复杂的心理机制,这个过程如此隐晦以致让人难以察觉自身所感受到的力量的来源。[2] 如是而言,社会群体的形成其实就基于集体情感。涂尔干从宗教的角度探究分类时就提出,是"情感"造就了集体心灵。"正是这种集体心灵的状态产生了这种分类,而且这状态可谓富有成效。事物之间具有与个体之间一样的情感亲和性,事物就是根据这种亲和性进行分类的……决定事物分类方式的差异性和相似性,在更大程度取决于情感。"[3]这是因为每个地域都具有自身的情感价值,故而造成了该地域乃至其社群之间存在着深刻差异。在各种不同情感价值的影响下,每个地域又与一种特定的宗教本源联系起来,因而也就赋予了区别于其他所有地域的独具一格的品性。同样的,社会成员之间观念的联系或分离,正是由观念的情感价值所决定的,并在分类乃至社会团结和社会整合中起着关键作用。涂尔干确立了情感在宗教起源中的作用和地位,他的这一观点给柯林斯等后起学者从仪式等角度研究情感提供了突破口。

在涂尔干的论述中,"情感"被看做是一种社会事实,保留了较强的实证主义意味,并且注重情感的社会功能。韦伯的人文主义立场和其对资本主义发展的隐忧则正好与情感社会学的发展背景相适合。在韦伯对社会行动进行的四个

---

[1] 郭景萍:《孔德:社会秩序视野中的情感研究》,《湖南师范大学社会科学学报》2007年第1期。
[2] 周晓虹:《西方社会学历史与体系》,上海人民出版社2002年版,第250页。
[3] 涂尔干、莫斯:《原始分类》(汲喆译),上海人民出版社2000年版,第92页。

分类中,基于情感的行动就占其一。韦伯认为社会行动可以由四种情况来决定:(1)目的合理性的,即通过对外界事物的情况和其他人的举止的期待,并利用这种期待作为"条件"或者作为"手段",以期实现自己合乎理性所争取和考虑的作为成果的目的;(2)价值合理性的,即通过有意识地对一个特定的举止的——伦理的、美学的、宗教的或做任何其他阐释——无条件的固有价值的纯粹信仰,不管是否取得成就;(3)情绪的,尤其是感情的,即由现时的情绪或感情状况来决定;(4)传统的尤其是约定俗成的习惯。① 虽然情感行动在韦伯的研究中是比较边缘的,但其对于科层制对人类情感的压迫等现象的描述以及对资本主义发展的悲观预见,仍留给后世较大的启迪。

马克思认为人类的情感和意识是被社会情境和社会结构造就的。他还看到了存在于人与物质世界的感性关系和相对于这个世界而产生并发展起来的意之间的辩证关系。他提出个人的本质在于把他或她束缚于社会的和物质的世界之中的社会关系总和;不存在孤立的个人,只有处于与他人的关系之中的个人。情感,包括异化、疏远和对世界的解脱,变成了使人们不得不按照金钱和劳动价值来定义个体的物质经济实践。如果所有的社会生活本质上都是实践的,都涉及人类在世界上的实践活动,那么,情感就是以把个体置于世界之中的实践活动为基础的。在资本主义和后资本主义社会中,个人在经验中所碰到的情感领域正在异化或自我毁灭。男人和女人的价值是按照金钱而不是人来确定的。正如从商品拜物教中看到的那样;商品价值甚至被置于情感体验之上。② 虽然马克思将情感放在社会实践中,并不突出情感的作用,但其对于情感异化的预测是非常经典且精辟的。霍赫希尔德(A. Hochschild)等学者在之后的时代里就着重论述了商业对于情感的侵蚀,与马克思的论断相吻合。

古典时期另一个对人类情感发展表现出悲观态度的社会学家是齐美尔。齐美尔从社会文化的视角论述了对情感的看法。齐美尔的研究从货币、商品、娱乐和都市发展等方面出发,讨论了现代人的情感危机。齐美尔首先区分了主观文化和客观文化:主观文化是指个体的一种教育、活动、智慧或美、幸福、德性的状态;客观文化是指人创造的物质产品以及艺术、科学、法律等精神产品。③ 他将

---

① 马克斯·韦伯:《经济与社会》,商务出版社 2004 年版,第 56 页。
② 诺尔曼·丹森:《情感论》(魏中军、孙安迹译),辽宁人民出版社 1989 年版,第 53 页。
③ 郭景萍:《西美尔:文化视野中的情感研究》,《学术探索》2004 年第 10 期。

人类的情感归入主观文化之中，并指出现代性的发展，尤其是货币经济的理性和都市生活的兴盛，导致了客观文化不断累积，而主观文化受到压抑，人类的情感日趋落寞。可以说，在齐美尔的论述中，情感正在变成一种堕入悲观的文化。

与其他学者不同，在古典时期，帕累托可以称得上是在当时就对情感产生浓厚兴趣的一位社会学家，并致力于揭开社会行为背后的真相。在论述逻辑行为和非逻辑行为时，他指出逻辑行为具有很强的虚伪性，只是社会行为的扭曲表象，而非逻辑的因素实则真正支配了人类的大多数行为。非逻辑因素包含了本能、情感、知觉、欲望等一系列的心理沉淀，这些心理沉淀甚至是社会运动、社会变革的动因。在研究方向上，他甚至直接提出社会学研究的目的，就是向人们指出他们的行为是非逻辑的。因为情感比理性更接近社会实在，是解释社会行为乃至社会历史变化的真正原因。①

早期的社会学家虽然提到情感与社会的关系，甚至开始考虑社会结构的问题，但这些论述都是比较零星的，系统的研究则付诸阙如，也没有形成固定的学术流派。然而，正是早期社会学家留下的研究痕迹，确立了情感在社会学研究中的特殊地位，也为后起的社会学家在情感领域的研究提供了启迪和方向。

三、社会学理论情感转向的意义

当代西方情感社会学研究功能的立足点在于，情感不仅是心理状态的表现，也代表了人类行为模式与倾向。情感在人类的社会生活中无处不在，并且显现出其独特的属性：一方面，情感的发生机制来自于生物性的原因，另一方面，情感本身又会受到社会文化的影响。故而情感社会学的研究，不仅在于研究人类本身，更在于以全新的视角去审视社会结构。甚至可以说，情感既关乎人类最基本的知觉体验，也关乎社会发展的宏观过程。因此，这一学科研究内容在新时代里的开垦，对于社会学理论外延的拓展具有重要意义。具体来说，社会学理论的情感转向至少具有以下几个方面的意义：

第一，社会学理论的情感转向有助于社会学研究的非理性转向。社会学作为一门学科，其发源基于自然科学演变而来的实证主义，许多社会学理论的形成和发展都是来自这一传统。实证主义的很大成分是工具理性，而现代社会的主

---

① 维尔弗雷多·帕累托：《普通社会学纲要》（田时纲译），生活·读书·新知三联书店2001年版，第18—19页。

要特征也为理性化,是工具理性行动领域的不断扩展,故而早期社会学家把工具理性的组织与理性行动当作了研究重点,情感这一议题难免被淹没于高扬的理性主义中。然而,随着时代背景的变化,越来越多的社会学家开始意识到情感对于社会有着不可忽视的影响,单纯地使用理性主义的视角难以恰当地去解释人类行为,反思理性的社会学思潮开始涌现。社会学家开始从情感这一非理性的议题入手,去探讨社会问题和解释社会现象,能更整全地把握社会规律。这促成了社会学本身的非理性转向,也使得社会学研究能在更广泛的视角下进行,逐步打破了社会学研究中的理性主流倾向。

第二,社会学理论的情感转向有助于从更为细致的角度观察个体和社会的关系。情感是人类行动的重要组成,受到社会规范等文化的影响,并且渗透到人类社会经验的每一个方面。可以说,情感不仅能投射出人类行动中更为隐蔽的部分,而且也能反映出社会中结构性因素的作用。在社会学框架下的情感研究主要以微观为中心,使得研究转向日常生活。这个事实意味着研究设计在方法学上倾向社会心理学。情感社会学采用多种多样的研究方法,包括历史分析法、观察研究法和民族志法等,来研究情感是非常有益的。① 相对于其他的研究方向,情感研究是更为精细和微观的。故而,对于情感的探索实则可以成为研究个体与社会关系的另一个可行通道。因此,社会学理论的情感转向有助于我们从更加细致的视角去把握社会实践的规律。只有深刻意识到情感在人类社会发展中的作用,才能更好地去认识和阐述社会的变化。

第三,社会学理论的情感转向有助于推动社会学理论的多元发展。自情感社会学勃兴以来,在社会学学科内部,社会学家们以经典的理论命题为基础,杂糅了如交换理论、结构理论、符号互动论、仪式理论等一系列既有范式,将情感这一主题转移到各自的研究领域中去,继而发展出独特的假设与命题,成就了诸多优秀的情感社会学的理论和经验研究,使得情感社会学的发展中呈现出多元化的态势。每种研究取向其实都是将情感置于对个体、情境、结构和文化等复杂联系的讨论之中,展示出了情感及其相关议题的不同侧面。

虽然社会学理论的情感转向有其重要意义,但一些相关的问题也会在情感研究中出现。比如如何看待情感的生物性和社会性的区分?在研究内容上,哪

---

① 乔纳森·特纳、简·斯戴兹:《情感社会学》(孙俊才、文军译),第257页。

些问题或现象是情感社会学应当聚焦的?在研究方法上,该采用何种手段测量情感?考察情感的量表如何制作?研究结果又该如何被呈现?在研究内容的分野上,如何处理情感社会学所牵涉的如宗教、文化、传媒、教育等诸多领域?如何看待情感与这些领域之间的交集?这些都是在叙述情感社会学意义之所在时,不可忽略且必须思考的问题。

第二节 社会学情感转向的关键议题及其方法论特征

一、社会学理论情感转向的关键议题

什么是"情感"?这并不是一个容易界定的概念,可以说至今没有一个明确的情感定义,因为这个定义牵涉到对于情感本质的考量,而这一考量的结果背后又是特定的学科立场及理论观点的体现。目前对"情感"的定义大致来自两个方向:一是生物论的,其认为情感是内在的生理神经过程。"躯体变化直接跟随着对令人兴奋的事实的感知,当这些变化发生时,我们对它们的感受就是情感。"[①]二是认知论的,他们认为情感是主体对情境中的客体或者事件给予评价后产生的认知,是一种感受到的经验。"生理反应只是情感的结果,并不是情感的开端。"[②]

在社会学的诸多对情感的定义中,多数社会学家认可情感是社会建构的,受到社会文化规范、价值、信念和词语等影响和限制。而仅是在社会学内部,各流派对于情感的定义也有不同的侧重点。文化取向的研究者认为文化的观念和规范是人们在体验和表达情感时的脚本,戈登就把情感定义为"感觉、表现性姿势和文化意义的一种从社会角度被建构的模式,该模式是围绕着与一个社会对象——通常是另一个人的某种关系而加以组织的"[③]。霍赫希尔德则把情感看成是"一个映象、一种思考、一段记忆与身体的合作,一种个体所意识到的合

---

① 诺尔曼·丹森:《情感论》(魏中军、孙安迹译),第32页。
② K. Gasper & K. D. Bramesfeld, "Imparting Wisdom: Magda Arnold's Contribution to Research on Emotion and Motivation," *Cognition and Emotion*, Vol. 20, 2006, pp.1001-1026.
③ S. L. Gordon, "The Sociology of Sentiments and Emotion," in M. Rosenberg and R. H. Turner, eds., *Social Psychology: Sociological Perspectives* (New York: Basic Books, 1981), p.556.

作"①。符号互动论取向强调情感与身份和自我概念的关系,肖特把情感看做是用以标签自我和他人的符号②;斯特拉克则认为情感标志着特定网络中的身份,是他人对个体角色行为反应的产物③。结构论取向的研究者把情感视为个体在社会结构体系中所处位置的表现。仪式取向论的学者柯林斯把情感看做一种能量,其形成和维持是跨情境的,是一种暂时的现象。④ 除了这些流派之外,另外如情感交换论、情感进化论和一些社会心理学的研究也对情感有各自的理解和定义。

虽然情感社会学对于情感的定义各有千秋,但特纳总结了社会学视角下的情感所包含的成分⑤:(1)关键的身体系统的生理激活;(2)社会建构的文化定义和限制,它规定了在具体情境中情感应如何体验和表达;(3)由文化提供的语言和标签被应用于内部的感受;(4)外显的面部表情、声音和副语言表达;(5)对情境中的客体或事件的知觉与评价。特纳的总结较好地兼取了各个流派对情感的基本观点,但他也同时指出,上述成分并不是必然伴随着情感而出现的,人们对于情感的抑制作用也应当被留意,而目前的情感社会学在研究情感的防御、抑制等方面尚存在瓶颈。

在情感社会学兴起初期,一些议题就被很多学者关注,其中的一部分在集中的探讨中发展成为情感社会学的关键议题。对于如情感的定义、情感控制、情感的社会化过程等问题的回应和解释,很大程度上决定了研究者理论取向的立足点。

情感控制可谓情感社会学较早且较为深入研究的议题,其主要研究情感唤起和控制的机制、可能性和实现路径。虽然这类研究看似微观,但实际上其包含的范畴是非常广袤的。因为对于情感控制的分析关切到对社会行动、社会关系

---

① A. R. Hochschild,"Emotion Work, Feeling Rules, and Social Structure," *American Journal of Sociology*, Vol. 8, No.3, 1979, pp.551-575.
② S. Shott, "Emotion and Social Life: A Symbolic Interactionist Analysis," *American Journal of Sociology*, Vol. 84, No. 6, 1979, p.1317.
③ S. Stryker, "Integrating Emotion Into Identity Theory," *Advances in Group Processes*, No. 21, 2004, pp. 1-23.
④ R. Collins, "Stratification, Emotional Energy, and the Transient Emotions," *Research Agendas in the Sociology of Emotions*, 1990, pp.27-57.
⑤ 乔纳森·特纳、简·斯戴兹:《情感社会学》(孙俊才、文军译),第 7 页。

和社会秩序的探究,甚至其还能回应社会学的基本问题,即"社会何以可能"。①情感控制的本质是情感的运作,而情感的运作能够维持社会结构。情感与结构的关系是情感社会学关切的议题之一。其深入探讨了情感是如何促成或减少社会团结的,这种团结的形成激励人们形成对社会结构和文化的承诺,而这种团结的消解也使得个体分离出某一结构。这一议题的研究旨在解释情感唤醒如何影响社会结构和文化,以及这些元素如何影响情感。

在对情感和社会结构论述中,情感的分层也常常被提及。结构取向的许多学者意识到了不同社会阶层中的情感体验和情感表达是存在差异的,甚至是分化和不平等。个体情感之间实则存在着不断的整合和冲突,而这一过程也塑造了不同社会阶层的边界。然而,这种边界并不是一成不变的,当下层社会成员或弱势群体所积累的消极情感越来越多时,就可能会成为引发社会风险的隐患。群体愤恨变为有意识时,他们就可能会采取激进的集体行动来挑战现在的社会分层,社会变迁就有可能发生。② 比如妇女运动或者民权运动的个体,都是通过互动发展出共同的情感,采取协调的同步行动。③ 可以说几乎所有的社会运动都是在这种共同情感的基础上发生的,而这也是情感对于社会分层的作用,一些关于社会广泛的焦虑和怨恨的研究,也基本围绕这一逻辑开展。

情感的社会化是情感社会学的另一个关键议题。情感社会化被视为人们对社会情感生活的适应和创造,主要包括情感态度和情感观念的确定,对社会情感制度和规范的认同和接纳,以及情感文化的形成、维持或改变。这一议题将情感视作知识,是可以通过社会化的过程学习的。个体在儿童时期学习了情感识别和表达方式,继而产生情感能力。情感资源甚至可以在代际层面传递,形成了情感的再生产,从而维持社会的固化。所以可以说,情感社会化是社会与个人相互作用的过程。当人们在对社会情感生活的适应和创造中,不断地完善自我情感,维护和改变着情感文化时,情感制度也就获得了巩固和延续。④

---

① 郭景萍:《情感控制的社会学研究初探》。
② J. M. Barbalet, "A Macro Sociology of Emotion: Class Resentment," *Sociological Theory*, Vol. 10, No. 2, 1992, p.150.
③ Summers-Effler, "The Micro Potential for Social Change: Emotion, Consciousness, and Social Movement," *Sociological Theory*, Vol. 20, No. 1, 2002, pp.41-60.
④ 郭景萍:《探视情感社会化与情感社会问题》,《长白学刊》2005 年第 2 期。

二、情感社会学的方法论特征

当代社会学理论的情感转向,不仅丰富了社会学的研究内容,也带来了方法论的转变。情感被纳入社会学的研究领域,需要用新的理解去分析和解释与之相关的所有议题。虽然对于情感社会学的研究方法目前仍存在争议,但就其方法论而言明显表现出了下述倾向。

第一,批判主义的倾向。情感社会学的出现本身就带有浓烈的批判主义色彩。多数情感的研究就是对受理性主义统治的现代社会的反思和批评。这种批判也可以被看做是非理性主义的回归,其在强调情感等非理性因素在解释社会事实和社会过程的重要地位时,就已经完成了对理性的批判。这种批判的范围很广,许多情感社会学的研究实则是在探索宏观与微观的联系的基础上进行的,故而从宏观的社会文化结构到微观的日常生活领域,情感的社会学转向总能实现对理性主义社会的表层及深层矛盾的揭露与分析,从而更好地把握理性主义所带来的弊端及相关社会问题。

第二,人文主义的基调。主流社会学发源于基于实证主义的自然科学的方法,而实证主义本质上是基于理性主义的。然而,由于情感这一研究对象的特殊性,社会学家单单使用实证主义方法去研究必然会带来局限。事实上,情感社会学的研究具有明显的人文主义色彩,其强调对人的情感的关注,其实也就是强调对人以及人性的关心。此外,很多情感社会学的研究都与社会文化因素挂钩,并尝试着通过情感研究社会生活,从而发现与解释情感的价值意义,这也使得其与基于实证主义传统的研究有所区别。

第三,跨学科的整合。情感的研究其实并不起源于社会学本身,但社会学对于情感的研究却造成了跨学科的影响。随着社会学对情感关注的形成,情感研究也逐渐变成一种风潮。除了社会学本身,"情感研究"本身也波及了心理学、神经科学、人类学、历史学、文学、政治学乃至经济学等诸多学科,在各个学科的研究中具有较强的突破性和穿透力。诸多学科在情感这一议题上进行互动与交流,特别是心理学、神经科学、人类学上的进展,也为社会学分析情感提供了可资借鉴的概念工具乃至分析手段。各学科之间取长补短,互有精进,使情感成为跨学科的热点议题,俨然如一场"情感研究之革命"。①

第三节　当代情感社会学的主要理论取向

情感社会学作为一门晚近的社会学学科分支,其与如文化理论、结构理论、符号互动论、交换论等既有的社会学理论取向相结合,以此形成了诸多解释用于情感的理论和模型。霍赫希尔德和戈登等文化理论的研究者,强调了社会文化的观念和规范对情感的影响,他们大多在拟剧论中得到启发,论述了情境中的个体是如何体验和表达情感的。埃利亚斯从宏观的历史视角关注情感文明化进程的同时,也考察到了情感的结构性特征和社会分层以及个体在社会结构中的地位对情感唤醒的影响;肯珀(Theodore Kemper)等学者同样从结构出发,打造了权力—地位的情感解释模型,论述了情感是如何围绕个体在不同社会位置上所拥有的权力和地位而展开的。肖特(Susan Shott)和柯林斯等学者则从符号互动论的视角,展示了情感是如何被符号化且个体是如何在情感互动的过程中标识情感本身和自我定位的。尽管"情感"与"公平合理"的概念被引入交换理论,但迄今为止交换理论尚未提出一个富有生命力的情感理论,两者的结合尚处于较为初步的阶段,需要进一步深化和明晰。各式各样的理论取向及其相应的概念和假设,为后续研究情感社会学的学者做了开创性的工作,也为后续的理论突破提供了方向和启示。

一、霍赫希尔德:情感的整饰和演绎

霍赫希尔德是情感社会学发展的先驱之一,她对情感文化的论述具有里程碑式的意义。她认为,情感是个体在具体情境规范,乃至更广泛的文化观念中制约的一种表现。情感文化包含了一系列的概念和规则,其充斥着对动作的适当态度和对感觉的情感理念。在纷繁多杂的情境里,人们经历了什么情感?又以何种方式去体验它们?② 这是霍赫希尔德所论述的基本问题。她区分出任何情境下情感运用的两种基本规则:(1)感知规则:规范个体在情境中应该如何感受和体验,这一规则制约了情感的强度(从极强到微弱)、情感的方向(积极或消

---

① 成伯清:《情感的社会学意义》,《山东社会科学》2013年第3期。
② A. R. Hochschild, "Emotion Work, Feeling Rules, and Social Structure."

极)和情感的持续性(从发生到持久)。(2)展示规则:用以表达任意行为所呈现出来的本性、强度、风格,即规定了什么情境下怎样表达情感。这样,对于任意一个互动,感知规则都对所能做的一切有限定作用。这些规则反映了互动所在群体的更大范围的情感文化、目的和追求的理念;同时还反映了权力的配置和情境的其他组织特征。

霍赫希尔德细致地论述了个体是如何通过调整情感应对文化规则和意识的。[①] 她指出,由于文化理念和社会规制的存在,人们才会进行情感的选取和展示。在这一点的分析上,霍赫希尔德延续了戈夫曼的拟剧论传统,认为行动者不可避免地会在规范和理念等文化表述下,在各种场景中完成对自我,尤其是实现对于自我情感之运作。就此,霍赫希尔德提出了名为"情感运作"的机制,这一机制是行动者用以控制情感并且合适地呈现自我的,包含下述四个方面[②]:(1)身体运作:人们试图改变对情境的生理反应,通过这种方式,身体可以激活或减弱情感,以便使情感适宜情境;(2)表面行为:个体改变其外部的表达姿态,以期让自身切实地感受到适当的情感;(3)深层行为:个体试图改变他们的内部感受,或至少是部分的内部感受,以便使其余的适当情感也能调动起来并在当前展示;(4)认知运作:与特定的情感紧密相连的思想和观念被调动起来,以期激活相应的情感。

霍赫希尔德由此指出人与人的所有相遇都需要大量的情感运作。在其对航空服务员的经典研究中,她发现了从事这一行业的职员被要求表现和保持积极的情感,不论他们面对何种突发情况或是乘客的消极情感。他们通过遵从一个严格的感知规则和展示规则,并通过情感运作来控制情感。她继而提出了"情感劳动"这一重要概念来概括那些为了换取薪酬或工资的情绪运作。这一概念的意义在于修正和补充了马克思的"劳动力"概念。她认为当资本主义的发展进入高级阶段之后,劳动者的劳动力中包含的不只是相关方面的劳动技能,同时也包含有作为一项服务内容的情感成分。在这种社会操纵下的深度表演中,情感劳动者的人格中会分离出"真正的自我"与"表演的自我",两种"自我"在经济利益的驱使下逐渐消弭,当个体不能较好控制两者感受之间关系的时候,极易造成情感的异化以及随之而来的疏远和冷漠,而这种异化是商业势力侵入情感领

---

① 乔纳森·特纳、简·斯戴兹:《情感社会学》(孙俊才、文军译),第31页。
② 乔纳森·特纳:《社会学理论的结构(下)》(邱泽奇译),华夏出版社2001年版,第98页。

域之后不可避免的"终点"。①

关于霍赫希尔德理论的应用,在这里简单介绍两个很好的研究案例。一个案例是卡黑和埃格尔斯顿(Cahill & Eggleston)通过参与观察、访谈、分析轮椅使用者的自传、文章等方法对公共场所轮椅使用者的情感管理研究,发现这一群体会使用各种各样的策略对情感进行管理,诸如幽默、表现得优雅而淡定等,这些行为表现并不能表示他们内心的真正感受和渴望,实质上这种策略运用的目标主要在于希望能够维持平稳的社会关系。② 另一个案例是詹妮弗·皮尔斯(Jennifer Pierce)用个案研究的方式对律所的情感劳动进行了情感社会学的分析,在对每一类工作者的情绪劳动进行确认后,她用"好斗的诉讼员"标签律师,认为女性法律助手可谓"妈妈助手"(mothering paralegals),并且指出这些女性律师助手为了再生产出构成法律公司层级的人际关系,表现出顺从和照料,她们使用五种应对策略以应对工作中的情绪规制,如将律师视为婴儿、使彼此关系个人化、保持优雅、将现阶段的职业视为过渡期和将职业目标理想化。她的研究进一步回应了霍赫希尔德情感理论中的性别论述,即男人和女人身上的情绪劳动体现着不同的重要性,相对男性而言,女性的地位、权力和物质资源相对欠缺。③

二、戈登:情感文化

与霍赫希尔德相近,另一位较早认识到文化对于解释情感的动力机制有重要意义的社会学家是史蒂文·戈登(Steven Gordon)。戈登区分了情感的组成:(1)身体感受;(2)姿态表达;(3)社会情境或关系;(4)社会的情感文化。④ 他把情感区分为生物性情绪和社会情操。生物性情绪是指应对刺激反应时的身体感受和姿态完型,而社会情操是整合了文化意义的身体感受和姿态完型。他指出人们在日常互动中的表情和姿态中所蕴含的情感,是文化作用的结果,人们对于

---

① 淡卫军:《情感,商业势力入侵的新对象——评霍赫希尔德〈情感整饰:人类情感的商业化〉一书》,《社会》2005 年第 2 期。

② S. E. Cahill, Eggleston, "Robin, Managing Emotions in Public: The Case of Wheelchair Users, "*Social Psychology Quarterly*, No. 57, 1994, pp.300-312.

③ 乔纳森·特纳、简·斯戴兹:《情感社会学》(孙俊才、文军译),第 36—38 页。

④ 同上书,第 26 页。

情境做出的反应是受到情感制约的。①

　　戈登更重视社会化的作用,他指出生物性情绪通常在社会化过程中被赋予文化意义,继而转换为社会情操,而这些文化意义是在个体与其他群体的关系中所产生的,通常蕴含于语言、仪式、艺术和其他的文化表现形式中。情感作为一种知识,是可以逐步被学习的。人们在社会化过程中逐步体会到各种情感词语背后的内涵以及这些情感所需的情境和规则。人们在社会化中掌握了特定的情感文化,能够提升其情感胜任力。然而,由于个体的社会化在时间和程度上不尽相同,各自的社会身份和社会地位也大相径庭,故而经历了不同社会化过程中的个体会出现情感表达的差异。②

　　戈登还提出了情感文化中的两种定向,即情感的组织(institutional)意义和情感的冲动(impulsive)意义。在情感的组织定向中,个体通过遵从组织规范而日益察觉和明细自我身份的意义,有助于使其以特定的规则和标准所要求下的方式行动,属于个体完全控制自我的感受和表达时的体验;在冲动定向中,人们通过违背规则和标准的要求,进行更具有自发性的行为,以此来揭示自我的意义,这种非抑制的情感表达,是与组织规范背道而驰的。③ 值得注意的是,这两种定向的界限并不是特别清晰,同一种情感可以携带不同的意义。以愤怒为例,从组织定向来看,这意味着失去了控制,是对他人的冒犯、对自我的违背。但在冲动定向中,愤怒又表达了来自社会的自由价值,是对于自我的一种发现。此外,戈登认为冲动定向更强调如愤怒、恐惧、高兴、惊奇、厌恶和悲伤等基本情感的表达,在这种定向下,个体可表达这些情感的词汇相对较少,并且,这个人的情绪将在情境中快速改变。相反,组织定向更关注文化精致的社会情操,比如爱和复仇,在这种定向下,个体表达这种情操的词汇相对丰富,并且词汇量随着时间而增长。所以说,冲动定向是情感在暂时情境中的资源,而组织定向是长期关系中情感的资源。④

---

① S. L. Gordon, "Social Structure Effects on Emotions," in T. D. Kemper, ed., *Research Agendas in the Sociology of Emotions* (State University of New York Press, 1990), p.157.

② Ibid.

③ S. L. Gordon, "Institutional and Impulsive Orientations in Selective Appropriating Emotions to Self," in D. D. Franks & E. D. McCarthy, eds., *The Sociology of Emotions: Original Essays and Research Papers* (JAI Press, 1989), pp.115-136.

④ 乔纳森·特纳、简·斯戴兹:《情感社会学》(孙俊才、文军译),第28页。

说到对戈登情感文化理论的支持,要数弗朗西斯卡·卡西安(Francesca Cancian)和戈登通过对1900—1979年妇女杂志和一般读物中关于婚姻描述的文章进行的分析,他们发现分享积极情感和消极情感的行为是爱的必要成分。此外,他们还分析了爱和愤怒受到如政治变迁、心理治疗运动、经济危机、战争等结构事件的深刻影响,由此他们认为通常来讲,情感文化的文献可以被视为社会变迁的索引,但是他们并未具体而清晰地指出在怎样的程度上个体的哪种情感表达会受到文化的影响,因而这也是该研究的一个局限性。

三、埃利亚斯:情感的文明化进程

埃利亚斯是情感社会学发展时期重要的思想家,他着重研究与情感相关的控制结构,以历史的视角阐述了情感在西方社会文明进程中所扮演的角色。他的基本观点是:个人情感控制的变化受社会结构变化的影响,情感理性化的进程不仅仅是心理现象,更是一种社会现象。而情感的文明化进程并不是人为设计的结果,相反是一个自然的历史过程。通过史实材料的收集,埃利亚斯论证了情感的文明化进程,并指出西方社会文明的成熟正是与此相关。埃利亚斯指出,在混乱的中世纪,西方社会拥有野蛮而残忍的习惯,在动荡的社会环境下,人与人之间的依赖关系和竞争关系较弱,缺少情感控制的约束力量,人们情感表达更为肆无忌惮。而随着社会的发展,尤其是社会职能分工的细致化,人们的依赖和竞争加强,人们的个人情绪的目标从体力暴力转化为了对于金钱和声望的追求。在强调协调的结构下,人们必须强化对自己情感的控制,而整个社会的风俗也由此变得更为温和了。①

在埃利亚斯看来,个体的情感体验是由其所处的环境所决定的,故而个体情感的文明化也是由相互依赖的人群所形成的结构所促成的。他从社会结构的分化和复杂化来解释这种变化。情感的文明化不仅与国家对暴力的严格管制密切相关,而且与愈益细密的社会职能分工相关。文明化的现代社会正是脱胎于不同社会阶层的相互整合之中。他指出,当个体存在于功能分化更为高级的社会之中时,个体之间的关系网络越为紧密,相互依赖也越强。而当这一网络所整合的功能或体制单位的社会空间越大,能节制自己情感的人会拥有更大的社会优

---

① 诺贝特·埃利亚斯:《文明的进程(Ⅱ)》,生活·读书·新知三联书店1999年版,第264页。

势,而那些听任冲动表达情感的个体会受到相对的威胁,如是就形成了情感的约束。个体在这一约束下,必须考虑自己和他人行动的后果,节制自发的情绪避免感情用事,继而形成情感的"文明化"。

此外,埃利亚斯也留意到同一社会中情感生活的结构分化。处于社会上层和居于社会下层的群体具有明显迥异的情感规则,致使他们在情感表达上拥有差异。上层群体的情感控制,由于其高标准的生活意义与高标准的身份,往往显得更为高雅和惬意。相对而言,下层群体的感情往往是粗俗的、不精确的。甚至,情感规则的区分是阶层区分的一种手段。上层往往会强调偏向文明的礼仪礼节,这实则是其抗拒平民化的一种方式,是为了强调和维持与下层的边界。埃利亚斯还提到了情感在阶层中的标准化过程。上层群体的行为方式和情感方式被标榜成下层群体的模仿对象,以此维护上层的地位和合法性,但上层群体又不断地提高自身行为和情感的精确程度来抵制下层群体的粗俗情感以保持自己的优越性。情感控制的规律或模式表现为由上至下的传递过程,形成了情感的型塑,故而,处在下层的群体,他们的情感控制和情感表达往往受到来自上层的较大制约,由是造成情感的不平等,这种不平等也是社会地位的写照之一。①

四、肯珀:情感的权力—地位模型

西奥多·肯珀是情感社会学的先驱之一,他提出了以权力与地位为基础的情感理论。他指出在社会情境中,所有个体都拥有一定的权力和地位,而权力与地位的维持乃至改变对个体积极或消极的情感的唤醒具有结构性的作用。②

肯珀首先给了权力和地位以定义,他认为权力是强制、压制惩罚等使他人遵从自己意愿的类能力,反映了对他人的支配和控制关系;地位则是给予和接受非强制的顺从、尊重和荣誉。以此为基础,肯珀区分出了三种类型的情感:(1)结构性情感,即由个体在社会结构中的权力和地位所唤醒的情感;(2)情境性情感,即在互动过程中,由于个体权力或地位的改变所导致的情感;(3)预期情感,即由人们对权力和地位的预期所导致的情感。情感的动力机制以个体实际拥有

---

① 徐律:《埃利亚斯与西方情感社会学——现代文明进程下的反思性探索历程》,《内蒙古社会科学》2016年第1期。

② 乔纳森·特纳、简·斯戴兹:《情感社会学》(孙俊才、文军译),第178页。

第九章　当代西方社会学理论的情感转向

的权力和地位、权力与地位的得失、具体的情境期望为中心运作。①

肯珀指出，当个体在社会关系中获得权力和地位时，他们能较大可能地体验到如满意、安全自信等积极情感。反之，当个体失去权力或地位时，他们将体验到焦虑、恐惧和不安等消极情感。不仅如此，个体为了避免体验负面情感，会对既有的权力和地位进行维护，并且努力获得新的权力和地位。故而，当个体取得权力和地位时，其存在进一步增加权力和地位的行为倾向。相反，当丧失权力和地位时，个体也将丧失增加其权力和地位自信的行为倾向。②

关于权力，肯珀的理论分析相对比较简单，权力对于情感的作用很大程度上与预期有关。他指出，当个体拥有权力却难以实现预期时，他们会体验到如焦虑等负面的情感；相反，当他们的行为预期得到实现，他们会产生来源于顺从的积极情感。另一种积极情感获得的途径是，个体预期他们会失去权力但实际上并没有发生，那么他们也会体会到如满意或者自信等积极情感。③

关于地位，肯珀认为其对情感的作用更为复杂，他甚至衍生出了一套基于地位的情感动力机制，这个机制以地位的提供和收回为中心。如果个体可以自由地给予其他个体以地位，并且把这种给予看做是接受者应得的时候，那么他将体验到满意，同时接受者也会因此表达出欣赏和感激之情。如果这个过程在互动者之间多次重复，那么人际关系团结性将升高。然而，一旦某人从一个值得给予地位的人那里收回自己的给予，那么被给予者将体验到内疚和羞愧，如果被给予者有权利从这个人处获得地位，那么这个被给予者会产生愤怒和攻击性，原先的团结就可能被打破。这一机制其实用来强调基于权力和地位的情感互动对于社会团结的作用。当互动者可以自由地给予彼此值得拥有的地位，并且当他们可以保持或提高他们的期望时候，社会团结会产生。这种情况下，给予者和接受者都会产生积极情感，就会维持一个稳固的结构。如果权力被过度使用，那么受到压制的人会产生负面的情感，而原先稳固的结构也就面临挑战，甚至有被颠覆的风险。简而言之个体之间的积极情感，会增加彼此的共同行为，继而形成群体。

---

① 乔纳森·特纳、简·斯戴兹：《情感社会学》（孙俊才、文军译），第 178 页。
② 同上。
③ 同上。

相反的,消极的情感会分化群体,并加大不同群体之间的差异。① 肯珀为了检验这一权力—地位理论取向,收集了八个民族的数据,通过分析被试对喜、怒、哀、惧四种情感回忆中对这些情感的归因(自我、他人和环境),验证了权力—地位条件对情感的确产生了诱发的作用,但尽管如此,他的理论仍然需要更加强有力的经验研究来支持。②

五、肖特:情感的社会控制

肖特致力于发展一种吸收了符号互动论基本原则的情感理论。肖特强调,情感不仅涉及生理的刺激,也涉及对这种刺激所致的感动和情绪的表示过程。她认为除了生理的刺激与唤醒之外,情感也应该包括对这些刺激和唤醒的文化词汇标签及标签的过程。她指出,在日常的互动中,人们都具有某些一般的身份,来确定某种情境中的自我概念。这些身份的领会和体验依赖于个体的反思性,人们可以从一般化他人的视角来看待和衡量自己,情感的唤醒和认知就出现在这种衡量过程中。经过衡量之后,个体会通过调适自己的行为使之符合特定标准。由此情感对行为产生控制力量,正是因为这种力量,社会秩序才得以维持。故而,肖特认为,社会控制本质上是基于情感的自我控制。③

肖特指出了六种对于控制个体行为特别重要的情感④:

(1)负罪感。它是伴随着消极的自我评价而来的一种情感——当个体意识到自己的行为与预期应当做的行为之间存在差距时,消极的自我评价就会出现。这样,在个体做出或企图做出重要人物或一般化他人看来是不道德的行为时,负罪感就会被激活。当个体体验到负罪感时,就会回避那些给他带来感觉的人们;当然,他也可能被激发而投入或试图投入利他的行为以挽回其不恰当的行为。这样,负罪感不仅把个体带回规范的阵营,而且让其沿着促进道德行为的方向行事——这就固化了文化价值并促进了社会团结。

---

① T. D. Kemper,"How Many Emotions Are There? Wedding the Social and the Autonomic Components," *American Journal of Sociology*, Vol. 93, No. 2, 1987, pp.263-289.

② T. D. Kemper, "Predicting Emotions from Social Relations," *Social Psychology Quarterly*, No. 54, 1991, pp.330-342.

③ S. Shott, "Emotion and Social Life: A Symbolic Interactionist Analysis," *American Journal of Sociology*, Vol. 84, No. 6, 1979, p.1317.

④ 乔纳森·特纳:《社会学理论的结构(下)》(邱泽奇译),第99—101页。

第九章 当代西方社会学理论的情感转向

（2）羞耻感。它的唤起与其说是因为人们把自己看做是缺乏道德的,不如说是因为个体感觉他人把自己看做是缺乏道德的。羞耻感是一种特别强有力的情感,因为它直接侵袭着人们最基本的定位感。体验着羞耻感的人们会趋于回避让他们经受这一强烈情感的那些情境和他人。但是,羞耻感同样会激发个体投入利他性行为,以表白自己并非缺乏道德。这样,羞耻感引发了建构一致性和团结性行为。

（3）尴尬感。在肖特看来,尴尬感是明显不同于羞耻感的。因为当个体所展现的情境定位在他人看来是不适当的时候,尴尬感就产生了。尴尬感非常直接地与情境中他人的当下反应和表现紧密相连。通过充当他人角色并从其视角出发,个体认识到自我的呈现是不合时宜的。与负罪感和羞耻感一样,尴尬感使人们回避那些让他们感受到这一情感的情境;但同时尴尬感也能促使个体卷入补偿性行为,以表明他们的不合时宜只不过是一时的疏忽。通常,这种补偿性行为本质上都是利他的。

（4）自豪感。它是一种伴随着充当他人或一般化他人角色而出现的自我赞同的感觉。在肖特看来,自豪感是一种比较持久的情感,不会因为每一个不同的角色领会情境而改变。如果有这样一种在他或一般化他人眼里自己表现良好的感觉,从一个情境到另一个情境,他们就总是维持着这样的自豪感。当人们习惯于体验自豪感的时候,他们就规范化他们的行为,以确保满足他人的反应,从而不仅维持了这种自豪感,而且也维持了社会秩序。

（5）自负感。一种暂时的、不稳定的自我赞同感——在此,个人并不能肯定他人是否支持自己。自负感驱使人们依赖于他人的当下反应,不断地寻求他人的支持性反应。然而,这种寻求支持的需要控制着人们的反应,因为他们必须不断地以能引出自负感的反应方式做出行动。

（6）移情。移情在两个层面上运行着:一方面,首先在自身唤起一种与他人体验极其相同的情感;其次会产生一种认知,以明了如果自己处于他人的位置,将是一种什么样的感觉。移情把个体与他人在一种情感的层面上联系起来,引导人们共享他们的情感。如果他们体验并共享了积极的情感,就会激发出维持这一积极刺激的行为来。另一方面,如果他人经历太多负面的情感,个体同样会分担它们,并以利他的方式行动,帮助他人减轻负面情感的负担,从而也就促进了社会团结。

简而言之,尴尬推动人们保护他们的情境身份。讨好使人们高度依赖他人的赞赏。对积极体验的移情创建了强健的社会纽带,对消极体验的移情鼓励人们的利他行为。最后,自豪鼓励人们持续维持在他们心中的高标准,以保持自我的重要价值。总之,肖特认为,个体通过情感对自我在情境中的身份进行反思评价,继而不断维持着社会团结和秩序。

在肖特情感与社会控制理论的启发下,近年来很多研究者也尝试从社会控制机制的视角对情感进行分析,约翰·布芮特维特(John Braithwaite)就是其中之一。与肖特将情感看做社会控制的内部机制的观点截然不同的是,布芮特维特认为情感是社会控制的外部机制,他认为为了达成社会控制的效果,首先需要建立外部控制,进而内化为个体的内部控制。布芮特维特通过对罪犯的研究,认为分离性羞愧(disintergrative shaming)将罪犯推进了犯罪的亚文化,并提出为了规避或者减轻该种分离性羞愧的步骤:第一,通过降级仪式,让罪犯有机会忏悔和改过;第二,接受个体重新进入社会;第三,鼓励其发生正常化的常规行为,加深其非罪犯的身份认同。此外,他还提出了人际依存和共产主义是构造再融合羞愧的文化过程。[1]

六、柯林斯:情感能量与互动仪式

柯林斯从微观的层面观察情感,他更多地关注在仪式过程中所产生的情感能量而并非某种特定的情感。柯林斯认为在社会互动中存在长期持续的情感,他称之为"情感能量"。情感能量是一个从高到低的连续统。其高端是个体对社会互动充满了自信与热情的感觉;中间是较为平和的状态;低端则是个体不被群体吸引后对社会互动缺乏积极主动的感觉。互动仪式是拥有共同的关注点和共享情绪的参与者进行面对面的、节奏和谐的互动过程。这种互动仪式的呈现方式既可以是如宗教仪式、政治仪式等正式典礼,也可以是如谈话、聊天等没有模式化程序的自然仪式。在柯林斯的论述中,互动仪式的关键是仪式的参与者之间拥有共同的关注点和情感投入,这是考量一个仪式是否能成功进行的重要标准。通过这样的互动仪式,人们短暂的情绪会转化为长期的群体团结。

柯林斯指出,情感能量的高低决定了个体在社会互动中的主动程度与受欢

---

[1] 乔纳森·特纳、简·斯戴兹:《情感社会学》(孙俊才、文军译),第90—92页。

迎程度,而后者则直接关系着个体在某一社会互动情境中的地位如何。他指出,情感的互动仪式存在一种市场,这种市场是抽象的,但也类似于有形的用以交换资源的物质市场。互动仪式市场之所以呈现出市场的特征,是因为在社会生活中一个人不会被任意另一个人所吸引,每个人将与谁交往以及程度如何,取决于他与别人是否有相遇的机会,以及他们之间是否能相互提供吸引对方的资源。①人们会在这一市场上不断匹配与拥有自己所需求的情感资源的另一方进行互动。在互动仪式中情感能量本身就是一种成本,个体通过成本的付出,以期最大限度地获得情感的回报。在互动仪式市场中,情感能量丰富的个体所受到的互动情境的限制较少,有更多的机会成功地投资他们的情感能量。而情感能量较少的个体只能在少数的、能接受他们的互动仪式中参与情感能量的投资。

不同于其他学者的观点,柯林斯认为情感仪式的参与者需要付出时间、精力、文化资本和资源来达到情感收益的最大化,在这个意义上,情感不再被看做是非理性的力量,而是可以被计量和交换的高度理性化产物,并且成为互动仪式过程中理性选择的共同标准。柯林斯的理论打通了分析个体对于情感和物质利益追求的通道,在他的理论中,人们对于情感能量的追求和对物质利益、权力、地位等其他利益的追求并不矛盾。这也能很好地解释如利他等个体行为,在柯林斯的论述中,任何情况下的利他行为都是人们在社会团结的情感与物质利益之间的权衡。如果把互动仪式市场作为情感能量的首要决定因素,利他行为等就不是不理性的,甚至是可预测的。②

七、情感交换理论

互动过程会产生情感,而在交换理论中,互动也被视作给予和获得有价值的资源的过程。尽管在交换理论中尚未提出生命力旺盛的情感理论,但情感与交换之间的联结仍然是不容否认的事实。

乔治·C.霍曼斯(George C. Homans)定义了一些概念如"活动"(activity)、"奖赏"(rewards)、"价值"(value)、"情操"(sentiments)、"代价"(costs)、"投资"(investments)、"利润"(profits)和"分配公平"(distributive justice)。霍曼斯认为

---

① 王鹏、林聚任:《情感能量的理性化分析——试论柯林斯的"互动仪式市场模型"》,《山东大学学报(哲学社会科学版)》2006年第1期。
② 同上。

当人们行为受到奖赏时,会体验到积极情感,反之则体验到消极情感,还论证了当人们投资的时间和能量与获得的奖赏成比例时,社会结构的建构即成为可能。① 在霍曼斯提出交换理论之后不久,布劳构建了一个强调权力机制的交换论,该理论一方面突出"互惠"和"公平"原理,另一方面还认为在权力和特权层级组织中,交换关系产生了分化,弱权者与强权者进行交换的时候,有两种途径可以考虑,一种是交换自身额外的资源,另一种则是提供"顺从"(或尊重、荣誉)这种情感资源。他认为所有权力关系固有的唤醒消极情感的机制促使了冲突的发生。② 理查德·爱默生(Richard Emerson)率先在网络分析中融入交换理论,权力、权力运用和平衡是爱默生理论的三个核心观点。他认为A、B两个人的权力关系等于B对A的依赖程度,并且当发生权力交换关系不平衡时,爱默生提出可以采取如下寻找平衡的策略:第一,降低A所提供资源的价值;第二,寻找A所提供资源的替代资源;第三,提升B自身为A提供的资源价值;第四,采取行动减少A的选择范围。可以发现,所有的策略都是为了降低B对A的依赖,或者提升A对B的依赖,换言之,这些寻找平衡的策略都是在进行一种努力,那就是将消极的情感体验(唤醒)转化为积极的情感体验(唤醒)。③

认识到交换的属性有生成的、协商的、互惠的和普及的,了解交换联结的属性包括直接的和间接的,明确网络之间的联系有积极的和消极的,这些成为情感交换理论相对其他理论贡献的突出点。

第四节 对社会学理论情感转向的评论与反思

社会学草创之时,情感的议题很少被关注和研究,而自20世纪中叶以来,社会学对情感的理论研究和经验研究都处在加速发展的阶段。情感社会学的出现,是社会学和生物学、心理学等学科交叉的结果。情感社会学的理论和实践研究跳出了传统心理学或生物学对情感产生的机制、情感的需求、情感的类型、构成情感的各维度以及对情感的测量等方面的关注,将情感背后所根植的社会经济、政治、文化等因素剖析出来,继而发现镶嵌于情感之中的社会印记。

---

① 乔纳森·特纳、简·斯戴兹:《情感社会学》(孙俊才、文军译),第148—149页。
② 同上书,第150—151页。
③ 同上书,第152—153页。

第九章 当代西方社会学理论的情感转向

经过四十多年的发展,情感社会学引起了越来越多的社会学者的关注,其不仅取得了许多丰硕的研究成果,甚至在某种程度上处于微观社会学研究的最前沿。这不仅与人们越来越关注情感问题本身有关,更重要的是,"情感"正逐步被看做社会现象的微观与宏观联结的关键性元素,因为几乎所有的人类情感都是在人们的互动之中主动选择和创造的一个结果,并且是通过特定的人类行为和文化符号来表现的。可以说,情感既构成了人们行动的原动力和基本取向,又构成了人们进行交流的符号象征和文化工具。

21世纪以来,情感社会学日益发展成为社会学研究的前沿领域之一。尽管有关情感社会学的许多概念和方法论问题还没有得到很好的解决,但其对主流社会学的影响却与日俱增。[1] 从某种意义上说,社会学理论关注情感问题,不仅仅是关注我们自身的喜怒哀乐,也是关注我们所生活的这个社会,是对整个人类社会结构与文化生成的深层次关注。翻开人类社会的发展史,有多少英雄豪杰曾经为"情"所困,有多少凡夫俗子被"情"所惑,而这些都可能在宏观层面上影响到社会的进程和文化的承传。因为人类的"情感"已经完全嵌入到了社会结构之中,成为社会变迁的一种重要动力和关键性力量。

可以说,社会学理论的情感转向既是情感研究进一步深化的需要,也是社会学理论研究纵深拓展的结果。在当前,当一切社会现象和人类行为都成为社会学的研究对象时,"情感"问题自然也难以逃脱社会学家敏锐的眼光。社会学理论情感转向而导致的情感社会学的兴起之所以能成为一个相对独立的社会学分支,主要是因为研究内容的交集,而并非方法上的完全统一。情感社会学的研究主要集中于三个议题,即情感的根源、情感的社会化和情感的社会后果。[2] 随着情感社会学研究的深入,情感的范围和意涵被扩大了。情感不再是生物学上所说的自然而生之物,也不再局限于个体的心理特质,它成了构成人类日常生活的原料和维持社会结构的粘合剂。通过情感的研究,可以帮助我们更好地理解人类行为和社会结构是如何被型塑的。当然,情感社会学尚未建成自己独立完整的理论体系,这与研究方法的不统一有关。不难发现,情感社会学的研究方法更多来源于对既有理论和流派的汲取和借鉴,在方法论的角度来说,情感社会学尚不成熟,但这也意味着这一分支理论有更多的发展空间和发展可能。

---

[1] 乔纳森·特纳、简·斯戴兹:《情感社会学》(孙俊才、文军译),第260页。
[2] 王鹏、侯钧生:《情感社会学:研究的现状与趋势》,《社会》2005年第4期。

社会学理论的情感转向最显著的特征是对长期占据社会学研究的理性主义思想带来了冲击和变革。传统的社会学家在理性主义的风潮下,容易忽视甚至不认可非理性因素在社会实践中的重要地位。然而,随着时代的演进,基于理性化的现代文明之种种矛盾已显露无遗,其弊端也在日益深化的诸多现实问题中逐步放大。现代社会情感的衰落,导致了全新的社会问题和社会现象,形成了有待开辟的社会学研究领域。故而,情感社会学一经兴起,其对启蒙运动以来的理性主义核心就产生了强烈的反应。这种反应使得越来越多的研究者投身于情感研究,也促成了社会学这一学科在研究内容和研究方法的多元化和丰富性。站在现代性的高度,甚至可以说,社会学理论的情感转向其实是反思现代性的进程中社会学这一学科领域的一种发声。

社会学理论的情感转向其实不仅是对现代性的一种反思,也可以说是社会学对人性的一种回溯。在西方现代文明模式中,在科技飞速发展的条件下,技术理性的统治深入到经济、政治、精神文化各个领域,高效率地贯彻其逻辑彻底性,情感世界萎缩、意志淡漠的现象十分严重,从根本上戕害了人类精神发展的活力,威胁了高科技时代人类主体地位的继续保持,理性与非理性因素的两相背离和片面发展,使人类精神发展的内部制衡功能难以发挥。文化结构失衡是人性结构失衡的表征,而其症结在于理性结构的失衡。其根本解决途径在于调整理性结构,而调整理性结构的关键在于重建情感世界。① 而重建情感世界的前提是认识情感世界,情感社会学因此拥有用武之地。正如玛格丽特·波洛玛(Margaret Poloma)指出的那样:"当社会学脱离对人性的关心而对科学发生兴趣的时候,它就犯了错误。"②所以,就这一层面而言,社会学的情感转向是必要且必然的。

虽然情感社会学发展已成气候,但作为一个新的分支学科,它依旧面临着诸多的质疑和问题,主要来自以下三个方面:

第一,定义和概念的模糊。由于情感糅合了生物学、心理学和社会学的特征,故而对其做出准确的定义是非常困难的。不同学科领域对于情感的立场和理解之差异也造成了情感的多种表述。在许多与情感相关的理论中,情感被表述为"感受""感情""情操"等词语。在不同的理论研究和经验研究中,这些表述

---

① 杨岚:《人类情感论》,百花文艺出版社2002年版,第2页。
② 玛格丽特·波洛玛:《当代社会学理论》(孙立平译),第8—9页。

第九章 当代西方社会学理论的情感转向

之间有时彼此等同、类似，有时又截然不同。由此可见，对于情感的概念表述是非常松散的，其背后的含义也不尽相同，这也就造成了情感研究中研究对象的不确定性和不一致性，同时也带来了研究之间彼此对话的困难和隔阂。

对此，特纳给出了中肯的建议。他认为："社会学家在社会文化背景下，从多个方面探讨了人们在互动中所激活的情感，简要总结这些理论的优势和存在的问题，有助于情感社会学理论研究者较快地超越他们身处其中的特定理论传统的束缚。我们若把这些理论的核心机制凸显出来后，就可以发现这些理论在概念上有非常明显的重叠之处。因此需要对这些概念进行统一和调整，继而形成共同的定义。"[1]

第二，情感的生物性和文化性争论。自情感被纳入社会学研究的范畴以来，一个无法回避的争论长期存在，并一直被研讨至今，即情感到底是固置于大脑的神经结构之中的，还是文化建构的？这是所有情感社会学研究者，甚至所有情感研究者在从事研究时应当考量的前提。因为情感不同于其他显性的社会事实和社会现象，它显得更为隐蔽、不稳定且不可捉摸。虽然很多研究者已经论证了情感总是被社会结构和文化因素所限制和引导，但是谁都难以否认情感的属性可以脱离基于身体系统的生物过程而存在。很多社会学家业已承认和认识到生理的变化导致了情感的产生，但其研究依旧会有意无意地避免讨论社会过程中情感发生的生物效应，这在历来的情感社会学研究中是极其普遍的现象。这与社会学本身的学科特性有关，社会学家更容易从情感的社会建构去入手，而忽略了与情感之发生、体验和表达所密切相关的生物系统。当某些情感超脱于社会结构和文化的限制与定义时，情感社会学中的许多既有理论就难以对其进行恰当的解释。因此，在理解情感是如何发生的过程时，必须始终思考情感的生物成分。

正如特纳所指出的：情感在生物的、认知的、行为的水平上是交错联系的，任何把它们分裂开来的研究视角都是无效的。[2] 特纳同时指出：情感的生物性和文化性的争论还衍生出一个核心的问题，即哪些情感是以生物为基础的，哪些情感又是社会化的产物？换言之，身体系统究竟可以控制多少情感的唤醒？是只

---

[1] 乔纳森·特纳、简·斯戴兹：《情感社会学》(孙俊才、文军译)，第256页。
[2] 同上书，第19页。

有少数几种以生物为基础的基本情感,比如恐惧、愤怒、悲伤、高兴?还是这些基本情感的变化形式或者是更复杂的情感,比如羞愧、内疚、同情、嫉妒、自豪都固置于人类神经构造中?① 由于情感的种类纷繁复杂,对情感的划分是难以精确的。但是,这个划分及其划分之后的归类又恰好是情感社会学应当直面的重点,尤其对基于文化取向去研究情感的流派而言更是如此。

上述问题目前都是悬而未决的,并且单凭社会学本身是难以解决的,相反,生物学等学科的研究倒是很有可能解答这些重要的问题。故而,社会学和生物学等学科在研究情感领域如何寻求配合,是情感社会学在未来的发展中所应当重视的问题。部分社会学家对于生物学的还原主义存在警惕,继而容易产生偏见。但事实上,已经有部分社会学家开始寻求生物学和社会学之间的通道来研究情感,他们甚至呼吁情感社会学应该参与到对于情感的生物学基础的测量中去。他们相信,如果情感确实受到社会文化和结构的影响,并反之对其产生关键的影响,那么了解情感在人类生物进化史或者生物学上的作用、机制和意义,将有助于社会学对于情感的研究。

第三,情感社会学研究方法面临的挑战。情感本身是微妙的,情感社会学发展至今,其研究的视角也主要是以微观为主,研究设计也偏向社会心理学。然而,单一的微观视角容易造成情感社会学研究视阈的狭隘,不仅使得这一分支在中观和宏观的研究不足,也不利于各层次视角理论的相互融合。在实际的研究中,情感微观研究与中观和宏观水平上的社会学研究交叉不多。虽然很多社会学家致力于建立它们之间的联系,但是都收效甚微。故而,当代情感社会学面临的挑战是如何将微妙的体验与宏大的结构联系起来,特别是揭示情绪氛围与社会系统涨落之间的关系。② 情感社会学未来的发展依旧需要更多的理论融合,需要更多的致力于情感唤醒的微观、中观、宏观过程的链接,需要大量采用可替代的情感测量的研究方法。所以说,情感研究如何跳出社会心理学的桎梏,往更多的研究方法发展,对于情感社会学的研究是非常有益的。对此戴尔·斯宾塞等人给我们提供了一个相关性的视角,这个视角包含下述方法③:(1)不能将情感简化为个体和社会的结构,而是必须分析这两个层面之间的互动关系;(2)与

---

① 乔纳森·特纳、简·斯戴兹:《情感社会学》(孙俊才、文军译),第234页。
② 成伯清:《情感的社会学意义》,《山东社会科学》2013年第3期。
③ 戴尔·斯宾塞等编:《情感社会学》(张军、周志浩译),江苏凤凰教育出版社2015年版,第3页。

对单一状态中的情感的关注相比,须更关注周围环境中的同时出现的多种情感;(3)更关注情感的作用,而非定义;(4)必须借鉴社会学或相关理论来指导分析;(5)应该借鉴社会学和人类学的方法论传统考察互动过程中的情感。这个视角虽然也称不上是理性的情感研究方法,但就目前来看,这已然是一个不错的社会学及相关学科研究情感议题时可以借鉴的准则。

情感社会学所面临的另一个研究方法的问题是对情感的测量。测量人类的情感活动是非常困难的。首先情感因为其不稳定性而难以捕捉,人们感受到的真实情感往往与其表述的并不一样,甚至有些情感本身就难以被精确表达出来,一些情感的内容可能就表现在如声音、姿态甚至文本语言无法传达的肢体动作中;其次将情感纳入社会学研究方法时,所依据的研究设计和所使用的量表会对受访者的情感造成影响,因而造成研究结果的偏差。然而,随着信息技术的飞速发展,情感社会学的研究设计之实现以及信息数据之收集、编码与分析逐渐变为可能。大数据时代的到来,使得处理大批量的情感信息,检测规模化的情感数据等行为变得更具操作性,采用新技术和未充分使用的设备以及增加最原始的研究技术能够使社会学家测量到从最强到最弱范围的情感以及情感机制,通过挖掘得出的数据甚至能反向引出情感社会学的研究假设和研究问题。故而,情感社会学家们也不得不直面测量与方法论的问题,这将直接影响到该领域的合理性与发展。这些问题也许并不是难以克服的,但是这依赖于后继细致认真的经验工作。

【推荐阅读】

Gordon, S. L., "Social Structure Effects on Emotions," in Kemper, T. D., ed., *Research Agendas in the Sociology of Emotions* (Albany: State University of New York Press, 1990).

Turner, J. H., Jan E. S., *The Sociology of Emotions* (Cambridge University Press, 2005).

Turner, J. H., *Human Emotions: A Sociological Theory* (Routledge, 2007).

戴尔·斯宾塞、凯文·沃尔比、艾伦·亨特:《情感社会学》(张军、周志浩译),江苏凤凰教育出版社2015年版。

郭景萍:《情感社会学:理论·历史·现实》,上海三联书店2008年版。

玛格丽特·波洛玛:《当代社会学理论》(孙立平译),华夏出版社1989年版。

诺贝特·埃利亚斯:《文明的进程》(袁志英译),生活·读书·新知三联书店1999年版。

诺尔曼·丹森:《情感论》(魏中军、孙安迹译),辽宁人民出版社1989版。

乔纳森·特纳:《人类情感:社会学的理论》(孙俊才、文军译),东方出版社2009年版。

乔纳森·特纳、简·斯戴兹:《情感社会学》(孙俊才、文军译),上海人民出版社2007年版。

维尔弗雷多·帕雷托:《普通社会学纲要》(田时纲译),生活·读书·新知三联书店2001年版。

杨岚:《人类情感论》,百花文艺出版社2002年版。

第十章

当代西方社会学理论的空间转向

20世纪社会学理论的历史是时间和空间观念缺失的历史,尤其是"空间"的缺席更为明显。① 今天,伴随着社会理论的复兴与扩展,空间开始在社会学研究之中"冒出来"了,并逐步成为社会学理论的一个重要发展方向——空间转向,将空间概念带回社会学理论的架构之中或曰以空间思维去审视社会。② 这种转向主要是沿着两条路径来展开的:一是吉登斯、布迪厄等社会学理论大师在现代性架构下检视空间与社会的交互关系对研究社会结构与社会过程的重要性;二是一些后现代社会学理论家采用一系列的地理学概念和隐喻来探索日益复杂和分化的社会世界。

第一节 空间概念的哲学传统与社会学意涵

一、空间的哲学传统和思想来源

在西方哲学传统中,空间观与宇宙观紧密相关,有关空间的早期论说更多地从本体论的维度展开。古希腊哲学家德谟克利特在著名的原子论中,提出"虚空"的概念,认为一切事物的始基是原子和虚空。其中,原子是最小的、不可再

---

① 厄里:《关于时间与空间的社会学》,载布赖恩·特纳编:《社会理论指南(第2版)》(李康译),第503页。
② M. Crang and N. Thrift, *Thinking Space* (London: Routledge, 2000).

分的存在,其根本属性是绝对的充实性,而"虚空"则是原子运动的场所。相对于原子的绝对性而言,虚空表现出相对性。这里的"虚空"就是相对存在的空间。

与强调相对空间相反,古希腊哲学家柏拉图十分重视绝对空间。他在《蒂迈欧篇》中讨论宇宙的本原问题时,曾经划分出三种类型,即理性原型、可感事物或摹本、载体。理性原型、可感事物或摹本是我们熟悉的,柏拉图在他早期、中期的著述中曾经反复提到,也多次进行过阐释,而载体其实就是所谓的"空间","不朽而永恒,并作为一切生成物运动变化的场所;感觉无法认识,而只能依靠一种不纯粹的理性推理来认识;很难成为信念的对象"。[1] 在此意义上,载体就是万物本源,是一种本来状态,具有本体论的意义。我们可以这样认为,柏拉图对于空间的理解是对空间绝对性的强调,甚或是一种绝对空间和无限空间。

而亚里士多德则继承了德谟克利特的"虚空"概念。在《物理学》第四卷中,他批评了柏拉图关于绝对空间的论述,而阐发了空间的相对性与有限性。概括来说,亚里士多德对于空间的概念理解具体指涉以下四层含义:第一,空间乃是一事物(如果它是这事物的空间的话)的直接包围者,而又不是该事物的部分;第二,直接空间既不大于也不小于内容物;第三,空间可以在内容事物离开以后留下来,因而是可分离的;第四,整个空间有上和下之分,每一种元素按本性都趋向它们各自特有的空间并在那里留下来,空间就根据这个分上下。直到中世纪为止,亚里士多德的这一相对空间和有限空间的论点一直占据着空间观的主流。[2]

随着天文学的革命,无限宇宙的学说逐渐兴起。其中乔尔丹诺·布鲁诺作为无限宇宙学说的主要代言人,不仅明确肯定宇宙是无界限、无中心的,而且大胆断言宇宙中包含着无数的世界。不过,在近代初期有限空间和无限空间的论战中,科学家大都谨慎地维持传统的有限空间,鼓吹无限空间的则是一群狂热的信仰主义者,甚至连发明望远镜的伽利略也在宇宙是有限的还是无限的问题上保持着沉默,而笛卡尔的态度也极为暧昧。后来,笛卡尔的追随者亨利·摩尔大胆地承认绝对空间是一个真实的存在,并且将物质和空间分离开来,以此恢复空

---

[1] 柏拉图:《蒂迈欧篇》(谢文郁译),上海人民出版社2005年版。
[2] 亚里士多德:《物理学》(张竹明译),商务印书馆1982年版。

第十章 当代西方社会学理论的空间转向

间的绝对性与无限性,为后来的物理学、几何学研究开启了多种可能。①

到了牛顿,他在《自然哲学之数学原理》中区分了绝对空间与相对空间。他认为,"绝对的空间,它自己的本性与任何外在的东西无关,总保持相似且不动,相对的空间是这个绝对空间的度量或者任意可动的尺度,它由我们的感觉通过它自身相对于物体的位置而确定,且被常人用来代替不动的空间,如地下的空间的、空气的或天空的空间的尺度由他们自身相对于地球的位置而确定"。② 牛顿之后,物理学乃至数学的空间概念与哲学逐渐分离。并且,由于时间和历史的决定性,绝对空间与相对空间的争论逐渐隐而不显,甚至连空间也逐渐淡出,湮没在历史的长河之中,开始了长久的缺席。③

二、作为社会学方法论和基本概念的空间意涵

当社会学理论逐渐出现空间转向尤其是 20 世纪 70 年代之后,"空间"开始浮现为社会理论的一个核心主题,西方古典、现代、后现代社会学理论中都不乏关于空间的线索和叙述,尤其是列斐伏尔(H. Lefebvre)、福柯等西方社会学理论的代表人物都对空间作了详细的论述,以上种种使"空间"的概念呼之欲出。然而,由于"空间"这一概念实在过于抽象,目前尚未形成统一的概念,我们很难给出一个明确、清晰的定义。不过,空间作为一种社会学的方法论或社会学的基本概念解释,在社会学的发展过程中,还是出现了一些具有共识性的操作概念。作为社会学意义上的空间,其意涵至少可以在以下几个层面得到体现:

首先,空间是一个具有生成能力和生成性源泉的物质性母体,即作为主体性存在的策略与场所的空间。空间是容纳人类行动的容器,人类在忙于空间与场所的生产时,其主体性实践就是一个"生产的空间性过程"。我们所关切的社会阶层、社会阶级和其他群体界线,都镶嵌在一定的空间里,各种空间的隐喻,如位置、地位、地域、领域、边界、门槛、边缘、核心、流动等,莫不透露出了社会界线与抗衡的界限所在,从而使我们有可能从"空间向度"的角度来把握都市阶层的划分和相关主体的形成。空间以特有的方式凿通了人们的日常生活实践,影响了

---

① 亚历山大:《从封闭世界到无限宇宙》(邬波涛、张华译),北京大学出版社 2003 年版。
② 牛顿:《自然哲学之数学原理》(赵振江译),商务印书馆 2006 年版。
③ 文军、黄锐:《"空间"的思想谱系与理想图景:一种开放性实践空间的建构》,《社会学研究》2012 年第 2 期。

主体行为的流动向度,但同时也通过主体性的社会实践和行动策略来培育、滋养和维持。

在社会学视域下,空间同样也被诠释为一种实践性权力与规训或一种社会权力关系,即作为社会权力关系的空间。这种权力关系可体现在控制与抗争、规训与退让、垄断与监控、冲突与反抗以及斗争、协商与妥协的过程中,新的城市空间形态其实就是各种权力斗争和表达的场所和结果,隐藏其后的正是社会权力(利益)的分配机制。空间、活动与人的关系所构成的实践性权力表达方式,使城市成为"权力的熔炉"或"容器"。这里的空间意涵在于把空间理解为一种权力策略或资源垄断的手段,同样也是一种规训和打造社会秩序的工具。

同时,空间也是一种符号体系。在社会学视域下,空间在作为一种符号体系时,被诠释为一种叙事性分类、差异性建构的场所,即生产实践的分类架构体系的空间。空间产生了那些可以用来分类的、客观地分化了的实践与表征,具有区分自身、接受分类、形成分类性判断的功效和社会类别化的效果。行动者对空间的看法乃是植根于他在空间中的位置,行动者的性情或习性以及他们借以理解社会世界的心智结构,正是内化了其世界结构的结果。而在任何地方都有空间区隔的倾向,社会距离铭刻在身体、语言以及时间的关系上,习性与社会空间位置是一个生产实践的分类架构体系,产生了那些可以用来分类的、客观地分化了的实践与表征,这种习性和社会位置作为分类架构体系,具有区分自身、接受分类、形成分类性判断的功效,具有社会类别化的效果。这样,通过个体或集体在空间实践中的表征性活动,空间便在生活现实中具有符号的功能,即具有差异性符号和差异性标记的功能。[①] 这里空间的概念核心在于差异性、社会分类、异质性、群体符号边界、社会类别化、象征符号等。

最后,空间也是一种情感体验。在社会学视域下,空间最终还是要回归到人的"存在",即作为一种基于经验事实体验的空间。空间被诠释为一种身份认同与情感归依的生成领域以及实现身份认同、产生自我归属感、获取情感归依和本体性安全的场所,这是一种回归到空间主体的生存的本质性的关注。空间可以说是在情感、依恋、内心倾向等自然情感一致的基础上形成的、联系密切的社会单元。空间隔离、空间中权力的策略、差异性的建构场所,最终的关注还是在于

---

① 米歇尔·福柯:《不同空间的正文与上下文》,载包亚明主编:《后现代性与地理学的政治》,第18—28页。

作为主体的"存在"和生存状况,回归到"我是谁,我将是谁"的思考,回归到"我是幸福的或安全的"本体性思考,回归到"我"的生存意义的问题。不同群体在原本异质性的世界中,借由日常生活实践中的社会空间,通过同一寄寓空间、相同类别的人群的相似性的强化过程,能够培育对"我群"的认同,强化其边缘群体的社群意识,完成异质性共存,实现一种本体性安全和集体记忆,获得一种基于地区亲近带来的归依情感、信任感、安全感和依赖感。这种空间维度的核心概念在于认同、身体、语言、社会认知、情感、意义等。①

第二节 西方古典社会学理论的空间叙述

古典社会学理论虽然缺乏关于"空间"的清晰而系统的理论阐述,但不乏若干具有洞察力的论述片断。② 因此,当代西方社会学理论的空间转向并不暗示空间这一要素从未出现在古典社会学理论之中,至少古典社会学理论大师马克思、涂尔干、齐美尔等都或多或少地关注过空间这一重要纬度,尤其是早期的城市社会学、农村社会学和人类生态学的空间阐述,在某种意义上为后世的空间转向奠定了理论基础。

尽管马克思有强烈的地理和空间直觉,敏锐地注意到资本主义的兴起导致了时间对空间的消解,而空间的形态在资本主义的发展过程中出现了重大转型,这在《共产党宣言》里体现得最为充分。但是,空间主要被马克思看做是诸如生产处所、市场区域之类的自然语境。在《德意志意识形态》中,城镇与乡村的对立内在地表达了对空间的某种程度的强调,尽管还显得比较隐讳。然而,马克思指出了在客观的表象外衣下隐藏着各种基本社会关系之内核,这实际上隐约论及空间的社会性,而这正是20世纪70年代以后马克思主义空间理论之要义。③ 总的来说,马克思的空间意识体现在其对早期资本原始积累以及土地资本主义转变的现代性价值的讨论中,正如哈维所评述的:"他(马克思)未能在自己的思想里建立起一种具有系统性和明显地具有地理和空间的观点,这从而破坏了他

---

① 潘泽泉:《当代社会学理论的社会空间转向》,《江苏社会科学》2009年第1期。
② D. Gregory, and J. Urry, eds., *Social Relations and Spatial Structures* (London: Macmillan, 1985).
③ E. Soja, *Postmodern Geographies: The Reassertion of Space in Critical Social Theory* (London: Verso, 1989).

的政治视野和理论。"①

涂尔干作品中涉及的空间具有更多人类学的色彩,在《宗教社会及其基本形态》中,他发现空间是一个重要的社会要素:首先,空间本身并没有上下、左右和南北之分,但既然一个特定社会里的每一个人都以同样的方式体现着空间,那么就意味着此类观念有着社会性的起因,即各个地区不同的情感价值使空间具有了不同的品质,空间从而不再是不确定和不清楚的介质,它可以根据源于社会的标准进行划分。其次,在图腾崇拜和宗教仪式中,空间安排会折射出主导性的社会组织模式。② 因此,涂尔干指出,时间和空间是社会构造物,空间具有社会性,特定社会的人都以同样的方式去体验空间,社会组织则成为空间组织的模型和翻版。③ 然而,涂尔干的表述到此为止,并未试图进一步澄清空间的社会性的具体纬度。

齐美尔算是古典社会学理论家中对空间最有洞察力的一位,其论文《空间社会学》可谓社会学视野下最早专门探讨空间议题的文献。在齐美尔看来,空间是社会形式得以成立的条件,但不是事物的特殊本质,也不是事物的生产性要素。不同的人群和不同的动机可以集结在一个区域内,只不过种种事件都要受到空间条件的制约。在这里,齐美尔的认识包含了后来空间社会学分析所必备的一个空间的关键特征即同存性(simultaneity),对社会生活来说这一特性是不可忽视的。在《空间社会学》这一重要文献中,他还指出了空间具有五种基本属性:(1)排他性,即不同的主体不可能同时占据同一空间;(2)空间是被分割性地使用的,各个部分各有自己的边界,空间的宽窄会对社会或国家产生影响;(3)空间可以使其中的内容被固定化,并形成特定的关系形式;(4)是否具有空间接触能够使社会互动的参与者之间的关系性质发生改变;(5)空间中群体流动的可能性与社会分化存在深刻的关系,一般来说,群体流动性越强,社会分化程度越低。④ 在《都市与精神生活》里,齐美尔就空间与城市提出了更具体的主张,他认

---

① D. Harvey, "The Geopolitics of Capitalism," in Gregory and Urry, eds., *Social Relations and Spatial Structures* (London: Macmillan, 1985), pp.126-163.

② 叶涯剑:《空间社会学的缘起及发展——社会研究的一种新视角》,《河南社会科学》2005 年第 5 期。

③ 爱弥尔·涂尔干:《宗教生活的基本形式》(渠东、汲喆译),上海人民出版社 1999 年版。

④ 齐美尔:《空间社会学》,载林荣远编译:《社会是如何可能的》,广西师范大学出版社 2002 年版,第 290—315 页。

为与小规模的共同体相比,正是大城市的空间形式为个体、为个体内在发展与外在发展的独特表现留出了余地,确保个体有一种独特的个体自由,使得置身于极其多样化的接触背景中的个体有可能取得独特发展。在《货币哲学》中,齐美尔还进一步洞察到空间在货币经济下的转型:货币经济的发展导致空间失去重要性,社会组织和社会交往开始脱离空间。正是在这样的社会交往过程中,空间被赋予了意义——从空洞的变为有意义的。① 齐美尔的论述高度抽象,缺乏具体的历史分析,然而其论述依然成为芝加哥学派的理论源泉。帕克、伯吉斯(E. Burgess)等芝加哥学派的社会学家在经验研究的基础上提出了同心圆之类的空间解释框架,但他们是从技术决定论和均衡适应的角度来考察,对空间模式背后的社会动力缺乏深入探究。吉登斯批评帕克"采取一种形式主义的空间观念,并偏重某种客观主义的立场"②。犹有进之,其论述大多是描述性的,没有从更高的理论层次去解读都市空间背后的社会关系模式。在沃斯(L. Wirth)、雷德菲尔德(R. Redfield)基于城市和乡村的区分的论述之后,城市社会学在思想上陷入贫困,发展不出富有创见的作品。③

总之,在古典社会学时期,空间和哲学、物理学、数学、建筑学、地理学之间的传统联系遮蔽了其自身的社会属性,空间似乎是一种外在于社会的给定的背景,社会行动的特征及分布不过是对空间形态的一种适应或者利用。在这样的方法论指导下,社会学难以建立自己的空间研究话语。正因如此,齐美尔的贡献显得弥足珍贵,一方面,他坚持空间的社会属性高于自然属性,空间甚至可以归结为人的心理效应,这使对空间进行社会学研究具有了认识论上的合法性,打开了考察社会的另一种路径;另一方面,他对空间的社会属性进行了具体分解,为这方面的经验研究奠定了基础,后世的很多研究都证实齐美尔的总结是敏锐而准确的。④ 但是,需要指出的是,古典社会学理论之中的空间论述总体上看是片断式的、零散的,关于空间与社会之关系的表述或抽象或含糊,空间常常被视为无关紧要的,不引人注目的。

---

① 格奥尔格·西美尔:《货币哲学》(陈戎女等译),华夏出版社2002年版。
② 安东尼·吉登斯:《社会的构成》(李康、李猛译),第516页。
③ 厄里:《关于时间与空间的社会学》。
④ 叶涯剑:《空间社会学的缘起及发展——社会研究的一种新视角》。

第三节 西方社会学理论传统的空间转向

在早期大部分社会学家的著作中,和阶级、交换、整合、冲突、信仰、统治、法律等主题相比,空间似乎不是"社会的"现象,社会学是无须也不应该对此进行专门研究的,但因为空间(space)的具体位置——地点(place)——是人类社会活动最基本的发生地,他们的学说可以忽视空间但不得不涉及地点,所以空间意识始终在古典社会学著作中忽隐忽现。①

在西方社会学理论传统中,人们一般把社会看成是内生性的,有其自身的社会结构,而这些社会结构既不是时间结构,也不是空间结构。不仅如此,人们还把社会看成彼此分离的,而规范共识、结构冲突或策略行为的种种作用过程,绝大多数也被理解为内在于各个社会,其边界是和民族国家重合的。除了城市社会学和农村社会学的某些内容外,对于内部的空间分化过程,传统社会学理论几乎没有形成什么认识。因此,20世纪绝大多数社会学家所考察的,是一个由彼此独立的社会组成的系统,它们的社会结构被认为在各个空间上都是一致的。在相当长的一段时期里,空间仅仅被视为社会关系与社会过程运行其间的、自然的、既定的处所,社会学理论空间之纬的缺失抹杀了地理学的想象力。② 尤其在古典社会学家们那里,除了极少数社会理论家对空间有稍多关注外,空间观念几乎处于缺失状态。

社会学理论传统中空间观念的缺席状况维持了很长一段时间,这必然引出如下问题:为什么空间之纬长期缺席于社会学理论?社会学理论何以在最近四十年里出现了所谓的空间转向?了解如此脉络无疑有助于我们进一步辨识空间观念在社会学理论之中勃兴的缘由。福柯认为社会学理论的空间化可归因于哲学观念的转变、时空体验的转型、学科的从分工到整合。③ 福柯甚至还指出,"空间"观念游离于传统社会学理论的视野之外,一是由于空间在很长一段时间内

---

① "地点"(place)概念并不等同于"空间"(space)概念。作为空间内具体位置的地点,主要与对个人身份认同、社区归属感、具体位置上的时间感以及提供像家一般的舒适感、安全感的探讨相关联。因为"地点"是空间内我们定居下来并能说明我们身份的具体位置。参见安东尼·奥罗姆、陈向明:《城市的世界——对地点的比较分析和历史分析》(曾茂娟、任远译),上海人民出版社2005年版,第5—21页。

② E. Soja, *Postmodern Geographies: The Reassertion of Space in Critical Social Theory* (London: Verso, 1989).

③ 福柯:《权力的地理学》,载《福柯访谈录:权力的眼睛》(严锋译),上海人民出版社1997年版。

第十章 当代西方社会学理论的空间转向

仅仅被视为"自然"的,是僵死的、刻板的、非辩证的和静止的东西,是既定的、基本的条件,属于前历史的层面,因此不被重视①;二是由于政治实践和科学技术对空间问题的双重介入迫使社会学只能去研究时间问题,因此空间遭到贬值,成为反动的东西②。索亚(E. Soja)也指出了当代社会理论的三种空间化趋势:后历史主义、后福特主义和后现代主义。③ 对此,我们可以从以下三个层面来分析空间观念的缺席及其转向的理论背景和现实根源。

首先,历史决定论淹没了空间思维。在古典社会学理论之中,时间超越空间成为焦点且在一定程度上消解了空间。古典社会学理论的大师们秉承历史决定论传统,更为关注的是时间体验的转型。因为传统的社会学理论始终都把焦点放在社会变化、现代化和革命的过程之上,进步成了它在理论上的目标,历史时间成了它的主要的尺度。而进步必须征服空间,拆除一切空间障碍,最终通过时间消灭空间(这种把空间变成一个附带的范畴,其实是隐含在进步概念本身之中)。摒弃了空间思考之后,一种历史决定论弥漫于19世纪几乎所有的社会科学叙述中,建立在这一基础上的社会理论传统所隐含的叙事结构是时间与历史的,试图通过对历史的描述和重构来解释现代社会。④ 以马克思为例,尽管他隐约地觉察到空间的重要意义,但《资本论》第一二卷之中的基本假设就是一种封闭的民族经济和一种本质上无空间的资本主义,而第三卷原本要进行的空间分析则未曾问世,这使得我们难以见到其关于空间议题的进一步阐发。列斐伏尔批评以往的本体论从几何学的角度将空间视为"空洞的",从而无法促成有关空间的知识。⑤ 所以社会学理论在历史决定论的宰制下具有明显的去空间化倾向,对空间的认识乏善可陈,地理学的想象力似乎由此在社会学理论中蒸发,索亚称此为历史决定论下空间性的失语,对社会生活的历史情境的过分强调掩盖或扼杀了社会学的空间想象力。但后世的社会学理论家试图改变这一倾向:在阿尔都塞和列斐伏尔的努力下,空间全面进入马克思主义社会学理论的怀抱;在吉登斯、布迪厄和新城市社会学那里,空间被赋予社会意义而不再是给定的自然

---

① M. Foucault, *Power/Knowledge: Selected Interviews and Other Writtings: 1972-1977* (Harvester Press, 1980), p.7.
② 包亚明主编:《现代性与空间的生产》,上海教育出版社2003年版。
③ E. Soja, *Postmodern Geographies: The Reassertion of Space in Critical Social Theory*.
④ 吴瑞才:《全球化:现代性研究的空间转向》,《华侨大学学报(哲学社会科学版)》2005年第3期。
⑤ H. Lefebvre, *The Production of Space* (Blackwell, 1991), translated by Donald Nicholson-Smith.

条件。这一空间化途径被索亚称为"后历史主义",且根植于"对社会存在的本质和概念化进行一种根本性的重新阐述,这实质上是一场本体论方面的斗争,企求重新平衡历史、地理和社会三者之间可以阐释的交互作用"。①

其次,地理学的霸权消解了空间的社会性。一直以来,社会学理论家认为空间的变迁应该是地理学研究的主题,空间在很长一段时间仅仅被视为"自然"的、既定的、基本的条件,是一种自然地理,属于前历史的层面,为地理学所宰制。相应的,地理学家忽视空间的社会性,仅仅以实证主义作为主导范式来探索人类行为的空间性。② 吉登斯指出:"在二战之后的数十年间,社会学和地理学在很大程度上是井水不犯河水,各走各的路。"③社会学理论与地理学之间的关系亦是如此。然而,过去二十年以来,学科的整合成为新的发展趋势。而在这一背景下,社会学和地理学相互接近(如1985年由社会学家和地理学家联手撰写的《社会关系与空间结构》一书的出版就是一例)。这构成了社会学理论的空间转向的学科发展背景,社会学理论逐步引入以前不曾重视的地理学纬度,而地理学亦试图关注社会学理论的进展,试图超越传统上学科之间隔离的恶习,致力于引入社会性以拓展地理学的想象力,福柯、布迪厄等社会学家的作品也开始为地理学家广泛引用。

最后,空间的缺席和重申与现实的时空体验转型具有密切关联性。空间的问题呈现为一种历史——政治的问题是较为晚近的事情,尤其是在所谓的后现代时期。福柯宣称20世纪乃预示着一个空间时代的到来,20世纪之所以是空间的纪元,是因为我们身处同时性的时代与其中由时间发展出来的世界经验远少于联结着不同点与点之间的混乱网络所形成的世界经验。④ 而真正进入福柯所称的"空间时代"是在20世纪70年代左右,"1972年前后以来,文化实践与政治—经济实践出现了一种剧烈变化。这种剧烈变化与我们体验空间和时间的新的主导方式的出现有着紧密联系。"⑤人们在这一时期经历深刻的时空转变,后工业化、后福特主义、全球化等都深刻影响人们的时空体验,尤其是时间的压缩。

---

① E.W.苏贾:《后现代地理学:重申批判社会学理论中的空间》(王文斌译),商务印书馆2004年版,第94页。
② 福柯:《权力的地理学》。
③ 安东尼·吉登斯:《社会的构成》(李康,李猛译),第513页。
④ 福柯:《不同空间的正文与上下文》。
⑤ 戴维·哈维:《后现代的状况——对文化变迁之缘起的探究》(阎嘉译),商务印书馆2003年版。

第十章 当代西方社会学理论的空间转向

空间的重要性在新的时间架构下得以凸显,社会学理论对此应该有所回应。这一现实背景在索亚看来就是空间化的另外两个途经——"后福特主义"和"后现代主义",而这两者的要旨均为时空体验的转型。

正是在哲学反思、学科整合和时空转型的理论和现实背景下,空间要素逐步进入社会学理论,尽管不同学者空间化的策略分殊,但都汇流为社会学理论的空间转向这一特定的社会学理论发展脉络。今天,伴随着信息化、全球化的发展,时间已不再是万能叙述了,人们要弄清社会"为何"和"何为"的问题就必须关注"空间"。因此,自20世纪80年代以来,越来越多的学者开始重新看待社会生活中的"空间性",社会学理论由此也经历了引人注目的"空间转向",空间被重新引入到了社会学理论的思考范围。正如法国思想家亨利·列斐伏尔所认为的那样,空间是社会关系的产物。整个20世纪的世界历史实际上是一部以区域国家作为社会生活基本"容器"的历史,而空间的重组则是战后资本主义发展以及全球化进程中的一个核心问题。列斐伏尔的这一空间思考极具启发性,它不但启示了现代性研究的空间面向,且前瞻性地为全球化理论的研究奠定了深厚的基础。福柯甚至还大胆地宣称一个空间时代正在来临。

第四节 西方现代社会学理论的空间论述

自20世纪70年代尤其是80年代以来,空间概念开始逐步进入社会学理论之中,其主要原因在于社会学家在反思以往理论的基础之上,辨识出空间的失语已严重限制了理论的解释力,尽管他们是从不同的路径进入到社会学理论的空间转向这一过程中的。在众多对空间展开社会学研究的学者之中,列斐伏尔可能是最早系统阐述空间概念的学者;布迪厄和吉登斯则分别在自己的理论架构之中为空间预留了一席之地;新城市社会学理论试图强化空间思考为都市研究重建理论基础,以真正开创一个空间研究的繁荣时代。

一、列斐伏尔:建构空间的一般理论

列斐伏尔作为空间理论的奠基人之一,其主要贡献在于对马克思主义进行了空间化阐释并由此影响了后世社会学理论的发展。① 首先,他认为空间并非

---

① H. Lefebvre, *The Production of Space*.

社会关系演变的静止"容器"或平台,而是社会关系的产物,产生于有目的的社会实践。空间和空间的政治组织表现了各种社会关系,但又反过来作用于这些关系。其次,他建构了社会空间的类型学,正是经由不同空间类型的转换而实现社会演变,即从差异空间到抽象空间的转型。所谓绝对空间就是由位居某些基地的自然之片断所构成,这些基地是因其固有特质而被选取,它是血缘、土地和语言的纽带的产物,相应的是前资本主义的社会。抽象空间对应的是资本主义社会,空间是再生产的重要组成部分且无限扩张。然而,正是空间的扩张挽救了资本主义体制,因为它并未如同马克思所说的一样走到了穷途末路,相反,资本主义经由占有空间并将其空间整合进资本主义的逻辑结构而维持与延续。因此占有空间并生产出一种空间是资本主义成功的主要手段之一,作为一个整体的资本主义制度由此维系自己的规定结构从而延长自己的生命,空间的再生产化解了资本主义内部的不少矛盾。空间不再是一个消极无为的地理环境,而是资本主义的一个重要工具。并且,列斐伏尔认为在资本主义制度下,空间具有以下几种功能:(1)空间成为一种生产资料:构成空间的那些交换网络与原料和能源之流,本身也被空间所决定。(2)空间也成为一种消费对象,如同工厂或工场里的机器、原料和劳动力一样,作为一个整体的空间在生产中被消费。(3)空间成为一种政治工具。国家利用空间以确保对地方的控制、严格的层级、总体的一致性,以及各部分的区隔。①

列斐伏尔试图建构一个关于空间的一般社会学理论,并且将空间的结构区分为"空间实践"(spatial practices)、"空间的表征"(representation of space)与"表征的空间"(representational space)三个维度:

空间实践是指在特定社会的空间中实践活动发生的方式。它一般是指那些发生在空间中的并穿越过空间的自然与物质的流动、传输与相互作用等方式,以保证生产与社会再生产的需要。空间的实践就是人对于空间的感知,它担负着社会构成物的生产和再生产的职能,并且包含着作为任何社会构成物之特征的特定的地点(locations)和空间位置(sets)。对列斐伏尔而言,空间实践是社会空间的物质建构的维度,它是对体现了社会生产关系的尤其是土地和地产所有权的社会构成物(如住宅、商业街区、铁路、高速公路、机场等)的生产与再生产,它

---

① 包亚明主编:《现代性与空间的生产》,上海教育出版社2003年版,第47页。

既是这一生产和再生产的过程也是其结果。在空间实践和社会的空间之间存在着微妙的相互作用的辩证关系,一个社会的空间实践隐藏了这个社会的空间,它既生产社会的空间同时也以之为前提,在分析的意义上,只有通过对其空间的解码,才能揭示一个社会的空间实践。

空间的表征指的是特定社会描述或构思空间的方式。它是任何一个社会中(或生产方式)占主导地位的空间,是知识权力的仓库。空间的表征事实上就是空间按照权力的意志被重构,属于生产关系及其秩序的层面,它与维护统治阶级利益的各种知识、意识形态和权力关系紧密联系在一起。空间的表征体现了统治群体所掌握的知识和意识形态的表象化作用及其介入并改变空间构造的实践影响,它无疑是一个表象着统治者的利益和存在的空间,它作为统治的工具主要凭借各种呼唤着统治表象的建筑方案来发挥作用,就如同在国家的技术官僚和专家的支配下所进行的城市规划和改造那样。因此,空间的表征并不只是意味着抽象的观念,它通过实践的影响而具有客观性。

表征的空间指的是特定社会空间内具有象征意义或文化意义的建筑。它是精神的虚构物,包括艺术和建筑,象征着空间内对符号更高层次和更有创意的使用。它是一种直接经历的(lived)空间,这不是说人们只是在表征的空间中才体验到了空间,而是意味着对批判和反抗空间表征的空间真理的亲身体验。表征的空间体现了复杂的象征系统,有时是被编码的,有时则没有,这些象征系统与社会生活的黑暗的方面或反对现存体制的方面相联系,同样也与艺术相联系。与空间的表征主要偏好于理智上所建构的语言符号系统所不同的是,表征的空间更倾向于或多或少一致的各种非语言的象征和符号系统。① 上述空间的三个主要维度实际上就是空间的实在(lived)、构想(conceived)和认知(perceived)的三个层面。

总之,列斐伏尔阐发的关于空间的一般理论深刻地影响了后世的空间研究和城市社会学的发展,我们从新城市社会学理论、哈维和索亚的有关研究中就可以不断看到他的身影。可以说,列斐伏尔的理论是具有开创性的,他对其他空间社会学和空间政治经济学研究者的理论思考具有很大的启发性。不过,正如其后继者卡斯泰尔(M. Castells)所批判的,列斐伏尔的分析以理论(或形而上学)

---

① 郑震:《空间:一个社会学的概念》,《社会学研究》2010年第5期。

范畴为基础,这导致了它无法认识社会生活的决定性条件,从而阻止了它向科学的突破。他认为虽然列斐伏尔的分析是激进的,但他仍然有效地阻止而不是帮助了科学批评。①

二、布迪厄:社会空间和符号资本地理学

与列斐伏尔不同,布迪厄更为强调的是关系空间的社会性和政治性。在他看来,空间是一个关系的体系,人们居于一定的社会空间会形成一定的个人地方感,并由此会形成这一共同地方比较一致的惯习。然而,惯习倾向于某种再生产策略,而再生产策略的目的就是在于维持间隔、距离、阶级关系,并且在实践中促成对构成社会秩序的差异体系进行再生产。因此,社会空间实际上就是具有若干权力关系的空间,而各种各样的社会空间构成各不相同的场域,产生类似的实践和性情系统,最后构成不同的阶级惯习和品味。② 布迪厄是在阿尔及利亚研究中发现这种空间的重要性的。阿尔及利亚人的家庭具有独特的空间性,空间的组织将人们限定在不同的地方,从而有助于建构社会秩序并型构阶层、性别和分工。③ 在此基础上,布迪厄的空间论述不断发展,但总体而言是基于"社会空间"这一概念并将之与支撑其理论体系的核心概念——"资本"和"惯习"——紧密结合在一起,他甚至宣称"社会学的目的在于揭示构成社会空间的不同人群的最深层次的结构以及倾向于确保社会空间的再生产或者变革的机制"④。

布迪厄首先指出,空间是一个关系的体系,社会空间可以比拟为区域在其中分划的地理空间,但空间的建构则由位居此空间的行为者、群体或制度所决定,越接近的人共质性越多,即空间的距离与社会的距离相符。几乎任何地方都有空间隔离的倾向或曰空间划分的模式。行动者是如何被划分进不同的社会空间的呢? 这取决于两个资本原则:其一为根据他们拥有的总量;其二为人们所拥有的资本结构,即经济资本、文化资本、社会资本和符号资本的相对比重。由此,社

---

① 包亚明主编:《现代性与空间的生产》,第10页。
② 文军、黄锐:《"空间"的思想谱系与理想图景:一种开放性实践空间的建构》,《社会学研究》2012年第2期。
③ P. Bourdieu, "The Berber House," in M. Douglas, ed., *Rules and Meanings*: *The Anthropology of Everyday Knowledge Selected Readings* (Harmondsworth: Penguin, 1973); P. Bourdieu, *Outline of a theory of Practice* (Cambridge: Cambridge University Press, 1977).
④ 布迪厄:《国家精英:名牌大学与群体精神》(杨亚平译),商务印书馆2004年版,第1页。

会空间的结构受制于资本的分化原则。人们居于一定的社会空间会形成一定的个人地方感,并由此形成留在共同地方的倾向或者比较一致的惯习,惯习暗含了"对自己所在地方的感觉"以及"对他人地方的感觉",行为者对空间的看法取决于其在空间中的位置。然而,惯习的自然倾向是某种再生产策略,而"再生产策略的目的就是在于维持间隔、距离、阶级关系,并且在实践中促成对构成社会秩序的差异体系进行再生产"。① 因此,布迪厄的社会空间理论是与其社会阶级理论联系在一起的。社会空间实际上就是具有若干权力关系的空间,它向任何试图进入这一空间的行动者强行征收一种入场费,也就是相对于这一场域而言具有价值的各种形式的资本。各种各样的社会空间组成了各不相同的场域。它们是被置于同类生存条件中的行动者的集合,这些条件强加了一些同类的规定性,产生了可以产生类似实践的类似性情系统。这些行动者拥有一些共同的特性,亦即客观化了的特性,这些特性有时得到了法律上的确保(例如对于商品和权力的占有),或者是体现为阶级惯习的特性。②

当然,任何一个社会空间也都具有一定的地理学基础,它不是一个纯粹意义上的主观建构,而是行动者基于其所处的地理空间进行的一项集体建构。在一定程度上,布迪厄的贡献在于厘清地理空间与社会空间的异同并探索了其后的社会力量。③ 尤其是试图澄清社会空间与阶级之间的复杂关系。他的著作如《区隔》就备受地理学家的关注。在地理学家看来,他在某种程度上建构了一种"实践和社会行动的地理学"或"区隔和文化与符号资本的地理学"。

三、吉登斯:时间地理学与现代性的空间转向

古登斯的地理学论述和对结构的空间性的重申主要见于《社会学理论的若干中心议题》《历史唯物主义的当代批判》和《社会的构成》等著作。应该说,吉登斯在建构他的结构化理论时,把时空看做是社会现实的建构性因素,他强调:"社会系统的时空构成恰恰是社会理论的核心。"吉登斯通过建立一系列有关空间的概念系统来阐述其结构化理论的,如"在场""在场可得性""不在场""共同在场""区域化""中心与边缘区域"以及"情境"等,"关注共同在场情境下的互

---

① 布迪厄:《国家精英:名牌大学与群体精神》(杨亚平译),第4页。
② 朱国华:《社会空间与社会阶级:布迪厄阶级理论评析》,《江海学刊》2004年第2期。
③ 布迪厄:《社会空间与象征权力》,载包亚明主编:《后现代性与地理学的政治》,第292—314页。

动系统如何在大规模的时空范围内伸展开来,来考察所谓微观和宏观之间的关系问题",也关注"在跨越空间和时间的日常接触中,行动者经常不断地运用场景的性质来构成的这些日常接触"。① 他认为:"我们不能将空间看做是塑造社会集团的活动赖以发生的无内容的空纬度,而是必须将它和互动系统的构成联系在一起考虑。"② 所以他借鉴地理学的观点(尤其是赫格斯特兰德的时间地理学)和戈夫曼的拟剧论将空间纬度纳入结构化理论:社会互动由一定时空下的社会实践构成,空间形塑社会互动亦为社会互动所再生产。因此,吉登斯对"行动—结构"解读的独特之处就在于,他对时空因素与"行动—结构"的融合程度远远超出同时代其他的社会学家,他认为:"各种形式的社会行为不断地经由时空两个向度再生产出来,我们只是在这个意义上,才说社会系统存在着结构化特征(structure properties),我们可以考察社会活动如何开始在时空的广袤范围内伸展开来,从这一角度出发,来理解制度的结构化。"③

如前文所提到的,吉登斯借鉴时间地理学发展出了不少与空间相关的概念:"区域化"(regionalization)、"时空抽离""场所"和"时空分延"(time-space distanciation)等。以"区域化"为例,它不仅仅被理解为空间的局部化,而且涉及与各种常规化的社会实践发展关系的时空的分区。吉登斯试图以这些概念辨识出社会互动在空间结构下如何以不同的形式延展并改变社会的资源分配结构和运行机制,同时亦将时间—空间关系直接与权力的产生和统治结构的再生产紧密联系在一起。由此,社会的空间性的构成与历史性的构成紧密结合起来。正是在这个意义上,索亚认为,吉登斯的成就在于,"将权力注入到社会的一个明显空间化了的本体论,并且因此随着历史的创造,将权力注入到对地理学的创造的阐释之中"。④ 而恰恰在这一点上凸显了吉登斯与布迪厄的不同。

在吉登斯看来,在前现代的情境下,时间与空间的向度根据文化和情境的不同而各有不同,是与空间的定位联结在一起的。尽管在前现代社会,对人们的社会行动而言,时间和空间更多的是与具体地点联结在一起的,时间的标尺与社会行动的地点相联系,并且受特定空间的制约,但前现代文明发展了正式的计时和

---

① 安东尼·吉登斯:《社会的构成》(李康、李猛译),第63页。
② 同上书,第518页。
③ 同上书,第24页。
④ 爱德华·W.苏贾:《后现代地理学——重申批判社会理论中的空间》(王文斌译),商务印书馆2004年版,第238页。

第十章 当代西方社会学理论的空间转向

定位的方法,如日历以及用现代标准看来十分粗略的地图。事实上,它们是分离时间和空间的先决条件。世界地图作为一种全球规则,其上面再也没有禁地,它在空间的虚空上是与钟表一样的符号。全世界拥有标准化的时间,社会行动不再受空间距离的约束是现代性的基本前提和特征。①

因此,时空的分延与重组以及由此而产生的社会系统的抽离化成为现代性成长的两大动力机制。吉登斯认为,时空分延成为现代社会发展独特的动力之一。时空分延是指跨越广阔的时间和空间领域的社会关系的联合,并一直到包含全球体系的状况。在高度现代性的状况下,时间与空间都逐步趋于空洞化,即逐渐与具体的地点、事件相分离,逐步取得高度的标准化和精确化的过程。因此,吉登斯认为时空分延的问题是有关现代社会秩序的本质问题,其对现代性转向具有至关重要的意义。吉登斯的这些观点把握了现代性问题的要害,触动了影响社会历史发展的关键部位,使我们可以除去许许多多繁杂的社会因素,从现代性的不连续性、时空分延的程度或人类社会对时间和空间的把握程度上来审视现代性转向问题。

四、新城市社会学:空间、资本与阶级的交织

新城市社会学作为人类生态学范式的替代理论架构关注城市发展过程之中空间、资本和阶级的交织。尽管人类生态学关注空间过程,但它只是描述空间过程的后果,如贫民窟、种族隔离,而没有洞察空间形成的社会、经济、政治机制。新城市社会学理论认为空间过程是资本集中、阶级冲突和工业生产的深远过程的结果,并致力于考察当代社会城市空间安排的结构化过程。曼努尔·卡斯泰尔、哈维和戈德纳(M. Gottdiener)是其中最具代表性的人物。他们都致力于从空间、资本和阶级的互动过程中去理解都市经验,这恰恰是新城市社会学范式有别于人类生态学范式的核心所在。

卡斯泰尔在其新城市社会学奠基之作《城市问题》中质疑沃思关于城市生活方式的论述,并追随阿尔都塞的结构马克思主义视角,对都市问题进行在某些层面有别于列斐伏尔的概念化以回应人类生态学视角之不足,而"空间"正是他切入这一主题的核心概念。② 卡斯泰尔认为空间只是社会的一个重要物质维度

---

① 向德平、章娟:《吉登斯时空观的现代意义》,《哲学动态》2003 年第 8 期。
② M. Castells, *The Urban Question* (Cambridge: MIT Press, 1977).

且与其他的物质维度发生关系,进入这一关系的人赋予空间以形式、意义和功能。由此,他认为城市社会学的理论研究对象必须满足一个条件:空间单位与社会单位的一致性。在他看来,都市空间内在于经济活动的四个层面:生产、交换、消费和管理,并且体现在工业区位、住房、交通设施和都市治理这四个不同的纬度。① 在其后续的著作中,他提出"流动空间"(space of flows)这一概念以阐述后现代时期信息技术的扩展对社会空间的影响。流动空间乃是经由流动而运作的共享时间之社会实践的物质组织。所谓的流动,指的是在社会的支配性经济、政治与象征结构里,社会行动者所占有的物理上分开的位置之间,那些有所企图的、重复的、可程式化的交换与互动序列。流动不仅是社会组织里的一个要素,而且是支配了我们的经济、政治与象征生活之过程的功能性表现。② 原有的城市空间与新的流动空间开始断裂,整个社会关系发生了变化,场所空间的重要性式微,与之相对应的是流动空间的意义日趋凸显。因此,卡斯泰尔在其建构起的信息社会大背景下,分析流动空间这一虚拟但又丰富、强大的空间存在,这为长期以来对现实空间的研究之外开辟了一个新的领域,也准确地把握住了人类社会发展的新脉搏。

马克·戈德纳在批判列斐伏尔、卡斯泰尔和哈维的都市空间阐述的基础上,提出了一个更具操作性的理论框架——社会—空间视角(socio-spatial perspective)。社会—空间视角批评传统城市社会学过分重视技术作为变迁主体的推动力,试图将更多的因素纳入城市空间的分析框架。他认为,城市空间镶嵌在一个复杂的政治、经济与文化之网中。由此,空间生产在器物层面是与资本主义的发展密切关联的复杂社会过程,尤其是政府干预和房地产发展在其中发挥了重要作用。房地产改变城市的空间结构和城市居民的定居空间,而房地产发展涉及资本积累和阶级冲突。③ 可见,社会与空间之间存在着相互交织的关系:一方面人类在社会结构的限制下在一定的空间运行;另一方面,人类可以创造和改变空间以表达自己的需求和欲望。④ 这一论述呼应了吉登斯的结构化理论,凸显了人的能动性在空间建构中的重要性。总之,城市空间关系的实质即社会关系,更

---

① 曼纽尔·卡斯泰尔:《信息化城市》(崔保国等译),江苏人民出版社2001年版。
② M. Castells:《流动空间——信息化社会的空间理论》(王志弘译),《城市与设计学报》1997年第1期。
③ M. Gottdiener, *Social Production of Urban Space* (University of Texas Press, 1985).
④ M. Gottdiener, *New Urban Sociology* (N. Y.: McGraw-Hill, 1994).

第十章　当代西方社会学理论的空间转向

具体而言是资本关系或阶级关系。因此,新城市社会学正是从空间、资本和阶级的交互关系中去理解都市现象。城市社会学从马克思那里获得灵感之后重新以阶级和资本的视角去构建空间概念,并透过空间、资本和阶级的交织来理解都市现象。这在一定程度上有助于城市社会学摆脱理论困境。

将空间重新带入社会学理论旨在提升社会学理论的地理学想象力,空间性的引入让社会研究(尤其是都市研究)更具立体感。实际上,基于现代性架构关于空间议题的社会理论家,还包括讨论空间分工、权力几何学和地域性的多瑞恩·麦塞(Doreen Massey)和直接阐述地理学想象力的迪利克·格利高里(Derek Gregory),以及论述时间地理学、空间形态与货币的耐杰尔·斯瑞夫特(Nigel Thrift)。[①] 由此,"空间"浮现为社会学理论一个不可或缺的要素,空间思考的强调和引入无疑拓展了社会学理论的解释力。相应的,地理学家从社会学理论家这里也获得了更多的理论支持。然而,空间不仅是现代社会学理论的焦点,亦是后现代社会学理论关注的重要议题。

第五节　西方后现代理论中的空间阐释

后现代理论的兴起极大地推动了思想家们重新思考空间在社会学理论和构建日常生活过程所起的作用,空间的重要意义成为普遍共识。[②] 后现代社会学理论家试图从理论层面拓展人们对空间的认识与把握,这在一定意义上可以看成是后现代社会学理论家对现代性论述的一种赌气般的反叛,希望恢复那些现存的社会学理论与认识论所排除的东西,"空间"就是被排除者之一。[③] 因此,后现代与后结构主义理论涌现之后,空间研究有了进一步发展,"空间"概念成为遍及人文与社会科学的语汇。后现代社会学理论家致力于对传统社会学理论进行尖锐批评并试图为正在不断变化之中的现实社会——更准确地说是后现代社会——提供一种新的省察框架,空间化是重要路径之一。很显然,我们不能指望后现代理论家们认同某种统一的空间理论,恰恰相反,存在"诸种"关于空间性

[①] 何雪松:《社会理论的空间转向》,《社会》2006年第2期。
[②] 迈克·迪尔:《后现代血统:从列斐伏尔到詹姆逊》,载包亚明主编:《现代性与空间的生产》,第83—110页。
[③] 里兹·庞蒂:《女性主义、后现代主义和地理学——女性的空间?》,载同上书,第315—331页。

的后现代阐释。哈维、詹明信、福柯和索亚就是从不同的理论背景和现实关怀出发，从而建构起各自的空间理论阐释体系，它们构成了后现代社会学理论的空间转向的主线。

一、哈维：追寻后现代状况下的空间实践

哈维从马克思主义的立场来阐释后现代社会面临的时空压缩以及由此导致的空间重组。时空的压缩导致文化实践与政治、经济实践出现剧烈的变化，这构成后现代时期的一个重要特征，这一重要特征迫使人们调整空间观念且重新思考社会行动的形式。正是在这个意义上，空间重组浮现为后现代时期的核心议题。这就涉及广泛的空间实践，他在列斐伏尔的空间实践基础之上提出四个新的纬度：针对人类事务中"间隔摩擦"作用的可接近性和间隔化；空间的占有和利用；空间的支配和控制以及空间的创造。① 毋庸置疑的是，空间的实践充满了微妙性和复杂性，其后隐匿着难以全然辨识的社会关系。

哈维强调空间的生产与空间是社会权力的源泉，他追随列斐伏尔将马克思主义的经济分析运用于城市空间研究，并试图把握空间、资本与阶级的微妙关系。首先，他重申恩格斯的观点：城市是资本聚散的空间节点。人为空间以适应经济活动的方式组织起来，银行业、商业和制造业即为其例。哈维提出以资本的三级循环来解释资本运动与城市空间发展的关系：第一级循环，即资本向生产资料和消费资料投入；第二级循环就是资本投向物质结构和基础设施；第三级循环涉及资本向科学教育和卫生福利的转移。尤其是房地产投资作为资本的"第二级循环"对城市空间的生产与构成具有重要意义。在这一意义上，资本主义城市化过程的实质就是资本的城市化。掌握了资本循环的各个要素和阶段的空间动态正是资本继续积累的关键所在。因此，哈维力图指明在不同的历史时期，资本主义是如何包含了不同的"空间定位"（spatial fixes）的。在每一个资本主义时段，空间的组织方式都有利于生产的增长、劳动力的再生产以及利润的最大化。通过对时空的重新组织，资本主义克服了自身的危机，为新的资本积累奠定了基础。②

但是，伴随着新一轮的资本积累，又会出现剧烈的时间压缩（time-space com-

---

① 戴维·哈维：《后现代的状况——对文化变迁之缘起的探究》（阎嘉译）。
② 厄里：《关于时间与空间的社会学》，载布赖恩·特纳编：《社会理论指南（第2版）》（李康译）。

第十章 当代西方社会学理论的空间转向

pression)现象(但这并不意味着场所的重要性也必然随之降低)。当然,由于资本所具有的"创造性破坏"力量,重要性确实会有些降低。但是,在更一般的层面上,人们似乎已经更加敏锐地感受到了世界上不同地方所包含的东西或可以认知的东西之间的差别。因而,时间和空间的界限越不重要,流动资本、移民、旅游者和寻求庇护者对场所的变异就会越敏感,而各个场所标新立异的动力也就越强。

此外,哈维还认为,空间的实践更涉及纠缠不清的阶级冲突。劳动力的剥削是资本家扩大利润和积累资本的来源,是推动城市化的动力。资本家致力于规制城市空间以追求金钱,进而,空间秩序方面的改变会通过货币收益而重新分配社会权力。空间的组织和运作的功效对所有资本家而言都是重要的,资本家由此获得附加优势。然而,不同利益集团对城市发展和居住空间具有不同的要求,各方为了自己的利益不可避免地卷入人为环境的创造、管理和利用等不同领域的斗争。因此,城市的发展过程就是各阶级之间不断围绕空间的安排进行讨价还价乃至冲突的过程。空间的占有、利用、支配、控制和创造成为阶级之间协商、对立、抗争的重要议题。要改变社会的任何规划就必须把握空间概念和实践之改变这一复杂问题。

在哈维看来,空间组织不仅仅有其内部转型和构建的自身法则之独立结构,而且体现于更为宽泛结构里的一整套关系的表述。

二、詹明信:解读晚期资本主义的空间逻辑

詹明信试图阐述后现代视野下关于空间在当代政治、文化和经济生活中之意义的感受趋势。如果说现代主义是时间的文化,那么后现代就是空间化的文化,甚至连时间都被空间化了。特定的空间转换是正确区分后现代主义和现代主义最为有效的途径之一,空间在后现代社会的建构过程中具有至关重要的调节作用。后现代空间是某种在传统和现代空间概念之外的全新的空间,作为这样一种新空间,它似乎想以某种历史性宣称以宣告其与传统和现代之间的巨大差异以及它所具有的原创性。他进一步论述指出,后现代空间是资本主义和后工业化导致的超空间,这一超空间是对空间的模拟,它有效地跨越了个人身体的局限性,感性地组织其周围的环境。然而,这一空间是破碎而分裂的,具有平面感和无深度感。如果要对后现代的空间解码,就需要借助建筑领域这一特殊的

美学语言入手，由此空间被解读为文本，空间符号被解读为它的语法。

詹明信笔下的超空间范例是洛杉矶市的 Bonavanture 酒店。这一酒店作为超空间的最独特之处就是站在大厅里人们无法辨识出方向。在这个意义上，所谓超空间就是利用现代空间的概念无法帮助我们进行空间定位的区域，人们难以界定超空间的组成要素。在这个酒店里，大厅被四个完全对称的塔楼包围，每个塔楼包含一些房间，游客时常无法认路。由此，他宣称晚近的资本主义变化为某种抽象的和不可定位的东西。"我们的文化可以说出现了一种新的'超空间'，而我们的主体却未能演化出足够的视觉设备以应变，因为大家的视觉感官始终无法摆脱昔日的空间感——始终无法摆脱现代主义高峰期空间感设计的规范。"① 换句话说，我们面对的一个核心问题是在这样一个超空间里，我们丧失了自我定位能力和认知图式的形成能力。由此，我们必须尝试形成在一定程度上符合后现代主义空间且能够让我们找到进路的认知图式，如此勾勒社会领域和空间范围的认知图式是后现代主义政治形式的组成部分。

詹明信的理论旨趣在于围绕宰制后现代性的空间和空间逻辑，以解码为手段去探究人工环境的空间并揭示出新的后现代空间的坐标，从而推动了一个观察社会—空间关系的新路径。很明显，詹明信是从文化的层面切入后现代社会的空间议题的，这明显有别于福柯和哈维的进路。然而，他继承了马克思主义的传统、凸显了空间与生产方式的变革和阶级政治的关系，尽管他聚焦于超空间这一特殊的后现代体验。②

三、福柯：探究知识与权力的空间化

福柯是当代空间转向的另一位代表人物。不过福柯并没有像列斐伏尔那样将资本主义的社会空间作为一个专门论题来加以广泛讨论，而是仅仅将视角集中于现代空间中的权力—知识与身体和主体性的关系，以及这一关系对于资本主义社会的生产和统治所具有的意义。除此之外，福柯也从未以具体或系统的方法清楚地将空间性进行理论化的展示，也不承认空间是其哲学论述与政治学的核心，这点与列斐伏尔也正好相反。这就意味着，福柯的空间思想只是隐含于他对现代身体或者说现代主体性的研究之中，空间是他进行研究的一个重要视

---

① 詹明信：《晚期资本主义的文化逻辑》（陈清侨等译），第 474 页。
② 迈克·迪尔：《后现代血统：从列斐伏尔到詹姆逊》。

第十章 当代西方社会学理论的空间转向

角和维度,但却不是他所关注的主要对象本身——这不可避免地带来了一些含混和不足。可以这么理解,福柯对于现代身体的解释和批判基本是在一个以空间为主导框架的视域中进行的(相对于时间而言),尽管对福柯来说建构身体的是权力—知识这一关系体,但权力与知识正是在空间中联系在一起的而不能外在于空间去想象权力和知识的关系及其运作,也就是说,权力只有在空间中才能够生产知识并通过知识去发挥效能,正是通过建构起一个特定的空间,权力和知识才可能作为一个关系的整体去建构身体。[①]

福柯大量使用了空间的隐喻表达:位置、移位、地点、区域、领土、领域、土壤、地平线、群岛、地理政治、地区和景观,诸如此类。[②] 在他看来,空间既非了无一物由我们的认知去填充的空白,亦非物质形式的容器,而是实实在在的、活生生的、社会建构而成的空间之纬。因此,福柯意义上的空间既是抽象的亦是实在的。空间的建构嵌入关系之中,也就说,我们是生活在一组关系之中,这些关系确定了不同的基地,而彼此之间不可化约,更不相重叠。空间经由关系而确定,正因为空间与关系交织在一起,它就不可避免地与知识和权力具有紧密联系。因此空间概念背后隐藏着福柯企图倡导的深层次的权力观和知识观:权力和知识的空间化。

福柯的权力分析主要聚焦于纪律这一现代社会的权力技术。纪律经由一整套技术、方法而实现,其中一个路径就是从对人的空间的分配入手。纪律需要封闭的空间、规划出一个与众不同的、自我封闭的空间。空间的边界就是纪律的边界,这一特定的空间就是贯彻纪律的保护区。如此空间比比皆是,例如学校、军营、医院。[③] 它们都有明确的边界,并且在某种程度上是封闭的,而正是这样的封闭性才能保证权力的顺利运作,因此专制的纪律体系都是限制其成员离开其空间范围的。在医学上,空间的隔离向来是管制传染病、精神病和麻风病的重要策略。官员和专业人员明确空间的边界,透过对身体的操练和训练,时间的标准化,以及对空间的细致安排和设计,使纪律在空间之中将人们的个体组织起来,从而实现身体的空间化,并经由身体而实现福柯意义上的"生物—权力"。现代

---

① 郑震:《空间:一个社会学的概念》,《社会学研究》2010 年第 5 期。
② 福柯、雷比诺:《空间、知识、权力——福柯访谈录》,载包亚明主编:《后现代性与地理学的政治》,第 1—17 页。
③ 米歇尔·福柯:《规训与惩罚:监狱的诞生》(刘北成、杨远婴译)。

社会是一个纪律社会,而空间成为权力运作的重要场所或媒介,是权力实践的重要机制。在我们的生活之中,具有无数的空间安排以不同的形式宰制着我们的生活,我们似乎无法逃脱宰制我们的空间,当这一空间不可见的时候,我们作为主体立即启动自己的控制机制。① 正是在这个意义上,空间是一个权力容器或者权力场所的隐喻。

在福柯的知识考古学和系谱学之中提供了一个关于空间与知识之间的关系的分析框架。在《疯癫与文明》之中,这一点展开论述得尤为充分,即人们对精神疾病的知识的进展导致疯狂之人的社会空间的变迁,而知识为"生物—权力"的实施需要一定的知识体系提供合法性。这涉及的是疯癫如何历史地被建构为理性的对立物,以及据此知识建构而形成对待疯癫的不同方式。中世纪,人们对疯癫的做法就是隔离,让他们搭上愚人船去流浪;古典时期的方式是禁闭,阻止他们四处流浪;而现代世界则又将他们释放出来,病人交由精神科医生去断定且置于医学场所进行治疗。② 然而,知识的空间化亦是知识建构成科学的重要因素。正如《临床医学的诞生》前言开篇所说,这是一部关于空间、语言和死亡的著作。它论述的是凝视。在此,福柯试图提出的一个核心问题是关于知识的可见性这一议题,即形式如何造成医学模式的改变,这实质上就是建立一种监控式的医学拓扑学,他具体讨论了空间与分类的关系并由此揭示出空间与知识的关联性。每个人的身体都暴露在可见性之下,由此医学空间与社会空间合而为一。福柯在这个问题上的切入点是医学概念在古典时期和现代时期的断裂,并指出了三种医学空间化的模式。可见性是一个基本的知识形态,正是因为空间上的可见性,权力得以实现。③

尽管福柯并没有试图给出一个关于空间的一般理论,但其以空间性思维重构历史与社会生活的理论企图相当明显。可以说,福柯致力于重新阐释权力的运作、知识的系谱与空间之间隐而不显的关联,这为我们观察现实社会提供了一个新的窗口。尤其在本体论上,福柯颠覆了异常顽固的将空间和社会分割的断裂的思维,这对于颠覆传统社会理论的二元对立具有解放作用。在认识论上,福柯具有明显的反整体性立场且具有一定的社会建构倾向,因为空间并非自然的、

---

① 苏硕斌:《福柯的空间化思维》,《台湾大学社会学刊》2000年第28期。
② 米歇尔·福柯:《疯癫与文明》(刘北成、杨远婴译),生活·读书·新知三联书店1999年版。
③ 米歇尔·福柯:《临床医学的诞生》(刘北成译),译林出版社2001年版。

静止的,而是变动不居的、活生生的。在方法论层面,福柯关于空间的理论阐述则在很大程度上似乎企图摆脱方法论上的个人主义和结构主义而期望以方法论的关系主义去检视空间、权力与知识的互动关系。这些都凸显了福柯对西方社会学理论空间转向的重要贡献。①

四、索亚:迈向后现代地理学的第三空间

后现代地理学家索亚则试图发展出一套空间—历史辩证唯物论以弥补马克思主义对空间的忽视,因为空间弥漫着政治、社会关系与意识形态。正如他所指出的,对批判社会学理论中的空间以及对批判政治现实的重申,这将依赖于对一种依然是处于封闭的历史决定论的持续的解构,也仰仗于对当代后现代地理学的各种异位展开探索之旅。将空间之维带入社会学理论之中形构成透视社会的"三重辩证法":社会性、空间性与时间性。

索亚区分了空间和空间性,前者是指空间本身,一个既定的脉络;后者是指以社会为基础,由社会组织和生产所创造出的空间。空间性是各种社会关系和社会结构的结果/具体化,又是手段/预先假定,即空间性是各种社会关系和社会结构的物质所指,那么社会生活必须被视为既能形成空间,又偶然于空间,既是空间性的生产者,又是空间性的产物。

索亚认为社会空间辩证关系的内核包括如下几个方面:空间性乃是具体可辨认的社会产物,是"第二自然"的一部分,它社会化且转化了物理空间和心灵空间,作为一种社会产物,空间性同时是社会行动与关系的中介和结果、前提与表现;社会生活的时空结构的结构化过程界定了社会行动与关系(包括阶级关系)是如何建构起来的和具体化的;这个构建和具体化过程充满了矛盾和斗争;矛盾主要源自空间的双重性质,即它同时是社会活动的结果、再现、产物以及中介、前提和生产者;具体的空间性——真实的人文地理形式乃是关于社会生产和再生产之竞争的角斗场;社会生活的空间性,从日常生活的例行事件到长期的历史创造,都植根于空间的偶变性,就如同社会生活的空间性根植于时间/历史的态势之中。② 索亚进一步拓展了这一理论提出了"后都市"这个概念以回应后现

---

① 何雪松:《空间、权力与知识:福柯的地理学转向》,《学海》2005 年第 6 期。
② 王志弘:《流动、空间与社会:1991—1997 论文选》,田园教育文化有限责任公司(台湾)1998 年版,第 25 页。

代时期的都市变迁,并以洛杉矶为个案进行了卓越的空间分析。①

索亚分析了他所说的"三种空间认识论"。"第一空间"是指可感知的、物质的具象空间,因而被认为是"真实的",可以采用观察、实验等经验手段,来做直接把握。"第二空间"指的是人类认知形式中的空间性,它是由空间的观念进行再表征的,因此他通常被认为是"想象的"。"第三空间"既是对第一空间和第二空间认识论的解构又是对它们的重构,它结合了第一空间和第二空间视角,并超越二元区分的思考模式来探索地理性和空间性想象的范围及其复杂性。为此,索亚强调在第三空间里,一切都汇聚在一起:主体性与客体性、抽象与具象、真实与想象、可知与不可知、重复与差异、精神与肉体、意识与无意识、学科与跨学科等,不一而足。如此而来的一个必然结果便是,任何将第三空间分割成专门别类的知识和学科的做法,都将是损害了它的解构和建构锋芒,换言之,损害了它的无穷的开放性。②

索亚的"第三空间"概念无疑带有浓厚的后现代主义色彩,它试图颠覆传统的二元对立的空间思考模式,但是值得提醒的是,索亚思想中的后现代主义色彩并不具有某种独断性,它不是对现代主义事业的简单批判和放弃,他反对在后现代主义与现代主义之间进行简单取舍,而是提倡现代主义与后现代主义的创造性结合。他的"第三空间"的基础依然是"真实"物质世界的"第一空间"视野和根据空间性的"想象"表征来阐释此一现实的"第二空间"视野。在这样的空间认识基础上,索亚进一步提出了"社会空间辩证法"(social-spatial dialetic),据此阐明他对城市空间的看法。他的观点是:有组织的空间结构本身并不具有自身独立建构和转化规律的结构,它也不是社会生产关系中阶级结构的一种简单表示。相反,它代表了对整个生产关系组成成分的辩证限定,这种关系同时是社会的又是空间的。③

总之,空间议题在后现代社会学理论之中的呈现是围绕三个纬度展开的:其一,后现代时期的到来导致空间的扩张、分裂与变动,哈维和詹明信在此基础之上提出了相应的概念以回应后现代时期的空间转型;其二,福柯解构了传统的权

---

① E. Soja, *Postmodern Geographies: The Reassertion of Space in Critical Social Theory* (London: Verso, 1989).
② 陆扬:《析索亚"第三空间"理论》,《天津社会科学》2005 年第 2 期。
③ 转引自张应祥:《资本主义城市空间的政治经济学分析》,《广东社会科学》2005 年第 5 期。

力观和空间观,将空间、权力与知识联系了起来;其三,索亚试图在整合不同的空间论述之下提出一个一般的后现代架构下的空间理论。由此,后现代社会学理论家试图在社会学理论中引入地理学的想象力从理论或实证层面丰富对空间与社会之间的关系的理解。

第六节 社会学理论空间转向的影响与评论

人类要生存就必须有其空间的向度和空间的组织与脉络,社会的存在与运行也绝非在针尖之上,空间是其最为基本的承载。但遗憾的是,人们长期以来并没有对空间予以足够的重视。当代社会学理论的空间转向把空间拉了回来,并作为对社会进行思考的基本范畴和认识世界的基本架构,提出了一整套的空间理论体系,空间结构和社会行动之间的辩证关系也由此得以清楚呈现。这标志着此前半个多世纪的空间研究脱离了边缘、零散的状态,开始形成了自己的研究范式,尤其后现代学者对空间的广泛关注逐步促成了空间研究成为专门的社会学分支,并得到了社会学理论层次上的抽象化。

毫无疑问,当空间进入到社会学视野中时,对社会学理论研究与实践的划时代意义是不言而喻的。正如索亚所说:"遮蔽我们视线以致辨识不清诸种后果的,是空间而不是时间;表现最能发人深思而诡异多变的理论世界的,是地理学的创造,而不是历史的创造。"[1]空间(或地理学)想象力在社会学理论中的引入在某种程度上为人们重新思考现代性和后现代性提供了新的切入点,空间性成为洞察人类社会的重要纬度。可以说,对空间的社会学分析,揭示了一种新的实践方式,一种新的政治策略与视野。以空间作为社会学分析的切入点,提供了一种新的看待与理解社会的方式,并能将原来属于不同领域的现象,以空间的线索串联起来。空间社会学理论的观点主要表现在以下几个方面[2]:

第一,社会生活实际上与隐喻上的空间界线构成主体认同的空间向度。社会生活展布在空间之中,社会过程透过空间而运作,我们所关切的社会阶层、社会阶级,其他群体界线(如性别、族群等),以及其间的社会权力关系,都嵌入在

---

[1] E. W. 苏贾:《后现代地理学:重申批判社会学理论中的空间》(王文斌译),商务印书馆2004年版,第1页。

[2] 王志弘编著:《空间与社会讲义》,自印资料,2001年。

一定的空间里。各种空间的隐喻，如位置、地位、立场、地域、领域、边界、门坎、边缘、核心、流动等，都无不透露了社会界线与抗衡的所在，以及主体认同建构自我与异己之边界的机制。

第二，社会生活的物质性。空间作为事物之间关系的表现与中介，让我们关注到更广泛的社会生活中实际的、物质的属性，包括人类身体的近身空间与内部空间的物质性。

第三，社会生活的脉络性。一切社会的现象以及欲把握这一现象的概念建构，都有其适用的历史与地理脉络，换言之，社会生活的"空间的差异"(spatial differences)成为不可忽视的考虑因素。

第四，社会生活的层级性。空间的尺度(scale)指明了社会生活并非处于同一个层面上，而有不同层次，从某个街区的角落，到城镇、省县、国家、国际、区域，乃至于全球和太空宇宙，上下左右，交错穿插。相应于此，分析的概念与理论，也自有其不同的抽象层级(levels of abstraction)。

第五，重新思考与空间配对的社会生活之时间面向。时间与空间密切关联，空间的社会分析其实让我们立即注意到一种"社会时空分析"的可能性。历史社会学的呼吁已经联结了史学与社会学想象的启发，空间的社会分析，则提示我们同时考虑社会生活的空间性与时间性的必要。

上述这些都足以标志社会学研究范式的转向，并带来社会学研究革命性的变化，因为人们将获得一种更加接近于日常生活的鲜活的社会学，这样的社会学不会把人类生活的一些终极因素置于脑后而不顾。正如社会(人)与空间始终是互动的，社会学(对于社会的认知)与空间研究也是一个互动发展的过程。空间转向对于社会学理论的影响至少在城市社会学的理论发展和社会学认识论发展这两个层次上有所反映。

一是在学科发展层面上，空间社会学的研究促成了以新马克思主义城市理论为代表的新城市社会学的兴起。在传统的城市社会学理论中，齐美尔和芝加哥学派虽然都论及城市空间，但他们实际上更多的是从既有的城市空间背景去分析人的城市性。而就空间分布而言，芝加哥学派认为空间的分布是生态性的"竞争与适应"的结果，这种城市空间分布是一种"秩序化"的产物。而正是从"空间的生产"这一空间认识论的提出，空间开始作为"对象"而非"背景"来进行研究，基于这种认识论，卡斯泰尔等新马克思主义学者以"空间认知"为切入点，对传统的城市社会学进行了无情的批判。① 因此,在卡斯泰尔看来,传统城市社会学不是科学,而是一种"意识形态",或更干脆讲是"资产阶级的意识形态"。"城市空间"是新马克思主义城市理论和新韦伯主义城市理论共同的重点研究对象,而正是这二者最终组成了"新城市社会学",因而可以说新城市社会学是在对传统城市社会空间理论的反思与批判中确立的。

二是在认识论层面上,空间哲学为社会学把握和研究当代社会提供了哲学层面上的理论。人们日常生活的异化,消费社会和景观社会的形成成为当代社会的重要特征,同时也是备受当代社会学研究关注的对象。然而长久以来,我们对于这些现象的研究始终是孤立的,处于经验层面上的,我们很难将这些现象在一个更高层面上联系起来,从而更全面的认知与把握。而在列斐伏尔所开创的空间哲学中,"异化""日常生活""消费社会""景观社会"早已在"空间"这一概念中融合在一起,此时的"空间"已不再是城市空间意义上具体对象,而是哲学意义上的更广泛的一个概念范畴。正是在这个意义上,我们可以称空间哲学是社会学理论的一个重要的思想宝库:"空间"不仅为社会学提供了具体的研究领域,更为社会学提供了一个认识当代社会的途径和思维方式。

应该说,在一种将空间概念社会本体论化的倾向下,当代空间转向呈现出反历史主义、反客观主义、反普遍主义以及综合客观环境论和主观空间论的基本特征。这一转向深刻地影响和改变了当今社会理论和社会学的基本面貌,批判和超越了传统主流社会学在实质上忽视空间的状况,使空间成为一个核心的社会学范畴,使对于社会空间的研究成为社会学的重要方面。此外尤其值得注意的是,当代空间转向对从空间的视角来反思和批判资本主义社会无疑做出了非常重要的贡献,例如列斐伏尔对资本主义抽象空间的研究和批判;福柯用全景式监狱作为现代资本主义社会的原型,进而批判资本主义社会对个体的生产和压制等等。事实上,当代空间思想对空间的工具论的阐发在很大程度上就是对空间的社会统治甚至社会压迫意义的探讨。不过我们不能总是在消极的意义上来理解社会统治,空间的工具性也可能有其相对积极的一面,如吉登斯在对"行政力量"(吉登斯将其定义为控制人类活动的时间和空间的安排)以及生产行政力量的"权力容器"(即通过将资源在其中调集起来从而生产或再生产出支配力量的

---

① 夏建中:《新城市社会学的主要理论》,《社会学研究》1998年第4期。

场所)的研究中试图表明,尽管现代监控包含着压制性的特征,但它同时也是各种公民权利得以实现的条件。无论存在着怎样的观点上的一致或差异,这些工作都共同地推动了以空间为视角的批判理论的发展,空间的合理性和正义已经成为当代社会理论和社会学研究的一个重要论题。①

当然,当代西方社会学理论的空间转向依然还面临着诸多困境。首先,空间这一概念过于抽象且无法形成具有共识性的操作概念。由于概念化的困难,空间转向在美国社会学界的影响力极为有限。其次,时间和空间是交织在一起的,要认识空间必然要理解时间,尽管吉登斯、布迪厄、哈维都试图将时间和空间并置起来理解,但社会学对于时间的理解整体而言还比较浅薄。最后,地理空间、社会空间和心理空间之间的关系究竟如何还需要进一步的厘清。总之,空间不能被简单地看做是一个用于表述社会、经济和政治过程的媒介。虽然空间在当代社会中的地位显得越来越重要,但它并不是塑造社会相互作用模式的决定性因素。社会学理论的空间转向突破了传统社会学理论的某些局限,但对于其未来的走向仍然充满着许多未知的因素,其对西方主流社会学理论的影响也是有限的。

【推荐阅读】

Bourdieu, P., "The Forms of Capital," in Richardson, J. G., ed., *Handbook of Theory and Research in the Sociology of Education* (New York: Greenwood Press, 1986).

Castelle, M., *The Rise of Network Society* (Oxford: Blackwell, 1996).

爱弥尔·涂尔干:《宗教生活的基本形式》(渠东等译),上海人民出版社1999年版。

包亚明:《现代性与空间的生产》,上海教育出版社2003年版。

布迪厄:《国家精英:名牌大学与群体精神》(杨亚平译),商务印书馆2004年版。

布赖恩·特纳:《社会理论指南(第二版)》(李康译),世纪出版集团2003年版。

戴维·哈维:《后现代的状况——对文化变迁之缘起的探究》(阎嘉译),商务印书馆2003年版。

林荣远:《社会是如何可能的》,广西师范大学出版社2002年版。

米歇尔·福柯:《疯癫与文明》(刘北成、杨远婴译),生活·读书·新知三联书店1999年版。

---

① 郑震:《空间:一个社会学的概念》。

米歇尔·福柯:《规训与惩罚:监狱的诞生》(刘北成、杨远婴译),生活·读书·新知三联书店2003年版。

米歇尔·福柯:《临床医学的诞生》(刘北成译),译林出版社2001年版。

齐美尔:《桥与门——齐美尔随笔集》(涯鸿等译),上海三联书店1991年版。

西美尔:《货币哲学》(陈戎女等译),华夏出版社2002年版。

郑乐平:《超越现代主义和后现代主义:论新的社会理论空间之建构》,上海教育出版社2003年版。

第十一章

当代西方社会学理论的语言学转向

自20世纪60年代语言学转向进入社会学理论领域以来,语言就成为社会学理论的一个重要议题,关注语言的诸多社会学理论流派和大师纷纷出现,如在福柯的后结构主义社会学、哈贝马斯的交往行动理论、布迪厄的反思社会学中,都能够清楚地看到语言学问题已经成为当代社会学理论研究的重要内容。一时间"指称""话语""言说""能指""所指"几乎成了社会学界耳熟能详、竞相使用的词语。这一转折呼应了哲学领域的语言学转向,为社会学理论的发展提供了一个新的方向。[①]

第一节 从社会语言学到语言社会学的形成

从语言社会学的生命起点来看,可以追溯到语言学和社会学。在理论界,经常把语言社会学和社会语言学放在一起讨论,甚至混为一谈。相对于社会语言学,语言社会学被正式列为讨论课题的机会似乎更少。因此,我们有必要先追溯一下语言社会学的理论渊源,明辨它与社会语言学的不同及其自身的特点。

[①] 语言学转向最初是在语义哲学范围内完成的。20世纪哲学界最为重要的智识转变之一就是语言的转向或曰语言学转向,这一转向使得语言成为哲学的中心问题,哲学家将这一转变称为"哥白尼式的革命"。由此,哲学的主题、内容、方法和风格都发生了深刻的变化。相关分析请参见徐友渔:《二十世纪哲学中的语言学转向》,《读书》1996年第12期。

一、从社会语言学到语言社会学

语言学是研究人类语言的科学。19世纪语言学界的历史比较语言学氛围让大多数语言学家醉心于寻找并构拟语言的共同语源和谱系,语言学还处于一个汲取达尔文生物进化学说营养的阶段;直到结构主义语言学大行其道的年代,语言者们才看到了语言学的魅力,语言问题才被各个学科放到一个必不可少的地位,包括哲学在内的众多人文学科把语言真正看做是人通向世界的桥梁,语言成为学者们共同关注的焦点。① 一般来说,语言学的主要任务是研究语言的结构和功能,追溯语言发展演变的历史,研究语言与其他相关现象的关系。作为一门学科,社会语言学(Sociolinguistics)是"20世纪60年代中期在美英诸国兴起的。它的研究对象是人们在社会生活中使用的语言,中心问题是社会语境与语言运用之间的关系"②。社会语言学作为研究语言与社会之间关系的一个新兴学科,其研究内容大致涉及两个方面的问题:一是语言结构;二是社会语境。通过研究两者之间的交互作用,社会语言学试图透过社会文化现象分析研讨言语行为,并通过语言使用现象说明社会结构及其内在机制问题。从这一点来看,社会语言学与语言学的关系更为密切③,只是社会语言学更倾向于研究言语活动,而不在于句子或篇章,它把语言看做行为,试图从数量、频率、谈话的类型(代表不同的话题、参加者和场合)等方面为充分理解语言在社会生活中的作用而提供依据。④ 可以说,社会语言学涵盖了诸多因素,它关注社会环境因素对语言的作用以及反过来语言在社会互动中的表现形式及其作用结果,考察社会语境中活生生的语言使用现象。

社会语言学是社会学和语言学结合的一门应用型的边缘学科。语言学家塞马琳(W. J. Samarin)曾指出,20世纪60年代,社会语言学来势之猛、内容之繁,或许给人以"平地而起"之感。⑤ 从理论的借鉴到方法的选用,社会语言学都同哲学、社会学、人类学、心理学、大众传媒等学科的研究紧密关联,体现出研究范围宽泛性、多样性和繁杂性的特点。美国语言学家拉波夫(W. Labov)是社会语

---

① 祝晓宏:《论社会学的语言视界》,《集美大学学报(哲学社会科学版)》2010年第2期。
② 祝畹瑾编:《社会语言学译文集》,北京大学出版社1985年版,第1页。
③ R. A. 赫德森:《社会语言学》(卢德平译),华夏出版社1989年版,第45页。
④ 祝畹瑾编:《社会语言学译文集》,第17页。
⑤ 杨永林:《社会语言学四十年》,《外语教学与研究》2001年第6期。

言学理论和方法的奠基人和开拓者,他对现代社会语言学发展的影响非常深远。拉波夫认为,社会语言学不是一种言语理论,也不是一种以描写为目的对语言运用的研究,而是一种旨在通过研究语言运用揭示语言结构的理论。换言之,它是一种以语言系统为探究对象的微观语言学。因此,研究语言与语境的关系、关注语言与文化的关联、探索词语的社会意义、分析各种社会群体使用语言的差异,包括不同的社会区域、社会地位、文化程度、性别、年龄、社会关系、家庭环境等的人在不同交际场合,这些差异形成的原因和规律,以及这些语言变异的交际作用和社会意义等,都是社会语言学所关心的重要问题。

而语言社会学(Sociology of Language)是运用社会学的方法来研究语言的,它以社会本身作为研究起点,同时将语言作为研究不同社会现象构成的一个重要因素;与之相对,社会语言学是以语言研究为起点,同时将各种社会力量看做影响语言结构的基本因素。这种分类方法本身就反映出一种跨学科倾向:前者是从社会学的角度出发,把社会本身作为关注中心,把语言现象视为边缘产物;后者却是从语言学的视野出发,把语言现象作为关注焦点,把社会因素作为一种必不可少的衍生内容。由于这种学科交叉倾向性的存在,自20世纪60年代以来,孰主孰从的问题一直是社会语言学和语言社会学圈内颇有争议之点。[1]

实际上就在社会语言学诞生不久,"语言社会学"这个名词也在西方的有关文献中出现了,并使用得也极广为泛。而且至今在许多西方文献中,社会语言学和语言社会学的使用都是相当混杂的。[2] 为此,英国学者赫德森(R. A. Hudson)在其1980年出版的《社会语言学》(Sociolinguistics)一书中对这两者作了一个区分,他将社会语言学定义为:"联系社会对语言所进行的研究,意思是说,社会语言学是语言研究的组成部分。"此外,由于"从事社会研究的人已经发现,关于语言的若干事实能够启发他们的理解——归根结底,很难想象有任何社会属性能够像该社会的语言那样特征鲜明,或者,其功能如此重要。因此'联系语言对社会进行的研究'(我们的社会语言学定义的反面),界定的是一般被称为语言社会学的现象"。虽然赫德森给这两者下了区分性定义,但从其后面的论述中可

---

[1] J. A. Fishman, "Historical Dimensions in the Sociology of Language," in R. W. Shuy, ed., *Sociolinguistics: Current Trends and Prospects* (23rd Annual Round Table) (Washington D. C.: Georgetown University Press, 1973).

[2] 刘援朝:《同异之争:语言社会学与社会语言学(上)》,《语文建设》1999年第3期。

以看到,他仍然认为两者之间没有必要加以明确区分,研究内容可依研究者的兴趣采取某种侧重方式,即"社会语言学和语言社会学之间的差异,很大程度上乃是重点的不同,它取决于研究者对语言还是社会更有兴趣,还取决于其分析语言结构或社会结构的技巧何者更为娴熟。两者有很大一块地带重合,试图对这两门学科作出远比目前更为明确的划分似乎毫无意义"①。

但总的来看,社会学家研究语言和语言学家研究语言很不一样。社会学家研究语言在很大程度上是将语言作为一种认识社会的手段来使用的,对语言的认识多是从心理的角度和沟通交际的角度进行分析的。因此,许多学者还是倾向于认为社会语言学和语言社会学之间存在着许多不同点。② 这些不同点不仅是研究的兴趣和分析技巧的不同,而且也是分析方法和理论视角的不同。实际上,语言社会学和社会语言学在研究目的、研究立场和研究成果归属上都各有偏重。语言社会学是为社会服务,最终的研究目标不是语言而是社会,而社会语言学是为语言本身服务的,最终目标在语言而不是社会;前者把语言对象化了,后者则把社会看做是影响语言的因素之一。但在研究对象上,两者似乎不需要泾渭分明,因为理论研究是可以相互借鉴的。之所以要区分两者,明确各自的学术背景和理论特点,只是希望在学术界引起对语言研究的重视,尤其要呼吁更多的社会学界人士投身于语言问题的研究,并使两者在已有的研究成果中相互借鉴、相互促进。

二、从语言学的语言社会学到社会学的语言社会学

语言社会学的创始人费希曼(J. A. Fishman)在20世纪60年代末至70年代初曾先后有四部语言与社会交叉研究的专著问世。费希曼认为,不过问语言行为的社会学有严重的缺陷,不过问社会行为的语言学同样也有很大的局限性。但是,费希曼倡导的所谓语言社会学研究,主要还是偏重于语言学的范畴,是侧重于语言学的语言社会学。他提出语言社会学的研究内容主要有:语言接触、双

---

① R. A. 郝德森:《社会语言学》(卢德平译),第5—6页。
② 如美国著名的语言社会学家费希曼就提出明确的观点,认为语言社会学与社会语言学应该加以明确区分。他提出,应该将社会语言学的内容划分为宏观的和微观的两部分,微观部分他称为社会语言学,研究的是语言的社会变异(如阶级、年龄、性别、受教育程度等),而宏观部分他称为语言社会学,研究的是语言政策、语言规划、语言规范和语言与民族等问题。请参见刘援朝:《同异之争:语言社会学与社会语言学(上)》。

语(多语)现象、语言政策、语言规范等问题,即侧重从语言的社会功能的角度来研究语言接触、双语现象等。① 显然,这些研究内容更多的是从语言学的角度来加以认识和界定的。

20世纪90年代以后,随着社会学研究的多元化和社会学理论的广泛化,越来越多的社会学者开始介入到语言问题的研究领域,语言社会学的研究范围也逐步扩大,诸如会话分析、批评语言学、语用学、社会符号学,以及推论心理学也直接用来研讨语言社会学的各种问题。② 社会学研究语言现象,有其独特的优势——主流的社会学理论总是倾向于把某个现象放在社会大系统中来研究。语言进入社会学研究领域之后,有许多的方法和视角,诸如功能论、冲突论、互动论的视角都为揭示语言背后的社会力量而作出过种种尝试,为揭示语言之所以成为语言的原因而努力,并尽可能为现实中有待解释的语言现象和有待解决的语言问题提供思路。

虽然费希曼创立了语言社会学,并运用了社会学方法的整体性和系统性,但是他的研究仍立足于语言学,把分析语言作为最终目的;直到福柯、哈贝马斯、布迪厄,他们的论著才真正呈现出社会学的倾向,才使侧重于语言学的语言社会学发生向侧重于社会学的语言社会学转变。例如,福柯就从社会学的角度集中论述了特定历史条件和社会文化对话语的制约作用;哈贝马斯则从社会学的视角强调了语言的有效性宣称,偏重分析语言承载主体的"交往资质"(communication capacity)问题;布迪厄则要求把语言放置在场域中,并从社会学的角度揭示了潜伏在语言背后的权力关系和社会资本。这些高深的社会学理论家们,都把研究的目光聚焦到了语言分析上,犀利地揭示了语言这一社会产物背后的力量——是什么使语言成为语言,使外在的社会世界和内在的心灵得到了沟通,语言如何能够成为工具性的语言,这涉及了"语言实践"的过程,而当代语言社会学所要研究的正是这个问题。③ 因为语言的生命在于实践,而语言社会学就是旨在研究语言的实践问题。语言社会学的一个基本假设是:人类行为是由社会和社会环境所塑造,语言也不例外。当然,与心理学不同的是,社会学所研究和分析的

---

① 邢福义、吴振国主编:《语言学概论》,华中师范大学出版社2002年版,第339页。
② N. Coupland and A. Bell, "Editorial: A More Reflexive Sociolinguistics," *Journal of Sociolinguistics*, Vol.3, No.1, 1999.
③ 语言实践是语言运用并发挥功能的过程,是一个有系统的动态过程。通俗地说,就是"说话"——谁在什么时候,在怎样的情境下,对谁说了什么。

对象不是针对个人而是群体。语言实践需要很多可能性前提,诸如主体之间有异质性,有交流的欲望,至少有可沟通性(比如要有相同定义的语言对象、一样的文化背景)。而语言社会学最终要揭示的语言实践的实质是话语双方(至少是双方)的权力关系。

对于语言社会学的发展,学界主要从三个方面进行了研究:第一,将语言社会学等同于社会语言学的宏观部分,坚持一种狭义的语言社会学概念。将"语言接触、语言演化、双语和多语交际等"作为主要的研究对象,代表人物为费希曼。第二,大多学者主张语言学理论应包含社会语言学和语言社会学两个流派,就社会语言学来说,它代表了语言学研究的微观部分,主要研究语言自身系统的发展变化。对于语言社会学而言,它呈现出来的则是语言的宏观方面,主要研究语言的社会因素等代表人物为赫德森。第三,将语言研究置于社会学的理论框架之内,对其进行学术层面的解释。持此类观点的学者坚持认为语言社会学是和文化社会学、教育社会学等比肩而立的当代社会学流派,标志着社会学的当代转向,代表人物为哈贝马斯、布迪厄和福柯等。①

三、语言的社会意义

社会学的语言学转向以及学者们对语言社会学的研究首先是基于一定的前提,即在赋予语言一定的社会意义的基础上展开。具体来说,在语言社会学中存在着以下几种对语言的社会意义的基本看法。②

(一) 作为沟通体系的语言

长期以来,传统理论只是单纯地把语言看成为社会和人的基本沟通手段和体系,很少从整个社会和人的实际生活的角度去分析语言的沟通功能。因此,在传统理论中,沟通、社会和生活是孤立的、分裂的。而当代社会理论一方面将沟通与语言的其他功能结合起来,另一方面将沟通与人的整个社会生活结合起来,更全面地考量语言作为沟通的体系,如何在社会建构和运作中起作用。例如哈贝马斯的沟通行动理论把沟通同整个社会的合理性的建构,同社会行动中人与人的关系的建构和发展,同社会道德伦理意识的建构和发展紧密地联系在一起。

---

① 徐苗苗、孙影娟:《社会化语言:语言社会学的研究对象》,《高教研究》2015年第4期。
② 本小节详细内容,可参阅高宣扬:《当代社会理论(上册)》,中国人民大学出版社2005年版,第138—142页。

所以,哈贝马斯认为,语言的沟通包含了特定社会行动条件下,人与人之间的相互了解、相互协调和共同行动的纲领。语言的沟通功能的实现,实际上是社会性的沟通行为本身。

(二) 作为生活模式的语言

哲学家维特根斯坦首先将语词从形而上学的使用带回到日常生活的使用中来。他后期的语言游戏理论强调了语言的演说就是一种行动的一部分,或者说是一种生活形式的一部分。维特根斯坦的"语言游戏"概念,深刻地影响了布迪厄、吉登斯等社会学家对语言的研究。布迪厄、吉登斯等人都在维特根斯坦的语言游戏理论的基础上加以改造,并有所发展,强调社会中的语言运用。同时,他们将语言作为生活的模式,为社会学家研究人的生活和社会行为提供了一个典范,促进了芝加哥学派研究日常生活语言的优良传统的延续,以及现象学社会学关于"生活世界"概念的发展。

(三) 作为权力运作脉络的语言

话语表达的是社会位置和社会距离,即语言能够告诉我们互动关系中成员间的社会位置和距离。那些彼此有共同生活经验、习惯、社会背景和意愿的人可以分享彼此情感、想法和感受的程度。话语展示社会互动关系之中的权力运作。因为使用语言的目的之一就是要产生影响或支配他人的行为。因此许多社会学家在研究语言的时候,都会将其与权力联系在一起,其中首推福柯。福柯在研究语言在社会中的运用时,特别指出被说出来和被传播的语言和论述所包含的权力脉络。在福柯那里,影响、控制话语运动最根本的因素是权力,话语和权力是不可分的,权力是通过话语来实现的,或者说"话语是权力的一种形式"。[①] 同福柯类似,布迪厄揭示了语言交流中权力关系的存在,认为每一次语言交流都包含了成为权力行为的可能性,并且将语言的象征性权力及其在社会中的运作过程,当作反思性的象征性的社会学的中心内容。

(四) 作为生活世界的语言

语言的重要意义在于它在生活世界中所起的骨干作用。语言把生活世界的各个领域通过它的中介性渠道连贯起来,不仅连贯成共时性的、活生生的生命

---

① 黄华:《权利、身体与自我——福柯与女性主义文学批评》,北京大学出版社 2005 年版,第 38 页。

第十一章　当代西方社会学理论的语言学转向

体,而且还连接成历史的和有希望的生命流程。现象学和后结构主义的社会学理论都认为,语言凝聚、累积、总结、沉积和传递生活经验,又通过生活经验的建构而使生活世界成为现实的、历史的和未来的生活共同体的统一流程。①

(五) 作为行为和互动模式的语言

语言本身就是社会行动。这是指,话语不仅表达意义,而且其本身就是社会互动过程的一部分,即语言赋予事情以意义,并建立起具有共同意义(shared meaning)的语言符号,使人与人之间的互动得以持续。英国牛津大学日常生活语言学派的主要代表人物奥斯丁(J. Austin)和他的学生塞尔(J. Searle)创立和发展了言语行为理论,言语行为理论主要强调的是言语行为所具有的解释性作用,即任何阐明以言行事的特征和以言行事的行为完成状况。奥斯丁提供了一种高度社会性的语言观。他让我们意识到社会常规经由谈话而达成行动的过程中的作用,因而让研究者对语言使用所处的社会语境的特征保持敏感。② 言语行为理论的提出,促进了社会学家对于语言行为的研究,之后的常人方法学、现象学社会学、符号互动论等都吸取了将语言作为行为与互动模式的这一理念。

第二节　社会学语言学转向的理论溯源与现实基础

"语言学转向"一词最早是由早期维也纳学派的哲学家贝格曼(G. Bergman)在 20 世纪五六十年代提出的,主要描述了 20 世纪以来分析运动的发展。因而,最初的语言学转向是在哲学的研究领域中完成的。哲学的语言学转向是哲学对现实世界关注的一种表现,而社会学理论的语言学转向则是哲学思想在社会学理论领域中拓展的一种直接反映。

一、传统社会学理论中语言研究的缺席

在社会学领域,尽管语言是人类社会的重要纬度,然而以理解社会事实和人类经验为目标的经典主流社会学理论却没能深入探索这一重要面向,无论是孔德、涂尔干还是韦伯,都没有致力于将语言带入社会学,以进行这一具有突破性

---

① 高宣扬:《当代社会理论(上)》,第 141 页。
② 波特、韦斯雷尔:《话语和社会心理学:超越态度与行为》(肖文明等译),中国人民大学出版社 2006 版,第 11 页。

意义的理论尝试。究其根源,语言研究在社会学理论的缺席可以从以下两个层面来认识。

其一,社会学的早期贡献者无法摆脱传统哲学的束缚。尽管孔德和涂尔干的实证主义社会学从反形而上学的立场来确立其认识论和方法论,但他们没有超越传统哲学的基本逻辑,即试图在主观与客观的二元对立中追求客观世界的本质与规律。然而,一旦经验世界被抽象,日常生活世界的语言就被存而不论了。韦伯的理想类型旨在追求一般性和普遍性的形式化概括,这决定了其无法关注经验世界和日常语言。在这个意义上,语言在社会学中的缺席就顺理成章了。①

其二,传统社会学探究的主题是现代社会如何兴起并致力于揭示其间的结构性要素。传统社会学更多着力于从农业社会向工业社会的巨大转型,这期间的主要议题是资本主义如何兴起,社会如何失范、如何整合,诸如此类的宏大叙事。在如此重要的宏大叙事面前,语言之于社会学似乎并非一个亟待解决的问题。

正是传统社会学的哲学基础和现实主题决定了语言在传统社会学之中的缺失。语言的失落尤见于帕森斯的宏大理论架构,语言于其间毫无地位可言。然而,这并不必然意味着传统社会学对语言毫无关注。符号互动论就探讨了语言的社会意义,认为语言是连接"他人"、自我与社会的重要纽带,因此不关注语言是不可想象的。深受实用主义影响的米德就首先将语言问题引入社会学(更确切地说,是社会心理学),因为实用主义坚持认为应该将经验生活视为一个整体加以把握,而米德在《心灵、自我与社会》中正式确认了语言的重要性。

米德认为,沟通是社会秩序的必要组成部分,是论述经验的重要纬度。人们首先必须具有需要沟通的东西,然后才能沟通。一个人也许从表面上看掌握了另一种语言的符号,但是如果他与说这种语言的人没有任何共同的观念(以及那些包含着共同反应的观念),那么,他就无法同这些人进行沟通。因此,米德希望经由语言沟通和符号互动这些外在现象去透视人们内在的心灵过程,尤其是自我的分化和成长,由此语言问题被视为社会学的研究对象。米德说:"我一直把语言当作一种社会组织原则来考察,认为它使独特的人类社会成为可能……

---

① 刘少杰:《社会学的语言学转向》,《社会学研究》1999 年第 4 期。

我们之所以预先设想社会过程,是为了使思想和沟通成为可能。"①这一取向具有重要意义,正如哈贝马斯所评述的:"米德的交往理论,作为社会科学的基础……以至于我们可以从概念发生的角度对以语言为中介、以规范为主导的互动概念加以解释。神圣事物的语言化观念提供了一个契机,使得米德和涂尔干关于社会世界合理化的观点能够一致起来。"②尽管米德的创见还不能被视为社会学的语言学转向,但他的观点无疑吹响了这一重要转折的前奏曲。米德对于语言学的研究作为基本层面的社会心理问题,为社会学的语言学转向吹响了前奏曲。这首前奏曲事实上已经为话语实践提供了一个可能性前提,即主体间共享的社会文化、时代背景。人际交往借语言以交流,但语言不仅是交际的工具,而且是一种社会文化现象。不同时代的语言交流均来自不同的心理动因和交际的需要,其中蕴涵着有关人际交往心理、社会交际文化等方面的信息。而不同的社会环境、社会变迁对人们的语言也造成极大的影响,使语言发生变化,并且打上鲜明的时代烙印。第二次世界大战以后当代社会哲学中的语言学转向问题,是哈贝马斯最早明确提出的。在其"社会学的语言学基础的反思"的演讲中,哈氏强调在社会基础理论中语言学转向的必要性,强调对社会互动的重视,并批判了个人和社会由于交往扭曲而产生的病态现象。③

二、社会学语言学转向的理论溯源

语言学转向的一个重要理论传统就是法国的结构主义和后结构主义。结构主义破除了主体中心主义的迷思,使得语言从逻辑中解脱。结构主义致力于求证语言学的概念和方法对于社会科学和人文科学的广泛议题具有重要的意义:语言学为它们提供了其所缺乏的某种严格性,尤其索绪尔(F. Saussure)区分了"语言"和"言语",这被视为结构主义语言学的出发点。索绪尔认为,语言是一套音义结合的符号系统,是人类最重要的交际工具。言语是运用语言所产生的具体事实。语言是社会的、抽象的、系统的、均质的,在言语活动中占主体地位。言语是个人的、具体的、杂质的,在言语活动中处于从属地位。语言和言语的区

---

① 乔治·H.米德:《心灵、自我与社会》(赵月瑟译),华夏出版社1999年版,第280页。
② 尤尔根·哈贝马斯:《交往行为理论(第一卷):行为合理性与社会合理性》(曹卫东译),上海人民出版社2004年版,第139页。
③ 强乃社:《论当代社会哲学的语言学转向》,《华中科技大学学报(社会科学版)》2009年第1期。

别在于:语言是言语活动中同一社会群体共同掌握的,约定俗成的,有规律可循而又成系统的部分,是一个均质的、抽象的实体。而言语是言语活动中去除语言部分所剩余的部分,是言语活动中个别的特殊的部分,具有个人特色。语言和言语的统一表现在:语言体现在言语中,没有言语就无法体会语言;言语中包含着语言,没有语言就无法产生相互明白的句子。这一区分具有广泛的理论意涵,语言研究从偶然性和语境的局限之中摆脱出来,人类经验同语言象征双重性的密切关系受到重视。列维-斯特劳斯极力主张社会生活就是一门语言:语言学有助于我们理解由作为无意识思想过程产物的关系系统所组成的基本和客观的事实,所以我们应该向语言学学习,尝试在自己的领域使用同样的办法。他直接宣称"亲属关系系统即为一种语言":如果在语言结构和亲属关系系统之间存在着实质的一致,那么就会在后一个世界领域中发现语言的影子,语言的结构是一种可与亲属关系相媲美的结构。①

尽管后结构主义在诸多理论立场上与结构主义相悖,但对语言的关注成为两者共同的旨趣。构成后现代主义的知识基础的后结构主义反对一直在西方占据主导地位的逻各斯中心主义,这一思维方式将意义、实在法则视为不变之物,把它们作为思想和认识的中心。按照这一思维方式,言语是思想的再现,文字是言语的再现,写作是思想的表达。然而,在后结构主义看来,人们原以为有中心和本源的地方其实并无中心和本源,一切都变成了话语,变成了充满差别的系统,在系统之外存在所谓的超验所指。

可见,无论是结构主义,还是后结构主义,它们都极其重视社会生活阐明过程中的认知能力和语言,这一观念对社会学深具影响。巴特认为语言或言语的社会学内涵是一目了然的,因为在社会学中,意义是过程的产物,而过程把所指和能指聚集在一起。② 布迪厄就是这一智识运动的直接参与者。尤其是随着西方后现代社会学的兴起,其在某种程度上更是极大地促进了社会学理论的语言学转向。这些后现代社会学理论所运用的解释与解构的分析方法,不仅消解了两极因素、二元形式的对立,而且突出了语言在我们的认知过程中所具有的不容忽视的重要作用,指出了无论是我们的感觉过程还是我们的理解过程,无一不渗

---

① 列维-斯特劳斯:《结构人类学》(谢维扬、俞宣孟译),上海译文出版社1995年版。
② 弗郎索瓦·多斯:《从结构到解构:法国20世纪思想主潮》(季广茂译),中央编译出版社2005年版,第274页。

透着语言的影响。

从社会学理论的发展史来看,将"语言"问题带入社会学理论的直接尝试则要归功于现象学社会学和符号互动论。深受实用主义影响的符号互动论强调经验的过程并致力于对日常互动的具体而完整的研究。在胡塞尔的现象学的影响下,不少社会学家致力于建构旨在解释日常生活世界的社会理论。舒茨在批判韦伯并继承胡塞尔的基础上试图提出直面日常生活世界的现象学社会学。现象学社会学关注主体间性,并强调理解他人的行动之时言说者的姿态、声音、字面意义和意图。符号互动论对于人类互动的关注,以及戈夫曼的拟剧理论、加芬克尔的常人方法学等学派①,都从不同层面强调了语言的重要性。但遗憾的是,这些都未成为社会学理论的主流学派。

此外,解释学传统也是语言学转向的重要理论渊源。解释学大师伽达默尔的哲学主题就是对语言进行哲学关注,语言是经验世界的重要纬度,在语言中,自我和社会得以展现,语言与现实世界并非对立,而是内在统一的。保罗·利科从文字文本的解释转向行动文本的解释,将解释学的语言学研究和社会学的社会行动研究直接统一起来。由此,解释学关注行动的意义、行动的沟通以及语言在行动中的存在、交流与共识。② 哈贝马斯的语言学转向在很大程度上受到这一传统的影响。

在某种程度上,社会学理论的语言学转向是前述哲学领域的语言学转向这一智识潮流的一个重要组成部分,或者说是这一智识运动的拓展。但社会学理论的语言学则直接为洞察日常生活世界提供了更为具体的视角,其间不难辨识出两个路径:其一,在现代性理论框架下经由语言透视互动、沟通与社会生活,符号互动论、常人方法学、现象学社会学、布迪厄和哈贝马斯的相关观点即为其例;其二,经由语言解构现代社会理论所坚持的宏大叙事而提出语言游戏、话语分析和消费即语言等重要观点。

三、社会学语言学转向的现实基础

当代西方社会学理论的语言学转向除了其理论传统的演化以外,更有其全面展开的社会现实基础的变迁,即后工业社会的来临。这一点,无论把研究视野

---

① 祝畹瑾编:《社会语言学译文集》,第 51 页。
② 刘少杰:《后现代西方社会学理论》,社会科学文献出版社 2002 年版,第 69 页。

扩展到语言上的社会学家们是否意识到,也无论他们是否承认所谓的"后工业社会"的说法,这种当今的现代社会比最初的工业社会所发生的具有"转向性"变化的现实基础都成为其学科转向的深层根据。

未来学家贝尔曾描述了这种现实的变化。当人类文明开始的时候,人类社会的主要任务是从自然中直接获取生活资料,人类社会的基本矛盾也是人与自然的直接关系。工业社会之初,虽然发生了巨大的变化,但人类所面临的主要任务和基本矛盾并没有发生根本性的改变,变化的不过是在人与自然之间增加了机器这个中介,人开始通过机器从自然中获取生活资料,人类也开始获得空前的生产效率和巨大的物质财富。但人类社会的基本矛盾仍然是人与自然的关系矛盾。当工业社会继续向前尤其是向着发达的工业社会发展的时候,现实开始发生转向,这就是西方世界自20世纪60年代以来社会所呈现的深刻变化。其中突出的表现就是产业结构发生了趋于本质性的变化,全社会的产业重心由主要是物质生活资料的生产(面向自然的)转向了服务业即第三产业的发展(面向人的服务),即重心由生产转向了服务,由自然转向了人。人类社会的主要任务也开始发生变化,由从自然中获取生活资料转向了处理人与人的关系,即寻求人际沟通与社会和谐。人际关系便代替了人与自然的关系成为社会的主要矛盾。①

社会学的"语言学转向"就是在这种现实背景下发生的。当人们的交往行为占据了越来越重要的生活和学术地位的时候,作为人们交往关系的最基本形式——语言沟通随之也引起了社会学家的广泛重视(因为人们的交往行为是通过语言沟通达成理解、形成共识的)。他们逐渐把语言学问题作为自己学术研究的主题。从这一层意义上来说,社会学理论的"语言学转向"是指社会学理论将研究对象扩展到人类的语言上。但必须指出的是,社会学理论对于语言的研究不同于语言学对于语言的研究。考虑到语言是社会的重要因素之一,社会学理论对于语言的研究主要是考虑语言在社会系统中的功能与关系。而且,作为人类所独具的因素,语言反映了人类社会所独有的特点,所以,这种研究也是从语言的使用和变化中去寻找出其社会学的因子。在很大程度上,社会学理论也是将语言作为一种认识社会的手段来加以研究和使用的。对语言的认识多是从心理的角度和沟通交际的角度来进行分析的。

---

① 刘少杰:《社会学的语言学转向》。

第三节 现代西方社会学理论中的语言分析

社会学理论产生的时代是工业主义刚刚盛行的时代,在这个时期出现的种种问题都需要社会学家去认识和解决。因此,社会学一出世就有着与语言学大不相同的背景——它更多的是为统治者提供社会控制的方案和策略。所以,在孔德、涂尔干和韦伯等古典社会学大师那里,他们大多关注社会组织、制度与社会结构的差异和变迁,以及社会关系的各种表现形式,且从未关注过语言。但随着先前提到的现代社会基础的转向性变化,在现代社会学中,虽然宏观性的研究仍占有不可移易的地位,但人们开始从微观的角度,从人际关系和社会互动的角度进行考察。① 因此,当代语言社会学理论的轮廓才在当代社会学理论中变得越来越清晰。

一、现象学社会学与常人方法学:日常生活世界的语言阐释

现象学社会学尤其重视日常生活世界中的语言,因为在他们看来,正是语言建构了社会。就像对舒茨的现象学社会学做具体阐发的伯尔格和鲁克曼(T. Luckman),他们在其1966年出版的《现实的社会建构:论知识社会学》中宣称,人类通过自己的实践创造和维持社会现实,所谓的现实其实是由社会建构而成的。而语言是建构社会的不可或缺的要素。当人们经由语言相互交流之时,世界即被建构。更进一步地,我们运用何种语言即昭示某种行动形式。②

常人方法学则直接致力于经由对语言的分析而洞察社会互动是如何可能的,社会现实感是如何建构的。"索引性"是加芬克尔透视社会的一个重要概念,所谓索引性,即表面上孤立的或间断的语句及其表达的行动,都是被一条无尽的索引链联结在一起的。分析人们日常生活中诸如此类的语言就可以发现人们思想意识和经验行为的无尽连续性。因此,加芬克尔的常人方法学认为,把语言能力局限于单一的言语共同体和完善的语言知识这些概念而排斥社会文化因素,这并不是任何科学理论所必须采用的简化的假设。如果是那样的情况,就会加以说明,就会谈到社会文化这一方面,也会提出这一问题的性质。同样,突出

---

① 刘援朝:《同异之争:语言社会学与社会语言学(上)》。
② P. Berger and T. Luckmann, *The Social Construction of Reality* (New York: Doubleday, 1966).

地把语言和不完善的言语联系在一起也不是偶然的现象。当然,任何言语片断都不能全面反映根本的语言知识。但对于具有共同语言知识的人来说,这种言语却可以认为是有成效的。如果人们应用言语和语法的知觉,就会发现,语法不完善的或者无法解释的话可能就是完成某种社会行为的巧妙手段,或者就是解决问题和表达概念的有规则的、自然的例证。可见,常人方法学排斥那种单一的完整的语言学规则、语法系统,认为在日常生活中,语法的不完善或无法解释的话更为常用,并被人们所接受。

萨克(H. Sacks)则直接提出语言分析以进一步发展加芬克尔的"语言万能"(verbal accounts)的概念,并削弱了由索引性带来的一些难题。他批评说,社会学家预设语言是生成社会世界的概念和理论的方法,然而社会学家忽视了言辞是探求真正的社会分析之时所展示的主题,只有纯粹的语言特性能够被把握,才会有可能获得一种主题与方法不混淆的社会科学。[①] 萨克的谈话分析就是致力于分析日常语言本身的结构和组织过程来揭示社会互动被产生和理解的过程与期待,因为日常语言构成社会成员"组织"社会生活的重要层面。谈话分析的重点是发生在经验环境中的、在具体的日常活动中实际发生的谈话,并关注谈话中的语言选择、话序等谈话本身的结构。[②]

但总体来说,常人方法学派的理论并没有对主流社会学理论构成巨大冲击,他们的理论更多的是支持了互动论者的表达,他们一些观点也被许多互动理论所采纳,而它自身的研究取向却变得有些离群索居。

二、哈贝马斯的普通语用学:交往行为与社会批判的重构

语言问题是哈贝马斯学术研究的主题之一,在关于公共领域的结构转型的研究中,言谈沟通、话语共识等语言问题的探讨就已经成为他论述的主要方面,因为言谈话语不仅是公共领域展开的主要形式,而且也是它发挥政治和文化作用、促进社会进步发展的基本功能。哈贝马斯在批判地吸收各种语言哲学和语言社会学的理论基础之上建立自己的交往行为理论,而批判与建立的基础是实践,即从实践出发,在交往实践中提出、分析和回答语言问题。实践性是哈贝马斯语言行为理论的突出特点。

---

① 乔纳森·特纳:《社会学理论的结构(下)》(邱泽奇译),第91—93页。
② 杨善华主编:《当代西方社会学理论》,第45—94页。

第十一章　当代西方社会学理论的语言学转向

哈贝马斯认为"语言不再被认为是知识的一种载体,也不再是我们用来描述和解码这个世界的一种工具,语言塑造了我们关于自身的知识和关于我们生活在其中的这个世界的知识",我们的世界本来就是语言化的,至少社会科学的"现实"是由能够在语言中建构的事物所构成的。而所谓交往行动是指以语言沟通为主要内容的日常生活行动,因此,交往行动理论也就把语言沟通问题作为最基础的部分加以研究。① 他认为语言"将人类从已被人类观察到的其他灵长类动物的符号性中介的相互作用中区别了出来"。语言对交往行为来说具有决定性作用。

哈贝马斯指出,语言是一种交往媒体,是为理解服务,而行为者通过理解使自己的行动得到合作,以实现一定的目的,这一点就决定交往行动的概念。首先把语言作为参与者与世界发生关系,相互提出可以接受和驳斥的运用要求的理解过程的一种媒体,但这里的语言是指"日常语言",即作为语言行动的"话语",亦即谈话,因而通过谈话方式,把思想从运用要求转变为交往行为理论,具有中心地位的意义。哈贝马斯在话语理论中提出两条原则:一是只有所有可能受到影响的人,作为合理的话语参加者,都同意的行为才是有效的;二是合理的话语是一种企图,对于有问题的有效性要求达成理解,而达成理解的交往条件是,在以话语形成联系并构成的公共领域中,能够自由形成话题,提出意见,传递信息和举出理由。② 在哈贝马斯看来,最根本的交往行为是语言交往行为,没有语言及其运用,就没有人们的交往行为的产生,交往活动是以语言为媒介的。语言和行动是相互解释的,语言的意义的运用是通过"非认识运用方式"加以扩展的,也就是说语言的符号意义是在人们通常的交往行为中通过相互作用才明确的。同时,语言又是依赖于语言活动者对它所提出的运用要求采取肯定或否定的态度,并且并通过"非语言的行动"使其得以兑现。

哈贝马斯的语言学转向是植根于英国的语言分析学派(奥斯汀、塞尔和阿佩尔(K. Apel))、德国的哲学解释学传统、日常生活的社会学理论(现象学社会学、符号互动论和常人方法学)来建构所谓的普通语用学的。哈贝马斯坚持认为以语言为媒介的互动对于社会再生产与演化如同劳动一样重要。在这一前提下,他致力于提出一种新的理性观,即沟通理性。沟通理性正是建立在以语言为

---

① 刘少杰:《社会学的语言学转向》。
② 强乃社:《论当代社会哲学的语言学转向》。

媒介的互动之中,即理性存在植根于日常语言使用的主体间性的背景之中。哈氏认为,对于任何一个有能力的行动者而言,懂得比如何遣词造句和进行交流的语言规则更多的东西是尤其关键的,他们必须掌握对话构建的原理,而该原理是社会的社交语言结构的一部分。简而言之,语言和交谈的意义是有其上下文脉络的,行动者必须动用其知识库存来解释辞令的意义。由此,一个理性的语言情境是:行动者在情境中具有在相关的背景和交往中不发生失真的各种语言技巧。沟通是具有言语和行为能力的主体相互之间取得一致的过程。如果我们撇开言语模式不理不问,我们就根本无法阐释清楚,两个主体之间进行的沟通究竟有何意义。只有转向关注作为语境的生活世界,我们才能变换视角,从而揭示出行为理论与社会理论之间的内在联系:社会概念必须与生活概念联系在一起,而生活世界概念又与交往行为概念形成互补关系。

哈贝马斯认为,把语言纳入社会学的研究视野,必须看到权力不仅扭曲现实生活中的人格,也扭曲我们的语言交流方式,"语言交流方式受到了权力的扭曲,便构成了意识形态网络",所以应该开展批判性的语言研究。犹有进之,哈贝马斯实现了批判理论的语言学转向,即批判理论的使命就在于对以语言为媒介的互动过程的强调,改变了以往社会批判理论聚焦于主体意识的做法,而是转向到主体间性的意识和互动过程之中。这是一种准超验的观点,从语言和交往的结构中,从人类历史过程发展起来的交往和理解能力中,寻求社会批判所依赖的规范,寻求批判理论的基础。不再在历史形式中为批判寻求规范基础,而是从语言和交往这样的一般习以为常的特质中建构批判立场。由此,人类的解放存在于人类的交往互动之中,而非个人的主体意识。这一转变无疑凸显了语言的重要性,因为语言是构成主体间性的重要纬度。批判理论的目的就在于揭示那些导致交往失真的条件以及阻碍理想的语言情境得以实现的条件。哈氏的理想的社会或乌托邦就是:行动者不被扭曲地进行交往,获得彼此之间的主观状态的认识,以及在没有外界强制力和威慑力的争论来弥解分歧。

在沟通理性情境中,三个有效宣称(validity claims)宰制语句的使用或人的语言行为,它们构成达成理解的必要条件,由此人们可以正确地运用语言与别人沟通。这三个有效宣称分别是:(1)真理宣称(truth validity),语言所表明的东西即为外在世界的事实,并将这一事实传递给他人;(2)正确宣称(rightness claim),即语言使用者与他人沟通之时遵循相关规范,从而是正确且恰当的;(3)真诚宣称(sincerity claim),我们使用的句子确保他人相信我们的语言行动所表达的主体经验是真实可靠的。① 行为者本身在寻求共识,衡量真实性、正确性和真诚性,而且依据的是言语行为与行为者通过表达而与之建立的三个世界是否吻合来进行衡量,这样一种关系分别存在于表达与客观世界(作为一切实体的总体性并使真实的陈述成为可能)之间;存在于表达与社会世界(作为一切正当人际关系总体性)之间;存在于表达与主观世界(作为只有言语者才特许进入的经验的总体性)之间。哈贝马斯希望经由沟通理性而达成共识,以解决不同话语领域之内和之间的纠纷,这就是普通语用学的要旨。因此,哈贝马斯实际上把语言学的研究同人们的思维方式,社会制度和行为规范联系起来,进而触及社会生活的各个层面。他以语用学和言语行动为主要内容,充分而深入地表现了社会学的语言学转向。②

三、布迪厄的反思社会学:重新审视语言与社会生活的权力关系

布迪厄是在批判索绪尔为代表的"纯粹语言学"基础上开展语言学研究的。如同福柯和利奥塔等法国社会学家一样,布迪厄认为,只有把语言放到实践中才能理解到它的丰富意义。因此,布迪厄是把语言放在实践场域中来考察的,他揭示了语言中表现出来的权力结构,并在深入分析专业语言与政治权力的关系中,进一步讨论了社会学反思的必要性。

布迪厄指出,"我力图证明的是在言语沟通中,如果不考察在交流中发挥了作用,但不被肉眼觉察的权力关系结构的总体,那么交流中一个非常重要的部分,甚至包括言谈信息内容本身,就始终是不可理解的"。想要进一步推进这种分析,就必须在分析之中,引入各种位置方面的相关因素,诸如性别、教育水平、阶级出身、居住地点等。这些因素以及相互联系正是场域的结构,它们在语言交流中每时每刻都在发挥作用,尽管言谈者不能自觉到这些因素的作用,但这些不可超越的作用是不可否认的。同时,由于场域结构是有时间性或历史性的,所以受场域结构制约的言谈过程就不可能像索绪尔那样仅仅被理解为一种共时性状态,而是应当从特定的历史背景和历史过程来理解它。③

---

① 尤尔根·哈贝玛斯:《交往行为理论(第一卷):行为合理性与社会合理性》(曹卫东译)。
② 刘少杰:《社会学的语言学转向》。
③ 刘少杰:《后现代西方社会学理论》,第225—226页。

布迪厄认为,社会中的语言交换活动和过程,并不只是人与人之间的观念沟通或信息交流,而是权利斗争脉络的实施信道,也是人与人之间相互进行力量较量、竞争和协调的中间环节。在人们的语言交往中,人们所完成的,并不只是语言文字符号及其意义方面的交换,而是不同的个人、团体、阶级和群体之间的社会地位和社会势力的交流、调整、比较和竞争,也是对他们所握有的权力、资源、能力及社会影响的一种权衡过程。语言论述、说话方式以及各种语言运用的策略,在现代社会中,都具有特殊的意义,并在当代社会的权力斗争、正当话程序、区分化以及社会结构重构中,发挥特殊的社会功能。布迪厄同现代西方社会思想家一样,总结近百年来研究语言的理论成果,很重视语言的象征性力量及其社会效果。社会是靠语言交换连接成一个社会生活共同体。①

在布迪厄看来,语言不仅仅是沟通的一种单纯手段,而且是整个社会结构进行再建构和再生产的一个中介,同时又是社会中处于不同地位和具有不同行动能力的个人和群体寻求他们的利益、发挥他们实际活动能力的中介。布迪厄既从语言观点去研究社会,也从社会观点去研究语言。在某种意义上,语言就是社会,社会就是语言。但是,语言和社会的同一关系,只有通过"象征"和"权力"的连贯才能正确理解。社会和语言,都同时贯穿着"象征"和"权力"。"语言的象征性权力"的概念正是将四者连接在一起。布迪厄把象征性实践的"中介性因素"看做是连接主客观、社会与个人、过去与未来、目的与手段等对立项的中介转换机制,看做是实践本身成为内与外、静与动相互交错转型的场所。所以,实践不仅造就了一个新世界,而且,也使旧世界在新世界内部获得复制;实践不仅开启新的过程,而且也是从原有制约性条件出发,将过去、现在和未来结合为一个共时和历时相结合的双重结构,成为连锁的原因和结果的历史系列。②

布迪厄关于语言象征权力的基本概念,不但进一步推动了20世纪60年代以来所发生的"语言学的转向",而且也深入研究了当代社会极其复杂的权力结构。因此,布迪厄关于语言象征权力的基本概念,不仅在理论上,而且也在实践上总结了半个世纪以来西方社会和西方文化的重大变化。但从研究的取向上来看,布迪厄基本上是用否定的眼光来审视语言与社会生活的权力关系的。他认为,社会生活中的矛盾突出地通过语言表现出来。社会生活的变化改变着语言,

---

① 高宣扬:《布迪厄的社会理论》,同济大学出版社2004年版,第80—81页。
② 冯俊等:《后现代主义哲学的演讲录》,商务印书馆2003年版,第257页。

第十一章 当代西方社会学理论的语言学转向

语言的变化也改变着社会生活。各种趋向特定政治目的和控制形式的语言,变成越来越有力的统治工具。"符号暴力"①已经成为扭曲人性的最严重因素。因此,布迪厄指出:"社会学家的真正任务是描述控制词语的斗争的逻辑……社会学家对他必须使用的词语应该抱有疑问。"②

布迪厄首先试图从方法论的关系主义出发去解构要么结构要么能动、要么系统要么行动者、要么集体主义要么个体主义的优先性。他认为如此二元论的抉择体现了对社会现实的常识性观念,而这正是植根于我们使用的语言本身,而它更适合表达事物而非关系,呈现状态而非过程。由此,社会学需要反思自己所使用的语言,因为日常生活语言影响我们把握社会中相互交织的复杂联系的逻辑。他希望创造一种语言,能够使有关社会世界的话语的生产者能够避免作出非此即彼的僵化选择。③ 语言与实践的对立是一种学究性对立,是学究谬误的例证,而打破如此对立即为反思社会学的旨趣所在。正是在这一要旨下,布迪厄认为应该从以下三个层面对纯粹的语言学进行社会学的批判:

(1) 用"合法语言"的概念来代替"纯粹语言"的概念;

(2) 用"符号权力关系"的概念代替"构成关系"或"符号互动"的概念,这样,言语的价值和权力的问题就取代了言语问题的意义问题;

(3) 用"符号资本"的概念取代仅仅属于语言的"技能"概念,而符号资本又总是和言语者在社会结构中的位置有关。④

为此,布迪厄致力于重新审视语言与社会生活的关系,而他的切入点就是语言所带来的温和的暴力,由此"语言与符号暴力"的关系成为他探索的主题。布迪厄认为语言关系是权力关系的一种工具或媒介,而并非仅仅是沟通的一种手段,因此有必要在生产和流通语言的互动情境和结构环境中对其进行研究。更准确地说,语言关系总是符号权力的关系,经由这种关系,言说者和他们各自所在的群体之间的力量关系转而以不同的方式表现出来,即便是最简单的语言交流,也涉及被赋予特定社会权威的言说者与在不同程度上认可这一权威的听众

---

① "符号暴力"是布迪厄语言社会学的一个重要概念,是指由语言、文化、思想和观念所构成的为人们自觉或不自觉地接受的"看不见的、沉默的暴力"。布迪厄对符号暴力的发掘正是为了揭示现代社会中的文化生产是如何与权力关系交织在一起的。

② 转引自刘少杰:《社会学的语言学转向》。

③ 皮埃尔·布迪厄:《实践与反思:反思社会学导引》(李猛、李康译),中央编译出版社1997年版。

④ 杨善华主编:《当代西方社会学理论》,第287页。

之间结构复杂、枝节蔓生的历史性权力关系网。

在布迪厄那里,语言成为其阶层分析的核心所在。阶层惯习可以被视为语言结构或语言事件,语言是另外一种形式的关于区隔的社会实践。他认为任何一种言语行为都导源于阶层惯习和语言市场的交织。"一方面,它们是社会建构的语言惯习倾向,即某种确定事物的言说倾向和某种既涉及引出一系列语法正确的话语的语言能力又涉及在特定的情境下应用如此充分的能量的社会能力之言说能力。另一方面,它们是视其自身为特定规则与身份的体系的语言市场的结构。"①所谓语言惯习就是一套社会因素构成的性情倾向,它在一定程度上暗含了一种以某种方式言说并且说出某些确定的事情的表达旨趣,包括言说技能、形成合乎语法的话语系列的语言能力、在既定情境中适当运用的能力。所谓语言市场即作为一个特定约束和监督系统强加自身的力量关系系统,这一系统通过决定语言的"价格"来推动语言生产方式的更新。语言市场越官方,越正式、越严谨,在实践上就必须遵循更为严格的支配性语言规范。在这个意义上,语言技能就是一种规范能力。整个阶级惯习都要通过语言惯习表现自身,但语言惯习只是阶级惯习的一个方面。语言也是一种身体技术,而且语言技能是身体素性的一种重要层面,与社会世界的整个关系都在身体素性之中展开。这样,布迪厄就为洞察阶级提供了新的视角。

无论是对日常生活世界进行语言阐释的现象学社会学和常人方法学,还是交往社会学和反思社会学的语言观,都是从语言的视角对现实进行批判,从人际交往、社会互动、权力关系等方面来实现对社会的批判。社会学理论的语言学转向,把社会学引入了对交往世界和对话沟通世界的研究,通过语言沟通和日常交往行为对生活世界进行研究,从生活世界的角度理解社会秩序和社会规范,为社会学开辟了新的方向。

第四节 西方后现代理论视野中的语言阐释

在后现代视野下,语言成为理解人类社会的核心所在,社会关系被视为需要语言来参与的游戏,语言游戏就是社会的粘合剂,正是语言本身的无中心性和变

---

① P. Bourdieu, *Language and Symbolic Power* (Cambridge: Polity Press, 1991).

异性决定了社会的多元性和差异性。因此,后现代社会是一个多元的、去中心化的社会,宏大叙事被解构之后,表现的危机和意义的不确定浮现,多元的话语体系呈现出来。正如德里达所言,"语言保持差异,差异保持语言",语言是无序的、不稳定的,话语是多样的、竞争性的。

一、福柯:话语实践

在后现代社会学理论中,福柯的思想观念是最富有刺激性的。在他的理论中,语言问题一直是他的研究主题,但福柯所讨论的语言问题,不是分析语言的结构和规则,也不是分析语言作为概念,判断同其所指物的关系,而是揭示语言是如何构造事物之间的关系的。通过对语言的研究,揭示语言所指的物与物之间的关系是怎样被语言建构起来的,又是怎样在语言的控制下存在、断裂和异变的。福柯将此称为"话语实践"。他指出,话语研究"揭示了另一项任务,这个任务在于不把——不再把——话语当作符号的整体来研究(把能指成分归结于内容或者表达),而是把话语当作系统形成这些话语所言及的对象的实践来研究"[1]。

对于话语实践的研究,福柯提出了一系列人的存在、人的实践和语言的关系问题。他说:"谁在说话?在所有说话个体的总体中,谁有充分理由使用这种类型的语言?谁是这种语言的拥有者?谁从这个拥有者那里接受了他的特殊性及特殊地位?反过来,他从谁那里接受,如果不是真理的保证,至少也是对真理的推测呢?"[2]福柯还提出了说话者所处的群体、地位、角色、权力等人际间、群体间的网络关系问题。与哈贝马斯不同,福柯将话语作为一个独立的差异系统,对语言或符号间的关系进行分析,而不考虑它们的社会背景。在福柯看来,正是由于和其他要素的对立、区别,每一个话语才获得了意义。他无意纠缠于琐碎的、实际的语境以及生活世界背景如何削弱或提供了现实的言语行动出现的基础,吸引他的是那些摆脱了日常生活情境或社会背景,旨在构建相对自主领域的言语行动。[3] 因此,福柯的语言学研究是由语言触及人的社会行动或社会实践的社会学研究,是在社会学视野里的语言学研究。在福柯看来,语言的深层是知识,

---

[1] 米歇尔·福柯:《知识考古学》(谢强、马月译),生活·读书·新知三联书店1998年版,第61页。
[2] 同上书,第62页。
[3] 赵万里、穆滢潭:《福柯与知识社会学的话语分析转向》,《天津社会科学》2012年第5期。

而知识的背后是权力的支配,这种权力支配的背后潜藏着复杂的社会关系。

福柯致力于经由对语言的解读而实现人类生存境遇的阐释,他认为我们生活其间的世界无法脱离话语的诸种因素,因为话语已经扎根于这个世界。福柯的《知识考古学》充分体现了它的语言学转向,并提出了其话语理论框架,他关注语言,尤其致力于研究话语性事件与话语关系。福柯将话语历史性地定位于"真实"社会实践之中。话语不是对外在社会实体的某种反映,而是"构成了社会实体以及事物之间的关系"。① 他试图揭示那些使得一种特定的话语成为可能的基本条件。他认为话语范围的分析是迈向这样的一个方向:要在陈述事件的平庸性和特殊性中把握陈述,从对其发生过程的详尽描述中去把握一项陈述的含义;确定其存在条件,尽可能准确地确定其界限,建立它与其他可能与其发生关联的陈述的对应关系,指出什么是它排斥的其他陈述形式。他尤其指出,人们不用在明显的东西中去找寻另一个话语的悄悄絮语,而是应该指出,为什么这一话语不可能成为另一个话语,它究竟在什么方面排斥其他话语以及与其他话语相比,它是怎样占据任何其他一种话语都无法占据的位置。其间,这个产生于所言之中东西的特殊存在是什么? 它为什么不出现在别的地方?②

然而,研究话语事件离不开对话语关系的探讨,这就是话语形态的分析。考察话语形态需要从四个层面实现:(1)话语对象。确立一个框架对话语进行划分、对照、关联、重组和分类,这一框架是某种话语对象出现的必要条件,只有满足了如此历史条件,人们才能对它"说些什么"。(2)述说模式。即考察谁在说话,发言者所依据的制度场所是什么,在与不同种类的对象形成的关系中,发言者都有可能占据怎样的情境。(3)概念。探究概念得以出现和流传的陈述场域的组织方式,包括概念的传承、共存以及转变意涵的程序。(4)策略。主要探究话语可能的分叉点、话语稀缺性的条件和决定话语的其他权威力量。③

福柯关注话语及其不断变化的本质。这一立场明显有别于一般的观念史,考古学的话语描述是在一种普遍历史的纬度上并乐意承认和研究变化、断裂、非断裂性以及突然的变化。福柯认为:话语是危险的,那些掌握权力的人试图对那些他们认为对自己构成潜在威胁的话语形式施加控制。福柯辨识出话语在其中

---

① 赵万里、穆滢潭:《福柯与知识社会学的话语分析转向》。
② 米歇尔·福柯:《知识考古学》(谢强、马月译),第 27—28 页。
③ 杨善华主编:《当代西方社会学理论》,第 385 页。

被认为尤其危险的四个领域:政治(更具体而言,权力);性(或者欲望);疯癫,以及最常见的、被视为真理或谬误的领域。① 福柯话语分析的实质是经由分析话语的视角来考察真理体制的变化。福柯坚信,理性或者所谓的真理体制是一种压迫性力量,现代理性正是经由话语、制度和实践而实现对个人的统治。正是在这个意义上,社会被视为处于非均衡发展水平上的各种话语构成的离散的规则体系。然而,福柯亦承认没有任何一种单一的理论或解释方法可以窥视现代社会的话语体系。

二、利奥塔:语言游戏

利奥塔的知识社会学在后现代语境下充分体现了他对语言问题的关注。在康德认知理性、实践理性和审美理性的基础上,利奥塔把为知识立法、划界的观念论和基础论研究推向了社会生活,并提出了人们在社会生活中的基本话语方式是什么,这些话语方式的合法性是什么,他们揭示了人们何种交往方式、生活方式和思维方式等问题。同时在弗洛伊德学派创始人拉康的影响下,展开了面向语言、分析语言的不同构成方式和结构的研究。利奥塔把人们在日常语言中认可的知识称为叙事知识(narrative knowledge),并把其看做话语方式,从日常语言出发,即从人们日常生活上所谈论的知识出发来判断知识的实质,并超越观念论的界限来讨论知识,认为知识不仅是被看做以语言或文字表现的关于对象的认识,而且是一种实践能力,不仅是认识和描述对象的能力,而且还是处理问题、社会交往和人际沟通的能力,是多种能力的综合。利奥塔所说的叙事知识同日常语言和生活世界都是相同层面上的,叙事知识不仅是其他知识的基础,其他知识的根据或合法性也要在其中得到论证,而且叙事知识因为具有基础地位,它的根据或合法性也没有必要从自身之外去寻找。②

利奥塔的后现代阐释聚焦于后现代条件下的"语言游戏"。在后现代条件下,所有的元叙事(元话语)都变成不可信的、不可靠的。语言是虚构的现实,现实是语言所虚构的。所以,所有的叙事或知识都不过是"语言游戏",这一理论在一定程度上沿袭了维特根斯坦的理论,利奥塔宣称不同的叙事或知识之间具有不可通约性,都具有不同的规则。由此利奥塔强调了后现代社会的异质性和

---

① 乔治·瑞泽尔:《后现代社会理论》(谢立中等译),中国人民大学出版社2003年版,第63页。
② 刘少杰:《后现代西方社会学理论(第二版)》,北京大学出版社2014年版,第123—127页。

差异性,因为现实中存在不同的语言游戏。这一立场明显有别于哈贝马斯关于共识的阐述。即便哈贝马斯和利奥塔都发展出了重视语言语用学和语言游戏的语言哲学,都强调了语言游戏和判断形式的多样性和差异性,两人强调言语而非语言或者语言体系。利奥塔宣称基于不同"语法体系"以及不同情境之间的差异性,人们不太可能达成某种共识,更为悲观地,甚至不可能找出一条能够裁决不同观点的规则。在知识爆炸的年代,语言游戏不断花样翻新,试图用元叙事为各种语言游戏找到相同法则的理想彻底破灭了。"我们可能从这种爆炸中得出悲观的印象:没人能使用所有这些语言,这些语言没有共同的元语言,系统—主体的设想是一个失败,解放的设想与科学毫无关系,我们陷入这种或那种特殊知识的实证主义,学者变成科学家,高产出的研究任务变成无人能控制的分散任务。思辨哲学,或者说人文哲学,从此只好取消自己的合法化功能,这解释了哲学为什么能在它仍然企图承担合法化功能的地方陷入危机,以及为什么在它出于现实考虑而放弃了合法化功能的地方降为逻辑学研究或思想史研究。"①

"语言是一个理念的对象。它不像是当'说话者'想交流表达自己的意见时就伸手进去掏摸的一盒子工具"。语言就是实在,就是思想本身。第一,语言行为属于一种普遍的竞技,科学知识实际上就是语言游戏,可观察的社会关系也是由语言的"招数"所构成。第二,语言既然是游戏,其运作过程本身就内在地蕴含着三个公式:语言游戏规则本身并无合法化问题,它来自游戏双方的约定;没有规则便没有游戏,规则改变了,游戏的性质也随之改变;任何陈述都应该被看成是游戏中使用的招数。第三,任何一种陈述(语言游戏)都包含着发话者、受话者和指谓。性质不同的陈述其三者的定位与身份具有异质性。利奥塔认为,类型不同的陈述具有不可通约性,因为它们各自所遵循的游戏规则不同,不同的规则决定了不同游戏的"玩法"。② 那么在不可通约性的前提下,叙述的合法性何在?合法性在于所谓的行动性,即注重效率或实效。然而,利奥塔在后期放弃了"语言游戏"这个概念,代之以"语法体系"概念,因为他认为"语言游戏"这个概念暗含了人类中心论。相反,在语法体系中,游戏者是由语法来设定其具体位

---

① 让-弗朗索瓦·利奥塔尔:《后现代状态:关于知识的报告》(车槿山译),生活·读书·新知三联书店1997年版,第86页。
② 炎冰、严明:《语言游戏与合法化误构——利奥塔的后现代概念谱系考辨》,《福建论坛(人文社会科学版)》2004年第11期。

第十一章　当代西方社会学理论的语言学转向

置,这一语法的呈现先于任何意向。他进一步揭示,日常互动之中的差异性是如何被掩盖和被压制的,这需要借用具有霸权地位的话语体系沉默弱势群体的声音。正是在这个意义上,利奥塔经由将话语的政治化以动摇现有的霸权话语体系。社会的纽带是语言,人与人之间的、群体与群体之间的斗争涉及为了所谓的共识而进行的争辩、冲突。① 后现代条件下的语言游戏由此可见一斑。利奥塔通过重写现代性来重新确立人们的思维方式和行为习惯,来重新改写合法性问题,在后工业时代重新塑造人们的生活境界和生存状态。而且,重写现代性是在语言、体验和意义中展开的重写,重写是摧毁语言中原有的逻辑结构,而不是重复和回忆那些结构;重写现代性是解释被种种假象遮掩的事实,让人们真实地感悟它们的意义,进而呼唤新的创新意识,追求新的人生境界;重写现代性是否定统一性或总体性,要直面或直接体验那些以个性存在的多样性,进而把人们领入温和与宽容的世界。②

三、波德里亚:消费即语言

波德里亚的名著《消费社会》中体现了语言学转向,因为在其间,他试图将一种激进的语言理论嫁接到马克思主义上,以捕捉我们的社会正在经历的巨大变迁。波德里亚的语言学转向体现在对消费的全新理解之中。所谓消费,就是一种系统化的符号操作行动,为了成为消费物品,所有的物品都必须成为符号。人们消费的不是"现实"或"真实",而是对可供消费的物品——所进行的系统化和无限期的占有。尤其后现代社会更是一个类象社会,符号正迅猛地主宰社会,整个社会正从一个冶金术社会过渡到符号制造术社会,即形象、符号和信息的繁衍遮盖了生产。这样,商品的生产就进入一个新的阶段,与这个阶段相伴随的是一种符号结构和一种新的语言机器。③ 正如他所说:"流通、购买、销售,对作了区分的财富及物品/符号的占有,这些都构成了我们今天的语言、我们的编码,整个社会都依靠它来沟通交流。"④ 如此新的阶段不可避免地需要新的视角去阐

---

① 道格拉斯·凯尔纳、斯蒂文·贝斯特:《后现代理论——批判性的质疑》(张志斌译),中央编译出版社1999年版,第325页。
② 刘少杰:《后现代西方社会学理论(第二版)》,第141页。
③ 道格拉斯·凯尔纳主编:《波德里亚:批判性的读本》(陈维振、陈明达、王峰译),江苏人民出版社2005年版,第105页。
④ 让·波德里亚:《消费社会》(刘成富、全志刚译),南京大学出版社2000年版,第71页。

释,我们要理解在"消费社会"中所进行的"符号消费"。

波德里亚直接指出,消费是一种像语言一样(索绪尔)或者原始社会中的亲属系统(列维-斯特劳斯)一样的意义系统。市场、购买、销售、获得各种有差异的商品或物品/符号,诸如此类都构成了我们的语言,一种我们整个社会借以交流、借以言说它自身和对它自身进行言说的符号。① 犹有进之,消费逻辑侵蚀整个社会,"一切都由这一逻辑决定着,这不仅在于一切功能、一切需求都被具体化、被操纵为利益的话语,而且在于一个更为深刻的方面,即一切都被戏剧化了。也就是说,被展现、挑动、被编排为形象、符号和可消费的范型"②。他在《符号政治经济学批判》中给出如下著名公式:

$$交换价值/使用价值=能指/所指$$

在这个意义上,消费就是一种符号交换过程,而这一过程的实质就是能指与所指之间的交织。"正是因为商品的逻辑与政治经济学的逻辑处于符号的核心之处,处于一个抽象的能指与所指的等式之中,处于符号的差异性组合之中,符号才能够作为交换价值(交流的话语),作为使用价值(理性的解码和富有差异性的社会用途)而存在。"③所以,现代社会的真正问题是寓于符号之中而非经济体系之中,我们面对的是一个只有能指的游戏,因为符号不再指向任何现实。这样,对于现代社会的批判就应该是符号批判,更确切地说,就是语言批判。

实际上,除了福柯、利奥塔和波德利亚之外,诸多的后现代主义或后结构主义的代表人物都对语言予以充分的关注。德里达强调了语言的异变性,并将语言和社会制度解构为文本,并创造所谓的"文字学",因为文字最能体现语言是一个差异系统的事实。拉康认为,人的现实性、象征性和想象力三重结构是构成社会和文化生产与再生产的三大基本动力。根据这一区分,他以后弗洛伊德精神分析学的姿态推进了语言和象征研究:颠覆索绪尔语言学关于语言结构的论述界限,强调语言和象征的双重符号具有不断再双重化的功能,语言和象征的双重结构由此获得自己的生命;语言和象征的双重结构同社会文化现实的双重结构交织在一起,这为社会研究解读社会文化现象不断再生产提供了基本线索。

---

① 乔治·瑞泽尔:《后现代社会学理论》(谢立中等译),第112—113页。
② 让·波德里亚:《消费社会》(刘成富、全志刚译),第224页。
③ 让·波德里亚:《符号政治经济学批判》(夏莹译),南京大学出版社2009年版,第139页。

第十一章 当代西方社会学理论的语言学转向

拉康关于各种语言论述的分析打开了从语言形式结构到社会文化生命运动的新思路,并试图在各种非标准化的语言论述"病例"中发现语言论述的社会运作权力脉络。① 所有这些都表明,在后现代社会理论之中,语言是极其重要的构成要素,不理解语言的重要意义,就无法理解后现代社会理论的要旨所在。

总之,在后现代理论中,语言社会学显示出了蓬勃的生机。在后现代社会学者看来,一切现象都是依照一定的符号和规则建立起来的话语文本。文本就是一切,文本之外别无他物(德里达语)。语言分析就是要把所有的社会现象都看成是依照一定的符码和规则建立起来的符码性建构物。因此,在人们对事物的"观察"或"认知"中时刻都渗透着理论或言语,理论必须在语言的限制之内发挥作用,而语言并非像我们通常所认为的那样只是我们用来把握现实、表达自我的媒介或工具,事实上,语言就是我们的世界。但是,所有的语言、话语、文本等并非自有其意义,也不是被简单地给予的,而是在现代制度场景中,通过大量制度性实践被社会地建构起来的。所以,社会学超越观念论转向语言学,是同形而上学思辨的真正分野,并且真正地面向了真实存在的经验观察,面向了活生生的生活世界。② 语言社会学对语言实践的研究被推上了广阔的平台,备受关注。

第五节 对社会学理论语言学转向的评论与反思

语言和社会的互动关系历来是社会科学和人文学科研究的主要内容,研究者可以从已有文本的词语概念中了解到当时社会的思维方式和行为动机,了解到当时社会的结构、风气、特征甚至冲突,并可从词语的种种变化中找到影响社会变化的原因。语言学转向引起了社会学理论深层而多方面的变革。最根本的是思维方式的变革。当代社会学关注的语言首先是日常语言,是人们在社会交往的人际沟通中的对话,这是把社会学引入一个交往世界或者一个对话沟通的世界,也是区别于科学世界和生产世界的日常生活世界。这个世界是一个未主题化、未专业化的,人们自在地凭借本性活动的世界。因此,社会学理论的语言学转向,促使社会学的理论追求从本体论转向了生存论;在研究方式上,从认识论转向了理解论。只有突破主客二元对立的思维方式,才能真正理解和运用这

---

① 高宣扬:《当代法国哲学导论》,同济大学出版社2004年版,第657—658页。
② 刘少杰:《后现代西方社会学理论》,社会科学文献出版社2002年版,第76—78页。

些日常语言,并且也只有进入日常语言的过程及其展开的境界,才能真正突破主客二元对立的思维方式,在主体间关系即在人际关系中理解社会现象。从这个意义上说,社会学的语言学转向及其思维方式的变革是互为前提的。①

从社会学理论的语言学转向背景来看,它是在后工业时代的社会背景以及后现代的社会理论思潮背景下真正形成的,它同时也体现了当代社会学理论的勃兴与发展。随着当代社会的巨大变迁和学者们的反思、批判,出现了一系列结合语言或从语言角度出发,对现有的社会制度、社会结构进行的思索和解构。②因此,将语言带入社会学理论无疑是具有一定的解放意义和颠覆意义的。对话、沟通、话语、语言暴力、语言游戏都为人们重新审视互动秩序、社会共识、权力与阶级等现代社会(乃至后现代社会)的制度性架构提供了新的契机和视角。这一影响波及社会学的各个领域,包括都市研究、社会分层研究等等。语言学转向在某种程度上消解了社会学理论的历史之维,共时性而非历时性成为结构主义社会学理论关注的焦点,历史被消解或忽视。结构主义付出了牺牲历史的高昂代价,"导致了一次截肢手术,但截肢手术又导致了僵局,因为不能将共时性和历时性的联系置于任何辩证关系之中"③。

当代社会学理论的语言学转向意义重大,但是也确实存在着各种缺陷,它在突出语言在认知过程中的重要作用及其意义的不确定性时,过分强调语言的自主性及其意义的不确定性,把对社会实践的一切研究都归结为一种话语的分析,否认语言是客观现实的表现或呈现,认为所有的认知最终都只是一种"语言游戏",从而很容易走向另一个极端。因此,语言学转向可能会导致某些未曾预期的后果。例如,哈贝马斯和利奥塔面临的共同缺陷是,在实现语言学转向之后逐渐转向了哲学而偏离了社会理论。以哈贝马斯为例,他的语言学转向导致其偏离批判理论的传统,走向了新康德主义,提出理论理性、实践理性和美学理性领域的交往行动理论。这在一定程度了影响了哈贝马斯提出更多的理论创见。④

吉登斯甚至认为,在某种意义上讲,社会学理论的"语言学转向"是一个似是而非的命题,其原因有二:其一,寄希望于语言学能够提供应用非常广泛的普

---

① 刘少杰:《社会学的语言学转向》。
② 刘援朝:《同异之争:语言社会学与社会语言学(下)》。
③ 弗郎索瓦·多斯:《从结构到解构:法国20世纪思想主潮》(季广茂译),中央编译出版社2005年版,第65页。
④ 道格拉斯·凯尔纳、斯蒂文·贝斯特:《后现代理论——批判性的质疑》(张志斌译),第325页。

第十一章 当代西方社会学理论的语言学转向

遍程序模式似乎是错误的,其二,语言学转向最有价值的形式在于考察了语言和社会实践惯例之间的交叉地带,而非是将语言学移植至社会学理论的架构之中。① 吉登斯的这一批评很有见地。语言学效力的过分强调可能会导致某种化约主义,草率借用语言学的方法也许无助于社会学的想象力。即便是列维-斯特劳斯本人也建议,不要盲目把社会或文化化约成语言,毕竟这只是某种语言隐喻。

的确,从强调实证主义的传统社会学理论到强调功能主义的现代社会学理论,面对着社会学理论的语言学转向所提出的挑战,社会学并没有很好地回应。其后果是社会学在学术市场上成为知识的输入者,在整个人文社会科学中的影响越来越趋于萎缩。在主流从业者中,实证主义的模式依然根深蒂固,尽管不同的声音时常出现,但并未撼动学术实践体制的根本。更为致命的是社会学与现实的关联越来越弱,或者说,社会学对于现实的回馈越来越少,在公共领域中的声音也越来越小。②

面对着这种指责和困境,社会学也开始了反思,但这种反思多是在学科内部进行的,"与消除偏见根源的方法论努力"联系在一起,并没有找到有力的外部参照点。而借助于跨学科进行反思的,又多在邻近的具有类似假设前提的学科中寻找启发,未能将社会学放到一个全新的视角中。③ 语言,作为日常社会生活的重要内容,不再被忽视和冷落,反映了社会学研究视角的日益丰富。社会学也不再像创立之初那样去建构理论体系,试图为统治者提供完整而系统的理论依据。单纯的客观性描述和量化分析越来越受到冷遇,代之而起的是具有强烈人文主义精神的启示与教化,使得社会学更多的是从生活世界的境界来研究社会生活,社会学的根本价值取向不再是社会控制,而是人性解放,是社会和谐和人身自由。④ 这或许正是当代社会学理论发展的一种新趋势。

总之,当代社会学家正是通过对语言的这种分析才引出一系列的理论和假设,从而推动了学科的进步。当代社会学的理论转向——比如从实证主义向人文主义方向的转移、从唯理性空间向生活世界的转移等,从某种意义上说,都与

---

① 安东尼·吉登斯:《社会理论与现代社会学》(文军、赵勇译),第82页。
② 成伯清:《社会学的修辞》,《社会学研究》2002年第5期。
③ 同上。
④ 刘少杰:《社会学的语言学转向》。

对语言的研究是分不开的。社会学理论的语言学转向,不仅揭示了理论的语言构成性,更重要的是,这种视角改变了科学活动本身的性质,即将之放在一个公共话语的背景下来加以考察。而且,通过对这个方面的强调,改变了社会学中潜在的比喻和模型的意义,甚至可能改变根本的前提假设。可以说,这种转向其实是一种根本性的学科反思,或者,是遭到忽视的维度的凸显,自此以后,人们不再那么单纯地思考问题了。①

【推荐阅读】

Bourdieu, P., *Language and Symbolic Power* (Cambridge: Polity Press, 1991).

Turner, B., *Max Weber: From History to Modernity* (London: Routledge, 1992).

波特、韦斯雷尔:《话语和社会心理学:超越态度与行为》(肖文明等译),中国人民大学出版社2006年版。

布迪厄、华康德:《实践与反思:反思社会学导引》(李猛、李康译),中央编译出版社1997年版。

道格拉斯·凯尔纳:《波德里亚:批判性的读本》(陈维振、陈明达、王峰译),江苏人民出版社2005年版。

道格拉斯·凯尔纳、斯蒂文·贝斯特:《后现代理论——批判性的质疑》(张志斌译),中央编译出版社1999年版。

冯俊等:《后现代主义哲学演讲录》,商务印书馆2003年版。

弗郎索瓦·多斯:《从结构到解构:法国20世纪思想主潮》(季广茂译),中央编译出版社2005年版。

高宣扬:《布迪厄的社会理论》,同济大学出版社2004年版。

高宣扬:《当代法国哲学导论》,同济大学出版社2004年版。

利奥塔:《后现代状态:关于知识的报告》(车槿山译),生活·读书·新知三联书店1997年版。

列维-斯特劳斯:《结构人类学》(谢维扬、俞宣孟译),上海译文出版社1995年版。

刘少杰:《后现代西方社会学理论(第二版)》,北京大学出版社2014年版。

米歇尔·福柯:《知识考古学》(谢强、马月译),生活·读书·新知三联书店2003年版。

乔治·H.米德:《心灵、自我与社会》(赵月琴译),上海译文出版社1992年版。

R.A.赫德森:《社会语言学》(卢德平译),华夏出版社1989年版。

---

① 成伯清:《社会学的修辞》。

让·波德里亚:《符号政治经济学批判》(夏莹译),南京大学出版社 2009 年版。
让·波德里亚:《消费社会》(刘成富、全志刚译),南京大学出版社 2000 年版。
斯蒂文·贝斯特、道格拉斯·凯尔纳:《后现代理论——批判性的质疑》(张志斌译),中央编译出版社 1999 年版。
杨善华:《当代西方社会学理论》,北京大学出版社 1999 年版。
尤尔根·哈贝玛斯:《交往行为理论(第一卷):行为合理性与社会合理性》(曹卫东译),上海人民出版社 2004 年版。
祝畹瑾:《社会语言学译文集》,北京大学出版社 1985 年版。

第十二章

当代西方社会学理论的历史学转向

长期以来,历史学和社会学作为社会科学中的两个独立的学科,在相当长的一段时间内是各自为政,互不相干的,其原因主要在于社会学作为一门独立学科形成较晚,而作为已经是独立学科的历史学却侧重将国家作为研究主体的政治史研究,只是关心王朝兴衰,政治、军事以及精英人物的传记,很少涉及对于民俗史、社会史的社会文化研究。第二次世界大战以后,随着各种综合性问题的出现,跨学科研究的趋势愈来愈明显,历史学和社会学在分别实现社会学转向和历史学转向的基础上也逐步实现了新的融合,这一新的融合直接导致的结果就是历史社会学(Historical Sociology)的产生。因此,可以说,历史社会学的出现和形成,是第二次世界大战以来历史学和社会学碰撞的结果,也是历史学研究的社会学转向与社会学研究的历史学转向的一种交互结果。

第一节 传统社会学历史维度的缺失及其转向

在传统的社会学理论领域中,社会学是一门完全不同于历史学的独立学科。有关社会学和历史学的区别,通常比较流行的看法是认为,社会学一般关注普遍性问题,而历史学则关注特殊性的问题。同时,社会学是研究现在的,而历史学则是研究过去的。因此,在很长一段时间内,尤其是结构功能主义社会学理论占据主流地位的时期,历史维度和历史意识在社会学研究中是相对缺失的。这种缺失状态直到20世纪五六十年代以后才开始发生转向。

第十二章 当代西方社会学理论的历史学转向

一、主流社会学理论中历史维度的缺失

从早期社会学理论开始,很多社会学家就在致力于从人类历史中找出一种"超越历史"的时间模式,他们希望建构一种宏大的理论来重新认识社会、解释社会,从这个意义上来说,他们是在做着摆脱历史学、与历史学划清界限的努力。即使进行历史探讨的社会学家,也常常表现出对历史的疏离。他们将当代社会学理论和方法引入历史研究,但往往将历史看做随处看见的社会现象的简单延伸,或者视之为过时的"印象"。①

尤其是在20世纪60年代以前,由于受到结构功能主义的影响,使得社会学理论研究在很大程度上都集中在社会结构的静态研究上,而这种研究的一个典型特点,借用蒂利的话来批评,就是"没有时间","没有地点"。② 在结构功能主义盛行时期,韦伯和涂尔干那些至为重要的历史学和人类学洞见,以及齐美尔的相关著作,在很大程度上都被忽视了。而那些遵循他们方向的思想家们,例如埃利亚斯和戈夫曼,也都长久地被边缘化了。③ 直到20世纪五六十年代,社会学理论的内部开始不断出现对这种主流学派非历史性的批判。

一方面是米尔斯发表的《社会学的想象力》,对"反历史"的"宏观理论"的猛烈攻击,他认为每一门社会科学都需要一个历史的观念领域,并且需要充分利用历史资料。④ 除非有人假定存在某种关于历史本质的超越历史的理论,或社会中的人是非历史性的实体,没有哪门社会科学能被假定是超越了历史的。所有名副其实的社会学都应该是"历史社会学",是"作为历史的现在"的努力。⑤ 米尔斯的洞见和倡导被60年代的激进主义所补充并付诸实施。学生运动、女权运动以及反战运动等各种社会冲突都逐渐暴露了结构功能主义解释力的贫乏,这

---

① 杰拉德·德兰迪、恩斯·伊辛主编:《历史社会学手册》(李霞、李恭忠译),中国人民大学出版2009年版,第683页。
② 卢晖临:《叙述的复兴——历史社会学及其发展》,载张一兵、周晓虹、周宪主编:《社会理论论丛(第一辑)》,南京大学出版社2001年版,第72页。
③ 阿尔帕德·绍科尔采:《反思性历史社会学》(凌鹏、纪莺莺、哈光甜译),上海人民出版社2008年版,导言第3页。
④ C. W. Mills, *The Sociological Imagination* (New York: Oxford University Press, 1959), p.145.
⑤ 赖特·米尔斯:《社会学的想像力》(陈强、张永强译),生活·读书·新知三联书店2005年版,第157页。

些社会运动将行动者和历史再一次带回到人们的视野中,很多学者产生了对社会变迁和阶级分析的兴趣,他们将研究题材的历史化视作对抗结构功能论和现代化理论背后蕴含的实质政治保守主义的武器,也就是说,他们试图用历史来颠覆现实。

另一方面,对社会学另一个巨大的冲击来自库恩发表的《科学革命的结构》。库恩并不认为科学的发展是一条不断累积的道路,通向越来越大的真理,反之,他认为科学的发展实际上是各种范式为了争取常规科学的地位而斗争的过程。库恩将自然科学重新历史化,从而也动摇了以自然科学为蓝本而建立的社会学的传统合法性。这一创新性发现引发了20世纪八九十年代一大批关于社会科学历史的著作,而这些著作无疑提升了所有学科包括社会学的历史意识。① 一个奠基在历史学基础上的社会学理论对社会学将会有两大贡献:"第一,它可以将社会学的研究历史化,并将其研究积淀在时间和空间之中。第二,它也为我们提出一些重大问题,这些问题存在于历史研究或真实的历史中,但却始终为社会学家所忽略。最值得注意的是,它能迫使社会学者去检验:某一时间点上的行为的残余是如何束缚了接下来的行为。"②

二、社会学与历史学的关系

对于社会学与历史学的关系,学术界在不同时期一直存在着不同的看法。例如:1903年,涂尔干在同福科内(P. Fauconner)合著的文章中就曾指出历史学已经逐渐呈现出社会化的趋势;1908年,在《论社会学和历史学中的解释》一文中,他也曾说过:"事实上,在我的社会学知识中,根本就没有只符合社会学的称谓而不具备历史学特征的东西……根本没有两种彼此孤立的方法或两种风马牛不相及的概念。历史学中真实的,在社会学中也同样真实。"③伯克(P. Burke)认为,社会学是对单数的人类社会(human society)的研究,其主要侧重于对现代社会的结构及其发展的归纳;而历史学是对复数的人类社会(human soci-

---

① 卢晖临:《叙述的复兴——历史社会学及其发展》,载张一兵、周晓虹、周宪主编:《社会理论论丛(第一辑)》,第72页。
② S. 肯德里克、P. 斯特劳、D. 麦克龙编:《解释过去了解现在——历史社会学》(王辛慧等译),上海人民出版社1999年版,第19页。
③ 爱弥儿·涂尔干:《教育思想的演进》(李康译),上海人民出版社2006年版,选编说明第2页。

第十二章 当代西方社会学理论的历史学转向

eties in the plural)的研究,主要侧重于研究它们之间的差别以及各个社会内部基于时间的变化。①

这种大家都能认识到的划分其实非常明显,尤其在社会学的自然主义反对详细叙述的历史学时更是如此。在正统共识占据主流地位的时期,社会学实现了与历史学最彻底的全面分离。② 一些古典社会学家甚至以一种轻慢的态度来界定他们与历史学家之间的关系。美国学者埃尔伍德(C. Ellwood)曾经这样描述社会学与历史学的关系:历史学是一种明确的、记叙式的社会科学,其目的在于重构过去社会的图像。社会学则是一种抽象的、理论化的社会科学,关注那些支配社会组织与社会变迁的法则和原理……然而尽管如此,对社会学者而言,当代的社会生活确实比历史事实更紧要。就社会演进或其动态面而言,社会学或可视为某种历史哲学,因为它至少尝试为历史学具体描绘的社会变迁提供科学理论。③ 还有社会学家将社会学与历史学的关系看成是生产者与消费者的关系,认为历史学家就像一个消费者一样常常从社会学中借用各种理论来解释历史事件。从这些观点可以看出,很多社会学家认为历史学家只是扮演了一个搜集资料的角色,而对于具体事实的抽象和理论解释则是社会学家的任务。之所以会造成社会学与历史学的这种认识上的隔离,很多学者认为是因为不同的学科之间本身就有着不同的概念、价值观、理论和方法,在学科意识的强化下,它们总是不断地被各自的学科规范所训练。结果,社会学家通常被训练成着重留意并概括一般规则和普遍化原则,因而时常删除例外的东西;而历史学家则要求学习如何以牺牲一般模式为代价去关注某些具体细节。他们之间的对话,正像法国历史学家布罗代尔(F. Braudel)曾经指出的那样,通常是"聋子之间的对话"。④

自20世纪70年代开始,历史学者开始质疑社会学和历史学这种表面上的简单关系,历史学家斯通(L. Stone)便日渐怀疑社会学和其他社会科学是否真能如它们所宣称的,提供可资历史学者应用的解释模式。斯通指出,社会学也已掉

---

① 彼得·伯克:《历史学与社会理论》(姚朋等译),上海人民出版社2001年版,第2页。
② 安东尼·吉登斯:《社会理论与现代社会学》(文军、赵勇译),第39页。
③ 王小章:《社会状态的社会学和历史进程的社会学——一个社会学史的考察》,《浙江社会科学》2000年第4期。
④ F. Braudel, trans. by S. Matthews, *On History* (University of Chicago Press, 1980).

入一个全然静态的社会观中,部分是由于它过度热衷于社会调查记叙,部分则是因为它全然采用功能主义的理论。与此同时,社会学内部的另一股思潮,也开始对历史"事件"的可靠性产生高度质疑。① 实际上,在社会科学中,社会学与历史学具有十分紧密的关系。从方法论的角度来看,尽管历史学主要是研究过去社会的,社会学是研究当代社会的,但它们都是从综合性的角度来对社会整体进行研究的,而且,当代社会与过去社会的分界线本身就是人为的,也是不断变动的。这种原因使得历史学家除了研究问题的方法和时态与社会学家不同之外,他们所关心的问题性质和采取的方法往往是一样的。马克斯·韦伯曾经说过"社会学和历史学都是研究行为的经验科学",两者之间的共同特点使得"历史学家和社会学家……都关注被视为整体的社会,关注全部人类行为……因而他们显然是学术上的近邻"。② 米尔斯从解释内容的全面性、研究的动态及长期性、对他国或地区进行比较研究以及对某一民族研究等都需要历史资料,对历史学和社会学之间存在的密切关系进行了论述。正是这种学科上的相似性决定了两者之间结合的可能性。因此,许多历史社会学家坚信,在社会学与历史学之间必将能搭起一座跨越疆界的桥梁。

当然,社会学和历史学之间究竟会不会实现这种全面的融合还有待我们进一步观察,但如今社会学与历史学相互之间联系越来越紧密却成为学术界的共识了。如果说现在总是会成为过去,那么我们就不能仅仅认为社会学家是关注现在,而历史学家则是关注过去的。社会学的研究并没有忽视时间,可以是超越时间的,历史学也不只是研究一些逝去的东西。"再现过去"作为历史学家的首要任务,它包含着对过去的复兴,而这些在通常情况下是不在传统的社会学家研究范围之内的。对学术的知识分工在任何情形下都不可能达到精确的程度,但这并不是要说在社会学和历史学之间必然存在着任何逻辑上或者甚至说是方法论上的区别。③

---

① S. 肯德里克、P. 斯特劳、D. 麦克龙编:《解释过去了解现在——历史社会学》(王辛慧等译),第4页。
② 马克思·韦伯:《社会学的基本概念》(胡景北译),上海译文出版社2000年版,第1页。
③ 安东尼·吉登斯:《社会理论与现代社会学》(文军、赵勇译),第41页。

三、社会学的历史学转向

20世纪后,伴随着社会学研究的中心从欧洲转移到美国,社会学家们的学术兴趣开始发生了明显的转移,其关注的焦点已经从历史的架构中转移,转向了现代社会的系统研究,对于动态的社会历史进程的研究探索已为静态的社会状态分析所取代。在20世纪的数十年间占据西方社会学霸主地位的帕森斯的结构功能主义便是上述以状态研究取代过程研究的代表。按照以帕森斯为首的主流社会学理论的理解,社会学关注的重心主要是类似"秩序""结构"这种静止的体系理论,而社会"进步""变迁""发展"只不过是一种"附属的东西"而已。因此,其在对短期的社会状况的研究中常常只是被当作一种"历史的序曲"。对于理解"社会秩序"及其"结构"和"功能"来说,并不需要对这些问题进行历史的研究和解释。可以说,20世纪上半叶在美国发展出来的社会学理论,如结构功能主义、社会行为主义、符号互动论、交换理论等,都是从"社会事实的历史方向"中抽离出来的理论,是非历史性的或者用茨托姆卡(P. Sztompka)的话来说就是"没有历史的社会学"(sociology without history)。[①]

第二次世界大战以后,许多社会学者在建构理论来全面理解社会现实、各项制度以及发展变迁时,发现越来越难以回避对过往的考察,要正确把握现时的各种社会现象,就不得不考虑到历史的视角以及社会发展的连续性。因此,社会学的历史学转向和历史社会学的兴起是必然的,它不仅有助于研究人类社会的过往,描述社会现象的起源和发展,而且有助于全面地深入探寻社会是如何运作与变迁的。历史社会学的兴起,在某种程度上是对社会学中非历史主义倾向的修正,这种修正不是简单地倾向于历史研究,更是强调时间因素在社会学研究中的重要性,强调研究对象及相关结论的历史具体性。

事实上,从20世纪50年代开始,伴随着资本主义在战后的高速发展和扩张,人们对于变化迅速,充满各种诱惑的世界和社会的认识变得日益混乱,而排除了历史因素(准确说是历史学视角)的传统主流社会学理论好像并不能对这些快速变化的社会现实作出令人信服的解释。于是,在社会学内部,另一种寻求理解的理论转向应运而生。与历史学观照过去不同,它们期望通过运用相同的

[①] 王小章:《社会状态的社会学和历史进程的社会学——一个社会学史的考察》。

历史资料，人们可以了解人类社会经济、政治、文化，甚至是种族、民族等这样一些社会领域内重要的元素在漫长的人类历史当中相互缠绕、相互排斥、相互融合的各种姿态，试图从中得出对当代社会一些令人困惑现象的确定性认识，以恢复他们与过去，尤其是与他们各自群体过去的联系。① 社会学在不断成熟的过程中，面对自身的诸多理论和方法论难题，不得不转向于历史学中寻求解决的智慧和灵感。就像历史学家斯廷斯凯姆（A. Stinchcombe）所说的：“人们不是运用理论来研究历史，而是用历史来发展理论。"因此，社会学的历史学转向，指的就是将重大社会转型的研究时期向过去延伸，寻找出可以与现代变迁相类比的历史，然后再借助他们在历史上所留下的文献资料，来考察现代变迁的发展过程及其结果，并检视所用概念和理论解释是否有误。社会学的历史学转向往往采取两种典型的方式进行：一是运用社会学的理论、模式和程序，用于分析有关过去的材料。例如对选举模式、社会流动和经济增长的研究。这些社会学家像处理经验社会科学中的其他变量或指标那样来处理这类材料，对他们来说，历史材料提供了另外一个证实和演绎社会学理论的机会，历史成为现实之外的"数据库"。二是通过对历史题材的处理，全面反省社会学的理论、模式和方法。对这些社会学家来说，历史不仅是为社会学的扩张提供了一个现实之外的新空间，而且历史也为社会学解决其自身的诸多方法论难题提供了新的视角。②

与此同时，历史研究也开始发生了社会学的转向。一部分历史学家开始对流行在他们学界中的大规模变迁模式展开批判，进而转向包括社会学在内的社会科学，以便为历史学研究另辟蹊径。③ 尤其是第二次世界大战以后，世界各地的历史学家的兴趣都发生了由传统政治史向社会史的重大转移，不仅仅将政治、帝王、精英人物作为研究对象，也会研究平民百姓的生活、文化、民俗。历史学在演变的过程中，采用了社会学的概念、思考方式，不断地进行历史学的"社会学化"。历史学的社会学转向也为历史学家提供了以往研究不具备的研究工具，如定量方法、分析概念等，这使得那些在兰克（L.Ranke）史学观支配下注定隐于角落的历史面向展露在我们的眼前，从而深化我们对历史社会的认识和理解。④

---

① 彼得·伯克：《历史学与社会理论》（姚朋等译），上海人民出版社 2001 年版，第 22 页。
② 卢晖临：《社会学的历史转向》，《开放时代》2004 年 1 期。
③ S. 肯德里克、P. 斯特劳、D. 麦克龙主编：《解释过去了解现在——历史社会学》，第 15 页。
④ 卢晖临：《叙述的复兴——历史社会学及其发展》。

四、历史社会学的兴起与发展

历史社会学的诞生是现代化理论的产物之一,并将其任务定位于分析现代性的起源和发展。因为将现代性的形成视为当下的本质,历史社会学于是分裂为两个方向:一是科学的方向,认为这一本质可以通过社会自身的内在法则和规律来解释;一是阐释的方向,把对于当下的关注视为建构性的系列叙事。后一种张力成为20世纪初期的主导,而前者则逐渐成为20世纪后期的中心。[①] 这两种方向都在实践中被历史社会学家所采纳,这两种方向也逐渐成为历史社会学的两种研究流派。历史对于社会学理论之所以重要,是因为历史不仅仅为研究现代性提供了一个对比的参照点,而且可以用来说明现代性兴起过程中的各种特征,使得历史社会学家可以对现代社会进行深入考察。

如今,现代化问题仍是历史社会学家面临的问题之一,他们要解释现代性的源起、现代性的表现以及现代性如何发展等问题。第二次世界大战之后的世界发生了更加迅速的变化,随着第三次技术革命的打响,在科学、金融与社会领域都产生了日新月异的变化,现代化对社会的影响再一次显著起来,婴儿潮爆发后,各种各样的社会问题与社会现象也不断发生,给了历史社会学家极多的研究课题与极大的学术责任。世界一方面变得更个性化,一方面变得更麦当劳化;世界各国贫富差距的分化,不同环境、民族、国家之间的交往与对话越来越频繁,这一切都要求历史社会学者给出更好的解读与解答,从而产生了很强的历史社会学发展的外部压力。[②]

历史社会学在早期能够得以发展的另一个原因是在历史社会学形成期,主要的历史社会学家本身既有社会学研究视角,又有历史学学术素养,托克维尔(A. Tocqueville)、马克思等人既是社会学的早期开创者,更是博学多闻的历史学家。历史社会学是在时代压力下催生的早产儿,必须得到父母双方同时提供的营养,历史社会学要得到发展,必须满足以下条件之一:(1)研究者是有很高历史学素养的社会学家(历史社会学形成阶段);(2)历史学与社会学要有丰富且

[①] 杰拉德·德兰迪、恩靳·伊辛主编:《历史社会学手册》(李霞、李恭忠译),中国人民大学出版社2009年版,第3页。

[②] 张晓瑾:《历史社会学形成的内在逻辑与发展趋势》,《前沿》2012年第21期。

有意义的学科对话与学科交融。①

卡尔霍恩给出了我们历史社会学得以存在的三个理由:一是社会变迁研究的重要性,可以找到在社会过程或者背景中的作用;二是可以驱散虚假必然性的一种方式,用比较的眼光去探究历史特征,将现在与过去联系起来,可以更好地区分必然性与偶然性;三是我们要把握一些分析范畴或思想范畴,就要了解其赖以产生和应用的历史背景。当然,历史社会学得以存在的三个突出理由并未丧失。要把握社会变迁,就依然需要经验性的阐释和理论上的解释。批判理论和比较历史分析,仍然有助于避免伪必然性。要理解一些基本概念如何作用于我们的理论和分析,又如何作用于社会想象,就要不停地探究这些概念的产生和变迁史。② 随着后现代主义的兴起和滥觞,历史学和社会学这两门传统的综合学科都面临着日益高涨的批评浪潮,对此,我们似乎可以把历史社会学的复兴看做是社会学和历史学应对各种批评所结成的战略同盟,但也有一些学者更倾向于认为"后现代对于各种知识的争论反而促进了新的认识课题的出现"③,而社会学的历史学转向和历史学的社会学转向正是这种趋势的必然产物之一。社会学和历史学的关系之所以日益密切,其原因是显而易见的。日益加剧的社会变迁必然引起社会学家的关注。那些研究所谓"欠发达"国家农业、工业发展条件的社会学家们发现,他们所研究的实际上就是历史,而且他们中的一些人——如美国的沃勒斯坦——甚至试图将他的研究延伸到更遥远的过去。

总之,无论是社会学的历史学转向还是历史学的社会学转向,其结果都促成了社会学与历史学的融合与渗透,也在某种意义上直接导致了历史社会学的兴起。在这一历程中,历史学家和社会学家都发挥了极为重要的作用。因为作为一种知识方案,历史社会学是社会学和历史学这两门学科不断尝试跨越彼此之间的学科鸿沟的结果,来自两方面的努力都不可忽视。④ 而且,真正的历史社会学研究具有如下特征:首先,也是最基本的,他们明确地基于时空来思考社会结构和过程的问题;其次,他们强调过程并在瞬时(temporal)的场景下解释结果;再次,大多数历史分析着重意义的行动与结构背景的交互作用,以清晰地呈现在个

---

① 张晓瑾:《历史社会学形成的内在逻辑与发展趋势》。
② 杰拉德·德兰迪、恩斯·伊辛主编:《历史社会学手册》(李霞、李恭忠译),第698页。
③ A.马尔丁诺夫:《历史社会学:跨学科综合研究》,《国外社会科学》2004年第6期。
④ 卢晖临:《叙述的复兴——历史社会学及其发展》。

人生活与社会转型中意图与非意图的结果;最后,历史社会学家突出了特殊类型的社会结构与变迁模式的独特性和多样性。在瞬时的过程和背景下,社会与文化的差异也是历史社会学家的内在兴趣。① 历史社会学在现代化的发展历程中对社会结构、社会变迁过程作不懈的研究,积极借鉴其他社会科学的理论和方法,始终围绕社会学的核心议题展开跨学科的研究努力。进入21世纪,在从学科奠基者那里借鉴议题的同时,他们的研究议题更加广泛,与时代背景的联系也更加紧密。

第二节 历史社会学理论的发展脉络及其特征

历史社会学是一门研究现存历史因素与当代社会各种现象之间相互关系及其规律的边缘学科。英国历史学家史密斯指出,历史社会学是对过去进行研究,目的在于探寻社会是如何运作和变迁的。一些社会学家缺乏"历史意识",在经验方面,他们忽视过去,在观念方面,他们既不考虑社会生活的时间维度,也不考虑社会结构的历史变迁;而一些历史学家缺乏"社会学意识",在经验方面,他们忽视不同社会的进程与结构的不同,在观念方面,他们既不考虑这些进程与结构的普遍特性,也不考虑它们与行动和事件的关系。相反,一些历史学家和社会学家致力于历史社会学的发展,探讨过去与现在、事件与运行、行动与结构的相互渗透交融。他们力图把澄清概念、比较归纳及探索经验紧密地结合起来。②

但由于不同的研究者具体的看法和视角不同,人们对西方历史社会学理论发展阶段的划分也不尽统一。如伯克认为历史学和社会理论之间的关系史有三个时间节点:18世纪中期、19世纪中期和20世纪20年代前后。而丹尼斯·史密斯将战后的历史社会学分为:从灰烬中复出、起飞、高空翱翔三个阶段。

为研究和叙述方便,我们把西方历史社会学(准确地说应该是有关历史学与社会学研究)理论的发展大致归纳为四个时期(见表12.1)。

---

① 西达·斯考切波主编:《历史社会学的视野与方法》(封积文等译),上海人民出版社2008年版,第2页。

② 丹尼斯·史密斯:《历史社会学的兴起》(周辉荣、井建斌等译),上海人民出版社2000年版,第4页。

表 12.1　西方历史社会学理论的发展时期及脉络

历史时期	研究中心	研究主题	代表性人物
古典社会学时期（19 世纪 30 年代—20 世纪 20 年代）	德国、意大利	人类社会发展的驱动力	帕累托、韦伯、涂尔干、马克思等
现代社会学前期（20 世纪 30—50 年代）	美国、英国	反对集权，阐释民主	帕森斯、斯梅尔瑟、马歇尔等
现代社会学后期（20 世纪 60—70 年代）	美国	关注统治、不平等和反抗运动，解释民主	米尔斯、斯考切波、蒂利等
当代社会学时期（20 世纪 80 年代以来）	美国、英国、法国、德国	探讨与揭示资本主义，重新考察民主	沃勒斯坦、迈克尔·曼、吉登斯等

一、古典社会学时期：历史社会学的暧昧期

古典社会学时期可以被分为两个具体的阶段：第一个阶段是从社会学诞生的 19 世纪 30 年代到 70 年代末，这是社会学的奠基阶段，其代表性人物就是孔德和斯宾塞；第二个阶段是从 19 世纪 80 年代到 20 世纪 20 年代，这是社会学的形成阶段，其代表性人物就是韦伯。[①] 但在这两个阶段对历史社会学的研究来说，其关系比较暧昧，不仅不同理论家们之间持有截然不同的态度，即使是同一理论家，其前后对历史社会学的态度也是判若两人。

社会学本身诞生于从传统到现代的历史转变（historical transition）之中，但在确认历史趋势之后，社会学就将历史抛诸脑后。事实上，从一开始，社会学就将历史想象为"阶段的序列"（a sequence of stages）或断裂，每个阶段具有自己的关键特征和内在逻辑。在孔德那里，是从神学到玄学到科学；在斯宾塞那里，是从军事社会到工业社会；在滕尼斯那里，是从礼俗社会到法理社会；在涂尔干那里，是从机械团结到有机团结；在韦伯那里，是从身份到阶级……相应地，社会学提出的跟历史有关的问题，多是围绕着危机、革命、转型展开。[②]

在社会学的奠基阶段，社会学是实证主义主导的时期。历史学与社会学之

---

① 文军：《社会学理论的发展脉络与基本规则论略》，《学术论坛》2002 年第 6 期。
② 成伯清：《时间、叙事与想象——将历史维度带回社会学》，《江海学刊》2015 年第 5 期。

间处于极力地相互排斥之中,很难谈得上相互的借鉴与融合,也没有所谓的历史社会学,尤其是社会学对历史学的排斥甚多。例如,孔德就不屑一顾地谈到历史资料是"稚气地收集在一起的乱七八糟的零碎",历史学家是"毫无用处的趣闻轶事的编者"。斯宾塞也曾声称,社会学之于历史学,"正像大厦是从周围堆积的砖石之中拔地而起","历史学家所能达到的最高境界不过是对民族生活的叙述,不过是为比较社会学提供素材"。斯宾塞又称:"君主们的传记(舍此以外,孩子们别无所学)对社会科学几乎不能提供任何启示。"[1]尽管孔德、斯宾塞等人对历史学排斥有余,但至少他们的社会进化论思想不能说与历史学毫无关系。

到了社会学的形成阶段,人文主义开始在社会学居于主导地位。这一时期著名的社会学家——意大利的帕雷托和德国的韦伯——在历史学领域都享有盛名。帕雷托在《论普通社会学》(Treatise on General Sociology,1916年)深入研究了古代雅典、斯巴达和罗马,并从中世纪意大利中摄取例证。而韦伯的历史学知识无论是深度还是广度都是极为出类拔萃的。他在《新教伦理与资本主义精神》(1920年)一书中翔实地讨论了新教伦理对资本主义产生的重大影响。正如伯克所言:"韦伯将注意力集中到社会理论时,并没有放弃对历史的研究。他既向历史学借用材料,又向历史学家讨教概念。"[2]同时代的批判主义社会学创始人马克思也从生产方式的矛盾运动来考察了人类社会发展演变的历史。因此,在这一时期的德国社会学理论中,历史一度成了研究的重心。

二、现代社会学前期:历史社会学的冰冻期

历史主义的思潮在德国持续了很长的时间,却在20世纪20年代末撞在右翼和左翼极权主义的墙上而一蹶不振。用史密斯的话说就是"这些杜撰过去又'通晓'未来的体制拒绝了历史社会学"[3]。大多数有创造性的人才被迫转入到地下或流亡国外。可以说,这一时期的社会学家的关注焦点已经从历史的架构中转向了现代社会的系统性研究,对于这种牺牲历史学而转向现实研究的变化,伯克的解释是,这种情况"可以作出几种不同的解释。社会学本身的重心从欧洲向美国转移,而在美国(尤其是在芝加哥),与欧洲相比,历史不那么重要,在

---

[1] 彼得·伯克:《历史学与社会理论》(姚朋、周玉鹏、胡秋红、吴修申译),第10页。
[2] 同上书,第12页。
[3] 同上书,第3页。

日常生活中也不那么明显。也许,社会学家会争辩说,拒绝历史是与经济学、人类学、心理学和社会学越来越自成体系和越来越专业化相关的。与历史学家一样,这些领域的学者当时纷纷创设他们各自的专业学会和期刊,与历史学和历史学家分道扬镳,对于这些新学科形成学科认同是必要的。另一方面,思想史家也许会强调一种学术趋向,即'功能主义'的兴起……这种功能主义立场被拉德克利夫-布朗和马林诺夫斯基所采纳,后者并视历史这一'死亡的被埋葬的东西'如敝履,认为历史与社会的世纪运行毫不相关"①。

但是,这一时期历史学家和社会学家之间从没有彻底断绝联系。比如1949年终生倡导人类学和历史学紧密关系的英国人类学家普里查德(E. Pritchard)发表了一部关于昔兰尼加的塞努西教团信徒(the Sanusi of Cyrenacia)的历史。②另外,韦伯曾经关心过的主题如"理性的性质及公正与秩序的关系"问题,在20世纪30年代和40年代诸如德国的阿多诺和霍克海默等欧洲流派学者,诸如金斯伯格(M. Ginsberg)等这样的遵循霍布豪斯(L. T. Hobhouse)传统的进化论社会学家的著作中也可见到。

三、现代社会学后期:历史社会学的振兴期

在这一时期,历史社会学开始越来越受到学生、少数民族、妇女运动和反越战运动的影响③,这些运动打破了人们将社会现状视为平衡协调、和谐静止的理想化状态的幻觉,开始关注于统治、不平等和反抗运动等主题。一方面,在西方社会学理论中,帕森斯式的结构功能主义视角的霸主地位也逐步走向了终结,并兴起了其他多种理论流派;另一方面,社会学研究中的静态化模式也遭到了学界的普遍反思,如米尔斯在《社会学的想象力》中就严厉地批判了非历史倾向的三种严重后果:阉割历史、形式主义和杂烩式研究。这一时期的历史社会学开始得以振兴,其主要代表有摩尔、汤普森(E. P. Thompson)、蒂利和斯考切波(T. Skocpol)④等等。

一个有趣的现象是,在现代社会学前期,就在社会学家对过去渐渐失去兴趣

---

① 彼得·伯克:《历史学与社会理论》,第14—15页。
② 同上书,第20页。
③ 丹尼斯·史密斯:《历史社会学的兴起》(周辉荣、井建斌等译),第1页。
④ T. Skocpol,又译为"斯考克波尔"。

的时候,历史学家实际上开始创造某些东西,似乎在回应斯宾塞提倡"社会的自然史"的呼吁。19世纪末,一些专业历史学家对新兰克派越来越不满。卡尔·兰普雷希特(K. Lamprecht)呼唤一种从其他学科汲取概念的"集体历史",他大胆地宣称:"历史学首先是一门社会—心理学。"在美国和法国,振兴社会历史学的运动都得到了有力的响应。例如,从1958年到1978年的二十年间,美国有关社会史研究的博士论文数量就翻了四倍,到20世纪80年代初,在社会学的主要期刊上,几乎1/4的文章都涉及了历史的内容。美国社会学会的年度会议开始致力于讨论历史社会学及其方法,尤其是有关宏观议题的主题会议,也逐渐将历史资料纳入其中。而且,在全美本科生和研究生的课程中也开始了与历史相关的课程,各院系也都在招聘与历史社会学专业相关的人员。因此,在这一时期,历史社会学的振兴与历史学本身对社会学研究的重视是分不开的。总而言之,到了80年代中期,历史社会学不再是被排除在学术圈外的异类,也不再是那些学术圈内著名的前辈学者某种荣誉性的研究。大学生和成长中的年轻社会学家,甚至女性学者和中美洲的学者都可以通过历史的研究对社会学做出不同程度的贡献。如今,历史问题或方法是各种会议、课程、专题讨论的主题,同时它们也为研究团队和图书馆中的孤独的研究者指明了努力的方向。①

四、当代社会学时期:历史社会学的黄金期

在这个时期,国际社会发生了翻天覆地的变化:美国从越南撤军、苏联从阿富汗撤军、日本的经济霸权增加了人们的忧虑、东欧爆发革命……随着政治界限的逐渐打破,新的想象的资源开始发挥作用,历史社会学的发展进入了所谓的"黄金时期"。② 这个阶段的代表人物有安德森(P. Anderson)、沃勒斯坦、布罗代尔、迈克尔·曼、吉登斯等。

在这一时期,历史学和社会学理论之间的关系之所以日渐密切,其原因是显而易见的。伯克这样解释说:"日益加剧的社会变迁必然引起社会学家和人类学家的关注……那些研究世界人口爆炸的人口学家、那些研究所谓'欠发达'国家农业及工业发展条件的社会学家或经济学家们发现,他们所研究的实则是以时间为序列的变迁——换句话说是历史;而且他们中的一些人——如法国人口

---

① 西达·斯考切波主编:《历史社会学的视野与方法》(封积文等译),第374页。
② R. Collins, *Three Sociological Traditions* (Oxford: Oxford University Press, 1985), p.107.

学家亨利(L.Henri)和美国社会学家沃勒斯坦——试图将它们的研究延伸到更遥远的过去。与此同时,世界各地的历史学家的兴趣都发生了由传统政治史(描述统治者的作为和政策)向社会史的巨大转移。"①

史密斯认为,二十年过后②,我们可能会问:传播于商业和政治之间的现代主义已经压倒学术了吗?历史社会学会因为资源减少而导致的狭隘的学科专业化和日益激烈的竞争而中断吗?在社会学和历史学都更加注重方法论的背景下,历史社会学会逐渐衰微吗?史密斯提出的疑问不得不引起我们的思考,我们的历史社会学会走向何方,我们应该怎样在新的背景下发挥历史社会学的作用?答案可能就在我们的问题中。

20世纪90年代以后,历史社会学能够对一种更灵活更开放的公民文化作出重大贡献。它有一种潜能,即以它的成就来表明以下活动的实际价值:调查过去和系统地进行跨时空比较,找出异同点,追溯长时段过程,找出原因并追查结果,指出人们如何塑造了把他们束缚在一起和使他们相分离的机制以及这些机制又如何塑造了他们。它也许很有希望提供一条道路,通过理性的、批判的以及富有想象力的研究来增进人们的理解和更有效的行动。③ 的确,历史社会学为社会学的研究注入了新的动力,打开了新的视角,可以使社会学更为动态、更为全面地来进行深入的研究。事物本身的状况是会随着时间和场所而改变的,是具有历史性的,而历史社会学的历时性的研究方式可以让我们更好地理解社会结构、生活方式等是如何可能的。

第三节　西方历史社会学的主要理论图式

在前面叙述历史社会学理论的发展脉络时,我们已经指出,在20世纪20年代以后,"历史社会学面临灭绝的边缘"④。这是因为整个萧条的西方世界的经济状况似乎缺乏历史研究的兴趣,人们为了生存,无暇顾及过去的世界。而在

---

① 彼得·伯克:《历史学与社会理论》(姚朋等译),第21页。
② 史密斯在2000年曾出版过《历史社会学的兴起》,在书中阐述了沃勒斯坦、迈克尔·曼等人在20世纪80年代末关于历史社会学的研究成果。2014年,在《社会学评论》(The Sociological Review)上发表文章《历史社会学的回归》(The Return of Historical Sociology),又梳理了历史社会学的新进展。
③ 丹尼斯·史密斯:《历史社会学的兴起》(周辉荣、井建斌等译),第240页。
④ 同上书,第1页。

第十二章　当代西方社会学理论的历史学转向

20世纪30—40年代,法西斯主义的兴起和第二次世界大战的爆发,更加令人们感到失望。然而,历史社会学在第二次世界大战之后就如同凤凰涅槃一般,获得了重生,在随后的70年代和80年代,它再次翱翔展翅。一方面,这是因为和平的世界局势,为人类更好地反思过去提供了良好的外部环境,同时,发展日益迅速的社会状况又促使人们从历史中寻求应对的智慧。另一方面,由于一些优秀的社会学家和历史学家不懈的共同努力,历史社会学在学科林立,竞争激烈的社会科学领域再次取得了令人瞩目的成就。像佩里·安德森、沃勒斯坦、迈克尔·曼、费尔南·布罗代尔、埃利亚斯、吉登斯、罗伯逊(R. Robertson)、斯考切波、蒂利等人在此过程中均做出了突出的贡献。本节我们就简要地介绍这些思想家有关历史社会学的理论观点。

一、安德森:历史研究中的"过渡"与"系谱"

佩里·安德森属于"西方马克思主义者"或"新马克思主义者"。他1938年生于伦敦,是一个热忱的社会主义者,而不是一个职业学问家。他主持《新左派评论》达二十年之久,发表了大量著述,对英国马克思主义者重新评价自己的政治战略和理论遗产做出了多方面的贡献。安德森的著述也逐渐确立了他在欧美学术界的地位和影响。

安德森坚持马克思主义的基本立场,但是他反对线性进化历史观和单一模式。在他看来,世界历史的发展是统一性与多样性的结合。从他已发表的两部历史研究著作的标题看,"过渡"(passages)和"系谱"(lineages)都是复数。[1] 这是明确地强调历史发展的多样性。其代表作《过渡》不仅对欧洲封建社会的起源和性质提出独到的见解,而且对西欧和东欧的不同发展道路作了比较。探讨了封建主义在主要西欧国家,如法兰西、英格兰、德意志、意大利、葡萄牙、西班牙等国所形成的不同途径和特点,揭示了东欧诸国封建化进程中不同于西欧国家的特征,分析了斯堪的纳维亚、地中海和巴尔干各国的封建化情况,在此基础

---

[1] 1974年佩里·安德森发表了《从古代到封建主义的过渡》(*Passages From Antiquity to Feudalism*)以及《绝对主义国家的系谱》(*Lineages of the Absolutist State*)两部著作。这两部著作被认为是延续了古典社会科学的伟大传统,以及是与马克斯·韦伯、卡尔·马克思思想的开放式对话,提供了一个简洁而连贯的视角,来审视欧洲文明从希腊和罗马的古老统治到近现代欧洲专制君主政体最后岁月的开放过程。这在欧美以及周边国家的学术圈里引起轰动,盛赞不绝。参见西达·斯考切波主编:《历史社会学的视野与方法》(封积文等译),第177页。

上全面阐发了封建主义在当时所表现的经济进步和社会进步。其间,对马克思、恩格斯有关中世纪史的某些观点和看法,也作了分析和评论。其代表作《绝对主义国家的系谱》更是致力于通过对西欧和东欧的比较,建立绝对主义君主国的地区类型(regional typology),揭示其在向资本主义转变过程中的不同角色。在安德森看来,绝对主义国家是在封建生产方式占统治地位的社会结构内部发展起来的。安德森在每一项研究中都涉及了三个因素:研究对象的历史渊源、结构性逻辑及其对资本主义生产方式发展的意义。正如我们将看到的,在每一项研究中,他的经验分析都把特定社会或地区定位在一种类型学里,这种类型学辨别——至少是模糊的辨别——"原型"个案和其他各种广泛的例子。

安德森在其新作《美国外交政策及其智囊》①中,依然将历史变化置于清晰的逻辑中,叙述了美帝国的兴起,并细致分析了美国理论家如何解释这种崛起。并为自己设定了"在从墨西哥战争到反恐战争的单一孤线下理解美国战略和外交的动态"的任务。安德森的叙述强调道德上和智性上的影响:命定扩张论(Manifest Destiny)先在国内进行扩张,接着是从西班牙帝国统治下解放古巴和菲律宾的战争。安德森作为一位马克思主义者,他为我们提供了解释当下世界的途径,但我们仍要继续去探索。

二、沃勒斯坦:世界体系理论

伊曼纽尔·沃勒斯坦是世界体系理论的创立者,他虽然被称为"新马克思主义者",但在西方学术界却产生了超越于其他左派人物的巨大影响,这是由其理论的基本特征——"融合性"(即对西方现代社会发展理论的主流学派——经典现代化理论和非主流学派——依附论的融合)所决定的。融合性主要表现在沃勒斯坦对资本主义的矛盾态度上:一方面,他吸收、借用非主流派的理论和研究模型,对资本主义体系进行激烈的批判和否定;另一方面,他又论证了资本主义的长期性、稳定性和不可避免性,从而与主流派达成了共识。但是,沃勒斯坦的融合性尝试只成功了一半,由于其对现代化和资本主义的片面理解和不适当的否定,沃勒斯坦在重建现代性时陷进重重矛盾,最终步入历史悲观主义、怀疑论的误区。世界两极格局的瓦解、经济一体化的发展是沃勒斯坦理论融合的现

---

① 此书英文版 *American Foreign Policy and Its Thinkers* 于 2015 年 4 月出版,中文版《美国外交政策及其智囊》于 2016 年 10 月出版。

实基础,而多极格局的形成、地区性乃至世界性的冲突动荡则为其历史悲观主义、怀疑论的形成提供了现实背景。沃勒斯坦把现代世界体系分为三个维度:一体化的世界经济体、多民族国家体系和多元文化体。世界经济体是现代世界体系的经济功能体,是政治体、文化体存在与发展的决定性因素,沃勒斯坦常以之作为现代世界体系的代名词。

沃勒斯坦激烈地反对经典马克思主义者与新古典自由主义的主要假设,即认为随着资本主义的发展扩张至非欧洲的社会,扩张至西方帝国的许多前殖民地,必将带来有益的效应。经典马克思主义者和自由主义者相信,所有(后进的)社会在经济发展上都将经历单一序列的各个线性阶段,这些阶段将推动这些社会步入现代化进程(可以理解为前进)。而沃勒斯坦在阐述欧洲世界经济体的成长时却抛弃了这一观点。他修正了马克思主义者认为资本主义必将扫除其他所有前资本主义生活方式的原理,宣称世界体系包含许多其他的生产方式。与此类似,他拒斥现代主义者根深蒂固的假设,认为欠发展和边缘依附的研究主题就足以证明,工业资本主义并不一定会带来社会与政治方面的推进。①

世界体系分析的核心主张是:考察任何社会现象和政治现象的性质,都必须基于该现象与给定的社会"总体"的关系加以历史地理解和说明。也就是说,不能孤立地理解民族国家或(民族的)"社会"。各个国家与社会是在一个政治、经济、文化、宗教和空间关系所形成的复杂型构中彼此相互作用的。在世界经济政治关系的领域之外,来解释不同群体与个人的行动、价值观念乃至相互冲突的意识形态,就会犯19世纪实证社会学的错误,那种社会学天真地信仰一种关于"社会"的科学。由此看来,唯一可被合理称之为社会总体的社会体系,就是世界帝国、世界经济体和独立自给的经济体。② 在《现代世界体系》第四卷《中庸的自由主义的胜利:1789—1914》中,沃勒斯坦提出了"全球地缘文化"的概念,探讨了现代世界体系的地缘文化的形成,以宏大的历史视野和社会科学理论的概括能力,对自由主义中间路线是如何在全世界成为占据支配地位的政治意识形态做了重要说明,深化了对世界体系的政治、文化和经济诸方面之间的理解。

沃勒斯坦不仅探讨了资本主义世界体系,而且也探讨了社会主义世界体系,探讨了资本主义世界体系和社会主义世界体系的关系。尤其是他比较客观公正

---

① 布赖恩·特纳编:《社会理论指南(第2版)》(李康译),第478页。
② 同上书,第480页。

地分析了发展中国家的现状,并给予它们在世界体系中的应有地位。其使用的核心概念是:"核心"(core)、"边陲"(periphery)、"半边陲"(semiperiphery)。沃勒斯坦指出,资本主义从开始就不是在单个国家内孤立地出现的,而是作为一个世界性的体系出现的,是由核心、半边陲和边陲这三个组成部分联结而成的一个整体结构。核心的特征是输出制造业产品,边陲的特征是输出农业初级产品、工业原料和自然资源,半边陲则是从边陲地区输出"边陲产品"到核心地区,又从核心地区输出"核心产品"到边陲地区。因此,半边陲地区是世界体系中维持体系稳定的主要因素,它具有既被核心地区剥削,又剥削边陲地区的双重角色,而正是这种双重角色增加了世界体系内的异质性和多元性。以此为基础,沃勒斯坦以发展的眼光,分析了核心、边陲、半边陲地区在世界体系中的层位变化,同时也把对各个国家、各个民族经济与政治的多样性、差异性的分析,纳入了对世界体系整体的分析考察、宏观研究之中。① 在《现代世界体系》的前三卷中,沃勒斯坦通过对15世纪以后核心、半边陲、边陲地区的分析,给读者一种宽广的视野,但在第四卷中,突然缩小了关注点,把研究兴趣转向英国、法国、欧洲其他地方以及世界上说英语的国家。实际上,有两个值得注意的地方:一是研究视野的缩小,二是关注意识形态而不是经济联系。②

沃勒斯坦拒绝了那种单一的分析模式,反对线性的西方发展模式。他试图用一个更广阔的概念来涵盖对于世界历史和人类社会现代化发展的历程,可是与之自相矛盾的是,他似乎又让人感到他是在用另一种具有决定论色彩的马克思主义模式来替代他所反对的那种决定论模式,并且他对"现代性"是如何通过不同的方式和领域渗透进各个社会的发展过程当中,或者说,"现代性"是否也是一个超历史、超国家的概念好像并没有作出清晰的解释。当然,沃勒斯坦世界体系理论所作的解释在理论与经验两个方面都做出了巨大的贡献。从某种意义上来说,沃勒斯坦成功地摆脱了许多正统社会学理论的某些限制,其中最引人注目的是他摆脱了在对社会变迁的阐释中存在着的强烈的"内发型模式"(endogenous model)倾向。

---

① 张雷声:《寻求独立、平等与发展》,中国人民大学出版社1998年版,第202页。
② D. Smith, "Review Article: The Return of Historical Sociology," *The Sociological Review*, Vol. 62, 2014, pp.206-216.

三、迈克尔·曼：权力中心的去中心化

在英国历史社会学中，社会的互赖性问题先于全球化理论的兴起而成为研究的主题。其入手角度主要是地缘政治学的时空维度，以及迈克尔·曼所谓意识形态、军事、政治、经济等各方面的"社会权力来源"。在今天关注全球主义之前，对民族国家及其地缘政治位置的重新发现就已经有助于拓宽现代社会理论的分析范围，以涵盖他者（外人）这一角色，涵括陌生性的不详形象。同时，这样做还涉及了战争与地缘政治竞争的领域，而这样的领域在大多数情况下是被忽视的，不仅在社会理论中如此，在相当程度上，甚至在世界体系理论中也是这样。迈克尔·曼批评了主流社会学一直坚持的一个神话，即我们生活在多少近于密闭的有机社会中。①

曼认为，要使我们摆脱更具有机论色彩、本质上属于种族中心论的道德成员或"共同体"观念的束缚，首先必须清除以社会为中心的认同模式。曼主张我们的研究目标应该是认识到"社会是由相互重叠、彼此交错的权力的多重社会空间网络构成的"。根据他的说法，人类作为历史的主体与客体的双重结合，不断地重新界定他们在相互重叠的权力与联盟网络中，所具有的属于自身的自我形象，并重新商定他们自身所处的位置。② 那么，在曼看来，不同权力来源的制度化网络之间是存在冲突的，表现为权力结构与权力结构之间的裂隙，正是这些冲突，以及弱群体对既存制度的反抗，成为社会演化的最终动力。

曼明确表示：由于人类从根本上是社会性的，却非社会的动物，所以人类社会的驱动力并非制度化。因此，我们可以说，无论是韦伯的"民族国家"概念，还是福柯的监禁社会观念，在认识论角度与历史角度上都有所缺陷，都错误地坚持用一种过于制度化的、一元性的观念来理解社会生活。③

曼的《社会权力的来源》（全四卷）涉及时间从人类社会的起源到2008年金融危机前后，他探讨了意识形态、经济、军事和政治四种人类社会的基本权力是如何起源的以及它们在历史上的相互联系，如何推进了文明的演进，如何导致工业资本主义文明的诞生等。随着全球化时代的来临，曼对权力的分析也置于全

---

① 布赖恩·特纳编：《社会理论指南（第2版）》，第482页。
② 同上书，第483页。
③ 同上书，第484页。

球化背景下,认为全球化不是一个单一的过程,而是社会权力所有四种来源的全球化,每一种权力来源都具有不同的发展节奏。而且,曼还关注了与人类休戚相关的重大问题:经济、金融、公民福利、全球气候变暖等问题,曼都从社会权力的视角作了分析。

四、布罗代尔:历史变迁的长时段研究

费尔南·布罗代尔是法国年鉴学派的代表人物,在沃勒斯坦的世界体系研究之前,他已经开始考察物质生活和文明与地理和权力这两方面之间的关系。他关注时间的特性,认为历史变迁是以不同的速度进行的,他对时间形态作出了三种区分:第一种是代表地理和结构变迁的"长时段";第二种是十年到二十五年循环出现的经济现象,这是"中时段";第三种是代表特定事件的"短时段"。他对复杂理论的构造持怀疑态度,认为这些理论容易同社会现实脱节,他赞同古尔维奇(G. Gurvitch)把社会分为总体类型和微型类型,以及各种社会团体的区分法,借助相对简单的模型进行研究。他侧重于大规模的缓慢变化的地理、气候等结构而非日常生活经历中的事件,并且他不主张过分关注名家构造的历史,而是观察真实的生活。他的全局史可以看做是文明分析与全球性社会学的先驱,他对于社会的等级制度、国家、文明和城市的考察都是在以局势史(历时的)和结构史(静态的)为焦点的框架中建立起来的。"在布罗代尔的论述中,世界经济体系超越了国家、社会和文化界限,与它们相互作用但是绝不能控制甚至决定它们的形成,每个世界经济体系都有一个显著中心,明确的边界以及地区的内部等级。中心区总能发现一个占支配地位的资本主义城市和一个特殊的国家机器。"①

五、埃利亚斯:文明的进程

诺贝特·埃利亚斯的历史社会学的主要特色是在欧洲国家的形成与宫廷理性的漫长发展过程中所形成的文明观念以及各种形式的礼貌。他的《文明的进程》就对有关欧洲国家形成与西方礼貌文化史的历史社会学作出了贡献。② 他的基本观点是,社会的区分与社会互动中暴力的根除孕育了人类情感结构的转

---

① 丹尼斯·史密斯:《历史社会学的兴起》(周辉荣、井建斌等译),第156页。
② 布赖恩·特纳编:《社会理论指南(第2版)》,第489页。

第十二章 当代西方社会学理论的历史学转向

型。伴随着早期现代欧洲骑士的衰亡与贵族阶层的兴起,符合宫廷礼节的行为形式迫使人们心理上产生一种根本的转换:个人情感与冲动的节制。关于对身体机能的制约所发生的变迁,埃利亚斯的研究深入探索了"礼貌的历史"如何表现了西方对身体理解的重大变化:自我约束的贵族式礼仪逐渐扩散,宫廷理性也随之向"下层阶级"扩散。因此,埃利亚斯文明化进程所关注的是驱力和情感的秩序、自我控制的秩序以及社会约束的秩序这三者的同时发展。这种发展超越了阶级、性别、民族、宗教等方面的差异,但并非与它们毫无关系,因此,在本质上属于文明的层次。埃利亚斯文明化进程的考察具有"较大的辐射半径",故而也需要一种长距离的视角来考察整个结构的社会生成,不仅仅是一个单个的国家社会,而且还包括由特定的相互依赖的一组社会形成的社会领域。①

六、吉登斯:晚期现代性理论

安东尼·吉登斯对历史唯物主义与现代性理论的单线进化论进行了双重批判,和迈克尔·曼的立场不无类似,都明确地拒弃有关社会变迁的一元因果解释,以及各种信守社会发展与道德发展均遵循单一持续路线的神话的历史哲学。在《社会理论中的核心问题》里,吉登斯已经着手勾勒一套"结构化理论",该理论将同时超越现象学社会学与结构功能主义的局限性。而且,它还将为各种目的论色彩的历史哲学提供替代选择。他有关社会行动与结构的替代性理论,即结构化理论,致力于综合两种近乎互斥的学术取向——解释学的解释与结构主义的分析——的优点。古登斯抛弃了正统的以阶级为基础的社会理论与历史理论,以及舒茨式的"解释社会学"。与此同时,他的非连续性的分析框架注重将所谓的"传统"社会与"现代"社会区分开来的断裂。他的结构化理论并不是要为各种社会形式构建一幅连续性量表,而是强调,要理解"情节片断的转变"(episodic transitions),就很有必要考察"时空边界"(time-space edges)。考虑到所有的社会都将时间与空间"束结"起来,即内在于社会系统的构成性的"在场与不在场的相互融合",那么,就该用"时空伸延"的概念来解释进化论者通常试图说明的那些现象:与社会再生产和治理能力相关的各项制度不断趋于复杂和增强。吉登斯借用了布罗代尔的"长时段"概念,以求把握长期发展中的四种关

---

① 布赖恩·特纳编:《社会理论指南(第 2 版)》,第 490—491 页。

键性的"制度丛结",是它们界定了现代世界,并脱胎于现代化的四种主导逻辑:工业化、资本化、民族国家的形成、监控机构的垄断化。如果不用这种长期的、宏观的观点来看待权力和历史,结构化理论就将滑向舒茨这样的解释社会学家一贯所犯的错误,他们分析行动的现象学就未能考虑到这些问题。吉登斯社会理论的优点之一是:对上述现代性主导逻辑的理解并不局限于与全球视角相对的社会中心视角。他认为,促成社会整合的各种社会闭合形式"从来也不是无懈可击的"。相反,他主张不应把时空边界还原为动态社会力量的日渐开放,也不应该还原为赋予任何内生或外生的社会动力机制的优先性,这一主张的核心观点是"实际上所有社会都存在或已经存在与其他社会相互关联的性质"①。

七、斯考切波:结构性理论

西达·斯考切波是第三代革命研究的代表②,她认为,现有的革命理论不适合解释革命的实际历史模式,要采用一种新的分析视角——结构性论而非意志论的分析,强调跨国性世界——历史背景对国内政治冲突的重要作用。其研究方法表现出对于新制度主义中历史制度主义路径的倾向,采用了比较—历史的分析方法。斯考切波还强调"国家的潜在自主性",要理解国家在社会革命中的位置。其著作《国家与社会革命:对法国、俄国和中国的比较分析》(1979年)一书的核心问题是:为什么会发生社会革命? 斯考切波的回答是:国家结构、国际力量和阶级关系这三种要素结合在一起,共同导致了社会革命转型的起源和成就。斯考切波选取 1787—1800 年的法国革命、1917—1921 年的俄国革命和 1911—1949 年的中国革命作为案例,进行了深入而严肃的比较历史分析。斯考切波试图在"第二手资料"的基础上,"找出并通盘考虑从理论思考和比较分析逻辑的角度来看具有重要意义的成果,在各国历史轨迹中选取一些片段作为比

---

① 布赖恩·特纳编:《社会理论指南(第 2 版)》,第 484—486 页。
② 革命现象虽然久已有之,但是,对革命问题的系统研究,在很大程度上则是 20 世纪以来才在理论研究中占有重要的位置,并形成了特定的研究传统。根据有关学者的归纳,第一代的革命研究以"自然史学派"的革命研究为代表,对革命进行个案研究,并对革命的过程进行细致描述。第二代的革命研究主要致力于解释各种革命发生的原因,放大了革命的外延,将革命与暴力事件联系起来。而第三代的革命研究,是以斯考切波为代表的结构性途径的革命研究,对少量重大革命进行深入研究,这一代的革命研究不但试图找出革命发生的原因,而且还试图将革命的进程和革命的后果也统一纳入研究框架之中。参见西达·斯考切波:《国家与社会革命:对法国、俄国和中国的比较分析》(何俊志、王学东译),上海世纪出版集团出版社 2013 年版,译者序。

较的单位,从而为那些本身只有少数案例的宏观历史现象作出解释"①。

八、蒂利:集体行动理论

查尔斯·蒂利对集体行动、社会运动、抗议政治以及民族国家的形成等方面的研究作出了突出贡献。"议题"是蒂利最热衷的一词,并且也是理解他方法的关键。蒂利的议题总是不断修改,但无论是对论述的话题、方法,或是资料来源进行怎样的修改和更新,他所关注的中心主题仍然是同样的,即我们如何理解集体行动?蒂利的议题无疑是历史学的:在长期的社会结构转变的背景下,欧洲的集体行动是如何被激发起来的?这些转变目前正成为问题:城市化、工业化、国家的形成、资本主义的增长。在宽泛的集体行动范畴中,蒂利主要关注于有争议的,尤其是那些激进的公众聚会。他的大部分文章和著作关注的是罢工、粮食暴动、税收反叛,以及反对征召的实证研究等等。②

"集体行动"是一个奇特的概念,蒂利的理论立场的诸多方面都隐含在他对此分析范畴的选择方面。蒂利将"集体行动"宽泛地定义为"人们一起行动起来追求共同利益"。蒂利关注最多的是法国的集体行动,既包含了描述部分,又包含了分析部分:集体行动如何伴随着时间的推移而发生改变,以及为什么会发生这种改变?蒂利非常注重时间维度,即使将分析限定在一个划定的时限内,他的目标仍在于将1600年至今集体行动变迁的大框架放置于此时间跨度中。蒂利的研究主要存在着两种类型的解释:一是那些解释为什么集体行动中的变迁以及它们的方式发生以及它们历史结论的特殊性是什么的假设;二是集体行动的一般模式。蒂利认为许多地方争取政治权力斗争的转移,比基于社会崩溃理论或经济衰败理论基础上的假设更好地解释了集体行动的趋势。蒂利从诸多的验证,以及在"动员模式"指导下的一般历史研究中总结了一些发现结果。如今,模式的因素已普遍熟悉:组织、利益、压制、权力、机遇(或威胁),以及集体行动。③

我们从蒂利的著作中可以发现可选择性的集体行动模式,以及对运用历史研究策略来求解社会学问题的阐述。而且,蒂利如何为历史社会学提供了新的方法论路径,并详细地阐述了社会学家如何能够参与到历史研究中去。

---

① 西达·斯考切波:《国家与社会革命:对法国、俄国和中国的比较分析》(何俊志、王学东译)。
② 西达·斯考切波主编:《历史社会学的视野与方法》(封积文等译),第257页。
③ 同上书,第260—279页。

以上学者的研究贯穿了战后整个历史社会学的复兴历程,他们所提出的各种理论观点成了历史社会学的热门话题,尽管遭受了诸如女性主义、第三世界后殖民主义、后现代主义的种种批评。但是,应当承认,作为从一种全球化角度出发来思考人类社会变迁和揭示人类命运的历史社会学依然在不断前进。进入20世纪90年代以后,西方历史社会学的关注点已经从传统的阐释民主、揭示民主、揭示资本主义等话题转移到了批判和反思资本主义民主等社会领域的话题上面。历史社会学家依然对于目前社会中公民权利的不充分表达寄予极大的关心,相对于许多发展中国家的历史社会学家关注本民族或本国的命运而言,那些早已放弃"本土化"和"个人化"的历史学家正在以自身的努力来证明人类社会作为一个整体所面临的问题,并积极寻求一切机会来传达对于各个社会中(民族—国家)公民追求社会公正和个人权利的意义之重要性。

第四节 历史社会学的方法论基础及其研究方法

当代西方社会学理论的"历史学转向",其收获之一便是吸取了历史学中的方法,进而形成了自己较为独立的方法体系。因此,从这个意义上来说,历史社会学也获得了其存在的意义。在历史学和社会学的相互影响中,当代历史社会学研究至少形成了三种方法论特色:应用普遍模式解释历史事件;运用概念丰富有意义的历史解释;分析历史中的因果关系。

一、历史社会学的方法论特色

(一)普遍模式的应用

这一模式是把一般模式运用到一个或多个的历史事例中,运用这种方法的典型例子是斯梅尔瑟的《工业革命中的社会变化》,他在书中运用了公认的普遍联系的逻辑因果关系模式,因为这本书是一部比较历史的著作,他把同样的普遍模式应用到两种不同的例子中,然而斯梅尔瑟对于直接比较两个变化结果并不感兴趣,他没有把他的理论当作包罗万象的东西运用于英国历史。第一种方法的实践者主要对论证和详述一般理论模式的内在逻辑感兴趣,为此,把普遍模式运用到一个或更多的相关历史事件中是非常有价值的,因为它促使理论家详述和运用那些必定是十分抽象的概念和理论命题。

第十二章 当代西方社会学理论的历史学转向

这种对于一般模式的运用可能会导致这样的结果,将这种给定的模式运用到可能不同的各种场合中会产生一种武断的结果,特别是在对历史事件具体结果的分析描述普遍地采用一般理论加以详述时。但是社会学家已经向两个恰好相反的方面发展,可以从把理论运用于武断选取出来的事件和事实这样的陷阱中摆脱出来。一种是伦斯基采用的方法,用他自己的话来说就是"把普遍模式应用于所有众所周知的历史事例的领域",这种方法具有避免选取事实以适应理论的优点,但是缺点是对于特定的历史事件失去了兴趣。另一种是探索挑选出来的事例中的历史争论,目的并不是捕捉全部历史事件,这样一种方法是有选择性的,只是根据研究者所采用的模式研究他所挑选出来的历史事件。

(二) 应用概念解释历史

历史社会学家经常采用的第二种方法是运用概念对广泛的历史模式进行富有意义的解释。运用一些普遍性的明确概念解释研究的主题,在一个或更多个历史事件的研究中选择和描述历史模式。由于解释历史社会学家运用比较方法来突出每一件事的特别之处,他们一般会选择许多事件作为研究对象,而当他们涉及大范围的事件时,那么在比较性争论中就会频繁援引那些性质极端不同的内容。① 而解释历史社会学家运用比较历史的目的是通过比较阐明其特征,而不是显示刚刚讨论过的历史社会学的第一种方法中理论模式的适用性。

在这种方法中,写作方式一般是采用详尽叙述的方式;在应用概念解释历史的时候必然会带有当代人的观念和假设;无论是单一事件的研究还是比较研究都强调对特定时间和地点的描绘,既注意所研究的行动者的倾向,还注意研究活动者进行活动的制度和文化上的背景。在解释历史社会学家所使用的概念和描述性叙述中都表明和包含了各种各样的因果关系,然而他们并不试图去建立诸多事件中行之有效的解释,也就是说他们并没有建立普遍有效的因果关系的意图。

(三) 分析历史中的因果规律

第三种方法的核心在于为历史结果或模式提供一个恰当的解释,不管是普遍模式还是对每个特定时间和地点的复杂特征进行有意义的探索都不能占主要

---

① 西达·斯考切波尔:《历史社会学的产生和研究方法》,载蔡少卿主编:《再现过去:社会史的理论视野》,浙江人民出版社1988年版,第259页。

地位,因果规律是可能在历史中被发现的。在这一方法中,调查研究者的任务不是针对一些现存理论,而是发现具体的、足以说明重要的历史模式的因果关系结构,实际上,这种方法主要提供的是对事件的说明。

如果说解释历史社会学家对于"发生了什么"感兴趣,那么分析历史社会学家对于"为什么会发生"更感兴趣,他们更努力地去探寻基于具体因果关系的答案,但是分析历史社会学家并不打算超越具体的背景归纳出一种解释。

需要指出的是,上述三种主要方法论模式彼此间并不是封闭的,学者们一直尝试着将它们创造性地结合起来,许多研究常常是围绕着每个主要方法展开,但是在具体的应用中会不时地采用其他方法,并且这些方法总是在被重复地运用。例如,在《历史学与社会理论》一书中,伯格就指出了历史社会学的模式和方法主要有"比较法、模式化或类型化、计量方法以及社会显微镜"①。

二、历史社会学的研究方法

(一) 比较法

比较法在社会学研究中历来就处于十分重要的地位,社会学家涂尔干也强调比较法的运用,他认为这一方法可以"使社会学家能够从对社会的描述转向它为什么采取此种或彼种形式"。虽然历史学家起初拒绝比较法在历史学研究中的地位,因为他们认为历史学关注的是特殊性的、不可重复的东西,是不适合采用比较法的。但在历史社会学中由于受到社会学家以及社会学研究方法的影响,并且要把特殊研究和一般研究相结合的话,必须有赖于直接或间接的比较法才能够实现。因此历史社会学家往往采用比较结构基本相同的社会和比较结构基本不同的社会两种比较方法。例如,斯考切波在其《国家与社会革命》(1979年)一书中,就全面运用了宏观的历史比较分析方法。史密斯将斯考切波在该书中所创立的方法概括为以下三点特征:首先,她采用了一种"非意志论的结构视角",而抛弃了"革命发展进程所凭借的意图观念"。其次,对社会革命的国际关系和世界历史背景极为关注,开拓了全球性的视角。最后,国际压力通过政治体制而影响国内政治,但是国家具有其潜在的独立性。② 但在后来的著作中,斯

---

① 彼得·伯克:《历史学与社会理论》(姚朋等译),第27页。
② 丹尼斯·史密斯:《历史社会学的兴起》(周辉荣、井建斌等译),第92—93页。

考切波则逐渐转向了对单一个案的全面深入分析。斯考切波主张从三个方向来建构历史研究的策略:(1)演绎式地把普遍模式应用到历史研究;(2)归纳式地分析因果规律;(3)发展有意义的历史解释。①

当然,比较法的使用也应该注意避免一些误区,人们往往过于简单地认为社会是经历一系列不可避免的过程而发展的,这时比较法就容易陷入一种单线进化论的观点,并且使用比较法时也会以西方为标准,导致为许多学者所批判的西方中心论。因此在使用比较法时应注意到比较分析既不能是进化论的,也不能是静态的,而且也要恰当选择具有可比性的因素。

(二) 模式和类型法

模式和类型可以说是一种主观建构,可以使事实得以简化而便于理解。但与比较法的遭遇类似,有些历史学家认为历史是特殊性的事件,是特定历史条件的产物而无法得出一般结论,因此也不能概括出一般性的模式。历史学家之所以怀疑模式,一个理由是:使用它们将导致对随着时间流逝而发生的变化漠不关心。以韦伯为例,他就恰恰因为在论述"清教"时忽略其变迁而遭到批评。在他的笔下,这种"清教"价值体系从16世纪加尔文到18世纪本杰明·富兰克林似乎一成不变。然而,模式可以包含变迁。用对照的模式来概括(比方说)从封建主义到资本主义,或从前工业社会到工业社会("农业社会"到"工业社会")的复杂变迁过程,就不失为一种有效的办法。实际上,越来越多的历史学家已经在无意识地使用模式法了,在社会历史学家那里经常使用模式、类型法,如使用"阶级",把"阶级社会""等级社会"加以比较。②

(三) 计量方法

计量研究方法源远流长,古罗马时期就实行过帝国定期人口统计;而在18世纪的法国,就曾公布过不同城市的谷物价格。把计量方法用于研究其他形式的人类行为甚至人类观念,这一想法相对较新,且一直引起争议。例如,社会学家在进行他们所谓的"调查分析"时发送问卷,或对统计分析结果所需的足够量的人进行现场访谈等。③ 但到20世纪五六十年代,历史社会学家普遍地使用计

---

① 文崇一:《历史社会学——从历史中寻找模式》,三民书局(台湾)1984年版,第35页。
② 彼得·伯克:《历史学与社会理论》(姚朋等译),第37—38页。
③ 同上书,第40页。

量方法,他们往往使用的是系列统计分析,这可以用来研究以时间为基轴的社会现象。统计分析可以用于整体调查和样本调查,而后者是社会历史学家经常使用的,他们选出一个具有代表性的小群体,用历时的方法加以研究。现在,计量方法的局限也越来越明显,比如说数据的来源的准确性和客观性,衡量的标准如何确定等等。当然,传统上等同于非历史的社会学研究方法的计量方法已被改造成为同分析短暂过程有关的一种方法,而且定量和定性方法在研究中被创造性地结合在一起。不放弃长期形成的用一般术语解释社会结构和团体活动的模式及影响的方法,使用定量和定性相结合的分析模式,社会学的理论化对揭示时间的连续性和历史道路的选择性会更有好处。①

(四)"社会显微镜"

20世纪五六十年代,社会历史学家或者历史社会学家普遍使用计量的方法,侧重宏观社会史的研究。但70年代后,他们逐渐接受了人类学家的研究方式和成果,将研究的重点转向了"微观史"(microhistory),关注微观的社会分析,研究一个小的社区或者某个人物的生平。他们声称单个样本可以微缩地代表一种状态,从局部数据可以得出一般性的结论。但是,我们现在越来越强调宏观研究与微观研究的结合,比如说米歇尔·福柯的权力研究,既有关于国家权力的研究,也有关于工厂、学校、家庭及监狱的权力研究;既关注了社会范围的大趋势,也观察了人们日常的言语、行为举止。历史社会学家的这种"社会显微镜"的研究方法,给了我们一种新的视角,如果放到更大的历史或者文化范围中,将给我们展现更加全面的社会史。

第五节 当代西方历史社会学理论的研究视角

作为融合社会学和历史学学科特色的历史社会学,其理论视角无疑会受到两个学科的深深影响,尤其是受社会学理论的影响较大。尽管在主流社会学理论的发展史中,曾经出现过对历史学不屑一顾的现象,但作为社会学分支学科之一的历史社会学,为尽可能获得自身的学科地位,不得不主动借用各种社会学理论视角,包括曾经排斥自己的主流社会学理论的研究视角。具体来说,西方历史

---

① 西达·斯考切波:《历史社会学的产生和研究方法》(封积文等译)。

社会学理论主要有以下几个方面的研究视角。

一、结构功能主义的视角

尽管由于结构功能主义在社会学理论中的主流地位而导致了历史社会学兴起的苦难,但在历史社会学中,结构功能主义的研究视角一直被许多历史社会学家所推崇。例如,针对结构功能主义的代表人物帕森斯,史密斯曾说:几乎没有人怀疑帕森斯非常注意经验的多样性,并且极其熟悉许多战线上的历史性比较问题。帕森斯的主要关注点,即关于社会化和社会控制、社会系统内部整合的发挥以及价值观的舆论扮演的角色都是可以通过比较和历史的分析方法来进行的。① 这种方法在他早期的文章《法西斯主义运动的若干社会现象》中就有相当明显的体现。在《社会系统》(1951年)一书中,帕森斯对特定的历史情形与历史进程也提出了许多真知灼见。

斯梅尔瑟强调的是历史分析的有效性和理论本身的有效性之间的紧密关系问题。在《社会变迁与工业革命》(1959年)一书中,斯梅尔瑟以1770年至1840年兰开夏郡的棉纺织工业为主题,充分地说明了结构功能主义研究方法在历史分析中的实用价值。与其同时代,艾森斯塔德(S. N. Eisenstadt)在《帝国政治体系》(1963年)一书中对前工业社会的政治体系也进行了深入的考察,并认为:历史上的官僚帝国实际上是一个"折中体";历史总是伴随着和谐——破裂——和谐的过程进行的,历史上的官僚帝国也孕育了现代专政和民主的种子。同年,李普塞特(S. M. Lipset)在《第一个新国家》(1963年)中也阐述了这样的道理:美国的特殊历史孕育了一套独特的结构性倾向。这些结构性倾向形成了一种规定价值观念的方式,能够应对社会变革所造成的压力;同时它还有助于注入两党制等制度性因素的帮助,有利于民主体制的稳定。显然,李普塞特对美国式的民主极为推崇。②

二、结构化分析的视角

结构化分析的视角是由英国社会学家吉登斯所倡导的。"宏观理论卷土重

---

① 丹尼斯·史密斯:《历史社会学的兴起》(周辉荣、井建斌等译),第15—16页。
② 同上书,第19—33页。

来,但这次已经是重视历史了。社会的历史维度成了吉登斯的一个主要的关注对象。"①吉登斯的结构化分析抛弃了传统的以阶级为基础的社会理论和历史理论以及舒茨的现象学社会学。他的非连续性分析框架注重将所谓的"传统"社会与"现代"社会区分开来的断裂。在吉登斯看来,现代社会之前的一切以阶级划分为基础的社会之间的区别,就在于通过向充满活力的工业资本主义与民族国家体系过渡,权力资源(即权力的容器)发生了空间的变化。吉登斯认为,"现代世界被资本主义、工业主义和民族国家体系的相互交叉作用所形塑"。他还认为,现代性可以被界定在以下四种"制度丛结"中:高度监控、资本主义企业、工业生产以及对暴力工具的集中化控制的不断巩固。而要把握这些独具现代特色的权力制度,就必须分析普遍隐含在人类相互作用中的结构特性,即意义的沟通(符号的意指)、权力的运作(支配)以及各种规范性约制或合法化的模式。②

三、权力分析的视角

权力分析的视角主要是由历史学家布罗代尔和迈克尔·曼倡导的。布罗代尔的历史社会学研究旨在构造一种不同于名家们所传授的,即在外交档案之外的真实的历史。他对持久性的历史结构的塑造力和限制力投入了极大的关注,尤其是大规模的缓慢变化的地理、气候、风俗习惯等结构。他的三部代表作是《菲利浦二世时代的地中海和地中海世界》(1972年)、《15至18世纪的物质文明、经济和资本主义》(1981—1984年)、《法兰西的特性》(1985年)。其中,在《15至18世纪的物质文明、经济和资本主义》一书中,布罗代尔分文明与社会、城市与国家、商人与世界经济三对主题进行了分析,并提出了这样的观点:首先,社会是一个包括经济层面、社会等级(各个社会等级之间是流动性的)、政治和文化的"组合器";而且,这些层面任何一个都不能拥有对另一层面的永久优势。其次,城市的三种类型(即开放式城市、封闭式城市和被征服的城市)代表了城市生活所经历过的三个阶段,也反映了城市和国家关系的三种基本类型。最后,伴随着商业的发展,近现代以来的资本主义的舞台已经超越了城市和王国,而成

---

① 丹尼斯·史密斯:《历史社会学的兴起》(周辉荣、井建斌等译),第171页。
② 李培林、覃方明主编:《社会学:理论与经验(第二辑)》,社会科学文献出版社2005年版,第223页。

了世界经济体系。①

另一位代表人物是迈克尔·曼。曼在《社会权力的来源》(1986年)中重新思考了人类之前对社会生活的理解。在该书中,曼翔实地探讨了从公元前5000年的美索不达米亚,到17世纪末18世纪初的西北欧国家资本主义和国际资本主义的形成,追溯了社会权力的产生之源。曼尝试用权力关系阐释直至今日的世界文明史:"社会是由相互重叠、彼此交错的权力的多重社会空间网络构成的。"或者说,权力机器社会基础结构都是弥散性的。他纵观文明的起源和历史的潮起潮落,并从中得出一条理论或规律:人类社会的历史就是权力的历史;权力有四种来源,即对经济、意识形态、军事和政治的支配;人类社会的历史就是这四种权力的具体构型(configuration)此消彼长、相互作用的历史。② 这四个来源中没有哪个是最根本的,究竟哪个占据支配性地位,要视世界历史背景而定。其中,军事权力既有深入性(主要是防御性)的一面,也有广泛性(侵略性)的一面。意识形态权力可能是内在的(比如它会集中表现在一个阶级或民族的集体面貌中),也可能是超越性的(比如广泛弥散于不同地区的人群中)。政治权力主要表现为对有限领土内社会关系所进行的集权化国家调控。最后,经济权力把生产劳动的深入性和交换消费网络的广泛性整合成为现实的"实践网络"③。

四、公民权分析的视角

公民权分析的视角主要是由马歇尔(T. H. Marshall)和本迪克斯(R. Bendix)倡导的。马歇尔对历史上的公民权利进行分析后提出了自己的公民权理论:首先,社会分化导致了中世纪地方共同体被特定的权力和管理机构所取代,这些管理机构包括皇家法庭、议会和济贫法的实施机构。其次,政治权利逐渐呈现独立于公民权利之外的趋势。最后,公民权利成为集体谈判的基础,政治权利促进公民舆论与国民意识,公民权利和政治权利的使用增强了争取社会权利的压力。④

而本迪克斯则运用了二分的方式,以公民权利为线索把中世纪以来的历史分成了四个阶段。第一个阶段,绝大多数人被束缚在依附关系之中,不享有直接

---

① 丹尼斯·史密斯:《历史社会学的兴起》(周辉荣、井建斌等译),第138—155页。
② 姚朋:《迈克尔·曼的社会权力史及权力史观述评》,《史学月刊》2003年第7期。
③ 丹尼斯·史密斯:《历史社会学的兴起》(周辉荣、井建斌等译),第161页。
④ 同上书,第39页。

的政治参与;政治方面的权利属于集体而非个人。第二阶段,王权家产制取得了胜利,并发展成为绝对的君主制,但大部分民众仍然被排斥在政治共同体之外。第三阶段,国家的权力和功能得到了显著的加强,但公民要求自由、平等的呼声日益高涨,国家自建构以来遭遇前所未有的危机。到了第四个阶段,这种危机因为三方面的原因得到了克服:资本家越来越愿意代表民众当担政治领导者,通过扩大城市劳动阶层的公民权而使民众融入公民社会之中,国家机器的力量增强、范围扩大。

五、文明分析的视角

文明分析的视角的主要代表性人物有历史学家埃利亚斯、尼尔森(B. Nelson)。埃利亚斯对与人类动态型构互为因果的社会发展的结构性进程,尤其是包括直觉方式和感情方式投入了极大的关注。通过对各个历史阶段的礼仪规范的考察,埃利亚斯确认礼貌、教养和文明史社会关系中人类心灵表达的三级相继的阶段(它们分别对应的历史阶段是:中世纪社会、绝对君主制社会和资产阶级社会)。在《文明的进程》第二卷《国家的形成和文明》(1982年)中,埃利亚斯还用很长的篇幅论述了封建主义的动力、国家的社会起源以及整个文明化的进程(绥靖、货币化、功能的分化、相互依存、中央集权、自我约束和抑制)。之后的美国社会学家兼历史学家尼尔森则对文明之间的关系及文明之间的遭遇对于理解各文明的自我形象的影响投入极大的关注。在尼尔森看来,要想说明某一种文明的上升,就既要研究某个文明复合体(civilizational complex)的历史构成,还要考察它与其他部落、帝国或国家间的遭遇或交流。正是从这个角度上来说,尼尔森的分析超越了韦伯,也超越了埃利亚斯。尼尔森的分析向我们展示:在当今社会,时间与空间的革命、科学技术与视角的革命、理性化的革命、民主运动的革命以及意识/良知(consciousness/conscience)结构方面的世界范围的革命这些根本性的革命,不仅已经出现在了"西方文化"之中,而且超越了文明的边陲,成为全球性的东西。①

---

① 约翰·曼达利奥:《历史社会学的发展趋势》,载李培林、覃方明主编:《社会学:理论与经验(第二辑)》,第 231—233 页。

六、阶级分析的视角

阶级分析的视角的主要代表性人物有摩尔和汤普森。摩尔在《民主和专制的社会起源》(1966年)中持这样的观点:革命(在法国和中国)和内战(在英国和美国)这些重大的变革事件,需要从特定的联盟、集团之间的冲突、整合方式和观念的变化这些方面来进行解释。这些方面的变动是被现代化的挑战特别是农业的商品化所激发的。摩尔在该书中还详细地讨论了暴力和民主制、法西斯主义、共产主义的起源,并对民主制、法西斯主义和共产主义的后果作了细致的区分。而汤普森在《英国工人阶级的形成》(1968年)一书中分三部分强调了它们各自在阶级形成过程中的作用。第一部分主要阐发了班扬(J.Bunyan)的《天路历程》和潘恩(T. Paine)的《人权》是英国工人阶级运动的两部奠基性著作。第二部分则阐发了工人阶级的意识在很大程度上是被卫理公会塑造的道理(被灌输和资产阶级功利主义一致的教规),但与此同时也认为这正好为他们提供了一个对所受压迫进行发泄的渠道。第三部分则追溯了工人阶级针对反革命压制而作出的积极反应的源流。①

七、全球化分析的视角

全球化分析的视角的主要代表性人物有罗伯逊(R. Robertson)。罗伯逊提出了所谓的"全球化理论"。"全球化"(globalization),从否定的性质来看,就是既非"国际主义"(即支撑各种国际团体的统一体),也不同于"世界社会",因为这种理论并不努力辩称世界大同的市民社会的正当性,甚至其存在的实际可能。罗伯逊的全球化理论设定了"作为整体的世界的具体结构化过程",其入手点是考察个体与社会两个方面如何将它们自己定位于一个全球的领域之中,而这个全球领域将同时规定并重新表述他们各自基于特殊主义而产生的利益及认同。罗伯逊在对全球化中文化的研究也是颇有建树。比如他对宗教运动的研究、"世界神学"与市民宗教的研究,他在更具比较性的视角上对日本的宗教与现代化所做的研究,对全球化所具有的文化密度和全球性的时空压缩所可能造成的

---

① 虽然在关注的主题上颇有联系,但是摩尔和汤普森的历史社会学研究方法却是不大一样的:前者批判地接受了功能主义和进化理论,后者则一直迷恋于马克思主义关于"自由王国"和"必然王国"的区分。参见丹尼斯·史密斯:《历史社会学的兴起》(周辉荣、井建斌等译),第79—89页。

文明冲突的研究等。①

八、社会运动分析的视角

社会运动作为一种常见的和主要的集体行动的方式和抗争手法(repertoire),其历史十分短暂,按照蒂利的研究,社会运动最早可以追溯到 1768 年的英国,20 世纪 60 年代以来逐渐在美国、英国、法国等民主国家被制度化,同时,这种抗议形式在世界范围内得到传播,发展成为当今最流行的抗议形式。社会运动的分析视角主要在社会家斯梅尔瑟和蒂利的研究中体现出来的。斯梅尔瑟认为,社会运动的发生是由以下六种因素共同决定的:(1)有利于社会运动产生的结构性诱因(conducivences);(2)由社会结构衍生出来的怨恨、剥夺感或压迫感(structural strain);(3)概化信念的产生(generalized beliefs);(4)触发社会运动的因素或事件(precipita-tionfactors);(5)有效的运动动员(mobilization for action);(6)社会控制能力的下降(opertion of social control)。这六个因素是社会运动发生的必要条件(而非充分条件),一旦全部具备了六个因素,集体行为就会必然发生。

蒂利在 2004 年出版了《社会运动,1768—2004》一书,对 18 世纪到 21 世纪的社会运动进行了历史勘察,并表明对斗争政治的分析需要建立在对历史的理解基础上。历史的理解能够帮助我们:(1)解释社会运动所表现出的一些重要特征(如训练有素的游行、抗议);(2)辨别社会运动发展过程中所发生的显著改变,从而能够对将来可能的变化趋势起到警示作用;(3)将注意力引到转型过程能够使社会运动成为可能的政治条件上。② 进入 21 世纪后,社会运动也发生了一些变化,受全球化的影响,国际非政府组织、跨国公司等都在社会运动中发挥着重要作用。

九、综合性分析的视角

随着当代西方历史社会学的发展及其影响力的日益扩大,综合性分析的视

---

① 谢岳、曹开雄:《集体行动理论化系谱:从社会运动理论到抗争政治理论》,《上海交通大学学报(哲学社会科学版)》2009 年第 3 期。

② 董国礼:《历史社会学视野下的社会运动研究——蒂利的集体行动理论》,《学海》2007 年第 5 期。

角越来越受到历史社会学家的青睐。例如,蒂利就主张将历史社会学的研究视野从国家之间扩展到这样几个方面:(1)其他的宏观的历史研究,采用区域、市场、生产方式、多种资本主义间的关联,以及其他大型结构,作为其研究单位;(2)世界体系的研究,尝试去检视在欧洲资本主义主导之下,世界经济体的历史实况;(3)用微观历史的方式研究结构与进程。

总之,随着跨学科方法在当代西方人文社会科学研究中被越来越多地运用,历史社会学的分析视角也开始越来越多地尝试跳出历史学和社会学既有的框架来寻求更具解释力的分析方法了。

第六节 对社会学理论历史学转向的评论与反思

社会学理论的历史学转向从一开始就陷入了让人"质疑"的命运或历史社会学自诞生起,它的背景就决定了其让人"质疑"的命运。它的产生基础到底何在?这种基础的坚固性何在?它的独立性的核心何在?这一系列不确定的、不清晰的因素让人越加担忧它的命运。然而,这些今日并未见有圆满答案的问题,并不能动摇历史社会学的合法性,也并不能说明它在今日乃至以后社会科学领域地位可有可无,这仅仅代表了它的不成熟而已,或者,这仅仅体现了社会科学的表征即争议性。我们不能简单地将历史社会学等同于一种认识论、理论或者方法论。例如,在斯考切波、蒂利、沃勒斯坦等人看来,历史社会学作为一门独立的学科应该被接受,因为它和其他经验社会学形式是一样严密的,并且,这是填补经验知识内某些空白的唯一方式,如罕见的事件或现象要经历很长一段时间才会发生,我们只有通过"历史的"方法才能更深入地理解。

历史社会学作为一门独立的学科,其合法性地位虽然到目前为止还存在着一些争议,但其作为一种"意识"或者一种"方法论"又或者一种"知识方案",无论在社会学家那里还是在历史学家那里都日益得到重视和努力。它的诞生是"时事造就"的结果,同时也是社会学与历史学这两门学科整合发展的必然结果。而且,相对于社会历史学来讲,历史社会学在更大层面上是社会学"历史学转向"的结果(尽管对于历史社会学有太多的争议,但是,我们仍可看到它越来越以一种独立的姿态展现于世人面前)。① 因此,要恰当地理解当代西方历史社会学理论,就应该先从社会学在当代遇到的各种问题着手。在某种意义上,我们可以将历史社会学看做是通过历史分析解决当代社会学理论困境的一种努力。例如,在社会学的理论推理中暗含着种种预设前提,其中很多事实上都体现了既无理论依据,又无经验依据的先验偏见或推理方法。社会学的历史学转向,可以对这些先验要素加以阐明和分析,代之以更为恰当的前提,这种清算工作对于社会学的健康发展至关重要。

历史社会学可以帮助人们理解结构以及生活方式是怎样恰如其分地被塑造出来,以及它们——至少在某些方面——如何才能被重新塑造。正如本迪克斯所说:"社会科学家们应该对人类理性怀有持久的信任,……比起提高社会操纵技术的关注来,这是更高尚的信条。社会科学工作者只有位于这个位置,才能不辜负伟大的知识传统。它是对极权主义威胁进行知识防御的底线。"② 可以说,今天的历史社会学理论基本上已扬弃了在19世纪的学者中经常自觉不自觉地出现的那种"西方中心论"倾向,和埃利亚斯所说的那种"理所当然地把社会发展这一条河看做是朝着越来越完善的方向、朝着人们所希望的方向流动的"信念,与此相应,今天的学者也不再相信单线发展论和历史决定论。此外,历史社会学的研究也不再采取以前经常采用的那种致力于在所有人类经验中找出一种普遍的时间模式的"后设史学"的形式,而是致力于对于相对具体的社会历史过程进行真正"社会学的"叙述、思考和分析。③ 如果可以把历史社会学旨在追求社会公正和一个理想社会的不懈努力看做是它本身的"历史"的话,我们有理由相信,"历史"仍在继续,历史社会学"已经到了作为一门分支学科的程度"④。

当然,历史社会学目前似乎还没有建立自己独立的完整理论体系,它更像一种综合分析社会历史发展的方法。因而,我们在研究中必须随时考虑历史学家和社会学家所使用的方法的特点。历史比较法是进行社会历史分析的有效方法。社会学家则更经常使用比较法,甚至超出民族的、时代的界限与范围进行分

---

① 夏学花、薛雅丽:《历史社会学和社会历史学的比较研究——历史学与社会学交叉关系初探》,《中州学刊》2002年第2期。
② 丹尼斯·史密斯:《历史社会学的兴起》(周辉荣、井建斌等译),第171页。
③ 王小章:《社会状态的社会学和历史进程的社会学——一个社会学史的考察》。
④ I. Wallerstein, "From Sociology to Historical Social Science: Prospects and Obstacles," *British Journal of Sociology*, Vol. 51, 2000.

析研究。史料学可称为史学家的创作实验室。史料中包含有"无意中"取得的，但是重要的隐性信息，其可靠性甚至超过历史学家"有意识地"取得的信息，因而在解释历史现象时要避免单一因果论。今天，历史社会学在跨学科综合研究中已汇聚了一批有各自研究对象的"亲属"学科。历史学和社会学的跨学科联系是建立在互惠合作基础之上的，但都保留着各自的专业主权。跨学科综合研究这一总的趋势，虽然受到各门学科传统主义者所持批判态度的冷遇，但仍在逐步拓展。[①] 尽管如此，我们还应指出，我们并未生活在一个学术黄金时代。正像学术活动史上常常发生的那种情况一样，在努力解决旧问题的同时又带来新问题，更复杂的是，多种理论前所未有地争奇斗艳。[②]

最近一段时间以来，历史社会学以一种美国社会学的研究风格而变得日益驯化、许多社会学家转向了历史研究，但想把任何一个普遍化的理论化方法当作主要的或重整的历史社会学也变得越来越难。而且，美国社会学并没有很多人做理论研究或者做宏大范围的工作或者历史比较研究，更多的学者正在关注当代美国社会面临的微小问题，他们对历史社会学的宏大问题既不关注，也无兴趣。[③] 具有讽刺意味的是，虽然历史社会学兴起的很多动力都来自于理论问题和争论，但其结论却是许多历史社会学家更多地把历史社会学（误导地）描述为一种方法而不是理论，例如，历史社会学家蒂利就认为："历史社会学不具备完整的知识一致性。'历史社会学'的相同性主要是来自于他们所运用的方法和材料。"[④]这种对方法的强调显然掩蔽了理论的重要性。[⑤] 实际上，"历史社会学"所带给当代社会学的最大影响，莫过于理念的更新——社会研究迫切需要引入历史的视角。正如当代法国著名的社会学家布迪厄所指出的一样："社会行动者是历史的产物，是整个社会场域（social field）的历史的产物，是特别的次

---

① A.马尔丁诺夫：《历史社会学：跨学科综合研究》，《国外社会科学》2004 年第 6 期。
② 例如，社会史研究者不可能只将注意力局限于社会学和社会人类学，他们至少还需要考虑与他们的研究相关的其他理论的可能性。现在文艺理论在影响社会学家和社会人类学家的同时也影响了历史学家，以致所有的人都愈加意识到，他们作品中存在着文字表达模式，他们在不知不觉中亦步亦趋。
③ 郭台辉：《在宏观社会学理论与历史变迁之间——对话迈克尔·曼教授》，《中国社会科学报》2013 年 10 月 25 日。
④ 查尔斯·蒂利：《未来的历史学》，载 S. 肯德里克等编：《解释过去了解现在——历史社会学》（王辛慧等译），第 17 页。
⑤ Wallerstein, "From Sociology to Historical Social Science."

场内某条通道中积累的体验的历史的产物。"①历史的视角应该是社会学研究的基本视角之一。

即使如此,我们依然对历史社会学发展的前景表示忧虑。这种忧虑首先反映在历史社会学学科性方面。可以说,历史社会学在很大程度上是一门结合历史资料和社会学理论视角而成的学科。那么在使用历史资料时,如何使资料能够灵活运用、使之就像自己所设计的一样,又如何使资料的相关性得到提高、使之对建构理论起到自己的作用等,这些已经越来越被看做历史社会学作为一门学科本身所难以逃避的困境。显而易见,当运用实质性问题和视角,而不是预想性的认识论或方法论来界定历史社会学本质时,研究与论证即以各种风格自由发展。当历史社会学家发现其思想和研究比其方法更好地说明了社会生活的方式与动力时,他们便为自己找到了立足点。② 其次是蒂利所担心的历史社会学的"制度化"所带来的问题。蒂利将这种在已知的社团、学报和课程贴上特定的标签,然后分享工作市场的现象称为"制度化"。他认为,有两个理由使其不得不对之感到担忧:一是因为这个领域缺乏知识上的统一性,且由于它的本质,这种统一性将永远不会出现;二是制度化可能会使历史思考方法在社会学其他领域的发展受阻,而这些领域所亟需的正是这种思考方式。因此,在蒂利看来,历史社会学的希望在短时内应当是,历史社会学者将他们关注的范围从国家之间的比较扩展到其他的宏观历史研究、世界体系研究以及用微观历史方式研究结构与进程。而从长远看来,应当是历史社会学的专业性消融,又能令它的前提,特别是历史主义贯穿社会学的全部。这样既可以使社会学的研究历史化,又可以帮助我们发现一些存在于历史研究及具体历史领域却常常为我们所忽视的重大问题。③ 这正呼应了艾布拉姆斯(P. Abrams)的激进观点:"历史社会学"不应被视为社会学的特殊分支,而应是这门学科的本质所在。蒂利虽然主张消融历史社会学的专业性,但他提倡的是一种深远广义上的历史社会学,这反而是在更高的层次上赋予历史社会学以生命。由此可见,历史社会学的意义不仅在于其学科本身,更为重要的是它为社会学研究提供了一种视角、一种取向,可以使社

---

① 王小章:《社会状态的社会学和历史进程的社会学——一个社会学史的考察》,《浙江社会科学》2000 年第 4 期。
② 西达·斯考切波编:《历史社会学的视野与方法》(封积文等译),第 380 页。
③ 查尔斯·蒂利:《未来的历史学》。

会学研究在时间和空间中积淀。

另外,在实证主义依然是全球社会研究主流趋势的背景下,历史社会学的发展空间还没有得到充分的扩展。就像台湾历史社会学家文崇一先生所说的一样,"历史社会学目前尚处于史学以及社会学各自独立研究的范围。历史社会学自身还处于形成阶段……"俄罗斯哲学家 A. 纳扎列江也强调:"客观世界的因果关系是多维的、无限复杂的、非静态的;任何知识都是受到社会文化决定并受到历史限制的;主观关系的作用在增长;绝对真理让位于相关性模式,因为我们不能预见那些昨天、今天或明天被最终确定的真理将不会被否定。"①总体而言,历史社会学在未获得学术共同体全面认可之前,其责任可谓依旧是任重而道远。将历史维度带回社会学,可以生动地展示时间的异质性,揭示社会世界的事件性,以另外可能的想象来松动板结的现实,同时也为社会学走出目前困境探寻一条路径。②

【推荐阅读】

Borch, C., *The Politics of Crowds: An Alternative History of Sociology* (New York: Cambridge University Press, 2012).

Denison, B. J., *History, Time, Meaning, and Memory: Ideas for the Sociology of Religion* (Leiden; Boston: Brill, 2011).

Giddens, A., *The Consequences of Modernity* (Cambridge: Polity Press, 1990).

Turner, B., *Max Weber: From History to Modernity* (London: Routledge, 1992).

Wallerstein, I., *Geopolitics and Geoculture* (Cambridge: Cambridge University Press, 1991).

阿尔帕德·绍科尔采:《反思性历史社会学》(凌鹏、纪莺莺、哈光甜译),上海人民出版社 2008 年版。

爱弥儿·涂尔干:《教育思想的演进》(李康译),上海人民出版社 2006 年版。

彼得·伯克:《历史学与社会理论》(姚朋等译),上海人民出版社 2001 年版。

蔡少卿:《再现过去:社会史的理论视野》,浙江人民出版社 1988 年版。

丹尼斯·史密斯:《历史社会学的兴起》(周辉荣、井建斌等译),上海人民出版社 2000 年版。

高平:《马克思主义社会史学》,中共中央党校出版社 1997 年版。

杰拉德·德兰迪、恩靳·伊辛:《历史社会学手册》(李霞、李恭忠译),中国人民大学出版社 2009 年版。

---

① A. 马尔丁诺夫:《历史社会学:跨学科综合研究》。
② 成伯清:《时间、叙事与想象——将历史维度带回社会学》。

赖特·米尔斯:《社会学的想像力》(陈强、张永强译),生活·读书·新知三联出版社2005年版。

S.肯德里克、P.斯特劳、D.麦克龙编:《解释过去、了解现在——历史社会学》(王辛慧等译),上海人民出版社1999年版。

涂尔干、莫斯:《原始分类》(汲喆译),上海人民出版社2000年版。

文崇一:《历史社会学——从历史中寻找模式》,三民书局(台湾)1984年版。

西达·斯考切波:《国家与社会革命:对法国、俄国和中国的比较分析》(何俊志、王学东译),上海世纪出版集团出版社2013年版。

西达·斯考切波:《历史社会学的视野与方法》(封积文等译),上海人民出版社2008年版。

周晓虹:《西方社会学历史与体系》,上海人民出版社2002年版。

第十三章

当代西方社会学理论的全球化转向

从西方社会学理论发展历程的研究中,我们可以看到,当前方兴未艾的"全球化"议题研究实际上正是社会学理论对"现代性"与"现代化"问题研究的一种延续。然而,也正因为这样的学术研究脉络,使得对"全球化"议题的分析像"现代性"议题一样引起了相当多的争论,如何在社会学理论中界定"全球化"转向与"现代性"的关系便也成了一个不得不关注的问题。今天,可以说全球化现象的兴起使得任何一门人文社会科学都无法逃脱对它的关注了,作为一向以关注现实社会变迁为宗旨的社会学,其理论研究更是受到全球化转向的深刻影响。通过对全球化现象的研究,我们能够以积极的方式来检讨传统社会学理论研究的工具及环境,以充分回应当代社会的快速发展。全球化不仅迫使现代人去反思其生活方式的转变,而且也同样促使社会学家去斟酌其理论范式的转变。

第一节 全球化概念的社会学考评

"全球化"一词究竟出于谁之口,何时产生,现在似乎很难稽考。有学者指出,"全球化"一词最早是由莱维特(T. Levitt)于1985年在其《论市场的全球化》一文中提出的。也有学者指出"全球化"(globalization)一词在英语词典中出现的时间为1944年,而与之相关的"全球主义"(globalism)则是1943年问世的。[①]

---

① 马俊如等:《全球化概念探源》,《中国软科学》1999年第8期。

据世界著名的全球化问题研究专家罗伯逊考证,"名词'the globe'(地球,球)及其形容词'global'(地球的、全球性的)自从16世纪就已经被广泛使用了,但直到20世纪80年代早期,它才开始得以广泛应用"。① 1991年出版的《牛津新词词典》(*Oxford Dictionary of New Words*)实际上是把"global"一词当作新词收录进来的,但在解释上却强调它是"环境保护专门术语",颇有误导之嫌。② 如果我们把当代全球性问题的研究看做是全球化研究的开始,那么它始于20世纪六七十年代的"罗马俱乐部"的有关全球问题的研究报告。自20世纪80年代后期以来,"全球化"一词已成为国际社会科学界使用频率最高,也是内涵界定分歧最大的概念之一。限于篇幅,我们在此仅从社会学的角度对全球化概念进行分析。

一、"全球化"概念的辨识

"全球化"是一个具有很强繁殖力的概念,它远远超越了社会事实的本身,并引发出了许多推测、假设、想象和暗喻,是一个可以从多种角度来加以辨识、探讨和认知的概念。③ 正如皮斯特(J. Pieterse)所说:"在社会科学中,有多少门学科,就会有多少种对全球化的看法。"④全球化概念的多学科特征充分说明了全球化进程涉及众多领域,并正在从实践领域向意识、精神领域扩散,成为人们思考问题,看待世界的新背景和新的视角框架。正如英国学者米特尔曼(J. Mittelman)所指出的那样:"全球化的概念是相互渗透的,它包括经济、政治、文化、意识形态等领域。"⑤因此,从某种意义上来说,有关全球化的讨论是对20世纪人类知识与社会发展的总结,也是对21世纪人类共同发展的展望。

然而,对于究竟什么是"全球化",却一直是各学科在讨论全球化中争议最多、分歧最大的问题(尽管这种争议未必妨碍全球化的发展,也无碍于我们对全

---

① R. Robertson, "Interpreting Globality," *World Realities and International Studies Today*, Glenside, P. A.: Pennsylvania Council on International Education, 1984, pp.7-19.
② R. Robertson, *Globalization: Social Theory and Global Culture* (London: Sage, 1992), p.8.
③ J. Tomlinson, *Globalization and Culture* (Chicago: University of Chicago Press, 1999), pp.3-4.
④ J. N. Pieterse, "Globalization as Hybridization," in M. Featherstone, et al., eds., *Global Modernities* (London: Sage, 1995).
⑤ J. Mittelman, "The Dynamics of Globalization," in J. Mittelman, ed., *Globalization: Critical Reflection* (Lyme Rienner Publishers Inc., 1996).

第十三章 当代西方社会学理论的全球化转向

球化认识的深化)。但全球化概念的非规范性和不一致性,在一定程度上也影响了学科间的沟通,导致了"全球化"一词的滥用。似乎当今世界,谁只要贴上了"全球化"的标签,就有了时尚、先进的荣耀,别人不应该,也不可以对你的看法加以指责,于是"全球化"一词本身也全球化了。由此许多学者认为不可能,也没有必要去构建一个规范化的全球化概念。对此,我们不敢苟同。我们认为,全球化概念就其基本内涵和特征而言,人们应当有大体一致的看法(尽管要求人们对全球化取得完全一致的认识难度很大,甚至不大可能),否则,就缺乏共同讨论、相互交流的起码条件。很显然,全球化概念的学术规范化过程不是某一社会科学单纯发展的产物,而是经济学、政治学、文化学、社会学,甚至历史学、哲学、自然科学等综合意识影响的结果。全球化的兴起预示着一个新时代的来临,"全球化"命题的提出,无论作为一个概念还是一种理论,反映了试图解放这个新的时代和自我解惑的某种努力。[1]

然而,遗憾的是,人们对全球化内涵的理解差异实在太大。许多在文章中论及全球化内涵的学者,绝大多数都只是从单一的学科角度来讨论全球化的,这在经济学和国际关系学中尤为突出。今天,与完全单一的学科视角所不同的是,越来越多参与讨论全球化的学者似乎都在寻求从多学科的综合性角度来认识和界定全球化概念。如有学者就指出:"全球化是指世界各国的人在生活的各个方面(文化、政治、经济、技术和环境)的联系越来越密切的进程。""也指一些居于统治地位的社会、文化和政治准则及惯例在全球范围内的扩散。"[2] 前联邦德国总理施密特也认为,全球化应从多种角度来认识,它既是一个实践政治命题,也是一个社会经济命题,还是一个思想文化命题。他还列举了大量事实来说明人类社会无论在数量还是质量上都同时经历了巨大的飞跃。

在这场具有不同学术背景的社会科学家参与的有关全球化的大讨论中,社会学家似乎具有更大的优势,这或许与社会学的学科性质有着直接的关系。社会学的学科性质具有强烈的综合性特征,这不仅表现为社会学的研究领域和知识内容全面广泛地涉及政治、经济、文化等社会生活的各个方面、各个层次,而且表现在社会学学科建设上具有十分强劲的渗透性。它不仅可以与任何一门社会

---

[1] 王逸舟:《当代国际政治析论》,上海人民出版社1995年版,第1页。

[2] L. Emmerij, *Economic and Social Development into the XXI Century* (Inter-American Development Bank, 1997).

科学、人文学科交叉,形成一门新的分支社会学,如政治社会学、经济社会学、历史社会学等,而且还能与绝大多数自然科学交叉而形成一门新的分支社会学,如化学社会学、数学社会学等。社会学的这种综合性特征不仅使它对诸如全球化这样复杂的社会现象的研究成为可能,而且还可以使其在研究中不断吸收各门学科的知识内容和具体方法,从而发挥出其他单一学科所不具有的优势。正如胡格维特(A. Hoogvelt)所说:"尽管当今关于全球化的研究已经渗透到了所有社会科学学科,但可能这样说才是公平的:在使全球化具有严格的、前后一致的理论地位的努力中,社会学家已经处在最前沿。社会学家关于全球化的论述,有助于我们克服全球化对话中的局限,而这些局限曾给经济学家和国际关系理论家们带来了很多的困扰。"①

当然,尽管社会学家为全球化的讨论提供了许多有益的视角,但在社会学家内部,犹如我们前面所论述的,其对全球化的认识视角也是丰富多彩的。我们认为,要恰当地认识全球化概念的内涵,首先应该有若干特别的限定和对全球化本质性特征的认识,而只有在全面彻底认识全球化本质性特征的基础上才能进一步作出对全球化的界定。这其中尤其是要注意区别当今在谈论"全球化"时,出现的大量与全球化概念相关但又含义不尽相同的术语②:

(1) 全球化与一体化。全球化并不是全球的一体化。"一体化"是指结构的整体性,质的单一性,体系的统一性,其重在一统,而全球化除了包含统一性和整体性特征以外,更包含结构的层次化和多样化特征。全球化不是铁板一块,其追求的是在整体化趋势中的多样化。可见,全球化内涵显然比一体化丰富得多。

(2) 全球化与国际化。"全球化"与"国际化"是在两个不同序列和层次上使用的两个不同的概念。首先在时序上,"国际化"是全球化的前奏,是全球化的必由之路,而"全球化"是"国际化"的最终结果,总之是先有国际化才有全球化。其次在层次上,"国际化"是指在以民族国家为主体的国家间交往上,跨出本国的过程即为"国际化",而"全球化"不仅是跨国界、跨区域的过程,它更强调的是非国家的国际主体的行为和全球共同规范的作用,是一种全球范围的作用过程。因此,全球化的范围和层次要比国际化更广、更高。

---

① A. Hoogvelt, *Globalization and the Postcolonial World: The New Political Economy of Development* (London: Johns Hopkins University Press,1997), p.116.

② 文军:《全球化概念的社会学考评》,《马克思主义与现实》2000 年第 6 期。

第十三章 当代西方社会学理论的全球化转向

（3）全球化与趋同化。与"趋同化"相比，"全球化"是一种世界普遍的相关性，这种相关性突出各因素之间的相互影响、相互制约、相互依存。因此，全球化不排除矛盾、对抗和冲突，是整合与冲突、趋同与分化的统一体。而"趋同化"只是指一种普遍的质的一致性，其追求的是内容与方式的完全同一。全球化没有理由要求不同质的文明或社会趋于同质，否则，全球化就难以理解了，也没有存在的必要了。

（4）全球化与西方化。在人类迈向全球化的进程中，由于先行发展起来的西方社会借助其雄厚的物质财富与先进的技术手段，使自己居于发展的"核心"地位，因此全球化并非全球的平等化（尤其在全球化的初级阶段，它更多地表现为一种西方的霸权主义）。但这并不意味着全球的西方化，意味着非西方国家无所作为，非得按照西方的模式来发展自己。全球化追求人类的整体利益，强调利益共享、信息共享、价值共享，要求各民族文化之间的全面开放与交流，以西方文明为主导的全球发展上的简单归一必然意味着全球发展多样性的失去，这无疑是人类社会文明基因的重大损失。

（5）全球化与相互依存。全球化尽管与全球相互依存的含义非常接近，但相互依存并不能以全球化来替代。因为相互依存意味着对外部事件的相互脆弱性的状况，而且这种状况常常是不对称的，全球化过程可以在民族共同性之间产生相互依存，同样也可以产生依赖关系和加强世界体系现存的不平等性。全球化意味着对外部事件或行为的敏感性，其不仅仅是相互依存，而且相互关联。

（6）全球化与现代化。一般认为现代化是以工业化为核心内容，以民族国家为主体的一个特殊的发展阶段。如果把1492年哥伦布远航美洲，第一次把东西半球联系在一起看做全球化进程的序幕，那么现代化就是在全球化背景下启动的一场全球性的社会变迁过程，其中躲避不开"西方化""西方中心论"的阴影，而全球化进程并不为某个行为主体力量所决定，也绝不是某个行为主体特色的翻版。同时，现代化既可表示为一种动态的过程，即发展趋势；也可表示为一种静态的状态，即发达状态。而全球化在目前阶段一般认为它只表示为一种过程、趋势，而非指一种全部的现实状态，尽管可能会在某些领域或方面中出现这种现实状态。当然，在人类走过的现代化历史进程中，现代化与全球化具有相当程度的关联性，在特定的历史阶段甚至带有重合性，尤其在全球社会全部实现现代化之前，全球化就是全球的现代化。现代化促进了人类全球化的发展，并为全球化提供了动力源泉和制度保证,且在全球化进程中,现代化制度因素本身也在不断全球化。但从未来发展的角度来看,现代化与全球化并不总是同步存在的,一些民族国家已完成了自己的现代化过程,进入了所谓的后现代时期,体现的是一种历时性关系,而全球化却是一个漫长的人类整体发展的过程,它强调的是发展空间的共时性。

（7）全球化与全球性。全球化是一种代表人类整体利益的发展进程,在这个进程中充满了整合与分化、协调与冲突,而全球性则代表着质的规定性,它既可以反映目标,即最终实现人类整体利益,也可以表现过程（即全球化过程,但不是全球化过程本身）,即作为种种元素积淀在全球化的各种现象之中。相对于全球性而言,全球化也可以从两个方面来理解,一方面,它可以代表着全球社会的一种现实状态,即我们到未来某个时候,可以把高度整合的全球社会称之为一种全球化社会；另一方面,我们也可以把全球化看做是迈向全球社会的一种过程、趋势,我们现在大多数情况下就是在这种意义上使用的。犹如现代性体现了现代社会的基本特性一样,全球性也体现了全球社会的基本特性。

（8）全球化与全球主义。全球化是由一系列深刻改变当今世界的客观的、外在的因素构成,它是把不同地域的人们联结在一起的客观的、外在的纽带。而全球主义却是一种主观的和对这些变化的一种反思意识,他意味着一种主观的、个人的意识,这种意识是我们许多人都共同体会到的,而且很可能最终都承担着一种共同的命运。20 世纪 90 年代以来,全球化的加速发展已变得越来越明显,其中一个最重要的新现象就是全球主义的出现。阿尔布劳指出:全球主义指涉的是那些"把 50 亿人的现实生活作为关注对象的价值观⋯⋯每一个人都作为世界公民生活着⋯⋯都在采取共同行动解决全球问题上有着共同的利益"。[1] 罗伯森则把全球主义解释为"把世界作为单一整体的共同意识"。总之,全球化主要是指外在于我们世界的一系列的客观变化,而全球主义是属于主观领域范围的。[2]

（9）全球化与世界性。现在很多专家以世界性来解读、诠释全球化,实际上

---

[1] M. Albrow and E. King,"Globalization, Knowledge and Society: An Introduction," in M. Albrow and E. King, eds., *Globalization, Knowledge and Society: Readings from International Sociology* (London: Sage, 1990), p.8.

[2] Robertson, *Globalization: Social Theory and Global Culture*, p.132.

是混淆了两个概念。全球化是指世界各国政治、经济、文化等的联系已经跨越了疆域，超越了地方、国家和区域，而且不仅仅发生在资本主义国家，是资本主义国家与非资本主义国家同时发生的进程。世界性主要是指资产阶级和资本主义的一种历史现象，只是早期资本主义国家为寻找世界市场而创造和组织的一种体系，绝不能用于说明今日之全球化。换句话说，世界性是比较简单而陈旧的资本主义的全球现象，而不是今天非常复杂的全球现象。如果说到二者的联系的话，那么昨日世界性乃是今日全球化的历史基础，而今日全球化则是昨日世界性的历史发展的新兴事物。①

（10）全球化与全球社会。全球社会的形成与全球化的过程是一致的，全球化是指从区域国家走向国际社会的过程，全球的政治、经济、文化交流日益密切，各国的合作互动也逐渐加强，使得具有共性的文化样式逐渐普及推广成为全球共同标准的状态或趋势。与民族国家社会相对应，"全球社会"成了近年来提出的一个新概念。全球社会和一般社会一样是由社会的基本要素，即人口、文化以及环境所构成。由于全球化经济活动以及人们的社会性交往的全球化，所有这些以往局限于民族国家的范围内的社会要素都已经突破了民族国家的地域界线，因而使得全球社会的特征愈益突出。可以说，全球化进程催生了一个全新的全球社会。②

一个概念的流行，特别是在这个基本概念基础上衍生出概念群，一定意味着一个新时代的到来。就"全球化"这个概念得以流行来看，说明我们正处在这样一个可以用"全球化"概念来描述其基本特征的时代，然而，能否对自己所处的时代作出正确的认识决定了人们的行为选择和道路设计。③ 这就需要我们能够认识一个时代的本质，用全新的思维及其行动去适应全球化和应对全球化进程中所出现的问题。

二、全球化概念的社会学界定

社会学对全球化问题展开全面而系统的探讨相对于政治学、经济学和文化

---

① 孙国强：《全球学》，贵州人民出版社 2014 年版，第 69 页。
② 孙嘉明、王勋编著：《全球社会学——跨国界现象的分析》，清华大学出版社 2006 年版，第 18—19 页。
③ 张桐：《围绕"全球化"概念的争议》，《教学与研究》2015 年第 10 期。

学而言要晚一些,且就其对"全球化"概念本身的理解而言,社会学恐怕也是分歧最多的。全球化概念的这种复杂性,从各学科对全球化概念的界定中便可以领略到。的确,要科学地界定"全球化"概念并非是件容易的事。学术界往往认为,罗伯森是第一个把"全球化"概念引入社会学的研究之中,并作出了系统论述的学者。他指出:"直到80年代初,或者说直到80年代中期,学术界还不承认它是一个重要概念。在80年代后五年里,它的使用极大地增加了。"从国内外已有的社会学研究来看,社会学家关心的重点是全球范围内社会密度的日益增长和"社会世界"的出现。学者们大致是从两种角度来界定全球化的:一种是从时空变化、社会变迁、社会交往等动态的角度来界定的,如"时空的压缩""跨国界、跨区域的行动""跨国实践""全球交往的形成"等。例如罗伯森对"全球化"的定义的是:作为一个概念,全球化既指世界的压缩(compression),又指认为世界是一个整体的意识的增强……但对其所作的主要经验研究的聚焦点,则与20世纪具体的全球相互依赖性和全球整体意识两者日益加速增强这种情况保持一致。① 另一种是从社会关系、社会制度、全球规范等静态的角度来界定的,如"复合的连接性"(complex connectivity)、"世界范围内社会关系的加强"、"现代性制度的全球扩展"、"全球性规范的形成与推广"等。例如吉登斯将"全球化"定义为世界范围内社会关系的强化,这种关系以这样一种方式将彼此相距遥远的地域联结起来,即此地所发生的事件可能是由发生在许多英里以外的异地事件引起,反之亦然。② 其实,上述两种视角的社会学界定具有内在的一致性。在我们看来,在全球化过程中就贯穿着一个动态的关系,全球化使社会交往中形成的规则、制度普及化了,而且日趋完善的规则体系转变成了法律,随之也产生了监督实施这些法律的各种各样的国际机构和制度。

全球化首先意味着社会、政治、经济跨越了边界,成为一种难以抵御的客观趋势,使得世界上一个地区的事件、决定和活动能够对距离遥远地方的个人和共同体产生影响。在这个意义上,它又体现了跨区域、跨国界的相互关系与社会制度的全球扩展。同时,全球相互联系的广度和强度的不断提高也意味着全球交往的不断加速,并不断跨越时空的限制。但不论其表现形式怎样,不同地区的人

---

① 罗兰·罗伯森:《全球化:社会理论和全球文化》(梁光严译),上海人民出版社2000年版,第11页。

② 安东尼·吉登斯:《现代性的后果》(田禾译),译林出版社2000年版,第56—57页。

第十三章 当代西方社会学理论的全球化转向

在主观上对全球化的认识并不是一致的,各种反对全球化的呼声此起彼伏,且从来没有间断过。由此看来,如果仅从诸如时空的变化或社会制度的扩展等一维的角度来界定全球化概念,显然是不够的,因为这种变化从现代性制度产生以后便存在了,而为什么直到 20 世纪末人们才如此强烈地感受到,并大肆地谈论全球化问题呢?因此,赫尔德(D. Held)指出,一个令人满意的全球化定义还必须包括所有这些因素:(扩展的)广度、强度、速度以及影响,而且对全球化的满意解释必须对它们进行彻底检验。[1] 贝克也指出,至少应从三个变量来衡量全球化的程度:空间的广度;时间上的稳定性;跨国网络、关系和形象流动的社会强度。[2] 这些恰恰都是我们把握全球化本质性特征的重要方面。

因此,要提供一种令人满意的全球化定义,必须做到前后一致的概念化和对因果逻辑的合理解释。但一般认为,要科学地界定一个概念必须符合本质性、周延性、确定性和抽象性四个必要条件。在此之前,我们对全球化概念的多学科考察,以及对全球化与其相近的几组概念之间的区别与辨识,实际上也就是一个对"全球化"概念的不断规范化过程。通过这种比较与区别,有利于我们更加抽象地把握全球化的本质性特征,因为本质性是界定一个概念的关键,是其周延性和确定性的基础,而抽象性只是本质性的一种表述形式。因此,我们认为要完整地界定全球化,至少要在其概念中体现它以下十个方面的本质性特征。

其一,就起点而言,真正意义上的全球化主要是指 20 世纪末以来,人类社会整体化、多样化、依存化、关联化的发展趋势。尽管人类社会整体化与关联化趋势早就存在,但谁也不能否定,人类社会的确是到了 20 世纪末才在速度、广度、强度、深度上全面感觉到与以往人类社会变迁的不同,这也正是直到现在全球化才成为我们主流话语的一个重要原因。

其二,就过程而言,全球化是一种客观的历史进程。全球化具有一定的历史阶段性,无论人们把全球化的历史从何时算起,也无论我们怎样划分全球化的发展阶段,全球化都应该是一种不以人的意志为转移的客观历史进程和发展趋势。

其三,就动因而言,全球化是以科技进步和经济发展为根本动力的。全球化的形成与发展首先依赖于一定的科技进步和经济发展,特别是市场经济的萌生

---

[1] D. Held, et al., *Global Transformations: Politics, Economics and Culture* (Stanford University Press, 1999), pp.21-25.

[2] U. Beck, *What is Globalization?* (London: Polity Press, 2000).

与发展,舍之,全球化便成了无本之木,无源之水。不仅如此,科技进步和经济发展本身也成为全球化的主要标志。

其四,就性质而言,全球化是一个具有内在矛盾性的统一体。全球化不是单一化、同质化,而是一个相反相成的过程,是单一化与多样化、国际化与本土化、一体化与碎裂化、集中化与分散化的统一。

其五,就影响而言,全球化对全球社会发展所带来的变化将是非常持久而深刻的。无论是在广度还是深度上,全球化的影响将涉及社会生活的各个领域和各个方面。尤其在今天,具有空间广度和密度的全球和跨国联系将把各种共同体之间的关系编织成一种复合的网络,形成一种新的全球秩序,进而对全球社会的方方面面产生深刻而持久的影响。

其六,就后果而言,全球化给社会经济发展所带来的最终结果将是双重的。全球化一方面为各参与主体带来了发展的机遇,提供了参与全球发展的大舞台;但另一方面又使得全球社会充满了弱肉强食、适者生存的社会达尔文主义原则。这无疑将在一定时期内进一步加剧全球的竞争,促使全球的两极分化和社会不平等的扩大。

其七,就内容而言,全球化是一种人类社会发展的整体化趋势,而不是一种终极状态。全球化内容是十分丰富的,它涉及政治、经济、文化、科技、生活方式、意识形态等各个领域,是一种全方位整体变迁趋势。全球化反映的既不是一个简单的线性发展逻辑,也不是一个世界社会或世界共同体,它反映出现了区际交往和交换网络与系统。

其八,就方式而言,全球合作与协调是全球化进程的主要手段。尽管全球化包含着矛盾与冲突,但主体间相互依存、和谐发展的目标与特征决定了全球合作与协调应该永远是全球化追求的主要方式。

其九,就目标而言,全球化追求的是人类整体的共同利益。全球化不是西方化,全球化超越了民族国家之间的利益之争,站在全人类利益的高度来进行全方位的互动,体现的是所有国家利益共生发展的时代。但同时在可预见的将来时期内,国家作为一个行为主体仍将长时期地发挥巨大作用。

其十,就基础而言,全球意识是全球化进程的基本前提。没有全球意识就不可能形成全球相对一致的行动,也不可能实现人类社会追求的共同目标,全球化也就无从谈起。由此看来,任何否定或片面夸大全球化客观趋势及其影响的观点都是不符合事实的。我们应以客观、务实的精神积极地参与到全球化进程之中,不盲从,不悲观,不无所作为,以实际行动来促成一个更加公正、平等和多彩的全球化时代的来临。

了解了全球化的上述本质性特征,我们试图从社会学社会变迁的视角出发,从广义和狭义的两个方面来界定全球化的内涵。广义的"全球化"是泛指人类从彼此分隔的多中心的民族国家社会逐步走向全球性社会的历史变迁过程。① 其逻辑起点就是现代性和民族国家社会的形成;而狭义的"全球化"就是指当代意义上的全球化,是特指 20 世纪末以来,以全球意识为基础,以人类共同利益、共生发展为目标,以科技进步和经济发展为动力,在全球范围内展现的涉及政治、经济、文化、社会等各个领域的人类社会整体化、多样化、依存化、关联化的客观历史进程和趋势。这一概念既抓住了当代全球化的本质特征,又较好地区别了其他与全球化相近的词,在理论和实践上具有一定的启发和参考价值。

第二节　全球化转向与全球社会学的兴起

20 世纪 90 年代以来,西方社会学理论中有关全球化议题的探讨,从一个侧面可以看做是当代社会学者在积极寻求社会学理论变革与转向的一种努力。联合国教科文组织 1999 年出版的《世界社会科学报告》中曾写道:"全球化理论是社会科学领域的一次主要的范式转向,社会科学绝不可能再与从前一模一样了。"② 尽管至今还看不到这种努力给整个社会学理论研究所带来的革命性影响,但无论如何它至少表明社会学者已经充分注意到了全球化现象及其对当代西方社会学理论研究的重要意义。可以说,当代西方社会学理论对全球化议题的密切关注直接导致了社会学理论的全球化转向以及全球社会学的全面兴起。

一、全球社会学研究的兴起

长期以来,社会学理论研究的对象一直被限定在民族国家的范围内,即使有一些跨越民族国家的研究,也最多是做一些国家间的比较研究,其研究对象仍然是民族国家范围内。其实,完整的社会学理论研究本身就应该包括地方、国家、

---

① 文军:《略论全球化进程及其影响》,《社会科学》1997 年第 2 期。
② 联合国教科文组织:《世界社会科学报告(1999)》,社会科学文献出版社 2001 年版,第 481 页。

区域和全球等不同层次,不应像传统的社会学理论研究那样只注重前面几个层次而忽略了全球层次的研究。为了探讨这些不同的层次,社会学家有时要借用其他社会科学的知识,尤其是经济学、政治学、人类学和历史学的知识。然而,某些理论和方法却是社会学学科本身所特有的,并经历长达一百七十多年的演化才得以形成。今天,随着全球化浪潮的兴起,与其他学科一样,社会学理论需要迅速地扩展它的地理和智识(intellectual)边界,即承认地方社区和民族社会的本质属性正面临着全球范围内深刻变迁的巨大挑战,而对这种挑战直接反映的结果就是全球社会学的诞生。① 这样也使"不同文化和背景的社会学家们以一种'全球性话语'去构建全球社会学这门学科成为可能"。②

由于吸引社会学理论关注的主题随着客观环境的变化而改变了,时间、地点和文化之间的关系所产生的不同社会后果,便需要进行不同形式的社会学理论研究。当国际、区域、国家和地方的环境变化已影响到社会学的学科性质时,社会学家更要特别关注重大的历史事件。当然,这种因客观环境变化而影响内容的状况在其他学科,包括自然科学、工程和医学等学科中也存在。然而,它却尤其适合于社会学,因为社会学把观察者与观察对象联结得如此密切,以致它成了一种以富有想象和批评性的方式来解释当代社会生活的重要方法。现在,在防止全球文化分裂的实践中存在着难以克服的实际困难,我们生活在一个相互依存的全球化世界,人们之间的差异更无法简单地通过只给他们每个人不同的声音就能加以解释,我们不可能再像孔德那样用永恒不变的规律来建立一门"社会物理学",而是需要采用各种方法来理解和比较不同的社会和民族,用阿尔布劳的话来说,我们需要建立的就是"适合整个世界的社会学"(a sociology for one world)。③

我们怎样才能实现建立"适合整个世界的社会学"的目标呢?在回顾社会学历史时,我们能发现一些有价值的东西吗?在古典社会学理论时期,马克思、韦伯和涂尔干实际上对他们生活以外的国家都具有浓厚的兴趣,尽管其关注的实际充其量只是一种比较社会学的研究,但这毕竟使全球社会学的研究有了良好的开端。遗憾的是,古典社会学理论中所蕴含的这种对全球化因素的研究旨

---

① R. Cohen and P. Kennedy, *Global Sociology* (Basingstoke: Macmillan, 2000), pp.3-4.
② M. Albrow and E. King, *Globalization, Knowledge and Society: Readings from International Sociology*.
③ M. Albrow, "Sociology for One World," *International Sociology*, 1987, pp.1-12.

趣并没有一直继续下去,社会学的"普遍主义"(阿尔布劳语)从1914年到第二次世界大战结束,还是在欧洲和北美逐步走向了衰落。这或许与激进的民族主义情绪的增长有关,它们企图组建一个排外的、强大的现代民族国家。

  随着第一次世界大战的临近,欧洲间日趋残酷的竞争越来越容易激发出帝国主义和民族主义情绪。社会学家必然被民族主义情绪所感染,在一些国家,像其他学科的研究人员一样,社会学家只是国家的附属,那些不同意见者或受害的少数派成员只好离开自己出生的国家。尤其是在意大利、奥地利和德国,许多杰出学者为逃避法西斯主义和纳粹主义而不得不到其他欧洲国家或美国去。第二次世界大战以后,这些学者在促进社会学国际化方面发挥了重要作用,也为丰富他们接收国的知识生活作出了巨大贡献。不仅如此,第二次世界大战的结束预示着国际力量新平衡的来临,其中发生的两个显著变化,其一就是旧的帝国体系的消亡。1947年印度宣布独立,由此揭开了亚洲、非洲、中东和加勒比海地区去殖民化(decolonization)的序幕。其二是世界舞台上的新角色不断出现。面对这种新变化,如果不是由于普世主义(universalism)情感有所改变,众多域外(out there)社会的生活条件、命运财富、习俗文化,对西方学者来说几乎是一无所知的。由美国发起,并很快得到日本和欧洲国家响应的"区域研究"项目开始诞生且发展迅速,学者们被资助去研究原殖民地国家和社会主义国家的各个方面。而且,更有意义的是,包括社会学家在内,那些来自欧洲和北美之外的学者和研究人员也参与其中并开始享有盛誉了。

  今天,随着全球化的迅速推进和世界体系相互依存的加强,再如传统的社会学理论研究一样,把国家划分为全球体系中的不同部分是件十分危险和不严谨的事,而且,国与国之间的相互渗透(如通过旅行、移民、金融流动和文化借鉴等方式)已达到很高程度了。社会学家已发现要想完全隔离一个国家,并使其所有的人在一个单一的社会中生活已越来越困难了。实际上,他们不可能会相信"内部"与"外部"世界之间存在着差异。正如沃勒斯坦所指出的,把世界划分成一个简单的等级制度和把民族国家作为社会学理论分析的基本单位已经变得越来越困难了,因此,我们应该"放弃用主权国家或者民族社会这个更含糊的概念作为分析单位的想法。我认为,那不是一个社会体系而只是在社会体系之中解释了社会的变迁,在这方面,唯一的社会体系就是世界体系"。① 这种论述表明了越来越多的社会学家已经意识到了我们必须全球化地思考,尤其是随着传统社会学研究对象和边界的扩展,社会学理论再也难以在民族国家或有限的区域范围内去思考了,真正的全球社会学正是在适应了这种状况下得以迅速发展的。

20 世纪 90 年代以来,罗伯森、沃勒斯坦、斯克莱尔、吉登斯、费舍斯通、阿尔布劳、金(E. King)、哈维、沃特斯等一大批优秀的社会学家开始致力于全球化与全球社会学的研究,并开创了世界体系研究法、全球文化研究法、全球社会研究法、全球体系研究法、全球资本主义研究法等各种富有特色的全球社会学研究方法。尤其是费舍斯通主持的《理论、文化与社会》杂志编辑部,通过举办各种研讨会或集中发表有关全球化的学术论文,不仅网罗了一批志趣相投的全球化理论家,而且还明确提出了要将与全球社会学、全球社会、全球化诸观念相关的几个中心议题作为社会科学研究的新课题(领域),并强调一个重点就是要把社会学中的"全球化"列为一个学科,即展开全球社会学的研究。其中在"全球经济"和"全球文化"两个领域中已经取得了令人瞩目的成就。② 这些学术实践无疑在学术界产生了重要的影响,也有力地推动了全球化与全球社会学的研究。

全球社会学在研究方法和学术视阈上的一个重要特征就是要努力突破传统"民族国家"社会学研究的边界,积极拓展现代社会学知识体系所固有的研究对象和范畴,融合实证主义社会学、人文主义社会学、批判主义社会学三大传统的优点,在吸取人文的、理解的社会学的同时,并不排斥使用实证的、描述的社会学理论与方法。尤其是更注意使用人文的、理解的方法,因为在现在看来,全球化主要表现为一种世界发展的整体化趋势,而不是一种社会现实状态。这与当前社会学中流行的以实证研究、个案研究、经验分析为主的研究不尽相同。在具体方法运用上,则多借鉴沃勒斯坦的一体化学科的研究方法(unidisciplinary approach),而不是多学科方法(multidisciplinary approach)。由于研究的对象是"全球体系"与"全球社会",这就决定了我们不能采用传统的社会科学分科研究的方法,把全球体系中涉及的政治、经济、文化等诸多事件分别按照政治学、经济学、文化学的方法来简单分科进行研究。"当人们研究世界体系时,社会科学内

---

① I. Wallerstein, *The Modern World System* (New York: Academic Press, 1974), p.51.
② L. Sklair, "Competing Conceptions of Globalization," *Journal of World-Systems Research*, Vol.2, 1999, pp.143-162.

部的经典式分科是毫无疑义的。人类学、经济学、政治学、社会学以及历史学的分科是以某种自由派的国家观及其对社会秩序中功能和地缘两方面的关系来确定的。如果某人的研究只集中在各种组织,其意义是有限的,如果研究集中在世界体系,其研究将一无所获。"①

总之,现代社会学是伴随着现代性和民族国家社会的兴起而逐步成长起来的,而面对日益显著的全球化趋势,以民族国家社会为基本分析框架的经典社会学将逐渐让位于由后国家(post-state)或国际的混杂化所构成的各种时空并存的全球社会学。② 如果说社会学是伴随工业文明的发展及其大量社会问题而出现的,那么全球社会学则可以说是由于全球性的人口激增、文化冲突、环境污染、能源危机、生态失调、气候恶化、核恐怖等全球性社会问题日益严重地威胁到人类的生存与发展而产生的。③ 今天,在全球化浪潮的推动下,社会学研究的全球化转向毫无疑问将具有越来越重要的地位和作用。

那么,我们应如何对"全球社会学"下定义呢?莫尔(W. E. Moore)认为,全球社会学是全球的、人类的社会学,世界是一个单一的系统,任何地方的个人生活都受到来自其他地方的时间和社会过程的影响,而且这种影响程度正在增强。我们必须重新发现并研究全球这一超级系统。④ 科恩(R. Cohen)和肯尼迪(P. Kennedy)认为,地方、国家和全球的相互依存需要一门全球社会学,通过超过国家中心的分析范式,最终揭示出全球社会变迁的各个方面是怎样发挥作用和被地方、国家和区域层次上的变迁所影响的。全球社会学就是一门描述我们现实世界,以及回答将来如何重新塑造所有社会的一门学科。⑤ 孙嘉明等对社会学的基本定义是:从全球社会整体出发,综合研究社会关系及其变化发展规律的一门社会科学,也是研究关于全球社会良性运行和协调发展的条件和机制的综合性科学。从具体研究层面来讲,全球社会学是对全球性的社会要素,如全球人

---

① 伊曼纽尔·沃勒斯坦:《现代世界体系(第一卷)》(罗荣渠等译),高等教育出版社1998年版,第10页。

② Jan Nederveen Pieterse, "Globalization as Hybridization," in M. Featherstone, et al., eds., *Global Modernities* (London: Sage, 1995).

③ 孙嘉明、王勋编著:《全球社会学——跨国界现象的分析》,第23页。

④ W. E. Moore, "Global Sociology: The World as a Singular System," *American Journal of Sociology*, Vol.71, No.5, 1966, pp.475-482.

⑤ 罗宾·科恩、保罗·肯尼迪:《全球社会学》(文军等译),社会科学文献出版社2000年版,第29页。

口、全球文化、全球环境的表现和特征及其问题进行研究的学科。全球社会学也是对综合性的全球系统、全球治理以及全球发展进行研究的一门学科。① 立足于对现实社会的关注,全球社会学是一门运用社会学特有的研究视野和方法,将全球社会作为分析对象来探讨全球性社会问题、社会结构和社会发展等问题的社会学分支学科。而且,真正且恰当的全球社会学首先意味着来自不同地区、国家、文化的社会学家们积极、开放、互利、平等地相互交流,他们共同努力去理解、阐释和改变社会世界。②

二、全球化为社会学理论提供了新的视角

长期以来,社会学理论研究一直没有很好地解决社会结构分析与社会变革分析的结合问题,结构论和主观论很少在同一个理论框架中相互沟通,加之其追求普遍化的倾向,更是极大地削弱了社会学理论的实践品质。正如默顿对早期社会学的批判性回顾:"早期社会学是在创立高度综合的哲学体系的学术氛围中成长起来的……它要求建立一个明确的一般社会学思想框架,而不是在尚未完善的框架中建立指导具体社会学研究的专门理论。在这种风气下,几乎所有的社会学开拓者都在努力建立自己的体系。"③如果每一位"具有克里斯玛气质的社会学家"都力求发展出一种宏大理论,"那这种实践就只能使社会学巴尔干化,每块地盘都有其自己的理论体系统辖",这正是以往社会学理论的最大问题所在。④ 而全球化在追求利益共享、价值共享、资源共享、信息共享的实践基础上将全球互动网络作为社会结构和社会行动的共同基础,能使社会学理论在更大的范围内得以检验和推敲,促进社会学理论与社会实践的密切结合,从而推动社会学理论的新发展。

因此,全球化趋势的出现为社会学理论的创新提供了新的视角。全球化本身就是一个极其复杂的系统。从纵向上来分析,它实际上包含了社会学研究的各个层次,其中至少包括了个体、社群、民族国家社会和全球社会四个主要层次。而传统的社会学理论研究基本上是将自己的研究重点放在社群和民族国家社会

---

① 孙嘉明、王勋编著:《全球社会学——跨国界现象的分析》,第25页。
② P. Sorokin," 'Global sociology' in Different Disciplinary Practices: Current Conditions, Problems and Perspectives," *Current Sociology*, Vol. 64, No. 1, 2016, pp.41-59.
③ 罗伯特·金·默顿:《论理论社会学》(何凡兴等译),华夏出版社1990年版,第62—63页。
④ R. K. Merton, *Social Theory and Social Structure* (New York: The Free Press, 1968), p.51.

两个层次及其内外的互动之上,个体作为研究的基础和出发点有时也涉及,但对于全球社会层次上的研究相对缺乏。全球化趋向的出现或强化,不仅有助于我们打破长期以来社会学理论研究的格局,使我们不得不关注全球社会中出现的大量新问题、新现象,而且将在许多方面对社会学理论产生革命性的影响,从而为社会学理论的创新提供了巨大的动力。

首先,从认识论来说,传统社会学的认识论基础受到了前所未有的动摇。众所周知,社会学主流学派的认识论基础是实证主义。这种实证主义是传统理性主义的变种,它坚持理性认识的客观性、普遍性和实证性。而全球化对极端实证主义和普遍主义的冲击与解构使本来已日见衰微的传统社会学理论受到了重创,从而为其他社会学理论流派的发展提供了契机。这对于社会学理论的多元化发展无疑是件好事。

其次,从研究对象来说,全球化为社会学理论提供了许多新的研究课题。传统社会学一般都把文化排斥在社会学理论研究之外,或至多只是把它看做一个剩遗范畴而予以说明。例如,帕森斯就在其 AGIL 分析模型中,把社会系统与文化系统和人格系统区分开来,其目的就是为了突出社会系统在其研究中的核心地位。而在全球化中,随着信息技术和传播媒介的广泛应用,文化全球化的穿透力越来越强烈(这也正是当今为什么许多学者首先从文化的角度来理解全球化的主要原因),使得文化与社会之间本来就有些模糊的区分更变得几乎难以辨认了。文化似乎正在经历着某种"社会内和社会间的"过程。这一变化将不得不促使敏感的社会学家重新审视自己的研究对象和重心,以介图通过对文化的研究来更好地达到对当今社会的理解。

最后,从预设前提来说,传统社会学理论关于"秩序与进步"的假定也遭到了质疑。无论是古典社会学还是现代社会学,其理论与方法的使用都是在社会学奠基者预设的"秩序与进步"的主题中展现的,其结果很自然导致了"现代化研究范式"的产生,且因此成为所有社会学流派的根本范式。然而,当代全球化趋势的形成,从许多方面"解构"了传统的"秩序与进步"研究主题,社会变得似乎愈来愈难以捉摸和混杂化。正如鲍德里亚曾经说过的,在全球化与后现代的社会条件下,个人成了"沉默的大多数",社会秩序已经变得名存实亡或无关紧要了。

总之,从社会学理论研究对象和研究范式的转变,可以看出全球化进程的加速为社会学理论发展提供了强大推动力,而社会学理论的生命力就在于能够解释不断发展变化的社会现实和时代变化。的确,在全球化的背景下,社会学理论的发展要有新的变革,要增强研究者的主体意识,拓宽研究视野、完善研究议题,促进研究范式的调整和融合,转变社会学研究的思维方式,形成平等和谐的学术氛围。① 因此,全球化对社会学理论的发展既是一种挑战,同时也为其发展提供了新的机遇。

第三节 几种主要的全球社会学理论转向

全球化理论为什么会流行?原因之一就是国际传播的发展,特别是互联网的崛起,使人们感到整个世界的联系越来越有力、快捷和民主。冷战结束后,无论是由于文化同质化还是资本主义的推进,过去两极化的世界,开始向多极化发展。人们开始更加关心类似气候变暖这种全球性问题。经济的相互依赖和不稳定性越发明显。资本流动更加自由,各国经济在20世纪70年代都出现了衰退,而这种状况是30年代的又一次重演。在20世纪70年代之前,民族国家(nation state)作为国家时代的组成部分,似乎遭遇了危机。福利国家(welfare state)由于开支过大变得越来越不堪重负。② 这一系列的现实因素使我们不得不更加重视全球化理论。

西方社会学对全球化的理论研究始于20世纪中后期,六七十年代主要有索罗金(P. Sorokin)的全球趋同论、阿隆(R. Aron)的国际社会论、贝尔的后工业社会论、沃勒斯坦的世界体系论,七八十年代又出现了托夫勒(A. Toffler)的超工业社会论、奈斯比特(J. Naisbitt)的大趋势论,90年代则形成了更具有全球化研究针对性的吉登斯的制度转变论、贝克的全球社会学论、罗伯森的文化系统论、斯克莱尔的全球体系论、卡斯特的网络社会论、萨森(S. Sassen)的全球城市论以及各种反全球化理论等。社会学学科的综合性特征使其对全球化这样一个复杂性问题的理论探讨具有较强的优势。本节试图通过对20世纪90年代以来西方社会学理论中几个富有代表性人物的有关全球化理论转向的考察与评价,来展示当代社会学家对社会学理论全球化转向的探讨与努力。

---

① 杨晓明:《全球化与市场化背景下社会学发展的战略思考》,《中国商界》2009年第7期。
② 卢克·马特尔:《社会学视角下的全球化》(宋妍译),辽宁出版社2014年版,第1页。

第十三章 当代西方社会学理论的全球化转向

一、吉登斯的制度转变论

英国社会学家吉登斯是从制度转变（institutional transformation）的角度来阐述和深化全球化理论的，其主要贡献是他把全球化与现代性紧密地联系在一起，并认为全球化是现代性最明显的结果之一，是世界范围社会关系的一种紧密化。

在吉登斯的制度转变理论中，他使用了两个极其重要而又相互关联的概念来解释制度性转变与全球化的关系，即"时空的分隔"（separation of time and space）、"社会系统的抽离"（the disembedding of social systems）。在前现代社会中，人类的活动是受"在场"（presence）所支配的，也就是说人们对事物及人物的把握受制于当事人当时是否"在场"这一因素，而现代性的出现改变了人类时空距离的关系，人们的互动不再受制于必然"在场"这一条件，"缺场"（absence）的联系也变得习以为常。全球化作为现代性的一种必然结果，其过程必然包含着重组社会的空间和时间秩序。因此，"全球化概念最好理解为表达时空分隔的基本样态。全球化指涉的是在场与缺场的交叉，即把'相距遥远'的社会事件和社会关系与本土的具体环境交织起来，我们应该根据时空分隔和本土的具体环境以及本土活动的漫长变迁之间不断发展的关系，来把握现代性的全球性蔓延。"① 这正好带出了"抽离"这一概念。抽离泛指一个脱离了社会关系建构及人际互动需要必然在场这一先决条件，反而在无限的时空分隔中再将二者重组的过程。社会系统的抽离就是指社会系统从"本土的互动的范围"中抽离出来，跨越时间和空间加以重新结合。全球化扩大了这种"抽离"过程的范围，其后果是使"越来越多的人生活在一种新的环境中，在新的环境中，抽离的制度把本土的实践与全球化的社会系统联系起来，组成日常生活的主要方面"。② 因此，社会系统的抽离首先是与现代性的力量相联系的，而现代性把人与人之间的亲密性从"预先给予"转化成了一个互动式的"自我披露过程"（mutual process of self-disclosure），其原因必须要与宏观社会的制度性变迁（institutional changes）一同理解。

在吉登斯看来，全球化是现代性从社会向世界的扩展，是现代性的基本制度特征向全球范围转变的必然结果。而现代性的基本制度特征是由四个不同层面

---

① A. Giddens, *The Constitution of Society* (Cambridge: Polity Press, 1984), p.21.
② A. Giddens, *The Consequences of Modernity* (Cambridge: Polity Press, 1990), p.79.

所构成的，即资本主义（capitalism）、工业主义（industrialism）、军备力量（military power）和社会监督（social surveillance），这四个现代性的制度特征向全球范围转变的结果便形成了全球化的四种维度，即全球资本主义经济、国际劳动分工、全球军事秩序、民族国家体系。时至今日，西方资本主义国家已成为世界经济体系的主要权力中心。全球化趋势，并不是"西方制度在全世界的蔓延和其他文化的消亡"，而是一个复杂的、非连续的和偶然的过程。这个过程是由一系列不同而又相互交错的逻辑推动的，是一个不均衡的发展过程。① 因此，我们必须面对一个事实：现代性与全球化的发展及其带来的代价，造就了一个不是"现在"（now），而是一个"从现在开始就会存在"（from now on）的危机性问题。例如，各种制度性转变的全球性导向如果无限的急剧化，就会相应地构成经济增长机制的崩溃、极权主义提升、核冲突或大规模战争的爆发及环境大灾难的发生等危机。② 但是，吉登斯认为全球化的这种可能性危机是可以而且只能被积极参与的社会运动所克服和抵消，而如果没有此类社会运动的抗衡，未来社会便难逃于恶性的发展，更不会出现制度性转变的理想结果。表13.1就简单概括出了吉登斯的制度性转变的全球化理论。

表13.1 安东尼·吉登斯的制度转变论

现代性的制度特征	全球化的制度特征	全球化中的可能性危机	抵消危机的社会运动	理想性的制度转变后果
资本主义	全球资本主义经济	经济增长结构的崩溃	劳工运动	后匮乏市场
工业主义	国际劳动分工	生态环境破坏或大灾害	环保运动	科技人性化
军备力量	全球军事秩序	核冲突或大规模的战争	和平运动	非军备化
社会监督	民族国家体系	极权主义力量的增长	民主运动	多层民主参与

① A. Giddens, *The Consequences of Modernity*, p.175.
② 谢立中主编：《西方社会学名著提要》，江西人民出版社1998年版，第504页。

第十三章 当代西方社会学理论的全球化转向

吉登斯全球化理论是整个现代性理论的一部分,并特别强调全球化所具有的辩证特性。他指出全球化过程是由四个分离的但又是相互交错的制度层面形成,并且每个层面都是全球化的一种动力,而这些动力本身就具有向全球扩张的趋势。从某种意义上来说,现代性所导致的社会活动的全球化,就是真正的世界性联系的发展过程,这些联系包含在全球民族国家体系中或国际劳动分工中。因此,全球化是现代性的一个必然结果,而现代性生来就进行着全球化,但现代性的全球化会产生下述许多危机:

首先,在全球化的影响下,资本主义制度转变会形成全球资本主义经济体系,如果没有任何制衡出现,便会导致经济增长结构的崩溃,劳工运动就是有效遏制这种恶性发展的抗衡力量。而劳工运动的成功发展最终能达到一个后匮乏市场系统(post-scarcity system)。这个系统就是一个能令市场成为一个主要策略的显示,而不是作为剥夺工具的理想化系统。

其次,在全球化的影响下,工业主义诱发出来的一个国际性劳动分工系统,在没有抑制的情况下也会对生态环境造成严重的破坏,但是环保运动如果能理想化地发展,便可争取达到科技人性化(humanization of technology)。

再次,在全球化的影响下,军备力量导致了战争工业化及武器的全球流通,而令战争出现的危机大大增加。和平运动的推行,可以使各方都明白任何大规模战争都是相互伤害,核战争是永远没有赢家的。因此,只有依赖和平运动才可能达到世界非军备化的理想。

最后,在全球化的影响下,社会监督能力若没有抗衡力量出现,便会助长极权主义的随时复出。而民主运动的推行可以极大地抑制极权主义,使监督的权力落入人民而不再是主政者手中,而这种民主运动的理想性后果就是多层次民主参与(multilatyered democratic participation)。

吉登斯从制度转变的角度来研究全球化问题,并认为全球化就是现代性的四种制度从社会向世界的扩展过程,即全球规模的现代性扩展过程,为全球化的理论研究提供了一种新的视角。吉登斯从"时空构成"的视角来解释现代性,指出了现代性的全球化倾向,并从现代性的视角说明了全球化的内涵、动因、特征、后果和应对全球化的策略,为我们展现了全球化和现代性的关系,使其被称为当前全球化讨论中"现代性的全球化"思想的最有力的倡导者。吉登斯对制度的重视也许源于他认为全球化中文化研究过于抽象,尽管他主张全球化的动因是多方面的,但由于他没有充分考虑文化的因素,使其理论又显得有些单维化,更重要的是他没有把一些现代制度以外的因素考虑进去,正如罗伯森所指出的,吉登斯关于全球化的四个维度只是将其现代性的四个基本制度特征"粗糙地移植到全球场景的结果"。① 全球化不仅同现代性和现代化有关,而且也与后现代性和后现代化有关。虽然现在还没有出现完全现实化的后现代性,但后现代性某些特征(如倡导非中心化和多元化,反对整体化和单一的理论视角)的出现既是对现代性的反动,也为多种文明参与全球化提供了机会。

二、贝克的全球化社会学理论

乌尔里希·贝克是德国著名社会学家,慕尼黑大学和伦敦政治经济学院教授,从20世纪80年代以来先后提出了风险社会、第二次现代化、全球化社会学等理论,长期从事社会发展和全球化问题的研究,在世界范围内产生了广泛的影响。其主要著作有《风险社会》《风险时代的生态政治》《什么是全球化:全球主义的曲解——应对全球化》《自反性现代化》《全球化的政治》等。贝克支持全球化,但不简单地鼓吹全球化,他从全球化的发展现状来反观西方资本主义社会的现代化进程和发展趋势;他的自反性现代化理论时时观照全球化进程中的问题和后果,对全球化理论提出了自己独特的见解和看法。

贝克在对"全球化"定义时进行了比较细致的划分,分为客观现实、主观战略与主客观相互作用的发展进程三个不同层次,分别使用了"全球性""全球主义"和"全球化"三个不同的概念。他在分析描述一种事实的全球性、描述一种观念的全球主义的基础上提出了对全球化的定义:"全球化指的是在经济、信息、生态、技术跨国文化冲突与市民社会的各种不同范畴内可以感受到的、人们的日常行动日益失去了国界的限制。"在贝克看来,全球化意味着经济活动的国际化、交往的频繁化,意味着跨国的交融和网络化。它改变了传统的模式,促成了通过民族和疆域来界定的社会图景。这种社会图景的特征在于经济力量的强大、政治塑造力量的削弱和世界主义文化的兴起。世界日益成为一个全球共享的空间,个别地区发生的事情会波及全世界。②

贝克在阐述他的全球化理论时,涉及了很多问题,比如说全球化时代民主怎

---

① R. Robertson, *Globalization: Social Theory and Global Culture* (London: Sage, 1992).
② 程光泉主编:《全球化理论谱系》,湖南人民出版社2002年版,第242页。

第十三章 当代西方社会学理论的全球化转向

样才是可行的？民主制能适用于跨国政治吗？民族国家会被超越吗？在全球竞争的背景下还能实现国际合作吗？全球化与环境政策是背道而驰的吗？全球化对劳资关系产生了哪些政治影响？应该怎样看待全球化时代的种族归属和跨国社会空间问题？等等。目前西方社会正围绕全球化问题展开激烈的争论。捍卫传统的民族国家与社会福利国家的人对使国家受到强烈冲击的全球化提出质疑。相反，那些认识到并且承认全球化问题挑战的人则要作出抉择：或者放弃民族国家、国民经济学、民主和社会公正之间的传统关系，与新自由主义同流合污；或者为在"全球化时代"实现民主和社会公正寻找一条新路。贝克选择了后者，他要在描述作为世界社会的"社会"是怎样可行的，来探讨全球化时代条件下，民主是如何可行的。他认为，社会领域的非领土化是全球化思维范式的基本含义。现代社会的关键特征在于，社会的范围不再依靠"在某地"来界定，地理的和社会的接近失去意义，人们不必为生存而生活于某地，而生活在某地的人们也不意味着共存。①

人们既可以否定、攻击全球化，也可以为它欢呼，但是无论人们如何评价全球化，涉及的都是这样一种强势力量：以领土来界定的社会领域的形象，曾在长达两个世纪的时间里，在各个方面吸引并鼓励了政治、社会和科学的想象力，如今这种时代形象正在走向解体。伴随全球资本主义的是一种文化与政治的全球化过程，它导致人们熟悉的自我形象和世界图景所依据的领土社会化和文化知识的制度原则瓦解。如果这样来理解和诠释全球化，它也在更大的程度上开辟了一种社会空间的所谓"三维的"社会图景，这种图景不以地区、民族国家和领土来界定。这一观点将按其经济、政治和社会的结论分七步展开：第一，跨国的逃避力量：在经济方面，关键是要把"国际化"与"全球化"区别开来。第二，主权的困境：在全球性时代，国家主权只有通过放弃国家主权才能实现。第三，政治领域的转变：世界社会是作为后政治世界出现的，然而正因为如此，它（在一种新的意义上）是高度政治化的社会。第四，超越民族国家的治理：出现一些"没有政府的治理"的新形式。第五，作为强权政治的世界主义伦理：西方和一些超国家的组织打着人权和自由贸易的旗号，干涉其他国家的曾经是"内部事务"的事情。第六，文化全球化的辩证法："全球种族空间"（阿尔琼·阿帕多拉伊语）

---

① 程光泉主编：《全球化理论谱系》，第243页。

指的是什么?它不是趋同,不是西方化,不是真实性的缺失,而是"差别的普遍性":世界社会的巴比伦式的心脏在语言和认同感的混乱中跳动。第七,(作为前景的)世界公民宣言:现在有一种新的关于全球与区域问题的辩证法,这些问题靠民族国家的政策是解决不了的。①

在贝克看来,现代西方正面临着挑战其社会政治体系的根本前提的诸多问题,这些问题正是西方现代化发展进程中产生出来的。其中最为关键的是,资本主义与民主共生的西方发展模式能否在不耗尽其物质、文化和社会基础的情况下在全球范围内普及?如何看待和面对民族主义和种族主义在欧洲的回归(这正是对全球化的一种反应)?正是由于全球化进程中出现的种种问题,贝克等社会学家进行了深刻的反思,彻底审视现代性的基础、发展观点和后果,并在此基础上,提出和充分讨论了被他们称作"自反性现代化"的新颖理论。这种阐述围绕着对自反性的理解、破除传统观念、生态问题这样三个主题展开的,风险社会是自反性现代化的特征。现代化是个自我创新的过程,但是,工业社会的被淘汰的另一面就是风险社会的出现,风险社会是指现代社会中的一个发展阶段。在这个阶段里,社会、政治、经济和个人的风险往往会越来越多地避开工业社会中的监督制度和保护制度。风险社会又包含了两个阶段:第一个阶段系统地产生了影响和自我威胁,但这些影响和自我威胁尚未成为大众问题或政治冲突的中心。此时,工业社会仍占主导地位。第二个阶段,工业社会的危险开始支配公共政治和私人的争论和冲突。此时,工业社会的某些特征将导致社会问题和政治问题。贝克认为,"风险社会"的概念在三个领域内带来了划时代的、系统性的转变:首先是现代工业社会与自然资源和文化资源之间的关系,其次是社会与其自身产生的、超越了社会对安全的理解范围的威胁与问题之间的关系,最后是工业社会文化中集体的或具体的某个团体的意义之源(如阶级意识或对进步的信仰)正在枯竭、解体、失去魅力。它们的丧失导致了强加于个体身上的所有责任和风险,这也就是"个体化"过程的意义。②

同时,贝克对全球主义十种思想陷阱进行了有力的抨击:"世界市场—形而上学""所谓的自由世界贸易""经济上面临的问题是国际化而非全球化""风险

---

① 乌·贝克、哈贝马斯等:《全球化与政治》(王学东、柴方国等译),中央编译出版社2000年版,第13—15页。

② 程光泉主编:《全球化理论谱系》,第252—253页。

戏剧""作为革命的无政治""单向思维神话""对灾难思想的批判""黑色保护主义""绿色保护主义"和"红色保护主义"。针对全球主义的十种思想陷阱,贝克提出了十种应对全球性和全球化的方案:"国际合作""跨国国家或'相容主权'""按资分配""教育政策的新向导""跨国企业家是非民主的,还是反民主的""公民劳动联盟""继大众汽车出口国之后将出现什么?新的文化、政治、经济目标定位""经验文化、短缺市场和社会自我更新""开放的企业家和自主的劳动者"和"反排斥社会契约"。贝克对十种思想陷阱和十种应对方案进行了具体论述,为我们对全球化问题的研究提供了思路。

可以说,贝克的全球化理论参考了经济全球化理论、政治全球化理论,乃至文化全球化理论,加之从社会学家的视角审视全球化的最新发展,提出了对我们有借鉴意义和启发意义的观点。[1] 贝克对全球化研究的反思与总结,对世界主义"社会"的描述和探讨无疑是全球化思想中的精华。总之,贝克以全球化反观现代化,以现代化推进全球化的研究模式堪称是社会学领域中全球化研究的典范。[2]

三、罗伯森的文化系统论

在很长一段时间内,社会学家(包括吉登斯)在考察社会变迁时,"文化"几乎都是在他们的视野之外,这或许是因为社会学家总是想找到社会变迁的"硬指标"(如制度),而文化确恰恰是"软性"的。在这方面,美国匹兹堡大学社会学教授罗伯森,可以说是社会学中最早从文化的视角来理解和关注全球化问题的代表性学者之一。他从20世纪60年代初期就开始涉及全球化问题的探讨,在以后三十多年的时间中,他又通过对古典社会学研究方法的检讨与重建逐步确立起了自己对于全球化研究的理论框架。尤其是80年代以后,罗伯森与其他一些学者一起,从社会学角度共同对全球化问题进行了全面而深入的探讨,在学术界产生了广泛而深远的影响,其有关全球化的理论分析集中体现在他1992年出版的《全球化:社会理论与全球文化》一书中。在该书中,罗伯森详细阐述了他在全球化理论研究方面所坚持的全球文化系统论立场,并对全球化的定义、历史演进、基本模型和研究方法等方面作了文化学、社会学诠释。

---

[1] 程光泉主编:《全球化理论谱系》,第258页。
[2] 同上书,第273页。

罗伯森对"全球化"概念的定义深受文化传播学家麦克卢汉的"地球村"思想的影响。他认为,尽管人们对全球化的概念有不同的界定,但是,作为一个概念,"全球化"最好被理解为表示世界"统一起来"(united)所采用的形式,而这种形式既是指世界的压缩(compression),又是指认为世界是一个整体意识的增强。① 然而,20世纪80年代后半期以来,"全球化"概念的滥用极大地干扰了对其自身进行严格界定,也在一定程度上造成了学术界的混乱。因此,罗伯森认为自己所要做的,就是要超越概念上的纠缠,揭示该领域中一些最迫切的问题,并充分考虑一些相对来说被忽视的分析性和历史性主题,特别是相对晚近的全球化进程。对此,罗伯森是从与全球化密切的现代化理论考察入手的。罗伯森发现当时十分流行的现代化理论大多只是指诸如教育、职业、识字率、收入和财富等这样的可以客观衡量的指标,而很少关注现代化中主观的、解释的方面。② 而在现实政治领域中,文化的因素及其影响力要比许多人想象的多得多,可以说,我们还处在一个全球范围的文化政治时期。因此,全球化不仅是指目前全球日益增长的相互联系的种种客观事实,而且更是指文化和主观上的问题。全球化不是单纯的经济问题、政治问题、社会问题或国际关系问题,而首先是一个文化问题。我们不但要对全球化采取一种文化的关注,而且首先要从文化系统视角来理解和研究它,因为全球领域作为一个整体,首先是一个社会文化系统,是一个由多元社会化构成的全球文化系统。这正是我们观察和分析全球化问题的最佳切入点。

罗伯森直接从文化的角度来研究全球化,把全球领域看做一个社会文化系统是有一定的社会历史背景的。他认为需要对世界在成为"单一体系"(singular system)过程中出现的,在分析上相互分离而实际相互联系的经济、政治和文化逻辑进行系统解释。但是,目前既有的一些理论方法不能实现这种目标,如吉登斯的制度转变理论、阿切尔的文化行动者理论过于抽象,沃勒斯坦的世界体系理论虽然在全球化理论发展中具有方法论革新的价值,但由于其过分的经济主义取向而大大忽视了文化的作用。因此,20世纪90年代以来,全球化理论在如何描述全球化进程问题上基本上或多或少地把文化或文明的因素考虑进去,以希望形成一套更趋完整的方法。罗伯森的方法目的就是在弥补上述方法的缺陷的

---

① R. Robertson, *Globalization: Social Theory and Global Culture*, p.1.
② Ibid., p.2.

同时,来调和基础主义(foundationalism),如世界体系论和反基础主义,后结构主义和后现代主义之间的关系。① 在研究的概念上,罗伯森使用"全球场域"(global field)来代替通常使用的"全球体系"(global system),且全球场域是由四个不同层面的参照点(reference points)组成的,即个体自我(selves)、民族国家社会(national societies)、诸社会组成的世界体系(the world system of societies)和全人类(humankind)。全球化就是这些人类生活不同层面之间的日益增强的相互作用,它把"世界压缩成为一个单一的场所"。在以此为基础,罗伯森进一步提出了他的"全球化模型"。

罗伯森认为,以往的以民族国家为基本单位的研究,现在已经不能成为分析和理解世界的出发点了,应该抛弃"国家中心论",把"民族国家社会"视为分析全球人类状况的总参照点。另外,还要认识到,20世纪民族社会的普遍性已经成为全球化的一个重要原因。在罗伯森的全球化模型中,四个基本参照点互相"回应",促成各自的不断"推进"以及此间关系的转变,以共同推动全球化进程的发展。在这里,罗伯森多次使用了"相对化"(relativization)这个概念。他认为全球化作为当代世界"压缩"的一种形式和世界历史的一种新诠释学的基础,正在使所有社会文化形态相对化,并使它们"平等化"。他说:"我在展现全球场域时,强调了若干的相对化过程,这一术语意在显示全球化推进时人们对观察总体全球化过程(以及集体和个人对这一过程的参与情况)的特殊视角之稳定性提出日益增多的挑战方式。"②罗伯森的全球化模型主要是参照当代的全球性和全球化而形成的,它是全球复杂性在此所意味的东西的理想而典型的再现。在罗伯森看来,全球化不仅是一个整体化过程,更是一种多样化过程。在这个过程中,不同的生命形式进行互动,认识世界,表达自己关于世界的看法,同时也确认自己的身份。因此,罗伯森的全球化理论的一个显著特点是,他把全球化作为一个矛盾统一的过程,承认全球化和"去全球化"(deglobalization)过程的同时发生和进行,并重视对全球文化系统的分析,认为文化多元主义是当代全球状况的一个构成特征,包括对全球化的象征反应和解释世界体系的概念,这些本身是决定全球化轨迹的重要因素。全球文化不可能也不应该是一元文化或同质文化,更不是某种文化中心的文化,而是多元文化构成的全球文化。这种分析显然具有

---

① 俞可平:《全球化时代的社会主义》,中央编译出版社1998年版,第52页。
② R. Robertson, *Globalization: Social Theory and Global Culture*, p.8.

十分重要的意义。当然,罗伯森的全球化模型也有一些不足之处,正如弗里德曼(J. Friedman)所指出的:"罗伯森的全球化模型既没有说明相对化过程的本质,也没有指出它可能变迁的道路,相反,它详述的只是一个对世界还没证明的认知(recognition)的假设,而这只是罗伯森自己对世界全球化状态的认知。"[1]

基于自己的分析框架和全球化模型,罗伯森勾画了目前这种程度极高的全球密集性和复杂性形势的时间—历史路程(temporal-historical path):萌芽阶段(the germinal phase)、起始阶段(the incipient phase)、起飞阶段(the take-off phase)、争霸阶段(the struggle-for-hegemony phase)和不确定阶段(the uncertainty phase),并简要地勾勒出了近六百年来全球化过程的基本特点和目前状况。罗伯森不同意像吉登斯和沃勒斯坦那样抽象化、简单化地解释全球化现象。他强调,全球化进程是在相对独立于严格意义上的社会进程状态下进行的,它有其自己的自主性和逻辑性,它的发展将随着进程的加速而变得越来越复杂化。因此,全球化问题不仅是一个跨学科研究的对象,而且也更应该是一个跨文化研究的对象。当前社会学理论的主要任务就是要以多维的方式,并超越"世界政治"或"世界经济"的单一模式来说明全球化的轨迹及其动因。

罗伯森的文化系统论最有价值的地方就是提供了一个概念框架,这种框架保留了全球化具有整体性和包容性的特点,并把它作为分析的背景,使之能够同时应对具有整合与分裂特性的复杂的经验事实。毫无疑问,罗伯森所揭示的全球文化系统状态,向我们展示了从文化的视阈来看待全球化方方面面的理论图景。这种文化系统状态观意味着没有那些单独的不变的逻辑或整体性,因而是一种流动的相对的状态。这对我们打破政治、经济的一维视角,了解全球化进程中的整体性和多样性具有重要的参考价值和理论启发意义。但是,罗伯森在他的理论构架中并没有充分展开说明全球化的政治、经济和文化诸方面之间的相互关系,尽管他对西方中心论的偏见有极强的反省意识,但他在整体上仍不可避免地从西方文化传统和历史经验的角度出发来解读整个世界的全球化图景。

四、斯克莱尔的全球体系论

斯克莱尔对全球化理论的最大贡献是他提出了较全面地看待全球体系

---

[1] J. Friedman, *Cultural Identity and Global Process* (London: Sage, 1994), pp.197-198.

(global system)的方法。他认为全球化观念的主要特点是:当代的许多问题都无法在民族国家的层次上,即从国际(国家间)关系的角度去进行充分研究,而必须超越民族国家的层次,从全球(跨国)过程的角度去加以研究。① 在斯克莱尔看来,"全球体系"和所有观念一样存在于人们心中,但是又远离日常世界。我们研究全球体系的目的就是要揭示这个概念确实所具有的真正效力,不仅要从国家层次上,而且更要从全球范围内对世界经济和社会进行分析。他认为在社会学里,目前至少已出现了以下三种竞相媲美的全球化理论研究模式。

(一) 世界体系模式

沃勒斯坦的世界体系论从理论上开创了全球化研究的先河,但是斯克莱尔认为在世界体系理论中,除了其一直强调把国家间关系作为研究的重点以外,实际上并不存在一种明显的"全球"视角。对此,斯克莱尔特别分析了全球体系与资本主义世界体系之间的异同。他说:"在20世纪末,全球体系还没有与全球资本主义体系重合,但是存在于全球资本主义背后的驱动力却也是推动全球体系的、占主导地位的、尽管不是唯一的驱动力。"②他认为传统的"国家中心"方法实际上具有意识形态的暗指:由于把世界划分为无数个民族国家,造成了许多人把资本主义世界体系的巨大成功和力量视为天经地义。而此前的大部分全球体系理论都主张一个无益的观点,即霸权国家剥削其他国家。因此,斯克莱尔提出应该从跨国实践(transnational practices)出发来研究全球体系,并指出正是跨国组织的生产和交换明显地产生了资本主义全球社会秩序和实践。在这个全球资本主义社会中,主要的资本主义运行过程是建立在与民族国家层次相对的跨国层次上的,社会生产关系不再囿于国家领土边界之内了,然而世界体系论者所使用的任何一种全球的概念仍然被深深地锁闭在世界经济的范围之内,而这种经济又是建立在民族国家体系基础之上的,因此其很难真正站在"全球化"的高度来把握全球体系。

(二) 文化全球化模式

这是从对"文化全球化"的研究中推导出来的,虽然文化全球化研究者并不

---

① L. Sklair, "Global Sociology and Global Environmental Change," in M. Redclift and Benton, eds., *Sociology and Global Environmental Change* (London: Routledge, 1993).

② L. Sklair, *Sociology of the Global System* (New York: Harvester Whentsheaf, 1991), p.51.

能与像世界体系论者那样被划入同一学派,但是在他们的著述中却有一个共同的主题贯穿其中,那就是面对正在出现的"全球文化"时,个人或民族的特性如何才能继续保存下来。斯克莱尔认为文化全球化模式与众不同的一个特征就是提出了或者作为一种可能性,或者作为一种现实而出现的"全球化社会"或"全球文化"。① 而这种观念又是建立在过去几十年中大众传媒大规模发展以及麦克卢汉"全球村"理论基础之上的。斯克莱尔还对以"全球—地方主义"为其主要特征的一个文化全球化模式的子团体进行了较详细的探讨,指出"全球—地方主义"的研究主要关注的是如何揭示地方—全球关系中多层面而又极其复杂的网状结构。尽管这种研究与"文化全球化"模式在很多地方是重复的,但全球—地方主义的研究者们往往强调从"地区"的维度去看问题,因此,作为一种更为广泛的文化全球化模式的组成部分,全球—地方主义所关注的焦点,实际上更具有地域特征。毫无疑问,对所有这些学者来说,主要的问题是,面对不断发展的"全球文化",地方文化如何保持其独立性。出于反抗全球化的不同要求,地方文化不得不在世界范围内将其自身的问题提上了社会学、文化与政治的研究议程。②

(三) 全球体系模式

世界体系模式所包含的经济主义取向和文化全球化模式中的文化主义取向,虽然指出了全球化的一些重要特征,但如同在其他问题上一样,社会学理论的真正使命应该是在考虑经济和文化的同时避免经济主义和文化主义。这正体现了斯克莱尔尝试建立全球体系社会学模式来研究全球化现象的取向。全球体系模式的理论基础是建立在"跨国实践"这一概念之上。所谓"跨国实践"指的是"在特定的制度背景下人们的行动所产生的影响,是由非国家行为主体所从事的并跨越国家疆界的实践"。跨国实践虽然是抽象概念,但是它们直接指的是其代理机构的实践。从分析的角度看,跨国实践包括三个层次的运行,这三个层次是经济、政治和文化—意识形态,且每一层次都有自己的代表性制度,有组织的、固定的、一致的实践结构。③ 三者相互作用,共同形成了全球体系。

---

① 莱斯利·斯克莱尔:《社会学的几种不同全球化概念》,《中国社会科学季刊》(香港)1993 年第 5 期。

② 同上。

③ L. Sklair, *Sociology of the Global System*, p.52.

第十三章 当代西方社会学理论的全球化转向

具体而言,以上每一个层次的跨国实践都主要是通过其代理机构的实践来进行的,如在经济方面有跨国经济实践,其主要的代理机构是跨国公司,此外还有世界银行、国际货币基金等组织机构。在政治方面有跨国政治实践,其主要的代理机构是"跨国资产阶级"。而跨国的文化—意识形态实践表现为"消费至上的文化意识形态"。跨国公司制造商品,提供服务,从而使生产和销售成为必要;跨国资本家创造政治环境,在该环境中一国的产品能够在他国成功地销售,消费主义的文化—意识形态则提供创造和维持商品需求的价值与态度。当然,斯克莱尔承认,这些都是分析的,而非实证的,在现实世界中,它们错综复杂,相互交织。跨国公司参与东道国政治,宣传消费主义,跨国资本家则直接服务于跨国公司,其生活方式是消费主义扩展的主要典型。

在阐述全球体系与全球化关系时,斯克莱尔特别强调文化—意识形态的作用,他说:"我称之为'消费主义文化—意识形态'的东西以及建立于其上的经济和政治制度,从第一世界它们的心脏地带那些极少数享有特权的人才接受了它们的地方,向世界各地蔓延开去,这正是真正具有全球性意义的社会变化。"[1]没有消费主义,资本主义持续积累就会瓦解,整个体系也会变得七零八落。[2]

与世界体系模式和文化全球化模式相比,斯克莱尔的全球体系理论似乎显得更加全面一些,其至少从两种意义上讲是反对国家中心论的,并用全球体系替代民族国家,以实现研究方法的变革。其一,它是从阶级而不是从国家的角度出发来讨论权力的起源和运作的,为正确理解全球化作了积极有益的探讨。其二,其所引入的"跨国实践"的概念,无论是从理论上和还是在经验上为解决那些传统的国家中心论观念所无法充分或全部予以解决的问题提供了良好的思路。斯克莱尔把全球体系的概念建立在跨国实践的基础上,同时也并没有忽视对民族国家的分析。在构建全球体系过程中,斯克莱尔总是试图把全球体系的政治、经济、文化三层面的关系理清,并力图把"全球的"(跨国的)同"国际的"概念区别开来。但是从理论整体来看,斯克莱尔的全球体系的侧重点仍然是全球体系的经济方面(尽管他想避免经济主义和文化主义)。在实际论述中,他自己也认为"全球体系是由跨国经济行为组成的",其重点就是要"分析经济、政治和文化—

---

[1] 莱斯利·斯克莱尔:《全球化社会学的基础》,《社会学研究》1994年第2期。
[2] L. Sklair, *Sociology of the Global System*, pp.81-82.

意识形态的因素是如何围绕经济利益而系统地联系在一起、组织在一起的"。①显然,这种偏重经济因素的分析,使其理论对全球化进程中其他因素,如政治、文化、科技扮演的角色和发挥的力量考虑不够,这正是他全球体系论的不足之处。

五、卡斯特的网络社会论

曼纽尔·卡斯特是一位出生在西班牙的美国当代社会学家。其重要著作有《信息化城市》(*The Information City*,1989 年)、《网络社会的兴起》(*The Rise of the Network Society*,1996 年)、《认同的力量》(*The Power of Identity*,1997 年)、《千年的终结》(*End of Millennium*,1998 年)等,后三部著作合称为"信息时代三部曲:经济、社会与文化",有关网络社会的三部曲使其一跃成为 20 世纪 90 年代以来美国最为重要的社会学家之一。尤其是其在网络社会方面的研究成就,为他赢得了大量的国际声誉。

作为全球化一个重要内容和标志的信息化、网络化,是 20 世纪 90 年代后备受社会学家关注的一种重要社会现象,它对网络社会的兴起和全球经济的扩张具有十分重大的社会意义。②北京时间 2016 年 2 月 24 日,社交网络 Facebook 公布的一份研究报告称,截至 2015 年年底全世界已有约 32 亿网民,2015 年新增约 2 亿网民。网络化及其带来的相应问题已成为全球化研究中无法避免的重要课题。美国加州大学伯克利分校的社会学教授卡斯特就是全球信息化、网络化研究领域的一位杰出代表。在他的三部曲中,第一部《网络社会的兴起》主要讨论的是网络社会,并试图说明借由网络媒体的资本主义信息化的资本主义劳动的新时代和新类型变化;第二部《认同的力量》主要研究正在发生的文化现象及其重要变化,尤其是大量不同的文化运动;第三部《千年的终结》主要考察了大的民族国家或中央集权下的经济统制问题,以及在他们的主权中是如何衰落的问题。③

卡斯特认为网络就是一组相互联结的结点,而结点到底是指什么则依赖于

---

① 莱斯利·斯克莱尔:《社会学的几种不同全球化概念》。
② J. Borja and M. Castells, *Local and Global*: *The Management of Cities in the Information Age* (London: Earthscan Publication Ltd., 1997), pp.7-12.
③ A. Orum, *The Information Age*: *Economy, Society and Culture*, Vol.Ⅲ: *End of Millennium*, Contemporary Sociology (Washington: January, 1999).

第十三章 当代西方社会学理论的全球化转向

具体的网络。在当代社会，随着信息技术的飞速发展和信息化、全球化的大力推进，网络不仅构成了一种新的社会形态，而且还催生了一个崭新的社会模式——网络社会。其重要特征体现在：经济行为的全球化、组织形式的网络化、工作方式的灵活化、职业结构的两极化、劳动生产的个性化等等。① 卡斯特指出，在网络社会里，网络是一个极其开放的结构体系，它能够无限地扩展和延伸，并通过改变生活、空间、时间的物质基础，来构建一个流动的空间和无限的时间。网络社会的空间可以区分为流动空间和地域空间。除了原来意义上的地域空间外，网络的出现及彼此相连，将使信息在全球范围内的即时流动成为可能，从而形成流动空间。而流动空间又有三个层次，即电子化的互联网是第一个层次，节点与核心构成了第二个层次，占支配地位的管理精英的空间组织是第三个层次。在网络社会结构中，传统意义上的地域丧失了意义，人们不再需要拥挤于狭小的城市空间，一切社会活动都可以在地理上获得延伸。因此，网络社会构建出了一种新的社会时空，其社会结构是高度动态、开放的系统，它可以跨越时空的限制而创新出更多、更新的结构形式。

网络社会的社会变革也超出了社会和技术生产关系的范围。在网络环境下，社会生产关系不再是一种实际的存在，资本进入了一个单纯循环的多维空间，而劳动力由一个相对集中的实体开始变为无尽差别的个体存在，从而使劳动生产的个性化越来越突出。但从更为广阔的历史前景来看，全球网络化逻辑的扩散实际上会改变生产、经验、权力与文化过程中的操作和结果，网络中的"在场"与"缺席"，以及每个网络相对于其他网络的动态关系。例如，在网络社会中，工业化时代形成的种种社会机制会逐渐失去其意义和功能，财富、生产、金融的全球化会使人们时时感到不安，从而使得他们无法适应公司的网络化和工作的个体化影响，家庭的生产功能将由此开始重新回归。毫无疑问，网络社会代表了人类经验的巨大变化。

卡斯特指出，网络自身所具有的时空抽离性、互动性、平等性、开放性等特点，正为生产方式和经济形式的创新提供丰富的契机，并成为支配和改变我们社会的重要源泉。② 尤其是与其经济形态与工业社会相比将发生重大转变，一种以信息化、网络化、全球化为特征的新经济将迅速崛起，而这种新经济的核心就

---

① M. Castells, *The Power of Identity* (Oxford: Blackwell, 1997), pp.345-362.
② M. Castells, *The Rise of the Network Society* (Oxford: Blackwell, 1996), Coclusion.

是强调生产力要以知识为基础,并脱离工业经济单一的增长方式。信息化以其信息技术为基础而形成新的技术范式,将使得成熟的工业经济所蕴藏的生产力得以全面释放。而网络化能使信息技术产业逐步围绕着互联网组织起来,成为整个经济新技术与管理专业知识的来源,生产力增长也主要以网络化为基础。全球化则使得金融、贸易、生产、科技在全球范围内展开,并对专有劳动的强调使得劳动更具有了全球性的意义。①

作为一个信息主义者,卡斯特还试图超越"传统"的社会学研究,发掘新兴社会秩序的完美形式和主题。在其信息时代的三部曲中,他依据韦伯的"新教伦理与资本主义精神"的分析框架,讨论了信息主义与资本主义精神的问题,建立了信息资本主义理论。他认为网络根植于信息和信息技术,而信息和信息技术衍生出信息主义,信息主义又使资本主义社会再结构化,从而形成信息资本主义。作为当代社会普遍范式的信息主义,它至少具有五个方面的特征:(1)信息就是原料;(2)新技术无处不在;(3)任何使用这些新技术的系统或关系都具有网络化逻辑;(4)信息主义范式以弹性为基础;(5)特定技术将逐渐聚合为高度整合的系统。因此,卡斯特的信息主义范式实际上就是全面性、复杂性、全球性、网络性等特性的融合体。由此,他还作出了预测,认为21世纪就是一个由网络构建的具有全新意义的社会,21世纪的资本主义精神来自信息技术和"电脑空间",其实际就是信息资本主义。

然而,网络社会的兴起也会带来大量认同性问题,人们将缺乏一种普遍的认同感,也不再把社会看做是一种有意义的社会系统。卡斯特在其《认同的力量》一书中指出,在工业化时期,合法性的认同感构成了社会,后来这种认同感的瓦解又导致了个体主义的产生。因此,网络社会对认同感的抵制同个体主义一样深深地侵入了社会机体之中,但由于人们抵制这种认同感,反对被剥夺经济、文化和政治权利的公民却趋于形成一种新的社区认同感。因此,这个世界上不仅有国家机制、全球网络以及以自我为中心的个体,还有在抵制认同感基础上所形成的社区。② 当然,卡斯特也指出,网络社会里人们虽然缺乏认同感,但网络却有助于减少人们对认同感的抵制,有助于社会机制的重建。因为网络是一种偏

---

① M. Castells and Yuko Aoyama,"Paths towards the Informational Society: Employment Structure in G-7 Countries, 1920-1990," *International Labor Review*, Vol. 133, No. 1, 1994.

② M. Castells, *The Power of Identity*.

离中心的组织和干预形式,具有新的社会运动的特点。它不仅仅是为了组织活动或分享信息,它是文化代码的真正生产者和传播者。网络对社会的影响很少来源于步调一致的战略,很少由一个中心来决策,但通过多种形式的网络处理后,社会逐渐形成新的认同感。①

虽然卡斯特的网络社会理论的论述重点在信息化、网络化及其衍生结果,但作为全球社会重要表现形式的网络社会,信息化、网络化是全球化的主要动力及其标志。正如卡斯特所指出的,全球化作为社会变革的重要力量,它与过去的国际化力量有所不同,体现的是一个特定系统在全球规模上发挥作用的技术、组织和制度能力。从某种意义上来说,全球社会首先是网络社会,全球化首先需要信息化和网络化。② 因此,卡斯特的网络社会理论不仅仅是一种单纯的信息社会理论,也是一种全球化理论。其在全球化研究方面所取得的巨大成就促使其理论成为西方信息社会理论走向成熟的一个里程碑。犹如卡斯特的导师、法国著名社会学教授图海纳(A. Touraine)对《网络社会的兴起》所作的评价:"卡斯特的杰作重新发现了现代社会科学最高的野心,发现了以新技术与经济文明所产生的社会、文化与心理转化来替代对人性的研究。该书将成为21世纪的经典之作。"吉登斯也评价指出"卡斯特的三部曲所描述的信息化社会与经济发展动力的重要性,绝对可以与韦伯的巨著《经济与社会》相媲美"。

六、萨森的全球城市论

萨斯基娅·萨森是美国哥伦比亚大学的社会学教授,哥伦比亚大学全球思想委员会成员,英国伦敦经济学院访问教授,是当前全球化和全球城市研究领域最知名、最活跃的专家之一,同时也是创建全球城市理论的重要代表人物之一。1991年,萨森出版《全球城市:纽约、伦敦和东京》(*The Global City*)一书,首次提出和定义"全球城市"概念,并积极推行这一概念使之得到广泛认可和接受。其他代表作还包括《劳动和资本的流动性》《地域、权威、权利:从中世纪到全球聚集》《全球化及其不满》等。

全球化和信息化进程不断增强全球各地区经济、文化和政治联系,城市间各种要素流动的迅速增强使得全球各城市的联系更加紧密,导致了多级、多层次的

---

① 崔保国编著:《信息社会的理论与模式》,第77页。
② M. 卡斯特:《论网络社会的社会学》,《国外社会科学》2001年第3期。

世界城市网络体系的形成。同时,各种经济资源的全球流动的增长,打破了国家的界限,使城市在促进全球化中的作用也越来越突出,城市之间的经济网络开始主宰全球经济命脉,并涌现出若干在空间权力上超越国家范围、在全球经济中发挥指挥和控制作用的全球城市。

萨森从世界经济体系的视角切入,探讨城市中主要生产服务业的国际化程度、集中度和强度,通过对全球领先的生产服务公司的分析来诠释全球城市。萨森认为,全球城市的全球性(globality)主要表现在经济方面(也包括政治方面的):首先,全球化导致经济活动在地理上的分散,分散的经济活动需要共时性的整合,这样中央的企业功能就越来越重要。第二,这些中央功能如此之复杂,以至于全球大公司的总部越来越外包这些功能,它们从高度专业化的服务公司购买,比如会计、律师、公共关系、编程、电信等服务。这些为复杂的全球市场提供服务的专业化公司受制于聚集经济(agglomeration economy)。服务的复杂性,市场的不确定性,交易速度的重要性等,它们混合在一起构成新的聚集活力。某一领域相关的公司、人才、知识等混合在一起,作为一个信息化中心构成特别的城市环境。这样一个城市等同于一个非常密集的信息链,这就是全球城市。①

在《全球城市》一书中,萨森对全球城市的理论构建及其实证分析进行了大量的探讨研究,提出了许多新颖的观点:第一,从世界经济变化及其特征的视角来解读全球城市;第二,全球城市在其经济基础上有着特殊的构成要素;第三,全球城市是从事某种特定工作的场所,其生产的是高度专业化的服务和金融产品;第四,高度专业化的生产者服务是全球城市发展的主要组成部分;第五,全球城市具有特殊的空间、内部动力和社会结构。同时,书中也有很多理论创新和新的议题:比如说,探讨了目前经济活动的区域分散带来了强化中心控制与管理的必要性,强调了经济增长对城市内部经济秩序的影响,论述了每一个国家的城市体系发展的后果以及全球城市与其所在国家之间的关系,以及新的发展形式和条件对全球城市社会秩序的影响等。② 萨森反对全球经济让城市同质化,城市的同质化表现在建筑环境上,比如高档的写字楼区、娱乐区、机场等,它们变得越来越一样。但每个城市所在全球圈里的其他城市以及全球圈所处的地理位置,决

---

① 胡以志:《全球化与全球城市——对话萨斯基亚·萨森教授》,《国际城市规划》2009年第3期。
② 萨斯基娅·萨森:《全球城市:纽约、伦敦、东京》(周振华等译),上海社会科学院出版社2001年版,第2—6页。

定了这个城市与其他城市的不同。同时,全球城市也充满着两极分化,比如像巴西,犯罪分子占据着城市中心,人们不敢出去工作,商店早早关门,即使是富人也没有安全感;但是像纽约这样的城市,很多弱势群体,即使他们的亚文化不被主流社会接受,但是他们依然可以生活得很好。

萨森同样关注全球化与社会经济文化的复杂关系,她认为全球城市在全球化过程中扮演了核心的角色,全球城市与跨国资本共同充当了全球化经济的组织者,跨国公司从生产过程中发挥组织作用,而全球城市则从空间上发挥组织作用,成为全球化经济在空间上的代表。萨森认为,全球城市是在高度一体化的世界经济环境下,国际资本对世界经济进行控制和发挥影响的空间节点,是整个世界经济体系中具有特定分量的场所。萨森认为,全球城市具有三大特征:实现城市形态从工业化向后工业化的转型;在世界上占据国际经济文化活动制高点,能够影响和改变世界市场运作;全球城市以跨国公司和跨国银行为核心,以电信和国际航线为干道,以全球城市为节点,构成了全球化的经济和社会网络。

将城市纳入经济全球化的分析,把城市作为特定住地上具体有形的经济综合体,聚焦城市会将国家经济分解为一系列的国家构成,使我们得以在全球层面上详述这些住地的地理格局,并重新构想经济全球化的进程。萨森认为,全球化是一个产生冲突空间的进程,其特征为竞争性、内部差异化、不断跨越国界。全球城市就是这一境况的表征。全球城市不成比例地集聚了全球企业巨头,并且是其获得价值赋予的一个重要基地。但它们也同样不成比例地集聚了弱势群体,并且是其聚集的一个重要基地。这种双生的存在出现在这样一种环境下,即经济全球化迅速发展、城市对全球资本越来越具有战略意义;边缘化人群开始自己发生并对城市作出诉求。① 聚焦于住地和生产的分析具有解码全球化的效应;后者在概念上根据中心性的跨国地理格局来重构,其包含有多重联系,以及物质基础设施的战略性集中。全球化因此可被视作为植根于且依赖于这些联系和物质的基础设施。在很大程度上,全球进程是基点和联系的网络。②

在主流观点认为全球经济超越了地域以及基于地域之上的政治管制时,萨森认为,全球经济绝非不需要场所,而是需要非常具体的地域条件,特别是对于那些高度全球化和数字化的行业,比如金融业等。而且,从经济到文化到人的主

---

① 萨斯基娅·萨森:《全球化及其不满》(李纯一译),上海书店出版社2011年版,第17页。
② 同上书,第211页。

体性的根本性变化,从很大程度上都在一些核心的重要的国家环境内发生。这些根本性的变化不仅仅包括全球化的力量,也包括去国家化(denationalizing)的力量。我们看到地域、权威和权力正在一点点地被集中到多个高度专业化的聚集中,而它们以前是由国家框架庇护的。今天,这些聚集超越国际和国家环境,因此它们正在一步一步地去国家化。

萨森认为,全球性还有未被认识的表现形式,甚或是相互竞逐表现形式。这些表现形式,包括移民以及相关的文化环境多样性,通常是被划归于种族概念之下的,我们仍在用移民和种族语汇来叙说的这些,萨森认为实际上是和经济活动、文化活动、身份认同形成的全球化有关的一系列进程。移民和种族过多地被视为他者的一部分。而如果将其理解为一套进程,由此全球要素地方化、国际劳工市场形成、世界各地的文化非地域化和重新地域化,才是将其与全球化基本构成的资本国际化一起置于了视角的中心。①

对于全球化是最近几十年人类发展的独有的现象,还是已经发展了好几个世纪这个问题,萨森认为:全球性的活力交流已经存在了几个世纪并经历了多个阶段——想想那些古代帝国的传教士,还有中东地区的贸易网络等。而今天全球化趋势的不同点在我看来有两个。首先,在这之间至少有一个世纪的时间,古代帝国逐渐退出舞台,而民族主权国家成为主体。目前这个阶段的全球化趋势从20世纪80年代开始,或多或少地涉及世界体系内的所有民族主权国家。第二点就是全球活力、条件和体系在增长、混合和多样化。我们有广泛的基础设施来实现全球贸易、投资和通讯。简而言之,第二点指全球化趋势的程度——我们已经跨过了这个门槛。萨森给我们展示了本土与全球之间平衡的转变,展示了构成全球经济矩阵的国际文化、政治和物质新形式的惊人面貌,同时也丰富了我们对一些后现代性中最基本进程的理解。

第四节 社会学理论的全球化转向与反思

20世纪90年代以来,全球化的趋势不断加强,新的社会转型也在不断加速,其中一个突出特征就是人类社会的结构正在变得日益跨国化和全球化,这使

---

① 萨斯基娅·萨森:《全球化及其不满》(李纯一译),第14页。

第十三章 当代西方社会学理论的全球化转向

得一贯以宏观研究而著称的传统西方社会学理论传统受到了极大的挑战。正如费舍斯通所指出的,全球化进程的发展使得古典社会学理论和第二次世界大战后兴起的现代化理论无力解释新现象、新问题。古典社会学传统由于把社会等同于有边界的民族国家而无法全面理解全球化问题;现代化理论则由于长期使文化依附于结构性发展,并搁置了文化与能动者之间的关系也无法对全球化问题作出合理的解释。① 那些以民族国家为中心而形成的社会学(甚至包括政治学、经济学)中的一系列概念体系、理论观点再也难以解释新的社会转型过程中出现的诸多全球性现象了。社会学理论缺乏探讨跨国实践和全球现实的语汇,人们继续依赖于与民族国家相应的传统社会学术语、概念和经验数据,使社会学理论在全球化研究范式之间存在着严重的不可通约性(incommensurability)。因此,要理解全球化对现代性的超越及其所带来的历史性变革,就必须对新的全球化时代和新的社会转型作出理论上的说明,并通过提出新的概念和理论框架来把握新时代的本质。

一、社会学全球化转向的研究特征

我们在第三节中介绍的当代社会学家对全球化议题的不同理论研究,基本上代表了20世纪90年代以来西方社会学家在全球社会学研究上的基本理论观点。但需要指出的是,全球化进程并非是直至今日方才出现的一个当代的突发事件,但以往却很少有社会学理论从正面去反映它,这不能不说是一大遗憾。② 毫无疑问,全球化从发轫之初到形成洪流,并最终成为人们不得不正视的一种新的社会趋势,社会学理论对此是不能熟视无睹的,而应当通过对它的追踪和反思来达到一种切实的把握。

对于社会学理论研究的变革而言,当代全球社会学理论的形成具有更加重

---

① M. Featherstone, "Global Culture: An Introduction," in M. Featherstone, ed., *Global Culture: Nationalism, Globalization and Modernity* (London: Sage, 1990).

② 在全球化的开始时间上,社会学家有三种不同的看法:一种认为全球化自16世纪现代性萌芽时就开始了;一种认为全球化自20世纪60年代开始;另一种认为真正的全球化时代开始于20世纪90年代。第三种看法的理由是:全球化进程在90年代才开始有了质的飞跃,同时全球化已经深入人们的观念领域,成为人们描述和认识当代世界变迁的重要概念和切入点。在一定程度上,我们可以这样认为,全球化在16世纪开始萌芽,并在20世纪60年代逐步发展,到90年代则进入加速期。参见王黎芳:《社会学视野中的全球化》,《学习与实践》2006年第4期。

要的意义。它不仅为社会学理论的研究者树立了"全球观念"和多维价值观,改变了社会学理论长期以来的思维"惯习",而且能够将不同"场域"中发生的事态有机地联系起来,从而大大拓展了社会学理论的研究对象和学术视阈。在全球化背景下,虽然国家仍是一个很大的共同体,而且还是讨论许多问题的现实语境,但是,情况毕竟发生了很大的变化。这种变化就是以民族国家作为社会学理论长期研究的一个边界对象和分析单位,虽然是一个很大的共同体,但不再是最大的共同体了。在全球化中,社会学理论研究的实际对象"国家—社会"的那种同构性将发生根本性的变化——国家意义在缩小,而社会意义将放大。国家将处在基于广泛交往的普遍联系之中,而且这种普遍联系更加表现为人类文明史上空前的复杂联系的体系。新的情势决定了国家不再是意义自足、自我定义的最高实体,而是成为世界历史体系中的一个结构要素,成为国际政治格局的一种成分或力量,因而根本地是作为普遍交往和复杂联系网上纽结或元素而存在,并且在互动格局中发挥作用。①

由此可见,民族国家本身在不断被重塑的同时,全球化也正在产生着一种以前从未存在过的东西,即一个全球性社会。无论我们在什么地方,它都在动摇我们现存的生活方式。至少在目前,这个全球性社会不是由集体的人类意志所推动产生的全球秩序,它正以一种不固定的偶然的方式出现,同时带来了一系列的影响。② 这些影响从政治、经济、文化、资本、技术、产品一直到信息等都对我们三百年来占主导地位的民族国家制度体系提出了挑战,使得建构在民族国家基础之上并为民族国家体系提供合法性解释的社会学甚至整个社会科学知识体系遇到了前所未有的困难。对此,如果没有一些人从人类前途和共同发展方面进行考虑的话,就很难有一个正常、均衡的国际秩序了,也不会有一个全球化进程的健康发展。全球化是在全球极广泛范围内所表现出来的各个国家在政治、经济、科技、文化等方面的一种互动关系,既然是互动的,就是各种因素相互作用、相互制约的,任何单一的标准和简单化的理解都是不合理的。因此,无论是在现实操作层面还是理论研究层面,我们都应该提倡一种全球化的视野、全球化的意识、全球化的胸怀,以与全球化的现实进程相适应。

---

① 康健:《全球化背景下社会意义的放大》,《理论与改革》2001 年第 5 期。
② 安东尼·吉登斯:《失控的世界——全球化如何重塑我们的生活》(周红云译),江西人民出版社 2001 年版,第 14 页。

第十三章 当代西方社会学理论的全球化转向

社会学由于其学科本身所具有的整体性、综合性特征，故而在全球社会学理论的探讨上，总是试图从政治、经济、文化等多种角度来全面整合全球化理论所代表的真实内涵，并用"全球化"这个词来形容工业化、城市化在全球普及后带来的社会的各种同构现象。但由于社会学浓厚的哲学理论背景和突出的面向现实的特征，使得许多社会学家在解释"全球化"时一方面从理论上积极寻找对全球化的理论化、制度化诠释，另一方面也从现实和未来发展角度寻找对全球化最为直接的经验性概括与描述。纵观这些社会学家在全球化领域研究上的演变轨迹，我们可以发现，近十多年来西方社会学理论研究至少有如下几个非常明显的变化：

第一，研究领域的拓展。它从早期的较注重物质层面的研究逐步拓展到精神层面；从单一的领域转向了综合的领域。社会学理论的全球化转向首先在研究领域上打破了以往只注重在经济、国际关系等单一领域中的进行探讨的惯例，促使全球化研究能够真正在具有"全球领域"的背景中展开，从而有力地拓展了社会学的研究视野和疆域。全球化是一个多层面的、不断分化的社会现象，其本身就涉及社会生活的所有领域。因此，不能把全球化看做是在某个单一领域中进行的事情，而应该把它看做是在社会活动的所有关键领域中不断扩展的相互联系模式。

第二，研究力度的深化。社会学理论的全球化转向，不仅为全球化研究提供了多种研究视角和途径，更重要的是在理论上深化了全球化现象的研究。全球社会学理论的兴起使全球化研究从早期的简单化、描述化的研究逐步深化到抽象化、理论化的研究，并由探究影响全球化的物质系统深入到文化系统和社会系统；从细究全球化的单一动因或决定性因素转向寻找多种因素的解释，既看到了全球化同一性的增强，又看到了其分异性的扩大，使全球化研究在纵深两个层面上都得到了极大的发展。

第三，研究重心的转移。随着社会学理论的全球化转向，原来全球化研究中的那种以经济、政治、军事为重心的研究正逐步转向了文化、生态和社会的研究，这一点在20世纪90年代以后的社会学理论研究中表现得尤为突出。如沃勒斯坦的世界体系理论，其所谓的世界体系在早期就是指资本主义世界经济体系（这也是人们称之为经济主义取向过重的主要原因），而到20世纪90年代以后，沃勒斯坦也开始关注文化现象了。这种研究重心的转移与全球文化、生态的重要性的崛起是分不开的。全球化作为一种整体化趋势的出现,其在很大程度上将表现为一种新的全球文化的诞生,在这方面,全球社会学将提供更为恰当的研究视角。

第四,研究方法的创新。全球社会学研究在方法上将给整个研究带来巨大的创新,使其从早期简单综合的问题研究、现象研究、趋势研究逐步发展为复杂抽象的制度性研究、结构性研究和系统性研究;从单线条探讨全球化进程与全球社会现象的方法转向了重视不同轨迹的全球化进程与不同样式的全球社会现象。无论是在具体方法的使用上,还是在方法论和研究方式层次上,全球社会学研究方法不断系统化,跨学科方法运用得也更为成熟、突出,从而大大促进了整个全球社会学研究的发展。

应该指出的是,对全球化所带来的新的社会转型展开社会学理论研究的最终目标,并不是要试图在当今庞大的全球化研究领域中创造出一种更宏观的全球社会学理论体系,而主要是从反思传统社会学理论思维方式和研究范式出发,面对全球化所改变的社会学理论赖以立足的现实基础,探讨社会学理论该如何在理论和方法上应对这种变化,以建立起一种能够适应新的社会转型需要的研究范式和理论形态。正如吉登斯所指出的,社会学理论层面上的发展在某种程度上是与当前发生在社会世界中的社会转型联系在一起的。社会转型在促使社会学反思的同时,也提出了社会学重新定位的要求。如果说过去几年来社会学知识的衰退是不够确切的,那么,为了应对社会世界的这种变化,社会学家当然要建构出新的概念框架和分析模型来说明这一切。[①]

二、社会学理论转向:"全球化研究范式"的建立

当代全球化趋势的研究表明,我们应以更加积极的方式来检讨社会学理论传统的工具及环境,以充分回应现代社会的快速发展。今天,面对全球化浪潮的冲击,社会学家将必须在重建社会学理论传统的基础上,创新出一种新的研究范式和理论形态,以适应社会学全球化转向的需要。

从西方社会学理论发展史中,我们可以发现,社会学理论传统的发展趋向总体说来是其研究范式的变迁,或者说是其方法论体系的变迁,而这种变迁的动力

---

① A. Giddens, *Social Theory and Modern Sociology* (Cambridge: Polity Press, 1987), Preface.

第十三章　当代西方社会学理论的全球化转向

则来自其研究范式的分化与整合。社会学作为一门对社会实践和现实的结构关系与运行状态的理性反思的学科,理所当然地是随着社会现实的转型而不断变化的。由此,社会学研究者的理论视野、研究范式等都应当随之而不断发展和调整,只有这样,社会学才能体现出其本身的学术活力及与社会发展的适应性。在21世纪的社会学理论研究领域中,我们认为,一个极为重要的现象就是,以全球化研究范式为特征的新的社会学理论范式将逐步得到确立。这种新的社会学理论范式是社会学理论多重范式整合的结果,它表明了社会学理论正处于一个解构已有的研究范式、重构一种新的社会学理论范式的文化和知识境况中。正如当今社会的发展正处于一个前所未有的转型期一样,社会学理论的发展也正处于其历史发展的转型期中。在这个转型时期,社会学理论面临着前所未有的挑战和机遇。社会学是否有更辉煌的前景,社会学理论是否比以往更有效力,就看我们是否能够不仅在理论视野上,而且在研究方法上,不仅在战略眼光上,而且在实际运作中适应社会学本身的发展逻辑和社会经济发展的要求,尤其是在全球化步伐不断加快的今天,这种适应全球化趋势和新的社会转型需要的"全球化研究范式"将在社会学理论转向中表现出以下几个方面的突出特征：

一是"全球化研究范式"首先意味着对传统的"现代化研究范式"的超越与扬弃。有学者指出,全球社会学要解构社会学学科认识框架中固有的欧洲中心主义(Eurocentrism),从区域局部化(provincialization)、方法论民族主义(methodological nationalism)以及内生性(endogeneity)三个方法论层面来建构全球社会学。如果我们能在许多层次地运用这些方法论构成要素,那么全球社会学的形成就指日可待了。[①] 而以民族国家中心论、西方中心论和人类主体中心论为基本特征的现代化研究范式,不仅在理论上造成了各种主体与客体的对立与冲突,使传统的社会学理论研究局限在一个个有限的民族国家之中,无法阐释和说明在全球层次上出现的大量跨国事实,而且在实践上也造成了人与自然及人类内部的冲突、斗争、彼此消解的紧张状态,使不同主体处于严重的对立之中,从而给社会学理论研究带来了自身难以克服的危机。而全球化研究范式的出现将超越现代化研究范式的危机,突破现代化发展内涵的"单一性"和指导思想的"非人化"所导致的"发展悲剧",确立以人为中心的、全面的、可持续的和谐发展观,为

---

① S. Patel, "Afterword: Doing global Sociology: Issues, Problems and Challenges," *Current Sociology*, Vol. 62, No. 3, 2014.

社会学适应新的社会现实提供了理论与方法上的支撑。

二是"全球化研究范式"的出现,所体现的是社会学理论多重范式的整合,其视野是一种多学科渗透和融合的学术视野。全球化时代的知识特征就是知识交叉、信息爆炸、传播迅速,并构成了一个在学科上融合渗透、在时空上交叉蔓延的立体化、全球化知识语境,这就要求社会学理论研究者不断更新自己的知识结构,不断调整自己的学术视野,不断拓展自己的思想深度。随着全球性社会和知识社会的大力发展,人类生存环境的重大变化和人类对自我生存意识的深化,社会学与其他社会科学甚至自然科学的视界日益走向融合,更多的社会科学家开始认同社会学理论的重要性,社会学家也逐渐放弃对绝对理念的追寻,日益表现出对其他知识的尊重。"全球化研究范式"特征显示出一个融合各种学科优势的知识时代即将出现。因此,社会学理论研究者不能故步自封,把自己封闭在一个狭小的天地里,应该不断地丰富自己的知识结构,拓深自己的思想维度,多一份知识的维度和多一点思想的深度更有利于社会学理论的研究,有利于社会学理论整体性思维方式和多元价值取向的形成与确立。

三是"全球化研究范式"的出现,表明了以往社会学理论中的一些传统的研究对象和命题日益式微,这就意味着整个社会学理论的研究需要进行时代性的转型和变革。在过去,社会学理论所关注的是一些普遍主义的东西,企图以绝对、普遍的宏大理论框架来指导自己的经验研究。实际上,社会学理论研究中的普遍主义的真理性和有效性都是极为有限的。当代社会学理论的发展越来越显示出,社会学理论应该从普遍主义的理念转向人所生存于其间的社会现实和个体化的人类存在,应该将宏观架构与微观事件、客观环境与主观行动结合起来,更加关注社会现实本身的多样性和丰富性。所以,社会学理论研究在当今的发展更向具体实在的社会现实开放,实践性的社会现实始终是社会学理论发展的重要基点,多一点现实的关注,多一点实践的眼光更能使社会学理论充满发展的活力。

四是"全球化研究范式"更加重视本土化社会现实的研究。"全球化研究范式"的出现给社会学理论发展带来了巨大的变化,传统社会学理论中具有权威性的许多经典命题不再是经典命题,那种囊括宇宙、贯通历史、解释一切也决定一切的真理意识不再成为社会学理论的主要目标。社会学理论一方面应具有世界性、全球性的思想眼光和知识视界,另一方面也应当立足于本地区的政治、经济和文化的发展。一个明显的事实是,"全球化思考,本土化行动"已经成为一个全球性的社会学理论研究的策略,这正体现了社会学理论研究视野、研究对象和研究意识的转变。"重视基础理论研究,加强应用研究和对策研究"的社会学理论研究策略也正在我们的社会学理论研究中兴起和加强。基础理论研究给我们提供宽广深厚的学术视野,而应用研究和对策研究,则使社会学理论的研究具有更明确的目标和更强烈的现实色彩,同时也使社会学理论的研究和发展更具有实践的操作性、理论的开放性和学科的建设性。

五是"全球化研究范式"中各种"后学"(如后工业、后现代、后殖民、后马克思主义、后资本主义等)的出现弥补了传统社会学理论研究范式的不足,也从一个方面大大丰富了社会学理论研究的内涵。全球化中各种"后学"词语的大量涌现已经成了社会学理论研究中的普遍现象,但这并不意味着社会学理论是一种终结,而更多的是一种开放性的重构,一种解构中的重构。当代社会学理论多元发展的事实预示着,社会学理论不是越来越失去它的地位和作用,恰恰相反,它的地位和价值将日益显著,关键在于我们是否把社会学理论看做是随着社会经济和人类生活的发展而不断发展的事业,社会学理论能否适应社会经济发展和人类生活的需要。所以,我们必须把社会学看做是一种发展性和开放性的事业,多一点发展和开放的眼光是极为必要的。

目前,对于创建全球社会学,学术界并没有形成一致的范式,甚至对一些主要的全球议题都没有形成统一的理解。但对主要议题的统一理解正是建立稳健可信的研究范式所需要的。有学者提出了后殖民主义(Postcolonial)的观点,指出全球南北方(the global south and north)之间存在着一个以某种文化主义为特征的根本分裂,新的全球社会学可以通过一种批判的南方视角(southern lens)和对文化政治经济的关注而建立。①

由此看来,我们必须从全球化趋势的客观事实出发,把全球化看做是一个动态而多维的社会现实,并以此为基础,来建构"全球化研究范式"。这其中包含了微观与宏观、主观与客观、个体与社会的统一,而这个统一的基础就是古典社会学理论家马克思所一再强调的"人的社会实践活动",因为正是通过社会实践活动,个人与社会才得到体现,个人特征与社会特征才得到反映,也正是以社会

---

① R. Munck, "Global Sociology: Towards an Alternative Southern Paradigm," *International Journal of Politics, Culture, and Society*, Vol.29, No.3, 2016, pp.233-249.

实践活动为中介,个人与社会、主观与客观、微观与宏观才得以联结起来,双方的互动才成为可能,才在社会活动系统的整体中统一起来。如果我们把"宏观社会—微观个体""客观环境—主观认知"作为两对具有连续统(continuum)特征的坐标两极的理想类型,并以瑞泽尔已划分的三种社会学范式(社会事实范式、社会定义范式和社会行为范式)作为社会学理论的基本研究范式,那么,我们可以发现,"全球化研究范式"不仅将具有整合这三种基本社会学研究范式的重要特点,而且,还能够较好地概括和包容"社会批判范式"的内容,因为不同研究范式实际上只是社会现实完整结构中的不同侧面而已。

总之,作为对社会事实范式、社会定义范式、社会行为范式和社会批判范式的多元整合,"全球化研究范式"实际上能够在纵向上整合从微观个体到最宏观的全球社会的所有层次的研究对象,在横向上整合从主观心理到客观环境的所有领域的研究。而"微观—宏观""主观—客观"又是两个不同维度上的动态连续体,它们能从纵横两个坐标维度囊括人类社会所有方面的所有行为,具有较强的融合性、开放性和动态性。因此,在具体的社会学理论研究过程中,我们应该同时去理解个体与社会,使微观与宏观研究互补、主观与客观解释相互验证,从而使社会学理论的研究范式具有更大的科学性和解释力。无论社会学理论家是否愿意,在全球化背景下,社会学理论的传统研究对象和能够运用的研究范式都将在"纵""横"两个方面得以深化和拓展。全球化及其所带来新的社会转型并不是让社会学理论走向终结的道路,而是给社会学理论传统的发展提供了一个更为宽广的前景,社会学理论的古典传统也将在整合以往研究范式和吸收新的研究范式的基础上,迈向一个更加开放、更加多元化的新时代。

三、社会学全球化转向的反思

全球化的进程与社会学的理论危机是相伴出现的,"全球社会"的到来使社会面临严重转型,19世纪的古典社会学理论已经不再适用于"新社会"和人类社会。① 多纳蒂(P. Donati)②认为,现有的"全球社会"理论重复了以往理论的错

---

① P. Donati,"Doing Sociology in the Age of Globalization," *World Future: The Journal of Global Education*, Vol. 68, 2012, pp.225-247.

② 皮尔波洛·多纳蒂(Pierpaolo Donati),意大利博洛尼亚大学社会学教授,曾任意大利社会学协会会长,其主要学术建树在于提出"关系社会理论",由此形成批判现实主义的独立形态,被誉为"关系社会学"奠基人。

第十三章 当代西方社会学理论的全球化转向

误,其原因在于这些理论过于受当时特定社会所具有的历史特点的影响。认为全球化代表了现代性最后阶段的说法是存在争论的,其误解之处在于将(全球化的)特定现象与社会构成的所有方面合为一体。目前可以确认的有关全球化的社会学解释主要有四种,其共同性远比差异性更重要:(1)全球化即自由资本主义的最后阶段(如沃勒斯坦所言);(2)全球化即世界的相互依赖(参照法语国家所用的世界化"mondialisation"一词);(3)全球化即心智(mind)的标准化,该词源自马克思在其《政治经济学批判大纲》中阐述的"一般智力"概念,简言之,全球化即文化的同质性;(4)全球化即向着单一"世界社会体系"迈进了一步(如卢曼在1984年所言)。然而,所有的这些情况都把全球化视为现代性实现的成果。多纳蒂认为,为了思考全球化及其转型的成因,社会学必须致力于建构一种新的概括性理论(比如说"关系性"理论),从而使我们得以将不同的社会形态区别开来。具体来说,这一理论应该能够明确地阐述"全球社会"在哪些方面有别于其他各种社会形态。古典社会学理论和主流社会学理论已经不能解释当代社会面临的问题,我们要重新认识当今的社会。

同时,反全球化与全球化是相伴而生的。反全球化可指对全球化的否定,对全球化的片面性的批评,对全球化(跨国公司、自由贸易、科技创新与国际经济体系全球扩张)的担心,对全球化代表的新阶段资本主义(即"全球资本主义")的回击,对全球化加剧的鸿沟、社会分裂、环境灾难的不满等。总之,全球化与反全球化可说是一个事物的两个方面。

反全球化的理论表述包括德国的马丁(H. Martin)和舒曼(H. Schumann)的《全球化的陷阱》、英国鲁格曼(A. Rugman)的《全球化的终结》、汤普森的《文化帝国主义》和赫斯特(B. Hirst)与韦斯(L. Weiss)为代表的两个基本观点:一是现在的所谓的全球化只是国际化,国家依然是经济的主要范围和管理者,现在的世界经济依然只是由发达国家主导的;二是国家最终结论的观点不但夸大了事实,而且带有强烈的意识形态偏见。如果承认全球化,那就可能使全球化成为罪恶之源,最终形成全球范围的贫富分化、环境破坏、破坏民族国家主权等。

持反全球化观点的人有两种是受害者:一种是西方一些中产阶级的代表,由于全球化的无中心,使他们的利益受到了损害。他们之所以反对全球化,是因为全球化没有按照他们的意志发展。另一种是第三世界的受害国,他们是站在发展中国家的立场上说话,但是他们并不能真正代表发展中国家的利益和需求。

反全球化的思潮正反映出了人类对于正在形成巨大威力的全球化的担心,以及对于制度性的全球社会的企盼。他们寄希望于不能听任全球化进程只受市场力量支配,而必须有驾驭全球化的相应制度安排,否则全球化的社会成本太高,将在制度上制约全球社会的形成。为此提出要形成三级国际制度:在国内,各国首先要加强适应全球化的制度建设;在国际,现存国际经济组织要加速机构改革,对各国政府与人民更加负责,增加机构与工作的透明度并接受全球各地公众的监督;地区是沟通全球与国家的中间环节,有关国家应在地区一级积极探讨多边合作、地区一体化的模式,争取使类似欧洲、东亚这样的地区在全球化的制度结构中扮演更重要的角色。① 尽管一些专家学者及普通民众对全球化持反对态度,但不可否认,全球化已经成为当今社会不可逆转的趋势。总之,全球化在给人类社会带来巨大影响的同时也给社会学理论的发展带来变革,社会学也凭借其学科的特有优势对全球化进行深入探讨,为构建全球化时代的社会学奠定了坚实的基础。

【推荐阅读】

Albrow, M. & E. King, "Globalization, Knowledge and Society: An introduction," in Albrow, M. and E. King, eds., *Globalization, Knowledge and Society: Readings from International Sociology* (London: Sage, 1990).

Borja, J. & M. Castells, *Local and Global: The Management of Cities in the Information Age* (London: Earthscan Publication Ltd., 1997).

Castells, M., *The Power of Identity* (Oxford: Blackwell, 1997).

Castells, M., *the Rise of the Network Society* (Oxford: Blackwell, 1996).

Cohen, R. and P. Kennedy, *Global Sociology* (Basingstoke: Macmillan, 2000).

Emmerij, L., *Economic and Social Development into the XXI Century* (Inter-American Development Bank, 1997).

Featherstone, M., "Global culture: an introduction," in Featherstone, M., ed., *Global Culture: Nationalism, Globalization and Modernity* (London: Sage, 1990).

Held, D., A. McGrew, D. Goldblatt & J. Perraton, *Global Transformations: Politics, Economics & Culture* (Cambridge: Polity, 1999).

---

① 孙嘉明、王勋编著:《全球社会学——跨国界现象的分析》,第63页。

Hirst, P. & G. Thompson, *Globalization: in Question: The International Economy and the Possibilities of Governance* (Cambridge: Polity Press, 1996).

Hoogvelt, A., *Globalization and the Postcolonial World* (London: Macmillan, 1997).

Turner, J., *The Structure of Sociological Theory* (California: Wadsworth Publishing Company, 1998).

Orum, A., *The Information Age: Economy, Society and Culture, Vol. Ⅲ: End of Millennium, Contemporary Sociology* (Washington, January, 1999).

Pieterse, Jan-Nederveen, "Globalization as Hybridization," in Featherstone, M., et al., eds., *Global Modernities* (London: Sage, 1995).

Robertson, R., "Globalization Theory 2000: Major Problematics," in Ritzer, G. and B. Smart, eds., *Handbook of Social Theory* (London: Sage, 2001).

Robertson, R., "Interpreting Globality," in *World Realities and International Studies Today* (Glenside, P. A.: Pennsylvania Council on International Education, 1984).

Robertson, R., *Globalization: Social Theory and Global Culture* (London: Sage, 1992).

Rosenau, J., *The Complexities and Contradictions of Globalization* (Current History, November, 1997).

Sklair, L., "*Global Sociology and Global Environmental Change,*" in Redclift, M. and Benton, eds., *Sociology and Global Environmental Change* (London: Routledge, 1993).

Sklair, L., *Sociology of Global System* (Harvester/Whentsheaf, 1991).

Tomlinson, J., *Globalization and Culture* (Cambridge: Polity Press, 1999).

安东尼·吉登斯:《失控的世界——全球化如何重塑我们的生活》(周红云译),江西人民出版社 2001 年版。

安东尼·吉登斯:《现代性的后果》(田禾译),译林出版社 2000 年版。

鲍宗豪:《全球化与当代社会》,上海三联书店 2002 年版。

蔡拓等:《当代全球问题》,天津人民出版社 1994 年版。

程光泉:《全球化理论谱系》,湖南人民出版社 2003 年版。

戴维·赫尔德等:《全球大变革》(杨雪冬等译),社会科学文献出版社 2001 年版。

卢克·马特尔:《社会学视角下的全球化》(宋妍译),辽宁出版社 2014 年版。

罗宾·科恩、保罗·肯迪尼:《全球社会学》(文军等译),社会科学文献出版社 2001 年版。

罗兰·罗伯森:《全球化:社会理论和全球文化》(梁光严译),上海人民出版社 2000 年版。

萨斯基娅·萨森:《全球城市:纽约、伦敦、东京》(周振华等译),上海社会科学院出版社 2001 年版。

萨斯基娅·萨森:《全球化及其不满》(李纯一译),上海书店出版社 2011 年版。

孙国强:《全球学》,贵州人民出版社 2014 年版。

孙嘉明、王勋编:《全球社会学——跨国界现象的分析》,清华大学出版社 2006 年版。

王宁:《全球化与文化:西方与中国》,北京大学出版社 2002 年版。

文军:《传承与创新:现代性、全球化与社会学理论的变革》,华东师范大学出版社 2004 年版。

乌·贝克、哈贝马斯等:《全球化与政治》(王学东、柴方国等译),中央编译出版社 2001 年版。

杨雪冬:《全球化:西方理论前沿》,社会科学文献出版社 2002 年版。

伊曼纽尔·沃勒斯坦:《现代世界体系(第一卷)》(罗荣渠等译),高等教育出版社 1998 年版。

俞可平:《全球化时代的社会主义》,中央编译出版社 1998 年版。

后 记

　　作为社会学知识体系重要组成部分的社会学理论，基本上都是在西方话语体系和思想境遇中展开并向非西方国家扩散的。中国社会学作为世界社会学体系中的后来者，从一开始就对西方社会学带有一定程度的"依赖"。自20世纪70年代末中国社会学恢复和重建以来，其在理论研究上大致经历了"缺失—移植—融合—反思—重构"的过程。尽管我们在一些经验研究领域中取得了令人瞩目的成就，但在社会学理论研究中，至今还很少有世界公认的中国本土化理论建构问世。不仅如此，中国社会学界理论研究与经验研究成果的严重不成比例依然困扰着中国社会学学科的整体发展。这不能不说是中国社会学重建历程中的一大遗憾！

　　对于社会学理论研究而言，我一直抱有一种特殊的偏好。尽管在我个人的学术历程中，也不断地在做着各种各样的应用研究，但它总好像是我的副业，说得俗气一点，很大程度上是为了解决我都市生活的生计问题，因此，也很难给我带来思想上的愉悦与快感。对社会学理论的学习则不同，它是发自我内心的一种思想追求，因为在这种求索之中，我不仅常常会接触到理论家们的思想火花与智慧光芒，更重要的是，通过大量的理论阅读，我个人的思想也会在一次次的洗礼中变得更加活跃和成熟。或许，这正是我立志终生投身于社会学事业的理由！

　　尽管我从事西方社会学理论的教学与研究多年，但是真正要我开笔撰写一本西方社会学理论的教材，却一直是我既害怕又渴望的事情。害怕的是因为教材主要是给各类学生阅读的，他们都是中国社会学的未来和希望所在，我担心由于自己水平低下而误人子弟；渴望的是我很想把自己从事西方社会学理论教学多年的心得体会写出来供大家分享和批评，以进一步充实和完善西方社会学理论的教学体系。2003年,我承担了一项国家社科基金课题——"当代西方社会学理论的最新进展——非主流社会学理论的影响及其趋势",并利用在美国访学的机会,集中精力梳理了西方社会学理论的各种转向和发展趋势,其主要成果最后改编成了一本研究型教材《西方社会学理论:经典传统与当代转向》,并于2006年由上海人民出版社正式出版。该教材出版以后,被国内许多重点高校列为社会学专业高年级本科生或研究生的指定教材,还于2011年获得了上海市高校优秀教材奖。我所主讲的"西方社会学理论"课程也于2009年入选"国家精品课程",并于2016年正式入选教育部第一批"国家级精品资源共享课"。

2015年,由上海人民出版社出版的《西方社会学理论:经典传统与当代转向》一书的十年版权即将到期,北京大学出版社的策划编辑找到我,希望我能够以这本书为基础,重新再版这本研究型教材。考虑到原书字数比较多(接近55万字),不太适合做大学教材,所以我在本书出版时,将主要内容集中到"当代转向"部分。这一方面是考虑到企图用一本书来全面梳理和概括整个西方社会学理论的历史与体系几乎是不太可能的,另一方面就是国内对古典和现代社会学理论部分的介绍已经比较多了,而对西方当代社会学理论的梳理,尤其从流派的角度来梳理当代西方社会学理论的书相对比较少。所以我在修订时将重点聚焦在"西方社会学理论的当代转向"方面,并尽可能体现社会学理论的最新趋势和发展动态。

在我看来,撰写和介绍社会理论方面的书籍,至少存在两种不同的横向逻辑:一种是以一个一个"理论人物"为线索进行介绍,另一种就是以一个一个的"理论流派"或"思想体系"为线索来进行介绍。而这两种不同的分析逻辑,又至少存在三个不同层面的纵向切入路径:一是以"核心概念"为基础,通过一个一个的理论"关键词"来概括某一个理论的精华。因为许多理论实际上都是对某一个或几个富有特色的"核心概念"的演绎结果。二是以"理论命题"为基础,通过一个一个经典"理论命题"的解释来阐述某个理论,这些命题实际上就是一个一个浓缩的理论。三是以"原著导读"为基础,通过对某个理论家或思想家的原著阅读来达到对其理论内涵的全面而深入的把握。本书的特征之一就在于在横向上以当代社会学理论流派分析为主,同时兼顾了同一流派中的不同理论人物及其思想观点的介绍;在纵向上是以经典的社会学理论命题为主,同时兼顾了不同流派的核心概念和主要相关理论著作的思想介绍。以此希望从横向和纵向上让读者对社会学理论的当代转向有一个全景式的认知和领悟。

由于本书是在原书稿的基础上进行修订的,在原书稿中,华东理工大学的何雪松教授参与了社会学理论的空间转向、文化转向和语言转向,王瑞鸿教授参与了女性主义转向和身体转向的部分写作工作。在此特对上述两位好朋友再次表示感谢。接到修订任务之后,我在原书稿的基础上做了不少修改,补充了一些新的内容。我的研究生潘迪、李珊珊、姚潇潇、高艺多等人还帮助我整理了多年来的一些讲稿(有些内容也补充到了这本书之中),并协助我做了一些技术性的统稿工作。华东师范大学教务处还将本书的修订纳入到了"新版优秀教材建设"计划之中,这在很大程度上推动了我对本书的修订。西方社会学理论的内容浩如烟海,其新的概念、人物、思想流派层出不穷,需要我们慢慢去总结和不断完善,本书的完成只能算是我从事西方社会学理论教学和研究的一个阶段性成果,我希望今后还有机会去不断地完善它。

2016 年 6 月 8 日完稿于华东师范大学闵行校区
2016 年 10 月 8 日定稿于国家教育行政学院
2017 年 1 月 8 日校定于上海金沙江寓所

教师反馈及教辅申请表

北京大学出版社本着"教材优先、学术为本"的出版宗旨,竭诚为广大高等院校师生服务。为更有针对性地提供服务,请您认真填写以下表格并经系主任签字盖章后寄回,我们将按照您填写的联系方式免费向您提供相应教辅资料,以及在本书内容更新后及时与您联系邮寄样书等事宜。

书名		书号	978-7-301-	作者	
您的姓名				职称职务	
校/院/系					
您所讲授的课程名称					
每学期学生人数	_____人_____年级			学时	
您准备何时用此书授课					
您的联系地址					
联系电话(必填)				邮编	
E-mail(必填)				QQ	
您对本书的建议:				系主任签字: 盖章	

我们的联系方式:

北京大学出版社社会科学编辑部
北京市海淀区成府路205号,100871
联系人:董郑芳
电话:010-62753121/62765016
传真:010-62556201
E-mail:ss@pup.pku.edu.cn
新浪微博:@未名社科-北大图书
网址:http://www.pup.cn